U0447132

国家社科基金"以汉语为母语的口译学员概念框架构建障碍研究"（编号：12BYY022）

口译思维中的概念框架构建障碍

谌莉文 ◎ 著

CONCEPTUAL FRAMEWORK
BUILDING DEFICIENCY IN THE
INTERPRETING PROCESS

中国社会科学出版社

图书在版编目(CIP)数据

口译思维中的概念框架构建障碍 / 谌莉文著. —北京：中国社会科学出版社，2020.10
ISBN 978-7-5203-5305-2

Ⅰ.①口⋯ Ⅱ.①谌⋯ Ⅲ.①口译—研究 Ⅳ.①H059

中国版本图书馆 CIP 数据核字(2019)第 221836 号

出版人	赵剑英
责任编辑	任 明
责任校对	刘 娟
责任印制	李寡寡

出 版	中国社会科学出版社
社 址	北京鼓楼西大街甲 158 号
邮 编	100720
网 址	http：//www.csspw.cn
发行部	010-84083685
门市部	010-84029450
经 销	新华书店及其他书店
印刷装订	北京君升印刷有限公司
版 次	2020 年 10 月第 1 版
印 次	2020 年 10 月第 1 次印刷
开 本	710×1000 1/16
印 张	20.5
插 页	2
字 数	343 千字
定 价	110.00 元

凡购买中国社会科学出版社图书，如有质量问题请与本社营销中心联系调换
电话：010-84083683
版权所有　侵权必究

自　序

本书为口译认知过程实证研究，考察对象是以汉语为母语的口译学员概念化经验表征，通过理论推导与数据建模，释析口译思维加工中概念框架构建障碍的表征方式与运作机理。

口译培训中一个令人极为困扰的现象就是，学员往往急于搜寻双语中最为接近的表达方式，却常生失误（Gile，1995：47），原因固然众多，主要还是在于其无法及时完成概念框架构建，以致难以驾驭险象环生的口译进程。本书所述概念框架构建障碍，指译员大脑中高认知负荷的概念化系统运作，表征为语篇、环境和主体范畴交互作用的意义协商，涉及主体性协同、前知识突显、语境构建概念化运作，子系统协同失败引发概念框架构建障碍。

西方学者（Gerver, 1976; Fabbro, 1994; Gile, 1995; Seleskovitch & Lederer, 1995; Setton, 1999; Anderson, 2002）从语篇、环境和主体三个层面切入，围绕口译思维障碍，做了卓有成效的研究，大体可归纳为结构相异性、处理瞬时性、大脑偏侧性、认知程序性、输入多样性和社会主体性。国内研究更加趋于实用，从理论引进、教材开发、职业化探索（鲍刚，1998；刘和平，2001；蔡小红，2001；梅德明，2003，2008，2009；杨承淑，2005；雷天放、陈菁，2006）到针对口译者的心理、文化和认知，开展多方位跨学科尝试（仲伟合，2003，2010；董燕萍，2005；高威，2007；刘绍龙，2008；穆雷、王斌华，2009；王克非，2010；刘和平，2011；谌莉文，2015），口译思维中的认知障碍难题逐步走向更加多元的探索轨道。总体上看，西方重视口译思维的结构、程序与规律，其研究主要针对欧美国家的译员和学生；国内相关研究呈现出对比性和应用性并重的特点，但相对零散。总体而言，无论国内还是西方，对口译思维加工障碍的认识尚未纳入专门的系统研究视域，在理论构建和研究工具方面存在较大空间。

口译思维主战场充满心智博弈，我们直面接触的、欣赏或质疑的言语结构和声音形态不过是各类心智运作的外在反映。在概念化思维空间，由多元主体、复杂语境、前知识引导的各类认知要素分别参与动态的概念框架构建系统，不断进行自组织运动，互为影响、彼此牵制，进行协调、整合、判断、选择，千头万绪，交叉纵横，重峦叠嶂，扑朔迷离，任何环节的协调失败均会抑制概念框架系统构建，降低思维加工效率。

如果把理想的口译成果比作跋涉目标迦南地，口译思维加工过程好似途中万般艰辛。口译培训中，我们发现这一隐喻带来的张力尤为明显。对于口译学员而言，相比"怎么译"，他（她）们更想知道的是"准备好了，听清楚了，为什么还是译不好？""大脑怎么又断路啦？""到底哪里出问题了？""出了什么问题？""如何才能避免译不达效？"等，任何一位口译实践者都明白，口译工作中，效率就是生命，交际实效决定口译成败，隐匿在言语行为背后的各类概念框架要素协调成为操纵口译能力绩效的潜在因素。

概念框架是概念的集合，帮助人们了解、认识甚至激活用以表征的具体事物，它可作为一种分析手段来区分概念、组织思想，突显的概念框架可以帮助我们获得对世界的真实感知并以长时记忆的方式留在大脑中，进而转化为进行认知处理的基础经验。在研究领域，我们使用概念框架作为认知单位对意识行为进行组织协调，比如在大型或个体研究中可以用来完成推导任务（Baum，2003；Shields & Rangarjan，2013；Shields，1998）。同时，概念框架也是抽象的心智表征，在观察的基础上，通过数据收集和数据分析，达成研究目标。施尔兹和昂加哈杨（Shields & Rangarajan，2013：24）将概念框架定义为"为达成研究目标而进行的思维组构"。对一项言语事件而言，概念框架构建有两个不可忽视的程序，一是解释，这是最基本的研究目标；二是假说，它是与解释相关的理论框架。前者关心"为什么"或"怎么引起的"，后者则对这些答案进行数据检验。

概念框架与知识系统相对应，前者先于经验，且与心智活动相关，可视为信息解读的一种方式，因而是概念化（conceputualization）或概括化（genenralization）的集合，体现了对物质世界的抽象，后者则是我们所习得和积累的各类知识的集合。

在口译认知领域，概念框架可用来隐喻译员大脑中承载高认知负荷的在线加工单位（Gile，1995）。本研究中，概念框架表征为语篇、环境和主体范畴交互集合的意义协商，涉及前知识突显、语境认知构建和主体性协同等概念化方式的在线运作，是共同存在、相互映射的范畴集合，范畴成员的内部配合与外部协调是保证概念框架构建与系统运作的关键。

研究发现（谌莉文，2011，2015；谌莉文、王文斌，2010；谌莉文、梅德明，2014；周翠琳、谌莉文，2017），口译思维的概念化特质及其整合运作与其能力绩效具有不同程度的相关性，对此，我们尤感疑惑的是：口译学员思维加工中概念框架构建障碍的表征形式如何？概念框架构建障碍的作用机理和影响力如何？概念框架构建障碍与口译运作的能力绩效有何因果关系？

本书聚焦正式场合交替传译工作状态，考察从源文接收到译文产出的概念化运作，基于围绕口译发生的理据、原则和机制，探究以汉语为母语的口译学员思维加工中概念框架构建障碍的认知表征，微观分析其范畴运作，追寻成因，实证求解，开展模型验证并提出改进方案。

总体理论假设是：口译并非语言、环境和主体的图式映射，而是相关经验并行运作的概念框架实时构建，涉及前知识突显、语境认知构建和主体性协同概念化运作，其系统流程包括从源语经验认知到译语经验认知的一系列意义协商。由于口译学员相异个体在相同概念化过程中呈现不平衡性及其与携带母语原型印记的意义协商机制相互制约，往往发生系统运作障碍，影响口译能力绩效。因此，概念框架构建能力影响传译质量，提高口译能力绩效应从改善范畴内部运作入手。

重点关注与口译认知资源紧密相关的概念化思维加工，基本概念框架涉及关于主体意义协商的主体性协同框架（Intersubjectivity Synergy）、关于记忆检索和原型选择的前知识突显框架（Pre-knowledge Salience）、关于语境连通和重构的语境构建框架（Contexualization Establishment）、概念框架障碍机制运作可以折射在线自我评价的操控能力，关乎口译能力绩效的发挥。

研究方法主要基于 Pöchhacker（2004）主张的多元定性理念，从共时平面考察口译概念框架构建的障碍成因。具体包括，现场观察：考察口译培训模拟实战中的口译思维过程，观察被试处理问题的方式，进行理论推演；模型设定：在理论驱动下探究概念框架的总体架构，建立描写口译概念框架构建障碍机制的结构方程模型，执行严格的数据运算，进行模型检测，论证理论假设；三元测量：通过模拟口译、访谈和问卷调查不同途径，获得实证数据，建立阻碍概念框架构建的概念化因素数据库。

基本内容包括理论建设和实证分析两部分，共分为八章。第一章介绍概念框架的内涵与属性，厘清口译思维过程与概念框架构建的关系，提出目前口译思维加工障碍研究领域存在的问题与本研究的目标、研究方案与总体布局。第二章对口译思维加工研究和口译思维障碍研究进行梳理与回顾，指出目前存在的问题以及本研究的做法。第三章以口译思维概念化认知为主线，对本研究重点依据的关键理论进行阐述，夯实理论基础。第四章分析口译概念框架构建障碍的思维表征，剖析口译思维加工中基本概念框架构建及其障碍表征：主体性协同障碍、前知识突显障碍与语境构建障碍。第五章是实证研究方案，介绍 SEM 多元统计方法、厘清潜在变量与观测变量的构成，推导概念模型和统计模型。第六章是数据处理，通过同质性检验和叙述性统计，对口译学员概念框架构建障碍进行数值描写。第七章是模型检验过程与结果分析，通过模型检测，释析不同概念框架构建障碍表征与口译能力绩效之间的关系。第八章陈述研究结论、研究意蕴与研究前景。

综合全书，得出以下结论。

首先，口译思维中的概念框架构建障碍涉及三种形式：主体性协同障碍、前知识突显障碍和语境构建障碍。口译过程概念化方式包括关涉源语接收、意义感知、语境连通、空间关联和译语重构不同空间的前知识概念突显，关涉源语接收、思维理解、记忆推进和译语重构的语境构建，关涉语义感知、思维理解、记忆推进和译语重构的主体性运作，形成三个相互关联的子系统，其内部不平衡引发口译过程概念框架构建障碍。通过口译忠实度与规范度能力绩效竞争模型的比较，发现主体性协同障碍、前知识突显障碍以及语境构建障碍对口译忠实度与规范度能力绩效构面均表现为反向影响，这与概念框架构建障碍表征的理论命题具有一致性；三者对于口译能力绩效的影响力各不相同，这与口译学员的实际工作状况具有一致性。

其次，概念框架构建障碍系统内部的局部变化遏制总体架构运行。口译思维加工概念化流程是一个自组织系统，局部组织失衡抑制概念框架构建的开展。结果表明，主体性协同障碍、前知识突显障碍与口译能力绩效表现出反向相关，语境构建障碍与能力绩效虽呈轻微正相关，但具有较高的模型配适度，说明译员大脑中涉及语言符号、文化图式、交际事件和主体风格等概念成分不能及时对接长时记忆，则无法完成概念对接，导致语义评价障碍、记忆检索障碍和原型选择障碍等概念运作障碍，由此干扰口译思维理解、推进和重构进程。同理，在主体性协同概念框架构建过程，关涉发言人、译员和译语听众的口译思维主体发生认知互明受阻，引发角色对话障碍、情感沟通障碍或意图融合障碍，阻碍思维主体对话语走向的正确预测。在语境构建过程中，不在场语境与在场语境连通受阻，间接延缓了口译思维进程。

最后，口译能力绩效通过概念框架构建障碍程度得到表征。关涉细微概念要素的跨域映射往往造成思维加工障碍，对于缺乏实战体验的口译学员而言，概念框架构建障碍机制运作对口译能力绩效的影响体现出范畴差异。相对于语言表达的规范度而言，主体性协同障碍的影响程度最大，前知识突显障碍的影响力次之，语境构建障碍的影响力最弱；相对于信息传递的忠实度而言，前知识突显障碍对其影响程度最甚，主体性协同障碍的影响力次之，语境构建障碍的影响力最弱。针对思维主体受训时间相对较短、实战经验相对缺乏的口译学员来说，一阶潜在变量普遍呈现较高程度的概念框架构建障碍，概念压缩不完整，对主体性协同和前知识运作的运用能力较低，语境构建的介入性随之增强，这也可能是导致数据结果不同表现趋势的原因之一。我们还发现，母语原型对于形成概念突显具有参与作用，概念框架构建障碍与口译能力绩效具有负向相关。

总体而言，本书突破口译过程处理的程序性做法，博采逻辑演绎、模型界定和数据统计等多元定性研究方法，重点运用科学严谨的 SEM 结构方程验证式分析工具，聚焦以汉语为母语的口译学员概念框架构建障碍，解析概念框架构建障碍的范畴表征。通过对主体性协同、前知识突显和语境构建的内部不平衡性、相互关系及其对总体框架构建影响的模拟与验证，深刻揭示汉语母语者口译认知处理中的概念运作与意义协商的相互制约及其对口译能力绩效所产生的不容忽视的影响，获得了对概念框架影响力维度的认识，从理论上完善了口译思维障碍的概念内涵；统计方法践行科学性原则，数据验证严密完善，模型检测环环紧扣；充分关照口译研究的职业目标，为处理不同范畴群体的概念框架构建障碍提供解决方案，研究结果对于立足本土语境的口译教学与培训具有反拨作用。

　　本书是笔者所主持的国家社科基金研究成果，敬陈管见，求教方家。谨望本书问世能够为中国本土语境下的口译教学与研究事业增添绵薄之力。

　　本书在研究过程中受到来自前辈学者的提携勉励、同行同事的切磋鼓励和青年学子的配合支持，感怀至深；中南财经政法大学曾静老师、浙江工商大学-杭州商学院黄秋林老师、宁波大学科学技术学院张文涛老师、许鸿敏老师在数据采集阶段做出巨大贡献，在此致以真挚谢意；本书由浙江工商大学外国语言文学一级学科资助出版；感谢中国社会科学出版社对书稿的专业审核与细心编辑。我的先生在数据处理和模型验证环节事无巨细，最大限度保证了论证的严密性，一切尽在不言中！谨以此书献给亲爱的父母和儿子，他们的包容与爱早已融入每一个字里行间！

谌莉文

2020 年 5 月于钱塘芸窗

目　录

第一章　引言 …………………………………………………………（1）
 第一节　概念框架 …………………………………………………（3）
 第二节　口译思维与概念框架构建 ………………………………（6）
 第三节　问题与目标 ……………………………………………（10）
 第四节　方案与布局 ……………………………………………（12）
第二章　文献回顾 …………………………………………………（17）
 第一节　引言 ……………………………………………………（17）
 第二节　口译思维加工障碍研究 ………………………………（18）
  一　语义提取障碍 ……………………………………………（19）
  二　多任务处理障碍 …………………………………………（23）
  三　表征协调障碍 ……………………………………………（27）
  四　记忆加工障碍 ……………………………………………（32）
 第三节　研究方法与研究工具 …………………………………（35）
  一　现状与问题 ………………………………………………（36）
  二　本研究的做法 ……………………………………………（40）
 第四节　小结 ……………………………………………………（45）
第三章　口译概念化认知的理论基础 ……………………………（47）
 第一节　口译思维加工意义构建 ………………………………（47）
  一　概念化思维 ………………………………………………（47）
  二　概念结构与口译意义构建 ………………………………（53）
 第二节　口译思维加工范畴认知 ………………………………（59）
  一　范畴化 ……………………………………………………（59）
  二　范畴系统与口译概念框架 ………………………………（63）

第三节 口译思维加工能力表征 …………………………… (65)
  一 概念能力 ……………………………………………… (65)
  二 口译能力 ……………………………………………… (67)
第四节 小结 …………………………………………………… (68)

第四章 口译概念框架构建障碍的内涵 …………………… (70)
第一节 口译思维流程中的概念框架 ………………………… (71)
  一 概念化流程 …………………………………………… (71)
  二 基本概念框架 ………………………………………… (76)
第二节 主体性协同障碍 ……………………………………… (79)
  一 主体性协同概念框架 ………………………………… (79)
  二 障碍表征 ……………………………………………… (89)
第三节 前知识突显障碍 ……………………………………… (95)
  一 前知识突显概念框架 ………………………………… (95)
  二 障碍表征 ……………………………………………… (106)
第四节 语境构建障碍 ………………………………………… (110)
  一 语境构建概念框架 …………………………………… (110)
  二 障碍表征 ……………………………………………… (123)
第五节 小结 …………………………………………………… (127)

第五章 实证研究方案 ………………………………………… (129)
第一节 统计方法 ……………………………………………… (130)
第二节 研究对象 ……………………………………………… (133)
  一 研究受试选择 ………………………………………… (134)
  二 考察材料来源 ………………………………………… (135)
第三节 数据采集 ……………………………………………… (138)
  一 实验前测 ……………………………………………… (138)
  二 数据采集过程 ………………………………………… (139)
  三 录音转写与样本标注 ………………………………… (141)
第四节 研究假设 ……………………………………………… (144)
  一 概念模型 ……………………………………………… (144)
  二 假设形成 ……………………………………………… (146)
  三 关键参数 ……………………………………………… (149)
第五节 变量描述 ……………………………………………… (151)

第六节　统计模型 …………………………………………（165）
第七节　小结 ………………………………………………（167）
第六章　数据处理 ………………………………………………（170）
　第一节　引言 ………………………………………………（170）
　第二节　数据整理 …………………………………………（172）
　　一　主体性协同障碍构面 ………………………………（173）
　　二　前知识突显障碍构面 ………………………………（174）
　　三　语境构建障碍构面 …………………………………（176）
　　四　口译能力绩效构面 …………………………………（177）
　第三节　描述性统计 ………………………………………（179）
　　一　样本同质性检验 ……………………………………（179）
　　二　叙述性统计 …………………………………………（181）
　第四节　小结 ………………………………………………（184）
第七章　结果分析 ………………………………………………（185）
　第一节　验证性因素分析 …………………………………（185）
　　一　主体性协同障碍 CFA 分析 …………………………（186）
　　二　前知识突显障碍 CFA 分析 …………………………（194）
　　三　语境构建障碍 CFA 分析 ……………………………（200）
　　四　口译能力绩效的 CFA 分析 …………………………（203）
　　五　CFA 结果讨论 ………………………………………（209）
　第二节　概念框架构建障碍 Bollen 二阶段检验 …………（211）
　　一　标准化因素负荷量分析 ……………………………（213）
　　二　修正指标分析 ………………………………………（215）
　　三　配适度指标分析 ……………………………………（218）
　第三节　样本多元常态及极端值检验 ……………………（219）
　　一　多元常态分布检验 …………………………………（220）
　　二　极端值（outliers）检验 ……………………………（222）
　　三　非多元常态分布修正 ………………………………（225）
　第四节　障碍构面共同方法变异分析 ……………………（227）
　　一　哈门氏单因子检验 …………………………………（228）
　　二　单因子验证性分析 CMV 检验 ………………………（230）
　第五节　障碍构面的信度与效度分析 ……………………（232）

一　收敛效度分析 …………………………………………（233）
　　二　区别效度分析 …………………………………………（234）
　　三　违反估计检验 …………………………………………（239）
第六节　概念框架构建障碍 SEM 模型评估 ……………………（242）
　　一　配适度指标 ……………………………………………（242）
　　二　Bollen-Stine p 值校正 …………………………………（246）
第七节　口译能力绩效模型交叉效度检验 ………………………（253）
　　一　交叉效度方式 …………………………………………（254）
　　二　模型检验过程 …………………………………………（254）
第八节　SEM 模型统计检定力分析 ………………………………（262）
　　一　统计检定力（Power）选择 ……………………………（262）
　　二　整体模型估计统计检定力 ……………………………（263）
　　三　个别参数估计统计检定力 ……………………………（264）
第九节　研究结果分析 ……………………………………………（266）
　　一　竞争模型分析 …………………………………………（267）
　　二　竞争模型系数差异比较 ………………………………（267）
　　三　研究假设结果分析 ……………………………………（268）

第八章　结语 …………………………………………………………（272）
　第一节　内涵陈述及研究结论 …………………………………（273）
　第二节　研究价值与实践启示 …………………………………（281）
　第三节　问题与展望 ……………………………………………（286）
参考文献 ……………………………………………………………（290）

图形目录

图 4-1　口译概念整合的意义协商模型 ·············（75）
图 4-2　口译思维过程概念框架构建 ···············（79）
图 4-3　口译思维过程主体性协同概念框架 ·········（84）
图 4-4　口译思维过程主体性协同障碍表征 ·········（93）
图 4-5　口译思维过程前知识突显概念框架 ·········（98）
图 4-6　口译思维过程前知识突显障碍表征 ········（107）
图 4-7　口译思维过程的语境连通 ·················（113）
图 4-8　口译思维过程的语境重构 ·················（119）
图 4-9　口译思维过程语境构建障碍表征 ···········（126）
图 5-1　口译思维概念框架构建障碍概念模型 ······（144）
图 5-2　口译思维概念框架构建障碍竞争模型 ······（145）
图 5-3　研究统计模型 ···························（166）
图 7-1a　角色对话障碍一阶 CFA ··················（187）
图 7-1b　角色对话障碍模型修正 CFA ·············（188）
图 7-2　情感沟通障碍一阶 CFA ···················（189）
图 7-3　意图融合障碍一阶 CFA ···················（190）
图 7-4　Model 1 主体性协同障碍一阶 CFA（单因子模型） ································（191）
图 7-5　Model 2 主体性协同障碍一阶 CFA（潜在变量完全无相关） ······················（192）
图 7-6　Model 3 主体性协同障碍一阶 CFA（潜在变量完全有相关） ······················（192）
图 7-7　Model 4 主体性协同障碍二阶 CFA ········（193）

图 7-8　语义评价障碍一阶 CFA …………………………（194）
图 7-9　记忆检索障碍一阶 CFA …………………………（195）
图 7-10　原型选择障碍一阶 CFA …………………………（196）
图 7-11　Model 1 前知识突显障碍一阶 CFA（单因子模型）…………………………………………………（197）
图 7-12　Model 2 前知识突显障碍一阶 CFA（潜在变量完全无相关）………………………………………（198）
图 7-13　Model 3 前知识突显障碍一阶 CFA（潜在变量完全有相关）………………………………………（198）
图 7-14　Model 4 前知识突显障碍二阶 CFA ……………（199）
图 7-15　语境构建障碍模型 CFA …………………………（200）
图 7-16　语境构建障碍模型修正 CFA ……………………（202）
图 7-17　语境构建障碍一阶 CFA …………………………（202）
图 7-18　口译能力绩效忠实度一阶 CFA …………………（203）
图 7-19　口译能力绩效忠实度模型修正 CFA ……………（204）
图 7-20　口译能力绩效规范度一阶 CFA …………………（205）
图 7-21　口译能力绩效规范度模型修正 CFA ……………（206）
图 7-22　Model 1 口译能力绩效一阶 CFA（单因子模型）………（207）
图 7-23　Model 2 口译能力绩效一阶 CFA（潜在变量完全无相关）………………………………………（207）
图 7-24　Model 3 口译能力绩效一阶 CFA（潜在变量完全有相关）………………………………………（208）
图 7-25　Model 4 口译能力绩效二阶 CFA ………………（208）
图 7-26　Bollen 二阶段检验 ………………………………（212）
图 7-27　SSDF 降阶构面一阶 CFA ………………………（228）
图 7-28　PKDF 降阶构面一阶 CFA ………………………（228）
图 7-29　EFFF 降阶构面一阶 CFA ………………………（229）
图 7-30　单因子 CFA ………………………………………（230）
图 7-31　多因子 CFA ………………………………………（231）
图 7-32　显著性计算 ………………………………………（232）
图 7-33　Bootstrap 区别效度 ………………………………（235）
图 7-34　区别效度分析 ……………………………………（238）

图 7-35	忠实度绩效修正	(247)
图 7-36	规范度绩效修正	(248)
图 7-37	口译忠实度结构模型	(248)
图 7-38	口译规范度结构模型	(249)
图 7-39	口译忠实度结构模型交叉分析	(255)
图 7-40	口译规范度结构模型交叉分析	(256)
图 7-41	口译忠实度结构模型参数检定力分析	(265)
图 7-42	口译规范度结构模型参数检定力分析	(265)
图 7-43	SSDF 参数统计检定力	(266)
图 7-44	PKDF 参数统计检定力	(266)

表格目录

表 5-1　主体性协同障碍构面的操作型定义 …………………（154）
表 5-2　前知识突显障碍构面的操作型定义 …………………（158）
表 5-3　语境构建障碍构面的操作型定义 ……………………（161）
表 5-4　能力绩效构面的操作型定义 …………………………（164）
表 6-1a　主体性协同障碍独立样本 T 检验数据 ……………（173）
表 6-1b　主体性协同障碍高低分分群平均数相等 T 检验 …（174）
表 6-2a　前知识突显障碍构面独立样本 T 检验数据 ………（174）
表 6-2b　前知识突显障碍构面高低分分群平均数相等 T 检验 …（175）
表 6-3a　语境构建障碍构面独立样本 T 检验数据 …………（176）
表 6-3b　语境构建障碍构面高低分分群平均数相等 T 检验 …（177）
表 6-4a　口译能力绩效构面独立样本 T 检验数据 …………（177）
表 6-4b　口译能力绩效构面高低分分群平均数相等 T 检验 …（178）
表 6-5　类别统计结果 …………………………………………（181）
表 6-6　连续变量描述性统计结果 ……………………………（182）
表 7-1a　角色对话障碍构面问卷原始题项 …………………（187）
表 7-1b　角色对话障碍构面问卷题项 ………………………（188）
表 7-2　情感沟通障碍构面问卷题项 …………………………（189）
表 7-3　意图融合障碍构面问卷题项 …………………………（190）
表 7-4　主体性协同障碍二阶验证因素模型配适度指标 ……（193）
表 7-5　语义评价障碍构面问卷题项 …………………………（194）
表 7-6　记忆检索障碍构面问卷题项 …………………………（195）
表 7-7　原型选择障碍构面问卷题项 …………………………（196）
表 7-8　前知识突显障碍二阶验证因素模型配适度指标 ……（199）

表 7-9　语境构建障碍构面问卷题项 …………………………（200）
表 7-10　口译能力绩效忠实度构面问卷题项 ………………（204）
表 7-11　口译能力绩效规范度构面问卷题项 ………………（205）
表 7-12　口译能力绩效二阶验证因素模型配适度指标 ……（208）
表 7-13　CFA 数据整理 ………………………………………（209）
表 7-14　变量相关系数 ………………………………………（212）
表 7-15　标准化因素负荷量 …………………………………（213）
表 7-16　修正指标值 …………………………………………（215）
表 7-17　模型配适度指标 ……………………………………（218）
表 7-18　单变量及多元常态评估数据 ………………………（220）
表 7-19　极端值检验数据 ……………………………………（222）
表 7-20　ML 与 Bootstrap 相关估计比较 …………………（226）
表 7-21　因素分析总变异量累计 ……………………………（229）
表 7-22　信赖区间估计 ………………………………………（236）
表 7-23　卡方值差异 …………………………………………（237）
表 7-24　ΔCFI 实务差异 ……………………………………（238）
表 7-25　变量违反估计检验 …………………………………（241）
表 7-26　口译绩效模型配适度指标 …………………………（245）
表 7-27　口译绩效模型配适度指标修正 ……………………（250）
表 7-28　忠实度结构模型路径系数 …………………………（251）
表 7-29　规范度结构模型路径系数 …………………………（251）
表 7-30　忠实度总效果 ………………………………………（252）
表 7-31　规范度总效果 ………………………………………（252）
表 7-32　交叉效度样本来源 …………………………………（254）
表 7-33　口译忠实度群组不变性比较 ………………………（257）
表 7-34　口译规范度群组不变性比较 ………………………（259）
表 7-35　统计检定力数值表 …………………………………（264）
表 7-36　竞争模型系数比较 …………………………………（268）
表 7-37　研究假设结果分析 …………………………………（269）

第一章

引 言

口译培训中,一个令人极为困扰的现象就是,学员们屏气凝神,专注听记,努力寻找与源语最为接近的所指与表达,结果却往往不尽如人意(Gile, 1995: 21),那么,口译思维进程中到底发生了什么?口译思维加工何以频繁受制?究竟什么抑制了口译思维加工效率?如何才能提高思维加工效率呢?这些不可回避、亟待解决的难题,不仅为口译学员和从业人员所困扰,更是摆在口译研究者面前的大课题。

首要任务是窥探口译思维加工制约系统的独特内在结构与操作关联。

口译主战场充满心智博弈,我们直面接触的、欣赏或遭遇挑剔的言语结构和声音形态不过是各类心智运作的外在现实。译员在不同语言和文化之间不断转换语言、协调交际,这是实实在在的眼见耳闻。事实上,正如只见树叶动难觅清风影,译员的真实处理过程是无法直接观察的(Gile, 1988, 1999; Moser-Mercer, 1997, 2000; Pöchhacker, 2004; Roy, 1999),这份难以察觉的工作就是隐匿在口译光环背后的思维操作。

口译成果如同崎岖旅途的终点,绚烂自明;口译过程就好似途中艰辛,无法绕行。协调、整合、选择、判断、环境、主体、语篇、交际,千头万绪,交叉纵横,重峦叠嶂,扑朔迷离。

通过跟踪学员行为,我们发现这一隐喻带来的张力尤为明显。对于口译学员来说,相比"怎么译",他(她)们更迫切想知道的是"准备好了,听清楚了,为什么还是没译好?"、"我的大脑怎么又断路啦?"、"到底哪里出问题了?"、"出了什么问题?"、"如何避免这样的问题?"等,因为任何一位口译实践者都明白,对口译任务而言,效率就是生命,交际实效就是任务目标,充分了解可能发生的认知处理障碍并学会破解和征服这些障碍就意味赢得效率，口译学员所期盼的进步目标才有望实现。

大多数针对口译思维加工障碍的研究（如认知心理处理、信息加工、脑神经研究等）都是围绕口译认知程序的串行方式进行论证，为此留下诸多有待澄清的问题，如源文与译文之间是否存在语言层面的映射关系？口译认知模式是否等于源语文化图式与译入语文化图式之和？围绕语篇、环境与策略的认知图式如何发生碰撞？源语解析成果和口译产出成果是否与发言者意图相冲突？哪些因素制约了口译的思维处理？又有哪些因素导致源文意图与听众的理解相冲突？以上问题大都与概念框架构建障碍有关。我们发现，口译思维所涉及的认知操作绝不是简单和笼统的输入—输出机制，而是涉及复杂思维成分的非线性认知整合，是对语言范畴、交际范畴与经验范畴之间固有防线的打通（谌莉文，2011：2）。洞察具有范畴特征的在线概念框架构建障碍，关键在揭示口译思维中不易察觉的概念化（conceptualization）方式、影响变量及其内在关系。与此同时，口译心智工作的内在性和取证的艰难性使得探究这种神秘而特殊的范畴行为充满方法论的挑战。

不可回避的思维挑战绕不过环环相扣又错综复杂的概念框架。先前研究还发现，口译思维过程的概念化特质及其整合运作与口译绩效具有不同程度相关性（谌莉文，2011，2015；谌莉文、王文斌，2010；谌莉文、梅德明，2014；周翠琳、谌莉文，2017），那么，我们尤感疑惑的是：口译学员思维加工过程的概念框架构建障碍如何表征？概念框架构建障碍究竟源头何在？概念框架构建障碍与译员的母语体系以及范畴类型有何关联？

本课题属于口译思维加工障碍概念化理论与实证探究，考察对象是以汉语为母语的口译学员工作状态下的思维过程，释析其思维运作中概念框架构建障碍及成因，通过运用结构方程模型统计方法，开展数据检验分析，以期借助严格的数据运算和模型检测，论证研究假设，为提高口译思维加工的效率寻找突破口。为此，本研究聚焦正式场合（会议）交替传译工作状态[①]，考察从源文接收到译文产出的概念化运作，基于围绕口译

[①] 聚焦交替传译（交传）而非同声传译（同传），除避免传译方式混杂从而影响研究效度外，原因有三：1. 交传涉及听、说、读、写、译综合技能；2. 交传面临更为严苛的翻译质量监督。3. 交传需要面对讲者和观众，更富跨语交际性和现场挑战性。因此种种，交替传译被 AIIC（1990/2004）称为不能替代的贵族形式（noblest）。本书使用口译、交替传译或交传，如无特别说明，均指这一形式。

发生的理据、原则和机制，探究以汉语为母语的口译学员概念框架构建障碍表征，分析范畴分类细节，追寻成因，实证求解并验证模型、改进方案。

第一节　概念框架

本研究中，概念框架是研究口译思维加工的基本单位，反映系统与子系统相互运作的认知表征。

概念框架与知识系统相对应，前者先于经验且与心智活动相关，是信息解读的一种方式，因而是概念化（conceputualization）或概括化（genenralization）的集合和对物质世界的抽象；后者则是我们所习得和积累的各类知识的集合。

概念框架是概念的集合，帮助人们了解、认识甚至激活用以表征的具体事物，它可作为一种分析手段来区分概念、组织思想，突显的概念框架可以帮助我们获得对世界的真实感知并以长时记忆的方式留在大脑，转化为可以进一步分析处理的基础经验。在研究领域，我们使用概念框架对意识行为进行组织，比如在大型或个体研究中可以用来完成推导任务（Shields, 1998; Baum, 2003; Shields & Rangarjan, 2013）。

同时，概念框架也是抽象的心智表征，在观察的基础上，通过数据收集和数据分析，达成研究目标。施尔兹和昂加哈杨（Shields & Rangarajan, 2013: 24）将概念框架定义为"为达成研究目标而进行的思维组构"，如同一场足球比赛，（各类概念框架作为）行为个体的激烈互动就是为了达到射进对方球门的终极目标。对一项言语事件而言，概念框架构建有两个不可忽视的程序，一是解释，这是最基本的研究目标；二是假说，它是与解释相关的理论框架。前者关心"为什么"或"怎么引起的"，后者则对这些答案进行数据检验。

口译思维加工的基本认知单位可以通过概念框架来表征。在概念生成过程中，通过合成各类知识结构，将命题信息转换成概念结构。在言语使用中，概念结构由语言模式、逻辑模式和文化模式构成，其中语言模式又由语音模式、句法模式、语用模式等构成，概念结构在交际中被反复使用，呈动态递归式（dynamic recursive structure）发展（陆国强，2008: 10）。那么，在口译思维认知的实时运作中，完成其意义构建的概念结构亦可称为概念框架。

需要说明的是，概念框架与语义框架不同。在明斯基（Minsky，1975/2007）的人工智能研究中，框架（frame）是表征经验和知识的主要手段及存储在记忆中的表征特定情景的信息结构，人们可以从记忆中随时调出框架知识来理解新的事件，因而是一个数据结构体（data structure）。费尔默（Fillmore，1985）强调语言与经验系统之间的连续性，理解一个概念，必须理解整个概念系统并充分激活这个概念系统（conceptual system），框架就是以这种方式联系起来的概念系统。一般所认为的语义框架与我们所谈论的概念框架有一定不同，主要因为前者一般用来描写思维中相对静态的图式表征，后者则指口译思维加工的动态意义构建，由各类概念结构现场激活，因而是一种实时构建，随着话语活动的进展不断更新，并为知识构建和概念运作不断输入能量。

在口译思维过程，概念框架可用来隐喻译员大脑中承载高认知负荷的思维在线加工系统（Gile，1995），因为口译心智处理并非简单的线性转换，而是多层、曲线和迭代（Göpferich & Jääskeläinen，2009）。为此，研究者们努力采用不同模型和框架来描写口译过程与交际互动的概念化方式，关注社会语言学、跨文化等不同视域（Pöchhacker，2004）。

概念框架构建关涉口译交际目标，不管用何种方式来概念化口译过程，其最终目标都是在不同语言的交际双方达成有效交际，体现为能力绩效最大化，该标准最先由欧盟"聋哑人士口译服务职业行为准则译员注册协会"（Registry of Interpreters for Deaf's Code of Professional Conduct）提出（Smith，2014）。有效交际目标说则容易，实则很难达成，因为谈及口译有效性或口译效度，不能简单使用对或错来定义，有效性本身具有层级特性，既要考虑口译交际的有效性，又要考虑口译转换的有效性。目前，针对口译有效性的专门研究并不多，主要基于课堂教育背景（Livingston et al.，1995；Marsharck et al.，2005；Napier & Barker，2004），尤其讨论聋哑学生如何通过口译获取更多的意义内容。严格来说，真正支持口译过程普遍行为与口译效率的研究数据还很缺乏，业已取得的数据涉及口译潜在干预因素和过程研究等不同层面的讨论，表明口译过程处理与口译交际效果密切相关。

本研究中，概念框架表征为语篇、环境和主体范畴交互集合的意义协商，涉及前知识突显、语境认知构建和主体性协同等概念化方式的协同运作，是共同存在、相互映射的范畴集合，排除听解困难，子系统协同失败均会引起概念框架构建障碍，从而遏制口译交际有效性发挥，导致能力绩效降低。

吉尔（Gile，1995：47）在译员培训的早期就指出，口译学员发生口译失误，以致无法实现有效交际，其原因固然众多，主要还是在于他们不能在险境重重的口译过程中迅速建立概念框架并进行自我评价。的确，客观的自我评价建立在各种概念化联结基础上，影响交际效度的因素复杂而多元。围绕多重语境、多元主体、前知识等认知结构的概念框架通过映射与整合、解构与重构的概念化运作不断寻找相关联的可能性，每一个概念化结构都是一个小型概念框架，内部包含形成该概念框架的认知因素，就是我们常常谈论的诸如场景、背景、记忆、经验、角色、反馈等具体概念，这些概念在认知机制的协调下有序关联，自我完善，形成基础概念框架，在意义同构（co-construction of meaning）理念驱动下（Smith，2014：138），与其他同时存在的相关概念框架发生关联，层级较高的范畴行为通过意义协商机制协调，不断完善口译过程中最富有挑战性的自我评价体系，所达成的口译交际效度正是概念框架运作的结果。可以说，译员的概念框架构建行为是口译思维运作的综合表征，因而绝不是静态的术语描写，概念框架构建的效度决定有效口译，在口译概念化思维运作大系统中，任何一个环节或层面的概念框架构建失利都将影响口译交际的顺利完成。

口译活动的瞬时性和多任务处理使得学员在线完成自我评价的难度远远高于笔译过程处理，在线自我评价成为口译学员最终需要征服的概念框架构建障碍，其系统内部的概念映射、关联与协调并不仅是独立的内部行为，与此同时，围绕口译过程的三大基本要素——语篇、环境与策略（Pöchhacker，2004）受不同核心机制的操纵，通过概念化运作，构建相互关联的概念框架，与其相关的子系统既进行内部协商，又发生外部关联，如此产生新的系统平衡。

为此，我们重点关注与口译认知资源紧密相关的、经概念化运作的在线思维表征，重点考察口译实践工作状态下彼此关联、互为牵制的概念框架构建，主要包括围绕语境连通和重构的语境构建框架，围绕主体意义协商的主体性协同框架，围绕记忆检索和原型选择的前知识突显框架，不同范畴表征的概念框架构建障碍一定程度抑制了围绕意义协商认知操控的自我评价能力绩效体系运行。

目前，口译思维加工概念框架构建障碍尚未得到充分解释和深入勘探，主要因为其构建过程涉及大量复杂的概念运作，包括感知、分析、综合、推理、理论知识、认知程序与相关概念和程序的关系，再加上取证困难等，研究过程论证和研究工具选择均面临现实挑战。

不可否认的是，概念框架由问题而生，因其与目标实现密切相关，理论考察往往包括如下特征：（1）问题产生的根源（即引起问题的条件、环境、政策、实践等）；（2）选择解决问题的办法；（3）确定进行问题分析的有关变量；（4）在分析问题的整个体系中将各种关系概念化；（5）对分析结果进行假设。

第二节 口译思维与概念框架构建

和笔译活动一样，口译活动存在从源语到目标语的言语转换、信息处理和思维加工过程。根据帕奇哈克（Pöchhacker, 2004：113-158）的统计分析，对口译工作的考察有两个维度：口译思维产品与口译思维过程。前者关注译员心智活动、决策过程的结果，是完全可以触及的成果；后者则聚焦译员心智处理的内在过程，往往采用认知科学的方法探究这一思维迷宫。用吉尔（Gile, 1994）的话来说，口译研究的中长期目标就是更为深入地理解口译思维本身（Pöchhacker, F. & M.Shlesinger, 2002：143），因此，思维过程成为口译研究领域最具影响力的模因（Memes）（Pöchhacker, 2004：115）。

专门针对翻译思维过程（Translation Process Research, TPR）的讨论大约在20世纪80年代受到关注（Göpferich & Jääskeläinen, 2009），当属较新的学术领域，因为此前研究多着眼于误用、误译、准确度、忠实度以及其他思维产品（Cokely, 1986; Napier & Barker, 2004; Taylor, 1993, 2002）。

吉尔（Gile, 1994：40）的口译认知过程研究中，关注点主要在于口译信息处理过程，即从源语输入（ST-Input）到目标语输出（TL-Output）的具体操作程序。从源语到目标语的加工事实上是言语转换过程，来自不同学科的研究者针对输入和输出的词法和结构对立、言语加工过程中译员的心理机制及表现（心理过程）等方面进行了测量和研究（仲伟合等，

2012：76）。

相对于口译产品研究来说，针对口译思维过程的研究更为复杂，这主要由于口译思维涉及复杂的心智活动，包括各种概念框架的共同运作、螺旋推进，因此，我们不仅要对口译思维加工的概念框架表征进行描述，而且要解释心智系统是如何控制、执行这些认知操作的。就此而言，口译思维过程研究不仅是以语言为载体的翻译转换研究，更是认知驱动的概念框架探索。

导致口译思维加工研究困难的因素复杂而多元，表面因素涉及与笔译迥异的工作环境、声音信息的转瞬即逝、数据观察的不易、实验对象难以控制等。其实，这些困难可以随着技术的进步逐渐得到克服。自 20 世纪 60 年代起，研究人员就开始借鉴实验心理学、认知心理学、脑神经研究技术，并结合语言学与翻译理论的研究成果，针对口译中迥异于笔译思维的个性化特征进行开拓性勘探。然而，以上研究的重点大多集中于语篇内容难易、发言人表达方式、传译质量优劣等直接影响译员译语发布的策略选择，整体上看，研究重点仍集中于对口译客体的分析（刘绍龙，2008），而对于译员认知心理机制、双语转换机制、理解产出机制以及记忆分析机制等认知研究则门派并立，口译思维过程的认知研究整体处于探索阶段。尽管不少学者（如 Seleskovich, 1978; Gile, 1995; Setton, 1999）已经意识到口译思维过程存在构建概念框架的基本运作，然而对于语言信息处理、记忆分析与交际效果之间的概念接口以及概念框架构建方式尤其是概念框架构建障碍缺乏系统探究。总之，研究条件与认识局限导致口译思维加工研究还存在较大的开拓空间。

马克思、恩格斯的辩证唯物主义认为，物质世界是由许多相互联系、相互制约、相互依赖、相互作用的事物和过程构成的统一整体（汪应洛，2001：1）。依据当今系统科学的观点，系统是由两个或两个以上的要素组成的一个整体，其中诸要素的相互作用、相互影响的组织形式构成系统的结构（顾凯平等，2008：1），一些相关要素之所以构成一个系统，是因为系统具有目的性或功能性。口译思维概念化过程也是一个精致严密、动态有序的概念框架构建系统，正如梅德明（2008：13）所言，对语言信息的立体式加工处理是人脑的物种属性，译员在解释语言信号的同时，要综合辨别和解析各种微妙的语言和非语言范畴特性以及它们之间可能存在的关系。口译思维加工正是发生于现实世界与抽象心智世界的相遇及其主客体相互作用的瞬间（谌莉文、梅德明，2014），这说明，口译思维概念化研究强调概念框架形成的过程，关注涉及不同认知范畴输入要素的概念化运作，正是相关要素之间的关联映射和选择投射促发产生不同于任何一个输入结构的创造性思维，推动口译认知程序的前进，这种创造性思维特质是人类所特有的概念框架构建过程。不仅如此，概念框架构建研究所推出的数据序列有望为人工智能口译研究提供支持。

口译思维过程具有认知属性，涵盖体验性和功能性两大方面（谌莉文，2011：5—7）。从概念层面而言，体验性和功能性是口译思维概念化认知的综合反映。体验性特征突出概念化和范畴化运作，贯穿我们通常说的译前知识积累、现场思维解析和译语思维重构产出的整体流程，即通过译前准备，信息采集与译员长时记忆中的语言文化知识作为长时记忆知识图式，成为有待激活的概念集合；源语意义在线摄取与口译认知语境发生互动，口译感知图式与长时记忆图式进行跨空间概念连通，促使工作记忆与在线推理进入高度活跃状态。其中，源语思维理解与译语思维重构都是在一个整体的网络组织所表征的思维空间进行意义合成的成果，也是向译语听众传达话语意义的组构成分。不过，在译语空间，意义并非来自思维的直线性表征，而是经过复杂概念化运作所产出的新生结构。由于发言人、译员、听众等不同思维主体的相互理解沟通，选择与投射得以持续发生。所有概念运作环节在口译思维加工过程亦步亦趋，并行共生，表征为跨越不同认知范畴的立体式概念加工。实际工作中，这一复杂认知处理机制高速运行，一闪而过，甚至不为译员自身意识所察觉。

功能性体现在口译思维加工中社会文化、关联交际以及语境构建的动态博弈方面。口译是一门与社会学、地域分布和机构组织与管理相关的学科（Pöchhacker & Shlesinger，2002：278），其任务目标是协助不同语言和文化的交际双方完成有效交际。自20世纪80年代以来，口译的社会语用功能受到特别关注，口译研究领域相继开展了用户期待、规约、译员角色等与社会交际功能相关的交际障碍研究（Schjoldager，2002；Kurz，2002），此外，也有学者（Berk-Slingson，1990，2002）从社会语言学视角关注口译中信息感知功能的社会语用因素和话语标记效应。不过，以上考察主要是对口译结果的反思与检验，并针对口译过程所涉及的复杂概念变量之间的关联互动及社会构建功能。我们认为，口译认知运作离不开社会文化因素，不同社会和文化积淀形成了不同民族的迥异认知思维模式，引发不同概念框架构建方式、语用功能映射、概念关联与激活连通，以上成为联结口译整体概念化网络的基本理据。

为此，口译思维研究应将重点投向概念框架构建的范畴特征及其功能特性。除秉承结构主义传统的和行为主义思想的心理学研究外，口译语境在口译过程探究中已得到不同程度的重视，对语境的关注既包括情景和符号学层面的在场研究（Ingram，1985；Salevsky，1993；Gile，1995），也包括社会功能层面的不在场研究（Stenzl，1983；Setton，1999；Pöchhacker，2004；Seleskovitch & Lederer，1995）。然而，无论是在场的还是不在场语境，基本上被当成现实的外在体现。考察发现（谌莉文、王文斌，2010；谌莉文，2011：163—168；张育，2014），参与口译交际的各类副语言因素及其他所有超语言因素可以组成一个完整的口译语境系统。其中不同范畴的语境概念相互激活连通，社会文化、情感、趋势要素构成的不在场框架不断碰撞并融入语言、技术、情境等要素构建的在场框架中，持续影响源语理解、记忆分析与意义重构的基本口译程序。

在口译概念框架构建中，体验性与功能性的相互作用以语言为媒介，以概念为节点，以功能为目标，这种复杂而独特的内在关系与表征方式构建了口译思维加工的概念框架系统网络（谌莉文，2011：7）。二者的相互关系还体现了主体经验对语言结构的渗透，因为语言的渗透可以是从基因遗传、数学模型、社会事实、个人认同的表达、会话交往的结果、社会符号系统、本族语的自觉、验证数据的总和、记忆快件的集合、受规则支配的离散系统或是分布式网络中的电子集合（桂诗春，2010）得到概念表征。这也说明口译思维过程本质上是概念的而非客体的，借助语言这种操作工具彰显口译思维过程的概念框架运作。

就目前来看，针对口译思维加工的概念化系统研究尚未完善，主要原因是对其心智运作的体验性与功能性还存在认识上的不足。一方面，尽管口译思维过程的认知属性得到普遍认同，然而，参与口译思维加工的概念要素之间的内在关系及其对口译思维系统运作的影响还不甚清晰，主体性、隐喻性、连通性等概念体验特性与口译概念化整体效能没有得到合理论证；另一方面，口译思维加工中多任务并行处理决定其思维运作呈非线性推进。目前，口译语用功能分析往往止于口译成品考察，忽视了概念框架构建特性在口译思维并行加工过程的作用。

口译思维过程研究所遭遇的瓶颈关涉到如何认识促发思维加工的概念

框架构建，为此，应首要解决围绕该过程的概念化思维运作、障碍表征及其运作机制。体验性与功能性涉及口译思维的各类概念范畴，触及其概念框架构建本质，范畴之间的相互关系及其与语言的互动构建了一个复杂的口译思维加工网络。揭示这些复杂概念范畴之间的内在关系成为洞察口译概念框架构建及其障碍成因的关键，始发点是考察口译思维过程所涉及的独特概念框架。

第三节　问题与目标

根据吉尔（Gile，2000）的分类，目前口译研究主要有六大主题：口译教学与培训、口译的语言问题、口译的认知问题、口译的神经生理基础、口译的质量问题、口译的职业问题。帕奇哈克（Pöchhacker，2004）结合口译研究主题及其研究路径，将口译研究分作四个方面：口译过程研究、口译产品及译员表现研究、口译实践与职业研究以及口译教学研究。仲伟合等（2012：67—76）认为，以往的口译思维过程研究往往理解为单纯的口译认知心理过程研究，其实不然。为此，根据口译活动的职业特点，将口译过程研究分作三阶段：口译过程前阶段研究，包括译前准备和背景知识以及口译教学与培训过程等主题研究；口译过程中阶段研究，包括口译策略（含口译笔记）、口译中的记忆和信息加工处理（感知、接收、存储、理解和产出）等主题研究；口译过程后阶段研究，主要是影响口译产出过程因素（演讲者口音、源语速度、源语发言难度、译员产出策略和译员心理素质）的研究。其中，中阶段正是口译思维过程，也是口译研究的重点（同上）。

本书的研究目标对准口译活动背后的概念化思维障碍表征，重点关注影响口译听辨理解和译语产出过程的概念框架构建障碍表征、概念框架构建障碍成因，因而属于口译过程研究，变量涉及影响感知、接收、存储、源语理解和译语重构等程序的各类概念要素。

口译概念框架构建障碍研究目前面临诸多难题，大体涉及三方面：理论推演、实据考证与应用推广。第一，理论构建，包括考察现有口译思维加工模式，检视其所涉及的思维障碍研究、概念框架构建的理据、操纵口译概念化认知障碍的核心机制、长时记忆图式与短时记忆图式的连通与突显、语境认知构建、主体间性运作、跨域映射等一系列概念化表征及其构建障碍。第二，实据考证，主要涉及如何通过建立合理的实证研究方案，保证口译现场影像原始数据、市场调研原始数据的客观性和真实有效性，如何建立模型、优化数据处理、确保研究数据的内部效度，以及如何控制实据论证的信度等。第三，应用推广，主要涉及通过假设验证和对口译思维中概念框架构建障碍的揭示，制订适用于教学与培训的方案，使本项研究成果有效转化为服务市场的理论工具。本课题将集中解决理论探究与实据考证两大难题，并为口译培训提供理论支持。

作为任务导向、现场性高（在线完成思维与语言转换）、交际性强（协助不同语言的交际双方完成交际）的语言服务工作，口译思维加工涉及众多概念要素的参与，各类概念成分之间的相互关系遵循从相对独立转向互为照应、协调并进的认知规律。口译在线工作涉及思维主体对言语事件、物质事件和心理事件的协调运作，有必要揭示这种复杂的概念框架构建及其障碍机制，并从实据论证中寻找障碍成因。

本书欲从语言学、心理学、认知语言学与口译思维研究之间寻求契合点，以认知语言学关于意义构建和概念范畴的基本论说为视点，以关涉口译能力评估的理论基础为依据，模拟口译思维中概念框架构建障碍表征，在此基础上开展数据模型界定，并进行进一步实据考察和分析验证。据此，以上难题可分解为若干微观层面进行探讨。本研究重点关注并解决以下九大问题。

（1）口译思维加工的概念化实质是什么？其认知理据何在？

（2）口译思维意义构建的独特性何在？如何看待意义构建与范畴理论对口译思维加工中概念框架构建障碍的解释力？

（3）口译思维加工概念化流程运行方式如何？概念框架以何种形式存在？

（4）口译能力绩效与概念框架构建障碍如何相关？

（5）如何认识口译概念化思维流程的前知识突显概念框架？前知识突显障碍如何表征？前知识突显障碍与口译能力绩效的相关性如何？

（6）如何认识口译概念化思维流程的语境构建概念框架？语境构建障碍如何表征？语境构建障碍与口译能力绩效的相关性如何？

（7）如何认识口译概念化思维流程的主体性协同概念框架？主体性协同障碍如何表征？主体性协同障碍与口译能力绩效的相关性如何？

（8）如何建立口译学员概念框架构建障碍考察的数据库？如何有效开

展数据采集和数据分析？

（9）影响口译学员概念框架构建障碍表征模型的变量指标是什么？如何开展模型设定？模型检定意义何在？

总体目标是：对准口译培训中概念化认知的薄弱环节，深刻剖析口译过程概念框架构建障碍的经验，系统开展相关理论构建与实证分析，关照英汉汉英不同口译方向，创建以汉语为母语的口译学员概念框架构建障碍的理论与数据体系，为进一步建立口译培训的个性化方案提供借鉴。

具体目标有六：一是考察口译思维概念化探究的理论依据，厘清与本研究密切相关的学术概念，建立口译思维障碍研究的概念视角，获取对口译思维概念框架构建障碍的深度理解；二是梳理口译思维障碍研究的模式和方法，评析存在的问题，明确本研究的视点和解决问题的办法；三是对关涉口译思维意义构建的障碍模式进行假说和论证，洞察口译概念框架构建原则与障碍机理；四是通过对语境连通、前知识突显、主体性协同、母语思维原型等一系列概念化方式的考察，描写口译发生过程的概念框架构建障碍表征，从不同角度开展探索式因素分析；五是通过设计立足以汉语为母语的口译学员实证研究方案，建立英汉、汉英双向口译思维概念框架构建障碍数据库和口译能力绩效数据库，开展验证性因素分析，运用结构方程模型，对研究假设进行验证；六是分析研究结果对总体框架的支持，修正并完善相关理论建设，丰富口译思维障碍研究的理论视角。

谨望此项研究有助于填补针对本土学员口译思维障碍研究的缺乏和研究方法薄弱的缺憾，完善学科建设，更好的服务口译实践、口译评估、口译教材和课程建设，为此，将在研究设计和方案布局上彰显适用性和实效性。

第四节　方案与布局

拟构口译思维加工中概念框架构建障碍的理论模式，透视潜伏于传译程序背后的概念化协同经验认知，总体假设如下：

口译思维过程并非语言、环境和主体的图式映射，而是相关经验互动的概念框架实时构建，涉及前知识突显、语境认知构建和主体性协同概念化认知运作，其系统流程包括从源语经验认知到译语经验认知的一系列意义协商。口译学员概念框架运作的自动化程度较低，相异个体在相同的概念化过程中呈现不平衡观象，加之母语思维原型与相关概念化运作的相互制约，往往发生系统运作障碍，导致自我评价失败，快速决策受阻，无法达到所期待的交际效果。因此，概念框架构建能力决定传译成败，克服障碍应从改善子系统结构入手。

为此，本课题针对以汉语为母语的口译学员的概念框架表征，探求概念框架构建障碍的表征原则与机制。通过理论驱动，推导建立口译思维概念框架构建障碍的总体架构，并在语料驱动下开展细节论证，通过实证数据进行模式验证，以此考问口译思维加工中概念化认知操作。

研究方案分为理论研究工作和实证研究工作两大部分。

理论建设包括五个方面：

第一，概念化认知与概念框架构建障碍。基于口译能力认知观（Gile，1995）和意义构建与范畴认知观（Langacker，2002；Fauconnier & Turner，2002；Tayler，2001，2002），口译思维加工的概念系统运作在于涉及前知识突显、语境认知构建和主体性协同等概念化方式的意义协商，系统整体稳定有赖于相关概念框架的内部有序和互为支持，反之发生系统工作障碍。

第二，前知识突显障碍。前知识运作关涉口译思维推进的玄机，前知识突显源于不同心智空间的概念对接，经过关联映射和概念压缩，在理解和重构空间出现一连串新生结构。如外商参观时，中方生产主管提到"安全生产"，前知识突显包括如下结构："安全生产"→"生产环节""管理""安全性"→ safety in production；相关对接缺省或前知识突显障碍则引起突显失败，如将"安全生产"理解为"安全（的）生产"，其结果是引起源语空间的产出失误，译成 safe production（实则表达"安全产量"）。

第三，语境构建障碍。口译语境通过在场和不在场概念连通获得系统表征，子系统内部或相关概念协同失败引起语境构建障碍。如针对"安全生产"，在场语境涉及"说话语调、说话方式、工作车间"等概念要素，不在场语境涉及"管理制度、爱惜生命、工作态度"等概念要素，相关概念协同失败引发概念构建系统障碍，导致思维流程中断。

第四，主体性协同障碍。口译言语行为目标就是致力于不同认知主体的视域融合，通过主体间性运作完成言效契合。如"安全生产"一例中，若译员缺乏涉及厂长和外商的主体性范畴在意图、角色和情感方面的认知互明，则无法进行口译思维自我评价，致使中方意图不能在外商及相关听众中产生相应的言后效果。

第五，母语原型干预。由于汉英民族不同社会文化环境促成独特的事物认知特征和表述方式（沈家煊，2009；王文斌，2012），口译思维加工不断发生母语原型思维迁移和英语习得的范畴互动，汉民族认知结构是以汉语为母语的本土口译学员概念框架障碍不可绕过的因素，比如"安全生产"的概念化过程可能存在汉语四字格偏正结构的原型思维影响，间接干预口译产出绩效。

实证研究依托模型设定和统计检测，充分关照研究设计的信度和数据分析的效度。具体做法如下。

基于模拟实战和数据调研，从汉英、英汉样本中分离出概念框架构建的障碍类型，通过对比子范畴样本表现，阐析相关障碍变量的内部关系，获得具有概念框架构建障碍倾向性的不同范畴类型。基本预测是：概念框架构建障碍范畴运作与口译能力绩效表现相关；主体性协同运作的内部不平衡导致概念框架构建障碍，影响口译能力绩效的发挥；前知识突显运作内部的不平衡导致概念框架构建障碍，影响口译能力绩效的发挥；语境构建运作的内部不平衡导致概念框架构建障碍，影响口译能力绩效的发挥。

据此开展结构方程模型概念建模，研究假设如下：

假设一，口译障碍模型期望共变异数矩阵与样本共变异数矩阵没有差异。

H_{0a}. 口译能力绩效忠实度模型共变异数矩阵与样本共变异数矩阵没有差异。

H_{0b}. 口译能力绩效规范度模型共变异数矩阵与样本共变异数矩阵没有差异。

假设二，主体性协同障碍对口译能力绩效忠实度和规范度的影响没有差异。

假设三，前知识突显障碍对口译能力绩效忠实度和规范度的影响没有差异。

假设四，语境构建障碍对能力绩效忠实度和规范度的影响没有差异。

通过对上述预测的论证并对研究假设开展 AMOS 建模检测，推导口译学员概念框架构建障碍影响因子及对口译能力绩效的影响力结果，具体工作涉及数据采集、数据整理和数据分析。

数据采集：

依据概念框架构建障碍理论建设，设计结构方程模型并建立评分量表，参照口译工作语言（鲍刚，1998/2005）分类，进行材料选取。语料来自中英国家或公众人物在公开场合的发言，实验数据通过实验录音、译后访谈和问卷调查获得。数据取样依照多视角和多层面原则，扩大数据库容量。其中每场模拟口译的平均持续时长8分钟左右，产生录音样本300份以上。开展样本问卷调查，访谈内容以现场笔录方式留存，访谈笔录样本300份以上；问卷调查对象涉及数所高校不同层次的汉语母语者口译学员，有效问卷300份以上。

数据整理：

涉及英汉和汉英不同口译方向，考察主体性协同障碍、前知识突显障碍、语境构建障碍三类基本概念框架构建障碍，中介变量涉及角色、情感、意图、语义、记忆、原型、在场与不在场语境等要素的动态运作，观察变量包括思维主体身份、权利、立场、对发言观点的认同、意图推测、语义感知、隐转喻以及各类复杂动态语境要素。与此对应的潜在变量是口译能力绩效，观测变量涉及口译流畅度、忠实度、连贯度和规范度。录音转写采用通用标记语言SGML基本格式，以《口译评估》（蔡小红，2007）中的相关指标为依据，最终数值通过转化为李克特五级量表，进入运算；译后访谈和问卷调查通过对其结果进行分数转换获得数据。从描述统计结果中取得概念框架构建障碍的范畴分类。

数据分析：

针对内生潜在变量口译能力绩效，对信息点、信息意层、信息结构、完整句、停顿、迟疑、修正、语流、词汇、句法、隐喻、习语、术语、完整句、衔接和关联等观测指标进行统计，考察在忠实、连贯、流利、规范等方面的概念突显表征。针对主体性协同障碍、前知识突显障碍和语境构建障碍三个内生潜在变量，对所有观测指标进行访谈、调查和统计分析，考察角色互动障碍、情感沟通障碍、意图融合障碍、语义评价障碍、记忆检索障碍、原型选择障碍、语境连通障碍、语境重构障碍的突显表征。针对可能性潜在变量母语原型思维，对修辞、动词、名词、时态、术语、动宾结构和主谓结构观测指标进行探索性分析。通过模型验证，从涉及概念框架构建障碍所有变量的障碍反馈、错误类型、达意程度等方面考察角色、情感、意图、语义、记忆、原型、连通与重构语境效应等抑制因子对概念框架构建总体架构的影响。

  为便于理论聚焦与实证方案执行，在此对观察对象进行进一步说明。本研究主要考察以汉语为母语的口译学员交替传译过程中概念框架构建障碍的表现、机理与影响。无论是交替传译还是同声传译，均涉及译员对所接收声音讯息的听解、记忆和重构处理，目的在于协助不同语言和文化的交际双方完成交际任务（Jones，2008：5）。交替传译中，译员具备基本的听、析、记、译等基本技能外，往往需要直接面对话语主体和观众主体，在应变策略、主体协调、语境融合和译语准确度方面均有更高要求。根据国际会议议员协会（AIIC）制定的《职业译员实用手册》（1990/2004）①第3项第9款规定，尽管一个熟练的职业译员必须同时驾驭交替传译与同声传译两类基本技能，然而后者更能反映译员的系统基本功。因为在口译现场，连续传译除了对口译质量要求更高以外，还须考虑包括译员表情、行为及各类与现场情景有关的非言语因素。林超伦（2004/2009：Ⅲ）在谈及实战培训时也专门强调，译员培训应基于实践经验。因此，针对国内口译实践所暴露的相对薄弱环节（如意图与效果如何统一），通过给予正式场合交替传译中的口译技能培训，模拟口译实际情况，利于全面提高学习者的实战技能和应对技巧。

  为更清晰观察口译思维加工障碍的认知实质，避免口译形式混杂而引起细节差异，如无特别说明，本研究中数据考察均来自正式场合交替传译。

---

  ① 引自国际会议译员协会（AIIC）于日内瓦颁布发行的《职业译员实用手册》（*Practical Guide for Professional Interpreters*）（1990/2004）第3项第9条款（3.9. Consecutive interpreting）。后文类似引文出处同此处。

第二章

文献回顾

本章通过文献梳理，采用回顾比较、分析讨论相结合的办法，考察涉及口译思维加工研究的理论依据、研究范式和研究方法，系统检视与口译思维加工障碍有关的研究路向与方法。首先回顾国内外口译思维处理研究现状和口译思维研究方法，其次梳理、分析、比较最具代表性的口译思维加工障碍研究，最后指出口译思维加工障碍研究存在的关键问题并提出本研究的解决办法。

第一节 引言

口译作为跨越语言与文化交流障碍的重要媒介，在开拓人际交往与文化交流视野方面表现出强烈的工具意义，无论在学术或其他工作场合，持不同语言的交际双方得以顺利交流，正是获益于口译的帮助。发生在20世纪的两次世界大战是口译正式进入现代语境的催化剂，随着国际事务的日益扩大，各类社会层面对译员的需求迅猛增长，现场译员展示出令人惊叹的技能运用与其独特心智运作引起学界密切关注（谌莉文，2011：1）。

口译也是高度复杂的认知与交际活动（Braun，2007）。在口译思维过程，所接收的言语信息具有一次性和瞬间性特点，如何迅速、果断、有条不紊地开展认知处理，达到最好的达意和交际效果，无疑是口译思维加工研究的重点。口译概念系统包括不同的认知能力和语言能力，要求高效灵活的注意力资源、语言理解和形形色色的语音、音系、语义和语用等不同方面的处理环节（Morelli，2005），其中对工作记忆（Darò & Fabbro，1994；Gerver，1975，1976；Moser，1978）、插入缓冲（Baddeley，2000）、发音压制（Baddeley，2007，2010；Baddeley & Logie，1999）的关注尤为明显，说明口译信息处理中的中央执行机制不仅得到理论重视，而且已陆续开展实证研讨（Timarová，2008）。

据帕奇哈克（Pöchhacker，2004：113-158）的统计，口译成品研究主要围绕话语、表达、效果、角色和评估等话题，口译过程研究则集中于口译心理机制、认知机制、概念意义等涉及口译思维加工的模式构建，具体涉及转换、瞬时、理解、记忆、产出、变量和策略等动态要素，突出特点是听辨和理解几乎同步进行，理解和记忆几乎同时发生，重构和产出几乎同时进行，协调处理这些不可回避的矛盾使得口译认知中最关键的环节——快速抉择（Gile，2009：73-86）显得困难重重，也正因为如此，口译思维过程被称作最复杂的交际、心理和认知活动。

近年来，对口译过程的探索成为关照口译研究的广义指标（仲伟合、王斌华，2010），随着跨学科口译研究的深入，研究进入精细化。我们曾做了一个基于国内核心期刊相关论文的词频统计（谌莉文，2011：282—286），发现近年来在口译研究领域开始锋芒乍现的一个微观指标就是口译思维加工障碍，涉及听力障碍、理解障碍、记忆障碍和表达障碍。然而，口译程序思维运作则隐匿更复杂的变量，由于观察局限、取证不易等各种局限，从口译思维加工到针对口译思维障碍的系统研究极富挑战性。下面首先梳理国内外口译思维加工研究不同路向及最近研究进展。

第二节　口译思维加工障碍研究

口译思维加工涉及译员大脑接受外界（声音）讯息，经过加工处理，转换成内在心理活动的过程，在记忆协调、语境协调、主体协调、语用推导等机制运作的促进下，获得新的概念意义，并在此基础上进行意义整合、词汇整合、语法整合，完成内部转换，产生新的译语（语音）表达，因而是复杂的获取知识和应用知识的过程，包括记忆、语言、视觉、执行、计算、推理、判断、抉择等方面。口译思维加工障碍指上述认知功能中的一项或多项任务执行不力，从而阻碍系统整体运作，表现为主体感知受阻、原型突显不利和认知协调不畅等不同范畴加工障碍。

描写口译思维加工障碍的一个基本方法是构建口译模型，模拟加工过程。鉴于口译的交际敏感性和认知复杂性，研究视角涉面广泛，如人类学研究、社会职业研究、机构研究、交际互动、语篇和话语过程研究、认知加工和大脑皮层神经探索（Pöchhacker & Shlesinger，2002：85-109）。西方学者（Gerver，1976；Fabbro & Gran，1994；Gile，1995；Seleskovitch & Lederer，1995；Setton，1999；Anderson，1976/2002 等）大致从语篇、环境和主体三个范畴维度切入，发现影响口译思维加工的因素分布表现为结构相异性、处理瞬时性、大脑偏侧性、认知程序性、输入多样性和主体社会性等，比较有启发性的研究可归纳为四个层面：语义提取障碍，精力分配障碍，表征协调障碍和工作记忆障碍。

下面结合帕奇哈克（Pöchhacker 2004：95-106）对于口译认知程序的分类方式，梳理口译思维加工障碍的多方面因素，检视不同视角的口译思维障碍的研究特点、贡献与不足。

一 语义提取障碍

语义是心智活动，包括思想、认知、概念化等，所有这一切都内化为我们通过语言对世界进行分类或传递经验的方式（Leech，1981）。释意学派特别强调口译思维加工程序的听解环节，所谓听解就是要对其中的语义或思想内容（sens[①]）进行解析，并非解析包裹思想的语词外壳，而是思想内容本身，即语义。鲍刚（1998/2005）在国内第一部口译理论论述中，特别强调接受声音讯息的伊始就要开始语义解析。释意学派认为，口译思维加工是一个呈三角关系的处理过程（a triangle process），可以通过语义三角模型（The Triangle Model，以下简称三角模型）[②]得到描写，其中处于顶端的是话语所携带的语义或思想内容（sens）。语义提取障碍就是对源语符号所携带的思想内容无法完成解析任务。

该思想体系形成于20世纪70年代，主要由法国巴黎第三大学高等翻译学校（Ecole Superieured'Interpretes et de Traducteurs- ESIT de L'Universite Paris Ⅲ Sorbonne Nouvelle）的口译任教人员及从业人员提出，领军人物是口译学者兼会议译员的达尼卡·塞莱丝柯维奇（D. Seleskovitch）、玛丽安娜·勒代雷（M. Lederer）等。释意理论的初衷是为欧盟会议口译服务部门

---

① 在此将 sens 译为语义或思想内容，不同于本研究所提到概念术语"意义协商"中的"意义"，后者特指口译认知思维加工过程中的概念化表征。

② 关于释意学派的口译过程语义观主要参照 Seleskovitch（1978/1998）、Lederer（1978）、Seleskovitch & Lederer（1989/1995）等文献。

提供译员培训方案,因此他们将研究对象对准口译思维加工的语义传递过程。主要观点是,语义理解乃口译思维加工的核心,口译的关键是语义对等(sens equivalence),而不是专注于语词转换(verbal transfer)。根据该论说,如何正确摄取源文的语义并使译文在听众产生听懂效果(making sense)就成为探究口译思维加工过程的首要任务。

释意学派认为,处于三角形底部两端的分别是源语和译语,所谓 sens 是指:第一,对语音信息进行接收感知,获得知觉;第二,在接收的语音信息中,基于语音和认知补充,形成语义初迹;第三,从语言形式进入认知记忆的非言语概念状态(Pöchhacker,2004:97)。这种语义导向的认知描写集中体现了释意学派以脱离语言束缚的语义或思想内容为核心(with sense as its core)而非语言转换程序的理念(Seleskovitch,1978/1998:336),比较清晰地勾画了释意学派关于口译思维加工中语义的核心内容。瑞士口译研究专家艾赫贝尔(Herbert,1952:9)最早提出的口译过程描写中,口译过程由"理解"(understanding)—"转换"(conversion)—"传达"(delivery)三部分组成,与释意学派结合心理和认知语义加工程序的口译过程描写相比,艾赫贝尔的专注点仅在于围绕语言和口译技巧的相关问题,其观点尚不能构成严格意义上的翻译理论,但可视作口译经验研究的经典。总之,三角模型试图说明,翻译的基本任务不是语言的符号转换,而是译员对语义内容的理解与表达,语义提取正是首先且不可回避的障碍。

根据口译认知程序的描写,译员将所获得的源语语音信息转变成另一种语言的听众能够听懂的译语表达之间,一般需要经历以下步骤。

第一,解析源语表达。在这一环节,用携带思想的符号与围绕符号的超语言信息相结合,获取源语(language 1)所表达的语义初迹。译员仔细聆听充满意义的语言符号,通过分析和理解,提取这些符号所代表的语言现象及其所表达的思想。因此,该环节是连接演讲人与译员之间的重要纽带,其主要任务是话语阐释或解析(interpretation or exegesis of discourse),标志口译思维加工的开始。

第二,对所接受的源语词句进行语义加工,使其变成思想。在此环节,感知源语的思想内容并使所获得的感知脱离源语语言束缚(Seleskovitch & Lederer,1989/1995:22)。在这一环节中,大脑迅速主动地抛开承载源语思想的语言符号(词汇或语法结构),汲取符号所表达的思想内容，包括由语言符号而来的认知和情感意义，即达到"脱离源语语词外壳"（dé-verbalization）的状态。该环节位于语义三角模型的顶端，是口译思维过程的关键认知，也是释意学派的精髓。

第三，译语听众接收信息。在此环节，需要用另一种语言（language 2），即译语的语言符号表达语义加工环节所说的思想。译语表达的要求是既要表达出原话语的全部内容，又要使听众能够听懂。通过言语表达，完成源语信息内容的重组（reformulation）。这一环节标志着口译思维加工的结束。

释意学派语义加工模式旨在说明，翻译不是一个从源语到译语的简单转码过程，而是一个理解源语思想与重新表达思想的动态过程。因为源语话语一经说出，其表达形式便立即消失，但源语所携带的思想内容可通过话语分析和语义阐释，变成译员的思想。正是译员头脑中"尚未形成语言形式的思想内容"（Seleskovitch，1978：113）可经由译员之口，通过译语形式得到重新表达。问题是，要在瞬间做到迅速脱离源语形式，有效获得形式背后的思想并非易事。针对这一困难，勒代雷特别强调口译加工中的认知补充（Les compléments cognitifs）机制，该机制涉及社会、文化、情感等因子，她认为有效及时的认知补充可以帮助解释完善话语—思想—话语转换（Lederer，2001：22），因此，认知补充可看作解决语义加工障碍的认知工具。不过，释意学派并没有进一步揭示这些认知补充的运作机理，也缺乏对此开展有说服力的数据论证。

语义加工障碍研究的特点是对一般翻译过程进行高度抽象，这种语义抽象化表征引起了后来不少学者的兴趣。伽西亚·兰达（Garcia-Landa，1981，1998）将口译思维加工解释成两组相互关联的话语行为，位于顶部上端的是意义等值原则（equivalence of sense），并针对该等式，推导出相应的数学公式。可罗诺摩（Colonomos）的语义加工模型则围绕非形式的概念信息、各类记忆机制、监控机制以及反馈机制运作（Pöchhacker，2004：98）。许明（2010）针对"脱离源语语词外壳（dé-verbalization）"的独特认知尚未得到明晰的现状，对此进行了详细的认知推论，以了解这一特殊认知机制的形成与障碍。俞玲琳（2015）聚焦汉英口译中习语口译这一特殊语言现象，通过对语料的采集、整理、分析来研究习语口译过程中的认知补充现象，探讨在口译实践过程中如何进行认知补充，同时发现口译理解记忆过程和重构产出过程中不同认知因素的交汇可能导致语义加工障碍。

　　以上表明,语义加工描写的关键环节是脱离源语的语言结构并获得源语思想内容,要完成这一环节的认知任务,源语所携带的话语意义要结合长时记忆中的已有知识,瞬间且同时完成三项任务:获取言语的词汇内涵、获得言语的功能理解以及取得语词的相关知识。如此,口译的加工处理就不同于先前所认为的简单语码转换,而是融语言结构单位、知识单位和认知补充单位为一体的认知加工过程,这种高度融合的认知加工特色正是语义加工障碍所致力解决的关键问题,也是研究口译学员工作过程中概念框架构建障碍所必须面对的问题。

　　语义三角模型及其解决语义加工障碍的努力为口译思维加工障碍的系统研究起到引领性作用,然而受方法论和研究目标的局限,其在解释充分性方面尚存在一些悬而未决的问题,认知处理方面也存在需要深入的课题,主要有三:

　　第一,对语义概念的认识。从对 sens 的解释来看,它是语言与认知相结合的结果,然而,该过程的解释并没有涉及思维主体的主体性参与互动,那么,语言与认知的结合就只能是一个相对静态的术语解释,而不是动态的经验认知。尽管语义三角旗帜鲜明地反对客观主义所主张的字面意义,但并没有真正脱离将语义内容或思想内容视为客观事实的囚笼。同时,释意理论所提出的另一个重要概念——口译思维理解中的"语义单位"(unit of sense)的认知内涵有待多方面的数据支持。如此一来,口译思维加工的核心语义或思想内容还没有摆脱传统语义学的意义认识。如果关于语义的核心概念不能解决,语义提取障碍的认知理据就不能得到科学解释。

　　第二,语义推进的关联。尚未澄清从源语表达中获取源语的语义感知与脱离语言外壳这两个环节之间的关系,即从第一步迈向第二步的过渡有无认知上的关联性?关键的第二步——"感知源语的思想内容并使所获得的感知脱离源语语言束缚"分别与其他环节如何产生有效关联?从第二步到第三步的衔接又如何得以发生?假如每个认知步骤之间的内在联系不能得到合理解释,就无法解决口译认知并行引起的思维加工障碍。

　　第三,驱动程序的运作。脱离语言外壳认知机制及由此引起的认知加工障碍的驱动原则、内部运作机制如何?认知补充是解决语义提取障碍的一个途径,那么,根据吉尔(Gile,1994)曾提出口译思维加工从输入 I

(Inputing) 到输出 O (Outputing) 之间经历了程序处理 P (Processing), 脱离语言外壳这一程序的大脑处理过程该如何描写？该疑问涉及所有问题中最为关键的研究话题，也是学界最为感兴趣的课题，催生出更为深入的相关探索（许明，2010）。其实，对于三角顶端语义运作及其所引发的语义提取障碍最具说服力的解释，还应从释意学派理论体系的本意、目标来寻找答案。

总之，描写口译思维加工过程的三角模型突出了语义的中心地位，那么语义提取障碍的驱动、运作和控制机制就是该学说致力解决的关键，也是思维加工障碍研究的典型。释意派先驱在自身的实践经验、心理研究和认知思考的基础上，强调口译是围绕意义而非语词的翻译活动这一核心，其中关于语义加工、话语分析、认知补充和意义单位等认知推断不但在不同程度解决了语义提取障碍的困难，而且对口译教学与培训具有积极作用，口译思维加工障碍研究开始走上关注语义提取而非语法的道路。但是，作为一种理论范式，语义三角模型尚存在一定的认识上的模糊，要真正弄清口译思维中语义提取障碍的实际状况，还需多角度观察和实证检验。假如这些问题不能取得突破性进展，那么该理论构建的解释力和应用性就会大打折扣，口译思维加工障碍的认知解读也难以取得满意结果。

二 多任务处理障碍

多任务处理障碍主要针对口译思维加工过程如何应对多重认知任务同时出现的困难，其中比较有影响力的研究有勒代雷（Lederer，1981）提出的多程序心理运作加工、基尔霍夫（Kirchhoff，1976/2002）多层加工模型（Multi-phase Model）中的多阶段信息加工，以及吉尔（Gile，1983，1990，1995，Gile，1995：160）为应对口译思维中认知负荷带来种种挑战所做的一系列努力。

多程序心理运作加工涉及八个心理运作程序（Eight Mental Operations），心理运作程序障碍是口译心理显现时出现的加工困难，心理运作包括连续运作、间歇持续运作和间歇性运作三类，连续运作包括听力解析、语言解析、概念解析（通过输入语言与背景知识的整合推动工作记忆）、译语重构（从认知记忆推出译语表达）四个程序；间歇持续运作包括情景知识和自我调节两个程序；间歇性运作包括语码转换和词汇寻回两个程序。每一类心理运作的内部程序协调以及不同类型之间的程序运作

（八项认知程序）如何得以瞬间完成联动，成为抑制心理程序运作的最大障碍，如何消解这些复杂的心理运作障碍正是该研究亟待解决的重要课题。

针对口译多阶段加工的障碍研究则借用信息科学关于解码、重组、产出和监控等术语，讨论记忆机制中影响信息输入短时存储的复杂机制，破解源语和译语之间的句法转换机理，针对译员心理语言处理障碍，解决多阶加工面临的困难。因此，多阶运作障碍研究的重点在于解决认知负荷压力、提高加工能力等心理加工问题。该研究彰显口译认知思维加工所面临的多阶段心理运作难题，即为完成口译任务，认知能力超出处理能力限度时所产生的矛盾。

1986年，意大利特里亚斯特大学召开第一届会议口译国际研讨会，来自法国里昂第二大学的丹尼尔·吉尔（Daniel Gile）对释意学派语义加工模式提出质疑，并针对译员多任务处理能力的构成与处理难题，提出了口译认知负荷模型构想[①]（涵盖交替传译和同声传译两种方式）。认知负荷研究的重点在于解决口译思维加工中如何应对有限精力分配障碍，以完成瞬时处理收听、理解、记忆、产出等几乎同时发生的各项任务，基本研究路径是从口译培训与实践中取证和建模，并借助认知科学的方法展开实证研究。

针对思维加工中的精力分配障碍与认知能力之间的矛盾，提出两项假设：其一，口译认知要求译员具备某种心智精力，但人脑的这种精力供给是有限的，由此产生协调障碍；其二，口译认知加工需要动用所有心智精力，且其需求量往往超过精力提供的能力，这也是导致口译水平降低的主要原因。

认知负荷涵盖三个基本成分：（源语）听解负荷（The Listening and Analysis or Comprehension Effort）、（译语）产出负荷（The Production Effort）和记忆负荷（The Memory Effort）。

听力负荷指所有关涉源语理解运作的认知努力，包括分析抵达译员耳郭的源文声波、进行语词辨析和判断话语意义等认知过程。实验证明（Gerver, 1976; Lambert, 1988），源语理解不仅涉及辨别语词，还要推断语词意义，并在接下来的行动方案中进行在线评估。因此，就译员而言，

[①] 主要参见吉尔（Gile, 1995, 2002）。

源语理解负荷可能超过普通听众在同等条件下的话语理解负荷，这主要由于译员必须掌握所接听的全部信息，而普通听众只专注引起兴奋点的局部信息。此外，一般情况下，会议译员的专业背景和技术术语都不及听众中专业人士的专业水平。因此，口译思维加工过程的理解不仅是心智运作，更是进行加工能力管理的关键环节。

产出负荷针对的是口译输出环节（用 P 表示）。在同声传译中，产出负荷涉及从源语心理表征和言语表达计划以及表达计划实施的一系列心理运作；交替传译中，认知负荷分布于两个生产过程，首先是信息听辨与笔记记录，然后是译语产出。同源语理解一样，译语产出也是一种心智行为，需要大量认知努力，由于讲话人携带言语意图的话语产出并不总是准确和流畅的（Holmes，1988/2000：180），加上译员在技术层面和语言层面对于产出信息存在种种不熟悉，产出负荷成为译语产出加工的基本障碍。

记忆负荷是口译思维加工得以延续的纽带，由于声音信息接收的瞬间与完成口译产出的瞬间具有时间延迟性，语音切分首先进入记忆并参与分析，然后才是词语辨别。这说明口译思维加工中的短时记忆包含信息储存程序，以备后用，因此，口译记忆也是非自动的心智运作。鉴于此，吉尔（Gile，1995）提出了一系列描写口译工作特点的工作模型，如"同传口译模型""连续口译模型"和"口译理解模型"等，所拟构的精力分配公式正是针对认知负荷分配障碍而做出的努力。

精力分配不平衡引起多任务处理障碍，基本原则是 $(L+P+M) < Capacity$。其中，L 代表源语听解负荷，P 代表言语产出负荷，M 代表短时记忆负荷。对该原则进行解读，发现在口译思维加工中存在一个开展认知处理的有限心智，即口译能力，而听解、产出和记忆三类心智负荷的总和应该小于译员进行认知处理的口译能力。以此为依据，吉尔分别对同声传译与交替传译过程中的认知负荷与认知处理能力进行了公式化描写，为保障认知处理的效度，需满足一系列条件，以解决实际工作中二者往往不能保持平衡的矛盾。简要介绍如下：

同声传译思维加工用 $SI = L + P + M + C$ 表述。

同声传译思维加工过程涉及各类认知负荷成分，除上面提到的 L、P、M 外，加了一个新的成分 C，其作用是协调其他三类认知负荷成分。

口译处理能力的问题用 TR = LR + MR + PR + CR[①] 表述。TR（Total Requirements）是能力总需求，LR（Capacity Requirements for L）表示源语听解能力需求，MR（Capacity Requirements for M）表示短时记忆能力需求，PR（Capacity Requirements for P）表示译语产出能力需求，CR（Capacity Requirements for C）表示协调能力需求。

为获得同声传译处理效度，还需符合以下5个条件：（1）TR < TA；（2）LR<LA；（3）MR<MA；（4）PR<PA；（5）CR<CA。这表明能力总需求量不超过口译处理能力的总数。

基于以上原则，针对交替传译的认知负荷分布也得到描写，分两阶段，如下：

第一阶段：Interpreting = L + N + M + C，表明该阶段口译思维加工是听解 L（Listening & Analysis）、笔记 N（Note-taking）、短时记忆 M（Memory）与协调 C（Coordinating）所承受的负荷之总和。

第二阶段：Interpreting = Rem + Read + P，表明该阶段口译思维加工是记忆寻回（Remembering）、笔记朗读（Note-reading）与译语产出（Producing）所承受负荷之总和。

为获得交替传译的处理效度，亦需满足以下5个条件：（1）LR+NR+MR<TA；（2）LR<LA；（3）NR < NA；（4）MR < MA；（5）CR < CA。

假如条件（1）不成立，则系统处于饱和状态；若条件（2）条件（3）或条件（4）不成立，则即使认知负荷总量小于口译处理能力，仍会发生口译失误。

以上说明，认知负荷研究主要针对口译多任务处理程序而开展，针对译员如何进行精力分配障碍这一核心问题，寻求听解、记忆、产出（交替传译还涉及笔记记录、朗读和短时记忆寻回）几乎同时发生的认知程序及其所涉及的认知付出，洞察口译工作状态下实际所需心智负荷与认知处理能力之间的关系，寻找适当的解决办法，以提高口译水平。

从理论假说来看，认知负荷模型立足于认知科学的理论基础，具有深刻性；从论证过程而言，该研究关注从口译实战获得研究语料并以此作为实证分析的基础，具有可操作性；从应用层面来看，该研究对分析口译过

[①] 吉尔（Gile, 1995）特别强调，该公式并非数学等式，因其可能发生实际工作状态下的成分共享。

程中的"错译和漏译现象有较强的说服力"(梅德明，2008：25)。

总之，以心理运作、多阶段和认知负荷模型为代表的多任务处理障碍研究重视口译认知区别于其他言语交际或笔译过程的独特性，并进行实证探讨，极大丰富了口译思维加工研究的视角。然而，对口译思维加工障碍系统研究而言，聚焦精力分配与口译处理能力的认知负荷研究尚存在以下问题：

第一，没有深入探究口译多任务处理障碍的概念化构建。主要是针对认知负荷的模型构建，对于口译思维操作的整体信息流程尚缺乏时实考虑。事实上，口译思维加工中还涉及一些不可绕过的关键认知变量，如语篇因素（语篇要素构建的语篇框架）、环境因素（社会文化、现场情景、技术设备等构建的语境框架）和主体性（发言人、译语听众与译员思维关系构建的主体性框架）因素，这说明口译认知是涉及多种概念化运作的系统行为，若不能综合考虑这些概念化运作，就难以对口译思维加工障碍进行更客观描写。

第二，没有揭示口译认知负荷研究的认知动因。影响同声传译和交替传译过程的认知负荷涉及许多变量，有关精力分配和处理能力以及制约条件的公式可以解释口译加工中遇到的具体困难以及由此引发的口译失误现象，认知负荷触发机制可用来解释口译多任务处理困难的原因。然而，口译思维加工的触机是否来自译员处于认知处理能力极限的负面状态，尚需新的理论与实据论证。这说明，认知负荷研究对人名、地名、数字和术语等可能造成连环口译失误及其对策等方面具有较强解释力，但对于引起多任务处理障碍的认知动因还有待进一步探索。

第三，口译思维加工的认知成分和制约成分之间的关系尚不明晰。多任务处理障碍研究不能绕开译员多任务处理心智运作的全方位启动，其前提在于承认口译认知处理是从源语到译语思维的非线性信息加工，涉及多层次、多维度的网络复杂认知构建。鉴于认知负荷模型的基本目标主要针对口译思维加工中精力分配与口译能力之间的关系，而对于心理表征认知运作所涉及的各类认知成分及其与制约因素认知结构之间的关系、各类认知结构的内部相关性方面尚缺乏探讨与验证。

三 表征协调障碍

表征协调障碍主要针对口译思维加工的表征复杂性，对口译思维的心理表征及其相互关系开展微观描写，聚焦复杂性口译思维加工运作的表征协调机制，通过跨学科多元运作方法，考察口译认知加工的复杂程序。

根据理论出发点和研究工作模式，表征协调障碍研究分为两类。其一是信息处理心理学研究（Information Processing Psychology），建立基础是第一代认知科学，关注点是基于计算机隐喻的心智运作；其二是同传过程的认知语用研究（Simultaneous Conference Interpretation with a Cognitive-pragmatic Approach），理论基础是第二代认知科学，采用跨学科多元研究方法。下面分别回顾并述评。

信息加工心理学对于口译思维加工研究的主要体现在对于口译行为过程心理表征的描写，将信息加工对象如词语、标记、记号等各类符号作为观察对象。研究（Massaro，1978）发现，口译过程涉及"几乎所有的信息加工理论层面"（高彬，2008：21）。20世纪六七十年代，一些心理学家注意到口译过程心理表征的突显性，希望通过同声传译口译实验来论证各种心理学理论。实验过程中，他们结合实验心理学与心理语言学方法，通过对口译思维中复杂性心理表征的观察，揭示人类在语言、行为注意和记忆等方面的心理现象，比较有代表性的研究如下：

（1）考察口译信息的输入表征和生产输出表征，围绕心理结构与程序理论（Mental-Structure-and-Procedure Theory），专注信息流发展趋向（flow-chart model），通过实验心理学的办法，对同声传译过程的心理结构及其认知程序的表征障碍进行论证（Gerver，1976）。

（2）针对同声传译中记忆结构与加工运作，探究关于语境知识、概念结构和百科知识的概念基础及言语感知结构的心理构建，对口译思维记忆表征障碍开展心理语言学探索（Moser，1978）。

（3）为解决法庭口译中对于归约性、复杂性口译思维表征的线性处理障碍，González（1991）基于口译思维运作的联结主义理论，提出同声信息处理模型（Simultaneous Human Information Processing），试图协调这种规约性翻译与复杂性表征并存的认知行为矛盾。

（4）针对双语失语症的联结主义口译思维研究，描写记忆常量缓存、心理信息处理与非语言表征在口译思维过程的表征障碍。帕哈迪斯（Paradis，1994）提出多维平行信息加工理论（Multiple Parallel Information Processing Theory），突显了口译思维分阶段信息处理的自动化特性以及多任务加工的心理表征障碍。谢尔诺夫（Chernov，1979/2002）的主位/述位与可能性预测（Theme/Rhyme, Probability Prediction）和龙斯达尔（Lonsdale, 1997）的口译多重运作的计算机执行程序（computer-based implementation of interpreting operations）则探讨了口译思维加工中的复杂性表征结构（Pöchhacker, 2004: 101）。

在信息加工心理学看来，人的认知系统可看作计算机信息加工系统，对口译思维的心理表征往往通过串行流程图来描写，如通过结构与功能组件表示在口译思维中某个具体阶段的信息加工，寻找可控性认知决策点以及心理表征协调障碍机理（Gerver, 1976; Moser, 1978），这为口译思维障碍研究提供了信息加工心理视角。尽管如此，以上研究对口译思维障碍的解释尚存在一些悬而未解的问题，主要集中在三个方面：

第一，未充分关照思维主体的主观能动性。信息加工心理学的理论基础是结构主义语言学，因此译员工作的心理表征都被符号化，意义的数学客观性也是实现预设的，那么口译思维表征障碍研究就排除了人类特有的理解能力因素，有悖于口译意义传达的基本目标。

第二，未充分关照概念结构的认知意义。信息加工心理研究主要通过语词分析、句子分析和语法结构来对口译思维加工状况进行推测，并非真正触及加工实质，对于口译表征障碍的论断与检验也建立在这些推测上，尚不能反映口译信息加工的机制运作。为解决口译表征障碍的难题，应当首先解答诸如什么是口译思维运作的心理表征的实质？这些表征如何呈现？语言结构与概念结构关系如何？等等。

第三，未充分关照口译思维的整合加工特性。上文提到的各种信息加工心理模型更适合解释单语状态下的思维运作，而对于口译思维并行运作的表征障碍机制还无法提供有力的解释，因此很难确定由于监听、解析、记忆、协调、编码等不同程序共同处理工作而引起的认知障碍，而这正是口译思维障碍研究的关键。由此可见，准确描写口译思维障碍的认知复杂性尚需努力。

20世纪末，表征障碍研究取得突破性进展，这主要得益于司徒罗宾（Setton, 1999）针对同声传译过程中的认知表征所取得的进展，如中部表征（intermediate representation）、语境化表征（contextualization）等，该研究结合联结主义与计算机语言分析技术，对考察口译思维加工的表征协调障碍做出了一系列努力，其主要贡献反映在认知用语视角的同声传译会议口译模型①的理论构建与数据论证中。

同声传译模型的基本出发点是有关感知、认知和语言研究的相关理论。该研究认为口译无法绕过认知功能与话语理解，不仅涉及意义产出与意义表达，更是有关意义集合的表征，引起思维表征自动性的控制动因成为关注的重点。为此，必须首先解决形成自动性的表征协调障碍。

对这些问题的思考本身就是对以往研究的突破，因为无论是基于语料库的考察还是信息处理的模型构建，都仅关注可触及的处理程序。事实上，一些外围系统的运作机制，如关涉词语辨认和发音接合等表征运作或许是更利于实验操作的变量（Setton，1999：64），这为开展口译实证研究提供了操作指南。

认知语用视角的表征障碍研究包含四大要点：第一，认知描写。描写口译认知程序，如理解程序包括视听、认知输入、词语辨认以及对以上的序列分配，并对各程序之间互动程度开展探究。第二，语境化处理。强调意义构建在一个统一的组装机制内进行，对语篇的言语理解需要进行进一步语境化处理，有助于了解语境化障碍表征。第三，中部表征。将一个总管全局的表征机制置于所有协调和判断的枢纽位置，这也是思维协调障碍的核心。第四，关系论证。论证同声传译的动态性表征和认知处理能力与口译所承担全部认知负荷之间的关系。

基本架构如下：

在总体表征中，基本组成包括输入、处理、自适应记忆等。

输入成分包括：发言人、其他视听、译员话语。

处理过程包括：词语辨识（发声识别、特征检测）、汇编程序（语法分析程序、语词语段摄取）、执行程序、公式化和发音。

工作记忆（短时和中时）包括：激活空间中的任务心理模型、执行程序、短时接轨记忆（非表现）、短暂表征（3—4秒）、听力汇编程序的语段内容，此范围内所能达到的水平则是内容详细度。

另外，大脑的存取区还包括丰富的存储内容，如源语与译语的语言知识（语法规则、词汇〈词语和短语〉、公式、跨语连通关系等）、情景知识、世界知识或百科知识（谌莉文，2011：40-41）

---

① 同传认知语用口译模型的基本内容源自 Setton（1999）的专著 *Simultaneous Interpretation: A Cognitive‐pragmatic Approach*。

该研究拟定了一连串用于实证研讨的具体问题,通过对语境运作与交际意图的描写,为解决表征协调障碍提供思路。这些问题包括:译员用来进行口译处理的线索是什么?语言结构是否影响同声传译过程的障碍?何种错误或失误反映表征协调性障碍?何种失误反映语言能力欠缺?哪类错误是由非语言知识缺乏引起的?结构转换模型、语言配对显性线索的使用、口译情景(如区分模拟环境或真实环境)或话语模式(如区分背诵演讲与即兴演讲的输入要素)?同声传译过程中部表征构建受什么因素制约?等等(Setton,1999:100-103)。

归纳起来,关注认知语用视角的表征协调障碍研究具有以下先进性:首先,基于心理语言学关于单语的言语理解与产出的基本模型,研究基础比较扎实;其次,涉及有关声音、形式和意义等不同层级的输入成分,障碍机制研究比较系统、全面;最后,研究理据涉及语言学、心理学和生理学等多学科知识,正如作者本人所言,该研究借鉴了心理语言学的标准语篇,描写话语理解阶段的感觉、辨识和解读(Clark & Clark,1977),从介词的模糊消解引发语境与框架知识的构建研究(Sperber & Wislon,1986;Fillmore,1985),并进行话语产出阶段的解码和发音接合研究(Levelt,1989)等(Setton,1999:64),具有明显的跨学科特征。因此,认知语用视角的口译思维加工障碍研究可视作口译认知能力与功能潜力的综合性探讨。

认知语用研究不仅融合交叉学科的成果进行理论构建,而且利用计算机语言分析进行数据处理,相对于先前的同类研究而言,认知语用模型具有不可替代的优势,因此该研究曾被誉为口译认知科学研究的最高水准(Pöchhacker,2004:96)。不过,正如所有科学研究一样,基于认知语用视角的表征障碍研究尚存在一些不尽完善之处,比如:

第一,关联论框架之于口译表征协调障碍研究是否具备解释充分性?认知语用加工的主要理论依据是认知语用学视角的关联论思想,然而,关联论的核心目标是解释言语交际中的话语理解过程,就一个理论体系来说,关联论是一个概括性的理论构想,在许多细节方面还有待微观描写与进一步验证。因此,以关联论为理论基础开展口译表征协调障碍探索是否具有解释充分性还有待进一步探讨。

第二,口译思维加工过程的语境化运作如何影响中部协调障碍?作为认知语用口译思维构建的关键术语,语境化的本质到底是什么?其认知理据是什么？语境化的构建程序如何？语境化与同声传译认知过程其他变量之间的相关性如何？这些问题均有待深入探讨。我们认为，语境化作为口译认知加工程序中不可绕过的认知程序，澄清其本质内涵与机制运作是揭示口译思维表征障碍的关键。

第三，与中部协调障碍相关的概念框架和中部表征的运作方式如何？口译思维加工的认知语用模型整体架构上是对同声传译过程的线性描写，其中关于框架、表征等都是认知线路图上的规定性术语，也就是说，仅凭这些概念无法解释口译所传递的核心意义如何在认知过程中发生内部变化的难题。假如不能描写意义的动态构建，就无法解释变化多端、不断整合、持续更新和瞬时推进的口译概念框架构建障碍的思维现实。

四 记忆加工障碍

口译之所以视作一项复杂的双语交际活动，是因为它须在最短时间内完成听力感知、启动记忆程序并产出连贯语篇，面临信息保持与重叠加工的双重压力，这无疑需要一系列精巧有序的认知功能协调机制，其中最有助于我们区分口译与笔译或其他双语交际行为的基本功能就是工作记忆。

口译涉及各类不同的认知与语言能力，完成口译交际任务需要高效灵活的注意力资源、对源语的理解能力以及多重语音、音系、语义和语用的在线处理（Morelli，2005），这些认知加工促发了口译背后认知功能的潜能，其中工作记忆是影响口译认知处理的关键要素（Daro，1989）。总结起来，关涉记忆检索障碍的研究大都通过拟构认知模型展开，根据研究内容和重要发现可大致分为三方面：中央执行机制；记忆存储容量；译员行为干预。

工作记忆的相关研究一般集中于同声传译研究，学者们往往提出工作记忆模型，采用实验法展开研究，并运用 E-Prime，DMDX 等实验软件进行设计和分析（仲伟合等，2012：85）。较有影响力的工作记忆模型是 Cowan（1988，1999）提出的嵌入过程模型（Embedded - processes Model）。其理论假设是，有效记忆是由记忆激活机制运作而引发的认知处理、执行机制和长时记忆唤醒机制的协同成果。工作记忆属于有限记忆体系，关涉记忆时间与记忆容量，各类认知表征在 10—20 秒之内受到激活，可记住(4+1)个相互之间并无关联的项目，因此，工作记忆模型可以让我们更容易理解记忆与口译之间的联系，如"班德累因素模型"

(Baddeley's Multiple-component)(Baddeley, 1986, 2007, 2010; Baddeley & Hitch, 1974; Baddeley & Logie, 1999)。

第一，关于中央执行机制的研究。工作记忆是一种积极的记忆体系，关乎复杂认知活动的必要信息储存和处理，以使译员主体可以理解与表征环境（Baddeley & Logie, 1999）。根据班德累和伊奇（Baddeley & Hitch, 1974）提出的初始模型，在记忆系统的中央有一个中央执行机制，负责控制与协调两个子系统：语音回路和视觉系统，前者掌管词汇和听觉信息的短时储存，后者协调视觉和空间信息，对中央执行机制的认知功能影响最大的正是工作记忆。在此，工作记忆被看作一种记忆控制系统，负责与长时记忆有关的各类表征与认知激活。中央执行机制是注意力控制系统，主要用以激活长时记忆中的程序与表征，该执行机制运作对记忆检索障碍有决定性影响。执行运作效度的检验一般采取听力跨度任务（Listening Span Task）（Daneman & Carpenter, 1980）来完成，考察目标是受试对一组句子的口头表达、每句的语义准确度以及（每句）最后一个词的序列回忆。积极词汇信息受语音回路控制，可以通过利用发音演练系统（articulatory rehearsal system）获得短暂维持，最后被中央执行机制或由此激活的处理程序所利用。最常用的语音回路检验方法是数字跨度任务，考察目标是让受试者说一段数字，然后要求其迅速回忆数字序列。视觉空间信息储存于视觉空间画板，中央执行机制或激活程序可在需要时使用。不管是儿童时期还是成年时期，工作记忆的三种要素均与大脑认知加工过程广泛关联，如语言和词汇习得、阅读理解、算术能力习得、心理算术、预期规划、空间线路认知以及智力（Injoque‑Ricle, Barreyro, Formoso & Jaichenco, 2015）。

后来，该模型增添了一个新元素——情景缓冲器（episodic buffer），作为联系各相关系统的接口，通过中央执行机制将长时记忆中的信息进行组构，形成情景表征。

第二，关于记忆存储容量的研究。记忆加工障碍一直是口译认知研究的关键问题，达罗和法布罗（Daro & Fabbro, 1994）、吉沃（Gerver, 1975, 1976）和摩瑟（Moser, 1978）的同传认知模型中都突显了工作记忆的关键作用，不过针对记忆检索障碍的研究还普遍停留在对储存容量的探讨上。吉沃（Gerver, 1975, 1976）是较早开始研究口译认知模型的先驱者之一，专门提到语篇加工的不同阶段都有一系列短时储存认知。他认为源语语篇在一个输入缓冲区中，通过与长时记忆的融合，承担着激活丰富语言单位和严格语言加工的任务。信息一经处理，就进入输出缓冲区并在此得到附加调控。两个缓冲区相对独立，分别掌管源语和译语。在摩瑟（Moser，1978）的认知模型中，工作记忆受控于抽象记忆，既是结构的也是功能的。抽象记忆负责语篇单位的语义和句法加工，并与概念基础和语码加工合作加工。此外，达罗和法布罗（Daro & Fabbro，1994）从心理学视角整合同传认知加工的主要研究发现和工作记忆，其认知模型相当于当前记忆系统模型（current memory system）（Timarova，2008），内含长时记忆和工作记忆两个系统。工作记忆的理论基础是班德累和伊奇的工作记忆模型（Baddeley，1986；Baddeley & Hitch，1974），只选取了中央执行机制和语音循环，但没有特别强调执行要素。据此模型，工作记忆是在目标语语篇干预下的针对源语语篇的被动储存，因此容量有限。

第三，关于译员行为因素的研究。译员行为干预也存在许多不定因素，一般来说，口译工作记忆研究对象包括译员、（同传）口译学员、具备一定目标语语言水准的人士等，然而所获得的研究结果差异较大，比如，一些研究发现不同组别之间具有重大差异性（Padilla，Bajo，Canas & Pidilla，1995；Padilla，Bajo & Macizo，2005），另一些研究结果则表明组别之间没有明显差异（Chincotta & Underwood，1998；Liu et al.，2004）。

帕底拉等学者（Padilla，Bajo，Canas & Padilla，1995）考察译员对工作记忆的主观需求，提出好的工作记忆能力是获得同传整体工作能力的前提，工作记忆能力可以从培训中得到提高。为验证其假说，他们评价译员工作记忆的存储和处理能力，对照组是没有做过译员的普通人士，变量是数字广度和听力广度。研究发现，同传译员在两项任务的分数均超过对照组，说明译员具有较高的记忆存储和记忆处理能力。在克里斯托弗等学者（Christoffels，DeGroot & Waldorp，2003）的研究中，口译绩效与工作记忆任务有相关性，说明工作记忆广度有利于提高其口译理解与产出能力。还有研究（Liu et al.，2004）采用组间对比，对口译初级学员、较高水平译员和职业译员的听力广度进行控制，结果表明，各组在工作记忆任务执行成绩上没有出现差异性。

此外，邹、伊思拉米、陈和韦德四位学者（Tzou，Eslami，Chen & Vaid，2011）观察语言水平和同传培训对同传绩效的影响，针对数字广度和阅读广度两个变量对口译学员和普通人士开展实验，发现工作记忆对策与同传绩效之间正相关。张威（2012，2014）提出同声传译环境下工作记忆资源的运作模型，主要包括口译语境、记忆系统和口译加工三部分，明确了口译语境对记忆资源的制约与影响，展示了同声传译操作中以工作记忆为核心的记忆系统在信息接收、分解、存储、加工、监控、输出、反馈等环节上的运作过程，揭示了工作记忆与口译操作及效果间彼此制约的关系。通过实验研究，进一步发现，记忆训练对提高口译学习效果有较明显的促进作用，记忆协调性训练对口译学习效果的影响要强于记忆容量的训练，在口译学习初期，记忆容量训练对口译学习效果的影响更加明显，随着学习经验的丰富，记忆协调训练对口译学习效果促进作用相对越突出。

与前人不同的是，昂佳格-利科等学者（Injoque-Ricle，2015）重点关注同传绩效和工作记忆的关系，其假设是，如果工作记忆容量和同传绩效之间有显著相关性，则可专门引入工作记忆项目，以提高口译绩效。为此，他们以听力抑制为控制变量，考察有无听力抑制对译员经验和工作记忆之间关系的影响；有无听力抑制对同传绩效和工作记忆之间关系的影响；工作记忆中执行要素的预期效果，词汇存储以及职业译员同传过程的熟练度等。研究发现，具有较高工作记忆容量的译员在执行同传任务时，整体表现更好，验证了工作记忆容量是保证口译绩效的一项重要能力，而在有无听力抑制所引起的工作记忆任务绩效的实验中，也发现工作记忆容量可能是提高口译绩效的能力之一。该研究最具启发性的意义是，听力抑制与记忆检索障碍的相关性在此获得了一定数据支持。

针对以上影响记忆检索障碍的重要认知要素和认知运作，目前还存在一些有待解决的问题：

其一，由中央执行机制运行的信息处理过程尚未纳入系统的理论探讨，缺乏实证数据验证（Timarova，2008）。

其二，大多数研究将注意力重心放在反复探究记忆容量上，从而忽视了工作记忆与口译认知加工过程本身的关系。

其三，更多精力放在职业译员和非职业译员的工作记忆容量比较上，较少关注口译绩效与工作记忆的关系。

第三节　研究方法与研究工具

作为一门交叉学科，口译研究兼有人文社会科学和自然科学的特点，其研究方法趋于多样化，根据摩瑟·梅瑟（Moser-Mercer，1994）的分析，西方口译研究大体形成了以实证研究为代表的"自然科学式的研究范式"（the natural science paradigm）和以释意理论为代表的"人文科学式的研究范式"（the liberal arts paradigm），其中人文主义研究路径的核心是理论的抽象思维、推理、归纳和演绎，实证主义研究路径的核心是数据的收集和处理，实证研究的方法主要有观察法、调查法和实验法（仲伟合等，2012：69）。

口译思维加工障碍研究是口译过程研究不可忽视的重要组成部分，重点关注抑制口译思维认知的影响因子和参数运作。作为一个研究领域，口译思维障碍的认知探讨尚未形成具有鲜明特色的研究方法和系统的学科理论。可以肯定的是，口译思维过程的心智体验性与认知功能性决定其研究方法必须因循科学哲学的路线，也应借助科学工具开展客观描写与数据验证，研究方法既有哲学上的理论预设，也包括用于自然科学考察的方法与步骤。就目前文献来看，口译思维障碍研究在研究方法上表现出一定的学科特点，但也存在一些不尽如人意的问题。为澄清认识，本节评述当前主要的口译思维障碍研究特点以及存在的问题，并提出本研究的做法。

一　现状与问题

口译思维加工概念框架构建障碍研究属于口译过程研究，帕奇哈克（Pöchhacker，2004：62-64）认为，口译研究尤其口译过程研究是自然科学的一部分，口译研究方法可归为两类二元对立：第一类，演绎与归纳（deductive and inductive）。自20世纪中期开始，口译研究人员在科学研究路径的启发下，对口译现场采集的数据进行演绎推理。具体做法是：通过明确定量因子，对理论假说进行证实或证伪，再通过归纳法构建理论，在定性数据的基础上推演理论，这种做法符合人文科学研究范式。第二类，观察与实验（observational and experimental）。观察就是指从口译现场采集数据，实验指数据库来自具体实验，以此为基础，衍生出调查法（survey approach），以丰富数据来源。

事实上，以上方法虽然理据确凿，然而数据观察的整体研究和数据搜集的特殊方法仍不可避免地存在边界模糊。罗宾逊（Robson，1993：40）曾提出采纳口译研究策略三重法的划分方式，即现场法（fieldwork）、调查法（survey）和实验法（experimental research），分别涉及个案观察、标准形式调查以及实验研究（一个自变量操纵多个因变量）。此外，鉴于口译取样的复杂性，案例研究往往结合多元方法并用的路径展开工作。鲍刚（2005：10）针对口译过程的基本研究方法，将其分为经验总结法、归纳思辨法、内省法、黑箱法、现场观察法、调查法、涉及源语或译语语篇的资料分析法、口译模式设定法、实验法与跨学科借鉴法，这与帕奇哈克（Pöchhacker，2004）的分类基本一致。

综合口译思维过程障碍研究主题和路向，发现其根据研究目标的不同，在研究方法和研究工具的选择上具有个性化特征，这一方面反映出目前口译思维障碍研究方法的特点与方向，同时也暴露出不同研究路向存在的问题，下面对此分别进行回顾与分析：

第一，模式拟构法。代表研究有释意学派的语义提取障碍研究和工作记忆障碍研究，其中对语义提取障碍的探究是认知语义研究的核心目标之一；班德累和伊奇拟构了工作记忆模型（Baddeley，1986；Baddeley & Hitch，1974），达罗和法布罗（Daro & Fabbro，1994）拟构了当前记忆系统模型，其中，探索目标是中央执行机制的运行难题。语义认知研究重点描写口译思维过程的认知方式，对翻译过程进行高度抽象，构建基于语义三角模式的理论推演，这种推演不仅适用于描写会议口译过程，也对笔译过程研究亦具借鉴意义。模式拟构法以定性研究为主，其理论构建是基于研究者自身的实战经验、心理研究和认知思考，提出了一系列有意义的认知推断，如脱离词汇外壳、语义核心、语篇分析、信息形象化和意义单位等，对口译教学与培训具有积极作用。工作记忆模型（Baddeley，1986；Baddeley & Hitch，1974）以及后来的记忆系统研究（Daro & Fabbro，1994），从心理学视角整合同传认知加工的主要研究发现和工作记忆，内含长时记忆和工作记忆两个系统，强调中央执行机制和语音循环，据此推演，工作记忆是在目标语语篇干预下的针对源语语篇的被动储存，因此容量有限。

基于模式设定的研究深受务实思想的主导，与之前的口译过程实验心理研究方法截然不同。不过，也正是这种主导思想导致此类研究存在过于夸大思维主体的主观能动性、缺少对译员个体差异的关注、缺乏对动态要素的细化研讨以及模型构建的线条过于粗放等缺憾，另外，模式推演的可重复性和可验证性方面也招致质疑，这些都在一定程度上削减了理论推演的解释力度。显然，与机械的演绎法相比，模式设定推演具有革命性的价值,但对于复杂多元的口译思维障碍而言,单纯的模式设定与推演由于方法过于单一而带来不可避免的缺憾。

第二,观察实验法。代表研究是对多任务处理困难、记忆加工障碍口译思维障碍的探讨。西方口译研究自20世纪80年代以来,在质疑释意理论不足的基础上往前推进,重点认为以主观推测和经验总结为主的定性研究缺乏科学论证,尤其缺乏实证研究(Moser-Mercer,1994)。观察实验法的主要特点就是实证研究,针对口译思维过程的感知、记忆、提取、转换、重构等认知程序的同时性和复杂性,进行实验设计。如吉尔(Gile,1995)的认知负荷研究针对口译认知中译员的精力分配处理对口译能力的影响,考察对象是口译思维过程中听、解、记、产等几乎同时发生的一系列动作的认知处理困难。多任务处理障碍研究的目标是口译能力,其中,关于认知加工资源有限性的构想有助于解决涉及同声传译复杂认知行为之间的要素竞争与矛盾协调。在实验设计上,该研究充分考虑理论探讨与口译教学相关环节接轨的需求,为此,研究涵盖从译前知识储备到不同口译程序的策略选择,针对译员在口译过程的困难、错误、语言和非语言预期方面进行实验设计和数据观察。

在记忆加工障碍研究方面,研究人员(Tzou et al.,2011)将数字广度和阅读广度作为观察变量,对口译学员和普通人士开展实验,考察语言水平和同传培训对同传绩效的影响,结果表明,口译工作记忆对策与同传绩效正相关。还有研究(Injoque-Ricle,2015)重点关注同传绩效和工作记忆的关系,他们以听力抑制为控制变量,重点考察三大记忆障碍问题:A. 有无听力抑制对译员经验和工作记忆之间关系的影响;B. 有无听力抑制对同传绩效和工作记忆之间关系的影响;C. 工作记忆中执行要素的预期效果、词汇存储以及职业译员同传过程的熟练度。经过努力,听力抑制与记忆加工障碍的相关性在此获得了一定数据支持。

事实证明,这种以观察、实验为主的实证研究强调了口译错误分析的差异性、听力抑制对记忆检索障碍的影响等,具有教学和培训上的可借鉴性。然而,由于缺乏理论支撑以及在理论框架构建方面的薄弱,仅通过观察和实验开展的相关实证研究很难完成揭示口译复杂心智活动中思维加工障碍的任务。

第三,多元定性法。代表研究是口译思维信息加工研究和表征协调障碍研究。信息加工研究受结构主义思想的影响,借鉴实验心理学的研究方式,对译员内部心理表征进行符号化处理,可视作第一代认知语言学研究的衍生。值得肯定的是,信息加工研究是认知心理学与口译过程研究相结合的尝试,启动了口译过程跨学科研究航程。然而,单纯的实验心理加工研究忽视了口译思维的临场性和认知功能性本质特征,针对相对封闭环境下的实验数据开展客观分析,认为语词符号与句法结构是造成口译思维障碍的主要原因,而该发现也是引起争议的所在。相比心理实验和信息认知研究,综合借鉴相关学科研究成果的表征协调障碍研究对口译思维过程进行系统考察,采用的是双管齐下(two-pronged)的多元研究(Setton, 1999: xiii),通过理论推演、实验设计、数据跟踪、量化分析等办法,更加系统地揭示人类在口译思维这一特定交际行为过程的认知状况。

总体而言,表征协调障碍研究的理论模型本质上而言是一个心理模型,其基本框架沿袭认知心理学的套路,在理论构建上所依据的基本理论主要是针对言语交际的语用认知观,有待澄清的问题是,其核心思想关联论是否具有解释的充分性?是否足以解释口译思维障碍?研究工具的选择和使用是否足以处理复杂的口译认知变量?这些问题的解决均有待更为成熟的研究方案。因此,要充分关照认知运作障碍,基于语用认知视角的口译研究在研究方法上有待进一步开拓。此外,根据该研究,同声传译中的语境化现象是造成同传思维障碍的主要原因,但是语境化机制的要素运作尚未得到揭示。综上,尽管目前研究在解释充分性和验证信度方面还存在不尽如人意之处,然而,无论从理论构建还是实据验证方面,多元运作模式的研究路径更加接近口译过程研究的科学化与系统化目标,树立了跨学科系统研究的典范。

尽管多元定性研究有众多可圈可点处,但也存在两个不足,一是套用语言学对话语和篇章概念的阐释,在认知语用的理论框架下考察口译过程,缺乏对口译交际独特性的认识和对口译活动的具体界定,以致影响口译研究的效度。二是研究工具的科学性,包括变量体系有待整合、数据处理有待优化等,对以上问题的进一步深化均为进行口译实证研究方法优化探索提出新课题。

综上,现阶段条件下,系统的口译思维障碍探讨在研究方法上总体以借鉴相关学科之长为主:

其一,借鉴实验心理学的心理实验所采用的各种途径和方法,包括对仪器和工具的利用;其二,借鉴理论语言学的观察、推理、思辨、解释、个案研究论证与论证等方法；其三，借鉴当代认知科学的实验、认知神经、计算机模拟、有声思维等多方数据支持的整体性研究方法；其四，借鉴当代信息技术的发展成果以及信息加工模型构建方法。总体来看，目前尚未形成针对口译思维加工障碍研究的独特方法体系。

二 本研究的做法

广义上说，翻译过程涵盖译员认知行为加工和跨语意义转换，随着技术的发展和进步，翻译过程研究方兴未艾，其中针对译者/译员认知过程与行为（cognitive process and behavior）的跨学科属性尤为突出（Tirkkonen-Condit & Jaaskelainen, 2000; Shreve & Angelone, 2010）。心理学、认知语言学、技术研究均为翻译认知过程考察奠定了基础。

口译研究从一开始便具有跨学科特点，尤其是在口译过程研究中（仲伟合等，2012：76），跨学科意识和实证研究手段已成为口译研究方法论的主流（张威，2007），所涉及的相关学科主要有认知心理学、心理语言学、神经心理学和认知语言学，研究方法与研究工具也往往得益于这些学科。

2014年10月，厦门大学主办第十届全国口译大会暨国际研讨会并组织"跨学科口译研究论坛"，共收入跨学科口译研究方向论文22篇，分三场进行，历时270分钟。研讨期间，论文宣读作者与主持/点评嘉宾进行了深入互动，点评嘉宾有北京语言大学的刘和平教授、广东外语外贸大学的董燕萍教授、Graham Turner 教授、南昌大学的赖祯华教授和笔者。综合分论坛发言，研究分别涉及生态翻译学、认知神经心理学、社会学、认知语言学、信息技术环境、认知心理学、文化与哲学等，研究方法上既有针对民俗词汇口译、口译服务意识、口译过程模式、学科范式思考、哲学思考、教师角色定位等理论性研究，也有同传记忆加工、概念参数举证、交传笔记分析以及"脱离源语语言形式"程度的定量分析，取得了值得称道的成就，充分体现了研究视角多元化、研究主题丰富化、研究层次立体化（从词汇语篇层面到概念经验层面）、研究思路开放化、研究方法协同化（定性研究与定量分析适度结合）的鲜明跨学科优势。不过，总体而言，在研究方法上仍存在量化工具是否合适和研究结果是否有效度等问题。

就口译思维加工障碍而言，继对口译思维中的前知识运作、言效契合和双重语境连通概念化要素开展理论和实证探讨（谌莉文，2010a，2010b，2011；谌莉文、王文斌，2010；梅德明、谌莉文，2011）之后，谌莉文、梅德明（2014）、谌莉文、熊前莉（2014）以及谌莉文（2015，2016）进一步挖掘阻碍意义协商机制运行的概念框架运作，分别通过理论分析和数据推导，触及原型思维转换、主体性框架构建、语境框架构建及其障碍因子的微观层面，为描写口译概念框架障碍表征奠定了一定基础。

综合前人研究与学科特点，本书的基本主张是，口译思维障碍勘探不能离开语言研究这棵参天大树，同时要积极借鉴相关学科的先进工具，积极开拓适合自身的方法论，探讨实效性量化研究。根据国家人文社会科学对学科门类和研究方向的标准，口译研究所属学科门类为语言学，因此，口译思维加工障碍系统研究应立足语言学及其相关学科的研究成果，在方法论上与现代语言学、认知语言学、心理语言学、语言哲学、当代信息科学发展的进程保持一致，紧密结合口译思维的心智特点，通过跨学科多元整合的理念与方法，为口译理论与实践研究注入活力。这一主张与目前国际上口译研究的定位与做法基本一致。为此，本研究在研究方法论上做如下构思：

遵循维尔斯曼（1997）（胡隆，2005：11）所提倡的科学研究标准，通过充分观察分析，拟构相应的理论模型，设计严谨的实证方案，保证数据的效度与信度，即研究必须是经验的、系统的、严密的、可靠的与有效的。研究对象是以汉语为母语的口译学员交传工作状态下的心智表征，其参与要素包括主体角色、情感、意图方面的协同障碍，不在场语境与在场语境的连通障碍以及语际转换过程的语境重构障碍，与概念突显相关的语义、记忆、原型要素的评价与激活障碍，动态交际和母语迁移干扰等独特性认知功能障碍。因此，在研究方法上，口译思维加工障碍研究既不等同于语言学中常见的语言对比研究，也不能局限于实验心理学常见的封闭式实验数据采集与处理，同时还应有别于当代信息科学的单纯数据统计分析。

探究口译思维过程的概念框架构建障碍，应把握研究的系统性、实践性和严谨性三大特点，以此确立研究方法的基本原则。

第一，把握研究的系统性，勾勒概念框架构建障碍的内部状况。研究重点在于探究译员认知处理的心智运作规律，口译感知听解与产出效果所涉及的变量要素既包括语音、词汇、语法、表情、体态、情景等一系列语言与副语言因素，又包括主体、社会、文化、价值、语用等交际因素。为揭示口译思维过程的概念框架构建障碍，应重点关注以上因素反映出的语言范畴、交际范畴、时空范畴等概念框架特征，坚持当代科学系统论的思考方式，不同范畴概念框架之间的交互作用，不同层级概念框架之间的关系，各概念框架与总体框架之间的关系，以全面描写概念框架构建障碍的剖面图。

第二，把握研究的实证性，理论构建依托实践数据支持，论证分析对接口译实践。通过实据验证，发现以汉语为母语的口译学员概念框架构建障碍的认知规律，从而为制订适用于教学与培训的相关研究提供借鉴，即本课题的终极目标是使研究成果转化为服务市场的理论工具。因此，无论在理论构建和量化分析方面都必须依据基于本土环境的口译实战或模拟实战，制定符合实际的量化指标，进行尽可能接近口译生态效果的实际描写。为此，在研究方案设计上，考虑所关注事物的局部范围和现实时间范畴的局限性，同时，为了提高定性分析的应用价值，还应以客观考虑自身研究存在的局限性为前提。

第三，把握研究的严谨性，采用尽可能满足口译认知变量主观性和复杂度测量的研究工具。研究过程必须符合科学研究标准，定量研究为主，定性研究为辅，通过观察、调查和实验等多维而非单一渠道采集数据，变量要素本身应保持具有自身特色的组织结构和完整性，使用规范表达。因此，概念框架构建障碍研究不仅要有明确的总体框架，而且要保证总体框架内部子系统相关变量之间的关系与变化规律，充分考虑可供验证的研究数据和研究变量之间的相关性，力求达到描写充分性和解释充分性。

总之，截至目前，针对口译思维障碍研究在操作上并没有统一的方法，这与正在建立和完善中的学科本体架构有关，也与研究者所针对的研究对象和研究目标的差异性有关。一方面，在口译思维研究中，目前一些心理学和语言学前期发展阶段的方法，如思辨、外部观察、内省或经验总结并没有失去其地位（鲍刚，2005：18），与此同时，一些新的思维方法、行动理念和信息工具的引入，使得方案设计与数据分析更具科学性。

针对目前研究存在的问题，结合本研究的任务目标，本课题在研究方法上进行如下处理：

第一，在理论探讨环节，围绕意义运作，解析概念框架构建障碍表征。

以往针对口译思维加工的相关研究大多集中于语言处理程序（Setton，1999：101），较少考虑口译语言处理背后的后台认知及运作规律。本研究借鉴哲学、心理学、认知语言学和系统科学的研究成果，考察口译思维过程中的范畴运作、原型思维、跨域映射等认知行为，聚焦以主体性、语境、前知识等要素构建的概念框架，寻求机制运作背后的障碍表征。我们认为，基于口译心智运作的概念框架构建障碍研究核心在于把握口译概念化流程的意义构建实质，阻碍口译语言处理概念化协同的机制是协同抑制。理论上，基于口译思维的心智体验性与认知功能性是口译思维加工概念化本质的认知观，对准语际变化中理解与表达的思维过程（黄忠廉，2012），坚持口译思维意义构建的基本途径是概念化，通过映射与整合（Fauconnier，1997；Fauconnier & Turner，2002；Lakoff，1980；Langacker，1987，1991，2002）关联互明（Sperber & Wilson，1986/2001）来实现，换句话说，就是对各种概念框架的范畴化运作。因此，概念整合理论（Fauconnier，1997；Fauconnier & Turner，1996，2002）、范畴化和范畴系统（Talmy，2000：2；Evans & Green，2006：168）的认知构想符合当今系统科学的思维观，同时，原型范畴的空间性和时代性特性为翻译过程的概念框架转换提供了理据（谌莉文，2016），概念能力与口译能力是口译思维研究的重要组成部分，口译思维过程的概念运作能力成为探讨概念框架构建障碍的重要指标之一。

以上主张为探讨口译概念框架构建障碍内在认知规律提供了理论保障。据此，本书欲从理论上拟构一个描写动态的口译思维概念框架协同抑制网络，用以表征口译思维认知流程中的概念框架障碍归因。基本理论框架是认知语言学有关意义构建的论说。我们曾发现（谌莉文，2011：105），口译思维流程包括七个心智空间，来自不同输入空间的概念成分受经验维度、语言维度和交际维度的影响，相互融通、相互关联，经历跨空间映射和选择投射，在合成空间产生一个新生结构，该结构作为概念突显进入新一轮概念合成。经过如此反复，思维得到迅速推进，在译语空间表现为译语以言行事，此过程称为口译意义协商三阶合成模式。所谓新生结构就是经过概念整合形成前知识突显的成果，与主体性和语境运作有关的心智空间始终影响模式运作。由于协同抑制机制的作用，理想化思维流程受阻，协同抑制主要关涉前知识突显障碍、语境构建障碍和主体性协同障碍，原型思维表征引发的母语迁移成为口译思维流程中不容忽视的控制因素。

第二，在研究设计环节，坚持多元定性理念，运作结构方程模型。

国内外翻译过程研究分作两种，一种是从经验总结和直观体会的角度对翻译活动的主要步骤和程序进行描述和总结，另一种是基于相关理论构建某种翻译过程模式（鲁硕，2008）。目前，翻译思维加工的主要成就得益于研究手段的改进，如 20 世纪 80 年代中期开始"有声思维法"TAPs 的运用，最早源自（Karl Buhler & Edouard Claparede，1933，1934）的研究（Lorscher，1991）、语料库方法对翻译研究的融入、"多维收集翻译过程的研究软件"（Translog）的问世等，Alves（2003）提出三角测量工具（Triangulation）则是借用几何学和 GPS 定位原理，采用不同角度对同一对象进行定位，以提高数据的准确性和信度。

本研究坚持系统科学研究的整体思维观，遵循系统自组织运动的综合机理，依据口译思维过程概念框架构建障碍变量要素的博弈性，围绕口译思维过程的概念化流程进行一系列观察、思辨、论证、推导和验证。研究思路沿袭自下而上式理论推演与自上而下式数据验证相结合的方法，在认知语言学关于意义构建观、范畴观和整合观的整体关照下，基于口译思维过程意义协商操纵网络，结合丰富鲜活的现场语料，进行充分观察；结合不同时间和地点的微观实验，提高解释的充分性；探寻口译概念化流程的概念框架障碍表征和运作机理，推导口译思维加工概念框架构建障碍的诱发机制，提出总体假说。

验证性因素分析方案遵循系统科学的思维方式，针对口译思维概念化流程概念框架，构建障碍表征机制，形成基本预测与相关假设；根据社会科学统计原理，对不易直接观察的认知变量进行赋值；借助 AMOS 分析工具进行数据处理和评价，最后通过定性分析，完善理论架构。总之，本研究结合跨学科理论与方法，对准口译过程研究的独特性，开展多方位、多维度的理性推论与实据检验，窥探以汉语为母语的口译学员概念框架构建障碍的表现与影响。

第三，在数据处理环节，严格模型界定，科学量化概念框架障碍参数。

研究对象涵盖引发口译思维发生过程的概念要素、激活认知程序推进的概念要素、抑制基本概念框架构建的制约要素、调控次级概念框架运作的控制要素等。研究任务包括考察口译概念化在线思维加工的障碍因子，重点是口译概念化思维的协同抑制机制，论证基本的概念框架构建障碍概念化运作方式以及内源变量与外源变量的相关性，从实证数据结果获得对整体架构的支持。数据检验采取以定量研究为主、定性研究为辅的方法：为寻求内部效度最大化，采用多元数据测量工具，交互验证；建立结构方程模型，运用结构方程模式数据处理工具，通过观察所有变量之间、潜在变量与潜在变量之间、潜在变量与口译绩效之间的关系，求证基本假设与整体框架的拟合度。总之，通过理论推演、模型界定、假说验证和结果评价，保证研究结果的效度，揭示概念框架构建障碍，从而优化整体概念化机制运行。

总之，本课题以口译思维加工的概念化本质为出发点，以基于口译思维变量的模型界定为基本工具，采取适合口译过程研究的多元定性方法，理论探讨与实证研究有机结合，概念建模与数据分析互为支撑，厘清复杂变量间的关系，揭示口译过程概念框架构建障碍实质。需要说明的是，本研究关注的要点是促发口译概念框架构建障碍的主体性协同障碍、影响认知操作的语境构建障碍、阻碍口译思维推进的前知识突显障碍，因而对于区别双语形式特征的对比研究、不同口译方向引起的差异性表现、临场反常发挥等现象暂不予特别关注。

第四节　小结

本章系统回顾了国内外针对口译思维加工的研究成果，在充分调研国内外口译思维研究进展的基础上，对口译思维障碍研究进行分类评述，最后讨论口译思维障碍的研究方法、目前存在的问题和本研究的思路。

研究发现，西方研究非常重视口译行为所涉及的各类过程要素，尝试从心理、生理、认知、交际等四大维度探究口译思维加工的奥秘，在研究主题上呈现出多视角、多维度和多模式并存的特点。对现有口译思维加工障碍五大代表类型的梳理表明，关注口译思维的心理机制、神经处理机制、认知与交际、转换双语转换操作，并以此为基础，解决培训难题、优化教学方案，这也是口译思维障碍研究的共同目标。值得一提的是，国内口译思维加工研究虽然起步较晚，但发展迅速，从最初的理论引进，到深入探索，跨学科口译研究方兴未艾。不过，由于研究工具的单一性和考察的局限性，仅凭代表性范式和目标相异的个体研究，还不足以充分解释口译思维障碍的特性和内在运作。

研究还发现，口译思维障碍研究在操作方法上还没有统一的方法，一些心理学和语言学研究的阶段性方法，如观察法、内省法、经验总结法使用较为广泛，随着实证研究技术日益受到重视、技术和工具的改进更新，口译思维障碍研究正朝着科学化方向迈进。本研究将通过系统梳理和分析口译思维障碍方法论，针对口译思维障碍研究的特点，总结口译思维障碍研究方法的特点和应遵循的原则，在探索性分析中寻找突破口，针对总体架构进行模型设定，结合 AMOS 工具开展验证性分析，提高数据研究结果的信度与效度。

分析表明，基于逻辑思辨与经验推导的内省法具有理论基础扎实，语料丰富鲜活的特点，有助于加深对于口译过程思维加工内部结构的认识，但若要进一步解释思维背后的概念化构建和运行，就需要对研究问题展开进一步追问，将问题细化为具体可操作的指标，不仅开展基本的探索性因子分析，更要借助验证性因素分析，确保论证信效度。鉴于此，本研究将结合本领域已有研究成果，借鉴相关学科的先进方法，利用科学分析工具，开展基于理论推导的口译思维加工实证研究。

第三章

口译概念化认知的理论基础

对口译工作环境下的概念框架构建障碍展开探究,首先要厘清本研究区别于其他研究的特质性,以明晰研究立场,奠定理论根基。

本章立足当代认知语义学的意义构建与范畴认知观,从理论上阐述口译思维加工的意义构建、口译思维加工范畴认知原理以及口译思维加工的能力表征,重点厘清几组相互关联的认知理念,即概念化思维与概念结构、范畴化与母语范畴原型,在此基础上分析其对形成口译过程意义构建和口译概念框架的理论意义,最后分析概念能力对口译能力的推动作用。

第一节　口译思维加工意义构建

本节回顾与口译思维运作中概念框架构建探讨密切相关的概念化思维,厘清概念结构、概念表征、概念映射和概念整合的关系,讨论以上概念化思维与口译过程意义构建之间的关系。

一　概念化思维

根据束定芳（2008：105）的研究,在近 30 年崛起的认知语言学研究中,一个至关重要的观点就是：概念化的世界是一个经过人类认知折射的世界,意义就是概念化,那么,口译思维加工的意义构建就是建立在概念化基础上的认知运作。

研究发现,口译心智活动具有独特的概念整合特质,体现为范畴组织内部的概念连通、跨空间映射、选择投射、判断决策直至思维顿悟（谌莉文,2011：10,81—93,95）,这与当代认知语言学关于意义构建研究的理念一致。

概念整合是人类思维加工中不可或缺的认知方式,渗透于人类思维和行动的方方面面,也是人类区别于其他物种的重要特征,其中语言运用是最为重要的并受特别关注的思维现实(Turner,2007:383)。根据张辉、杨波(2008)的调研,近年来,概念整合思维的认知机理在语言相关领域如认知文体学(Semino & Culpeper,2002:Ⅸ-Ⅹ;Hamilton,2003;Semino,2003;Turner,2006;Sweester,2006 等)、认知符号学(Brandt,2005)、神经语言学(Coulson & Van Petten,2002;Grush & Mandelblit,2003 等)、语言习得研究(Sinha,2005)和批评话语分析研究(Harder,2005;Grundy & Jiang,2001a,2001b,2003;Hougaard,2005 等)等领域进行了应用尝试。

口译概念化思维的突出体现是概念整合。事实上,在语言运用的诸方面(词汇语义、语法结构、隐喻表达等)均反映出概念整合的基本认知机理。

词汇语义研究

特纳(Turner,2007)曾以形容词 safe 为例,说明对该词汇的认知过程,发现理解最为简单的语言结构也要依靠复杂的概念整合思维加工。

比如人们一般认为形容词就是给名词分配一个固定的属性,说明该名词的性质,实际情况并非如此,如:

The child is safe. The beach is safe. The shovel is safe.

此例中,safe 并非表示分配给名词一个属性,而是唤起我们对于一个适合于相关名词和语境的关于场景,如果给该场景设定一个主题,那就是"危险"。构成这一场景的意义要素包括受害人、地点和工具,我们可以将与"危险场景"有关的抽象概念框架和"海滩上的儿童"的现实情形投射到反事实的"伤害"空间(整合空间1),即想象空间;实际情形和反事实(counterfactual)空间作为两个心理空间之间存在非类比关系(disanalogy),这两个空间又作为第二个整合空间的输入空间,通过概念压缩,成为整合空间2的一个成分 safe。因此,理解 safe 需要构建和运作整个概念整合网络。类似的情况还出现在对诸如 Drive at a safe speed;Have a safe trip;They stayed a safe distance away 等例的理解中。张辉、范瑞萍(2008)在综述前人对形名组合研究的基础上提出一种将概念整合理论和物性结构理论杂合的分析模式,认为该模型可较为清晰地说明名词心理空间与形容词心理空间之间的映现和相互制约关系,以及这两个空间与体现形名意义的整合空间之间的映现关系。

再来看(N+N)词组的认知过程。如在 caffeine headache, money problem, nicotine fit 等词组中都涉及不同的心理空间之间的具有反事实连接的概念整合,一般分别表示"没喝咖啡,引起精神萎靡"(Headache from lack of coffee);"缺钱,日子难过"(problem from lack of money);"减少吸烟,身体状况得到改善"(fit from lack of nicotine)。下面借用(Turner,2007:388-389)曾以 caffeine headache 为例进行分析(图略)。

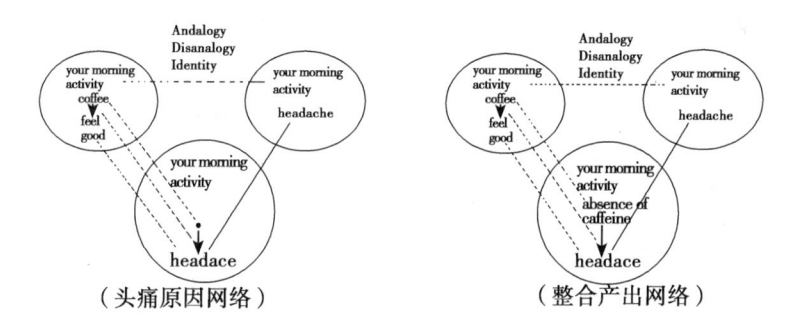

（头痛原因网络）　　　　（整合产出网络）

头痛原因网络中,两个输入空间分别是:与咖啡有关的情形 IP1 和与头痛有关的情形 IP2。这两个输入空间之间的关系包括:同一性、类比和非类比关系。整合网络建立的条件是,相互冲突的两个输入空间由同一性、类比和非类比联系相互连接,(上午的)工作活动从两个输入空间投射到合成空间:从 IP2 投射"头痛"成分、从 IP1 投射因果关系和原因成分"感觉清爽";这样,合成空间就产生了此事件所导致的影响,并出现一个新的概念结构——"头痛"。

该合成空间与先前的输入空间 IP1 的部分成分被有选择地投射到下一合成空间,经过处理后,推导该词组的含义:没喝咖啡,精神萎靡。将两个整合过程合为一体,可模拟 caffeine headache 的跨空间映射概念整合认知处理过程。

特纳(Turner,2007:389)认为,在类似的(N+N)结构中,第一个名词从虚拟输入空间(愿望)提取整合中所缺失的成分,而这个成分正是蕴含"不希望出现该状况"的原因;第二个名词从其中一个输入空间和合成空间提取一个代表"情绪不佳"的状况元素。以此类推,类似结构有 security problem; arousal problem; insulin coma and insulin death;

food emergency；honey crisis 和 rice famine。以上说明，第一，此类结构认知表明，经过概念运作，整合而成的意义有多种可能性。第二，不在场的概念（absence）并不能从表达式中直接获得，其最终意义结构是从概念整合网络中显示出来的。第三，反事实网络的整合性思维属于人类的后台认知，但人们在建构（理解与表达）它们时毫不费力，故往往不容易被察觉。

关于（N+N）概念合成名词，一方面体现出形式与表达的简洁性，另一方面暗含着意义构建的复杂过程，也是当前认知语言学研究的热点问题之一。Levi（1978）、Downing（1977）、Coulson（1997）、Franks（1995）、Murphy（1988：529-562；1999：259-288）、Gagnè 和 Shobe（2000）、Wisniewsky 等（1996，1997，1998）、Costello & Keane（2000，2001）从不同角度探讨了（N+N）所展现的语言与思维的创造性（刘正光、刘润清，2004）。综合起来，大多数研究将名词概念合成的语义关系主要概括为四类：联合型、关系型、特征映射型和混合型。在此基础上，刘正光、刘润清（2004：26—32）提出了合成型语义关系，提出并论证了隐喻识解作为第三种识解机制，可与理念化认知模式（ICM）一起解释（N+N）问题，同时认为，中心词在左边的合成词更准确地说应该是概念扩展，而不是概念合成。

语法结构

人类语言具有等位性特性（equipotential），即对于任何一种情形而言，无论是现实的或是想象中的语言，人类总有使用语言来表达某种情形下进行思想的方式（Turner，2007：384），比如一些独立于嵌入词语的语法结构。福柯尼耶和特纳（Fauconnier & Turner，2002）认为，语法结构通常可以反映概念整合对事件的整合，以英语中的结果构式（resultative construction）为例，其表达式为：A-Verb - B-Adjective，其中形容词表示一个属性 C（Goldberg，1995），意为"A 作用于 B 引起 B 具有属性 C 的结果"。我们使用这样的语法结构以促发围绕人类生活广大范围的动作和结果的概念形成，如 I boiled the pan dry；Kathy painted the wall white；Last night's meal made me sick；The earthquake shook the building apart；Roman imperialism made Latin universal，等等。

简单的语法构式有赖于复杂的认知运作。在这些例子中，结果构式的意义适用于所有的涉及时间、空间、变化、因果、意向性和同一性的不同认知域，而进行复杂的概念整合其实就是通过这些关键关系进行概念压缩的过程。语法构式提供了一个具有相应的语言形式的压缩空间作为一个输入空间，它与另一个典型的没有被整合过的相对分散的事件链（unintegrated and relatively diffuse chain of events）作为另一输入空间，被合成在整合网络。福柯尼耶和特纳（Fauconnier & Turner，2002）在经过论证后得出结论，英语已经发展了一系列一般的和整合的使动结构，说话人需要运作概念整合思维，选择合适的语法形式，其目的是表达更普遍的一系列事件的使动顺序；听话者则利用该语法形式作为心理提示来完成相应的概念整合思维（张辉、范瑞萍，2008）。

沈家煊（2006）运用概念整合思维分析汉语构词方式，以汉语结构为例，将这类因果整合归类于截搭型整合，且与转喻相关。从认知方式上讲，"糅合"与"隐喻"相关，"截搭"与"转喻"相关。如在"张三追累了李四了"一句中，"张三追李四"是因，"李四累了"是果。因和果是两个"相关"概念，不是"相似"概念，因和果的整合因此属于截搭型整合，"追人"和"人累"两件事情互为因果，因为从"李四累了"这件事情我们不仅可以反推出"李四被人追"，也可以反推出"李四追人"来。不过对"张三打哭了李四了"的理解，一般是"张三打李四并使得李四哭"，因为根据打人事件的认知定式，很难从"李四哭了"反推出"（使）李四打"的意思来。这样就可运用概念整合的基本机理来解释汉语句式中包含的隐喻和转喻现象。

强调意义整合的概念化认知方式具体语法结构的合成分析成效显著，如单词、固定表达式、因果构式、名词复合式（N+N）、形容词—名词复合式（A+N）、单词的形态组合、（美国）手语的语法形式、涉及反事实空间的合成形式、源自合成的句法形式（如法语中的使役双动词 faire）、形态逻辑使役词（希伯来语）、一词多义机制等（Turner，2007：392）。此外，中国学者运用概念合成思维解释汉语语言结构所取得的成果更加开拓了探讨不同类型的语言意义构建机理的研究空间，该领域的进一步开拓将为揭示语言后台认知奥秘做出重要贡献。

隐喻表达

特纳（Turner，1996）认为比喻是人类的基本认知方式，可以用来解释人类的各种经验，它是概念融合的过程和结果，主要包括始源域和目标域的输入空间、输入空间存在共有的抽象结构构成类属空间、输入空间的连通来自其对应成分构成部分映射、从输入空间投射到合成空间、在合成空间产生可以不断发展的新生结构、发生推理和映射、合成空间对输入空间有反向影响（王寅，2007：306）等，以此架构概念整合思维网络的各项要素。

从隐喻映射视角来看，束定芳（2004：431）指出，概念合成弥补了"映射论"的不足，不但将源域和目标域都看作"合成空间"（实际上就是互动的结果）的输入，而且还提出了一个类指空间的概念，认为这一空间也是互动的输入空间之一。格兰地、奥克雷和库尔逊（Grady, Oakley & Coulson, 2001）认为，常规概念配对（conventional conceptual pairings）和单向映现（one-way mappings）为各种动态的概念网络提供了输入空间，并制约概念整合网络的复杂运演过程，因而这两种研究范式在处理隐喻概念化过程中是互补的。

福柯尼耶和特纳（Fauconnier & Turner, 2003）进一步指出，隐喻是概念整合思维的一种尤其重要和突显的表现形式，是双域整合运演的结果之一，探讨有关隐喻映现的各类问题时都需要考虑诸如整合网络、突生结构、压缩、推理投射和总体目标等重要认知要素和过程。

继经典隐喻例句"This surgeon is a butcher"（Fauconnier & Turner, 2002）之后，布兰特（Brandt, 2005）在其创建的多重心理空间框架中重新分析这一例句，逐一讨论了理解这句话所涉及的心理空间和认知域，以及心理空间网络的指号过程，表明对该隐喻的理解还需要考虑职业道德心理图式（ethical schema）这个额外的输入空间，该研究为概念整合思维框架赋予了符号学的内涵（谌莉文，2016：16）。

在意义运作的庞大概念体系内，基于概念整合特质的概念化思维与概念框架一脉相承，后者是前者更为细微的表征方式，无论在词汇语义、语法结构还是隐喻表达中，参与概念化思维的各类要素通过关键关系，发生跨空间概念映射，彼此关联的概念框架得以启动，进入在线运作。口译是涉及源语语篇理解、记忆分析与译语语篇表达的认知操作，也是一种隐喻运作，其中最典型的结构要素均建立在词汇语义和语法结构基础上，从某种意义上来说，通过概念整合运作的概念化思维可以更精确表征口译过程的意义构建。

二 概念结构与口译意义构建

认知语义学主要关注概念结构与其外部世界感知经验的关系（Evans & Green，2006：157）。体验性认知观可以解释概念组构的属性，因此，有意义的概念结构就是其所关联的体验性经验认知。

设想一个人关在紧锁的屋子里，这间屋子有与边界地标相关的各种结构属性：封闭的四墙、内部、边界、外表，这样边界化的地标（bounded landmarks）就具有了附加的容纳性功能属性，即此人不能离开此屋。这种容纳可看作一个概念结构，由边界地标属性和人类的身体属性共同组建，因为人类不可能穿过燃气罐、蚂蚁洞这样的狭小通道，而挣脱离开容纳框架，这也说明，此容纳框架就是我们通过自身与外部世界互动所获得的特殊关系的意义成果。

与容纳相关的概念也是认知语言学家所说的意象图式（image schema）。从认知模式来看，意象图式是概念表征通过身体体验产生意义概念的一种方法。当容器概念在直接的体验经验与边界地标互动中产生，意象图式概念结构即产生多种抽象意义。莱考夫和约翰逊（Lakoff & Johnson，1980：32）曾使用下例来说明这种图式结构：

a. He's in love.（他在恋爱。）
b. We're out of trouble now.（我们脱离了麻烦。）
c. He's coming out of the coma.（他从昏迷中苏醒。）
d. I'm slowly getting into shape.（我身体慢慢好转。）
e. He entered a state of euphoria.（他已入佳境。）
f. He fell into a depression.（他陷入悲伤。）

这些例子展现了容器意象图式向抽象的状态概念域进行隐喻投射（metaphorical projection），如 love（恋爱）、trouble（麻烦）和 health（健康）都是属于状态域，这就形成了一个概念隐喻：状态成了容器。隐喻投射背后的意义来自身体体验的意义结构，产生了容纳图式结构的具体概念，后者反过来构建更为抽象的诸如状态一类的概念域，即概念结构。

概念结构到底如何描写呢？上文说明，语言指的是说话人脑中的概念而不是外在世界的物质，那么语义结构，即与词语和其他语言单位相关的传统意义就等同于概念,这些与词语相关的意义又叫语言概念或词汇概念了,它们是概念结构要求在语言中进行编码的传统形式,然而,兰奈克(Langnacker,1987)认为,没有一个英文单词能够将概念编码进去,所谓词汇概念只是说话人脑中整体概念的分支。

因此,概念结构是基于身体体验的,本书第一章和本节开头明确强调,体验性是口译过程的基本认知属性,那么,讨论口译思维过程的概念框架构建障碍就应该从概念结构始发,探索言语行为所承载的经验认知。

概念结构对于口译思维障碍研究的意义比一般所想象的更为重要,因为它强调的不是语词,而是语言单位,语言单位可以是一个单词,如 cat,或一个黏着语素,如 teacher, worker 中的-er,或者是更大的习惯用法模式,如英文中的主动态和被动态,比如进行口译评价就是基于概念结构而非语言结构。

意义构建的基本途径是概念映射与概念整合(Fauconnier,1997;Fauconnier & Turner,2002;Lakoff,1980;Langacker,1987,1991,2002),换句话说,就是对概念结构的处理。

意义构建与概念结构相关,这在心理学领域较早就得到关注。人类通过符号和声音进行交际,交际双方通过符号和声音可获得相似的言语行为。意义建立在概念基础上,通过心智的概念结构运作可以获得对世界经验的感知,也就是人脑中所映射的外在世界的意义。在言语交际过程中,如果符号或声音模式激活了其所表征世界的概念结构,意义构建就是这些概念结构的在线互动,其目的在于用更复杂的结构反映更为复杂的世界。认知语义学也认为,一个词的语义结构在本质上是百科的,那么词语本身不能表征层层包裹的意义,而是为特定概念或概念域的知识提供通道基点(Langacker,1987)。

意义表征和意义构建的心理学假说(Ran,2007:48)通过考察双词组合短语中的单个词概念表征,探讨如何通过构建意义以揭示意义构建内在过程的成果。以下是关于意义表征的假说。

首先,意义通过各种概念关系进行心理表征,比如,当我们把一种属性加于 bird 这个单词,我们的大脑中就迅速触发出与此相关的大量关系,涉及意象、概念等不同形式,概念要素都与口头交际尤为相关。其次,意义是原型化的(prototypical),此处原型化是范畴内部被最强等级概念所激活的一整套关系,然而,判断最高等级的标准却并非可以预设,因而是一种比较主观的判断，通过概念化运作，原型和典型不再是该范畴中单独挑出来的特殊现象，而是同一表征框架下对非原型或非典型进行的相同认知处理。最后，语境和知识通过心理联系得到表征，据此，意义就是个体全部知识被语境情景所激活的分支。

意义构建假说来自福柯尼耶（Fauconnier，1997）、福柯尼耶和特纳（Fauconnier & Turner，2002）、莱考夫和约翰逊（Lakoff & Johnson，1980）、兰奈克（Langacker，1987，1991，2002）的相关论点，其共通性是，同意语言行为过程的意义构建是概念结构的运作。首先，意义通过概念互动而构建，意义来自言语交际中彼此联系的概念之间的互动，即意义构建来自概念互动。其次，意义构建是目标驱动的行为。要构建一组概念组合的意义，目标在于弄懂这一组合，因此需要在某特定语境下，分别激活表征和构建意义。比如针对 zebra bird 这一组合，必须了解其与语境相关联的各种关系及其对整体目标的贡献，方可在更高层级激活意义。因此，与概念有关的语境、目标和内在属性这三者因素影响了激活行为。最后，核心概念与修饰概念的作用不同。从心理学角度来说，当人们在进行组合词的意义构建时，该构式中更为中心的概念往往被看作核心概念，能够改变核心概念中某些属性的概念称作修饰概念。比如 furniture bird，实验中，一半被试将 furniture 视作核心，其判断标准是根据心理意义而非语法意义，因为心理的核心概念关注概念间的联系，修饰概念的判断则是因为其在构式中的概念联系较少。

意义构建及其与概念联系的互动关系逐渐得到语言学、认知科学、人工智能和哲学领域的普遍认同，根据冉（Ran，2007：3）的统计，至少有九个模式从不同视角进行探索，分别是：模糊集合（Fuzzy Sets）(Zadeh，1965，1976，1982；Osherson & Smith，1981，1982)；选择改进模式（Selective Modification Model）(Smith，Osherson，1984；Smith，Osherson，Rips & Keane，1988)；混合理论（Amalgam Theory）(Thagard，1984)；概念专门化模型（Concept Specialization Model）(Cohen & Murphy，1984；Murphy，1988，1990，2002)；复合原型模式（Composite Prototype Model）(Hampton，1987，1988，1989，1990，1991)；双重过程模式（Dual-Process Model）(Wisniewski，1997a，1997b，1999；Wisniewski & Love，1998)；制约模式（Constraint Model）(Costello & Keane，2000，2001)；卡林模式（CARIN Model）(Gagné，2000，2001；

Gagné & Shoben, 1997); 连贯理论 (Coherence Theory) (Thagard, 1989, 1997), 这些模式在对意义交际的解释性上各有不同, 但是总体目标都指向概念之间存在的种种联系, 揭示意义构建的内在属性。

然而, 无论是心理学, 认知科学的探讨, 还是语言、哲学领域的追问, 都没有忽视意义构建具有基于范畴系统运作的动态品质, 在这一点上, 概念映射以及与此相关的概念压缩和概念整合做出了回应。

应该明确的是, 在认知心理学和认知语言学领域, 二者均认同一个认知事实, 即词语或其他形式单位本身不能编码意义, 其作用在于促发 (prompt) 意义的构建, 那么, 意义构建是基于概念层面的讨论, 意义构建可以等同于概念化 (conceptualization)。其中, 语言单位只是作为一系列不断有背景知识融入的概念运作 (Evans & Green, 2006: 162)。如此一来, 意义就是一个系列过程而不是语言所包装的离散成分, 意义构建从百科知识中获取原材料, 再融合于涉及概念结构、组织和包装等不同方面的推理策略 (inferencing strategies) (Sweester, 1999: 129-62)。意义构建的动态性在福柯尼耶 (Fauconnier, 1994, 1997) 的不断努力下, 得到了模式化描写, 突出贡献在于其强调了概念映射 (conceptual mappings) 的作用, 具体而言, 就是不同心智空间 (mental spaces) 之间发生局部联系, 携带信息的概念包通过在线认知运作, 建立意义构建的概念框架。

意义构建的概念属性通过下例得到解释 (Taylor, 2002: 530): In France, Bill Clinton wouldn't have been harmed by his relationship with Monica Lewinsky。

此类句称作反设事实句, 因为其描述的是一个与实施相反的场景。此句促发我们去设想一个场景: 美国前总统克林顿 (Clinton) 其实是法国总统, 而且围绕克林顿和前白宫实习生; 莱温斯基 (Lewinsky) 的性丑闻并不是发生在美国而是在法国。在此场景语境之下, 克林顿不会因为其与莱温斯基的婚外情而受政治伤害。根据福柯尼耶和特纳 (Fauconnier & Turner, 2002) 的观点, 我们可以在现实空间与虚拟空间之间寻找概念对应关系, 形成跨空间概念映射, 方可取得获得此新生结构的途径, 与此相关的意义构建在话语产出的同时瞬间发生, 速度之快几乎不为意识所发觉。

概念映射是专注于意义构建的概念整合认知前提。20 世纪 70 年代后期, 语言学家意识到, 在语言运用过程中, 指称晦暗 (opacity) 是普遍而基本的言语属性，针对言语这一灰色地带，基于可及性原则的跨空间概念映射得到重视。福柯尼耶（Fauconnier，1985/1994）在由其博士论文改编的专著《心智空间》（Mental Space）中提出了一套心智空间运作的认知方法，用以解释回指、前提、条件和虚拟等语言现象，以及手语的手势情态的认知解释，跨空间概念映射不仅对语言，而且可以建立和运作认知与身体，这就为动态阐释与建构意义开辟了新视野。随后，心智空间研究迅速得到发展，在诸多方面对语言问题的认知研究产生影响，如解释时态和语态（Dinsmore 1991）、研究语法标记对建立心智空间网络的作用（Cutrer，1994）、理论的概括性和普遍性研究（Fauconnier & Sweester，1996）以及对构式语法（Lakoff，1987；Goldberg，1995；Brugman，1996）、认知语法（Van Hoeker，1997；Langacker，1987）、隐喻理论（Lakoff，1993；Lakoff & Johnson，1999）（Fauconnier，2007）等。其中最富有意义的进展就是心智空间合成（blended mental space）和整合网络（integration network）的提出。

基于认知心理学和语言学的概念整合理论是动态的意义建构理论，它建立在概念、时间和空间的基础上，因而可看作思维的加工，而不是物质形式的操作。德温（Dirven，2005）的分类表明，心智空间和概念整合理论是认知语言学关于认知语篇研究的一个重要研究范式，是认知语言学的一个重要组成部分（束定芳，2008：19），其重要贡献在于，它提出了一个关于话语处理的心智框架，通过聚焦语言表征形式的幕后操作，揭示了来自不同的心智空间的概念经过合成运作不断出现新概念的认知事实。概念整合的基本认知机理不仅对自然语言的意义理解和构建具有普遍指导意义，而且有助于揭示藏匿于口译思维过程的认知机理。基于心智空间和概念映射的意义构建的认知途径就是合成空间（blended mental space）和整合网络（integration network）。

根据该理论，心智空间与长时记忆的抽象知识框架和具体知识要素相关，人们在进行心智空间构建时，常会从这些知识框架中提取与理解相关的抽象知识和具体知识，参与概念整合，整合成果在概念结构里以概念单位的形式固着（entrenched）下来，以备激活。该论明确指出，概念整合是我们思考的方式，语言就是人类文明过程中无数概念整合的副产品（Fauconnier & Turner，2002：171-194）。不过，概念整合具有其范围的约束性，因而并非随时产生、无所不在。为此，福柯尼耶和特纳（Fauconnier & Turner, 2002) 提出了一套整合约束机制 (constrains), 区分了组成原则 (constitutive principles) 和管制原则 (governing principles)。他们创造性地提出心智空间、概念整合网络 (conceptual integration network)、新生结构 (emergent structure)、概念整合网络类型 (conceptual integration network types) 以及在意义构建中有规律起作用的各种关键关系 (vital relations) 和概念压缩 (conceptual compression) 等设想。

在概念整合理论的带动下, 意义构建的动态性、心智空间的无限性、概念映射的连通性、意义生成的激活性 (王正元, 2009: 7) 从不同方面得到了证实。跨空间的概念映射使语言与思维在一个更大的、不断变化的概念框架系统中得到融合, 正如特纳 (Turner, 2007: 391) 所言, 运作多重心智空间或构建心智空间多重网络并将它们整合起来的能力是人类所特有的高级智能, 也是人脑心智运作的根源。概念整合理论充分发展了语言体验哲学观, 从人类心智体验层面揭示概念生成的普遍机理, 关注思维的在线加工, 而非语言的物质操作, 最终目标是探究在线语言形式背后的动态意义构建, 因而对指导学习、思考、生活、生产和技术改进等各类认知活动均有重要意义。

口译思维处理的复杂性、瞬时性和高效运作在于其独特的整合性意义构建。在口译工作现场, 不断发生瞬间涌入的众多而复杂的参与因素, 迫使译员思维主体在线进行选择、淘汰、协调, 这一过程因为无数次的概念映射得以实现, 最后达成认知共识, 在每一次概念整合中, 突显的概念成分又成为下一轮概念整合的输入空间, 经过新的概念压缩, 完成新的概念化运作, 直至在译语空间产出并不等同于原输入成分的译语意义结构, 完成沟通交际双方语言与文化的口译任务, 由此发生职业译员所必备的"逻辑思维、形象思维、灵感思维和记忆思维"(刘和平, 2005: 20) 的思维整合素质。这也说明, 译员大脑中存在一套系统完善的概念框架构建体系, 其在线运作整体上来说是意义整合的过程。

口译意义构建的关键是对意义的阐释, 口译心智运作涉及围绕一系列意义阐释的概念整合, 其前提是承认语言符号本身并不携带意义的认知共识 (Saeed, 1997: 314; Samovar, 2000: 123; Wierzbicka, 1988: 2 等)。因此, 口译思维操作涉及用一种语言来解释另一种语言的符号 (Jacobson, 1959/2000), 而不是止于符号的操作。在口译思维中, 体现为考察源文符号如何激活相关概念框架的某种概念, 再通过动态推进的意义构建，形成一种可以促使译语听众进行话语理解且具有自我评价作用的更大范畴概念框架，最后通过合成运作，达到译入语图式与源语图式的范畴一致性。

综上，无论是认知心理学抑或认知语言学，均达成一个认知共识，即词语或其他形式单位本身不能编码意义，其作用在于促发话语的意义构建，因此，意义构建具有概念属性，意义构建等同于概念化（conceptualization），口译思维加工意义构建可在基于概念整合加工原则的概念框架内得到描写。

第二节 口译思维加工范畴认知

一 范畴化

范畴与分类有关，范畴化是分类系统运作的结果，概念框架是相关概念的范畴化过程。

对范畴系统的认识经历了从语言学到认知语言学的渐变过程。博克和思达（Bowker & Star, 2000）甚至将分类看作人性使然，纵观历史长河，所有民族都有自己文化特有的分类系统，抛开其社会、道德和经济效应不谈，所有分类一定受某种标准制约。日常生活中，分类系统随处可见，如图书管理、科学系统、期刊期卷等，此外，我们还区分休闲装和商务装、私人信件和报刊报道、吸烟人群和不吸烟者、朋友和敌人等（Bowker & Star, 2000: 1-2）（Grbic, 2010: 110），因此，人们常常在有意无意间给世界以划分。我们需要范畴分类，因为"一件事物只有将其范畴化处理才有其存在的意义"（Zerubavel, 1991: 5）。值得注意的是，后来范畴分类被直接视作创造性过程，并将其称为"塑造心理聚类"的过程，其目的在于建立一个划分有序的认知园地（Zerubavel, 1995: 1094-1095）。因此，通过范畴分类，我们得以分析、概括和综合，这正是获得新知识的方法，这在儿童语言习得的早期尤为明显，比如从情景感知上升到分类概念思维，甚至引起过度概括的认知效应（Aitchison, 1998: 111-112），该过程可称为范畴分类系统（Grbic, 2010: 110-111）。

在认知语义学家看来，范畴分类的自然属性可以运用于范畴化描写，因而可视为一种概念化认知。

认知语义学家（Talmy，2000：2）将关涉内容的语言意义研究分为三个视角，形式语言学视角、心理语言学视角和概念认知视角，认为概念视角的语言研究是对组成语言的概念内容进行模式构建和过程探究，探究的始初就是范畴化以及由此产生的范畴系统。

以概念为视角的认知语义学考察发现了两个重要现象：概念映射和范畴化。范畴化指我们对于范畴成员进行符号识别的能力。用以指称的语词就建立在范畴化的基础上，比如我们有充分理由把猫称作猫，而不是鱼。原因之一在于认知语言学家达成"认知承诺"的共识，即语言是概括性认知功能，范畴化能力是人类认知的核心（Evans & Green，2006：168）。鉴于此，我们期待这种能力可以反映在语言的组织架构上。还有一个原因来自哲学家乃至语言学家们一直备受困扰的问题：词的意义到底能不能定义？

20世纪70年代，认知心理学家罗施（Rosch）及其同事们对自亚里士多德时代兴起的经典范畴理论提出了严厉挑战。根据经典范畴理论，范畴成员根据一系列必要条件和充分条件得到定义，这就意味着范畴成员是事关要么全有、要么全无的事件，比如说到"杯子"必须有满足其充分必要条件的所有成分，而事实上，这些成分并非整体范畴的对等关系成员，比如我们会发现虽然杯子有许多不同样式，如咖啡杯、茶杯、大口杯、高脚杯、无把杯等，但都可以称其为杯子的实物。

罗施（Rosch，1975）及其团队的研究揭示了一个事实，即范畴化不是事关"全有或全无"，对范畴化的判断是体现原型（prototype）或典型效应（typicality effects）。比如对"鸟"进行范畴化，发现一部分鸟（robins，sparrow）就比另一部分鸟（penguins）更能代表该范畴。

这一发现引起了认知语言学家莱考夫（Lakoff，1987）的极大兴趣，他对罗施（Rosch，1975）及其同事的研究成果进一步探究，致力于语言运用中关于概念结构（conceptual structure）的设想，其中一个非常重要的论说就是提出理念化认知模型（Idealized Cognitive Models，ICMs），ICMs都是以抽象框架的形式存在，可以解释范畴化系统内的各种典型效应。而典型效应（typicality effect）指范畴概念频繁出现的特征具有级别性、边缘模糊性、家族相似性，是认知心理表征的表面现象，可直觉地描写为心智工作的表层症候，也就是说，原型可看作概念的心智体现（Taylor，1989），那么，范畴化可以通过概念框架运作的知识表征得到描写。

认知语义学家常用的一个典型例子是 bachelor，概念意义是"单身汉"，理解该词应放在相对图式化的理念化认知模型 MARRIAGE（婚姻）下进行。MARRIAGE 模型涵盖的信息是，bachelors 都是未婚成年男性。据观察，bachelor 作为范畴体现出典型效应，也就是说，该范畴的部分成员（如年轻男性）比同是该范畴的其他成员（如罗马教皇 Pope）① 要更具原型意义。理念化认知模型 MARRIAGE 的范畴知识告诉我们，bachelors 能结婚；而关于罗马天主教 CATHOLICISM 的知识告诉我们，教皇不能结婚。这是因为在理念化认知模型 MARRIAGE（对 bachelor 的认识）和另一个理念化认知模型 MARRIAGE（对 bachelor 的认识）之间，有一处概念上的不匹配，正是这种不匹配产生了典型效应。

以上表明，范畴化过程与一个民族的思维原型密切相关，往往引发典型效应。不仅如此，原型范畴还具有空间性和时代性特性，这成为翻译过程中的概念框架转换提供了理据（谌莉文，2016），简要说明如下：

范畴化运作的空间性与某一范畴的特定社会文化规约和典型范畴期待值有关，是一种社会思维定式，概念框架构建随着文化群体范畴属性的不同而变化，具有思维定式特征。一般来说，说到贝克汉姆，人们大脑中立即构建起包括英勇善战、运动阳刚、高大帅气等概念属性的男性足球运动员原型特征的概念框架。据此，劳斯莱斯②（Rolls-Royce）则可以构建起所有关于高档豪车的原型框架，引发奢华富有的联想；当说一个政界人士"永远做不了曼德拉"，就可理解为"对此人职业能力的质疑"。

空间性具有民族性，即原型思维随文化语境的不同而具有差异性，以"鸟"（bird）为例，英民族认为关于 bird 的原型概念是 robins（知更鸟），因为它在英国是最为常见的鸟类，因而最具典范性；与其不同的是，在汉民族看来，麻雀才是最具有代表性的鸟类，是该范畴的典范。我们来看美国电影片名 *Legally Blonde*，相对于 blonde（金发或金发女郎），其修饰语 legally（从事法律职业）可引发一个概念所指——"美丽的职业女性"。在英语观众看来，片名用词 blonde 自然贴切，因为它切合英民族所普遍认同的表达"美人"的范畴原型，而在中国观众看来，"俏佳人"则比"金发女郎"更能突显干练、俊俏的职业女性形象，因为在汉民族的原型

---

① 指罗马教皇或主教，属专业神职人员，一般不能结婚。
② 劳斯莱斯（Rolls-Royce）是世界顶级的超豪华轿车厂商，1906 年成立于英国。

思维中，"佳人"属于对美丽女性的赞誉之辞，引西汉李延年赋诗为证：北方有佳人，绝世而独立；一顾倾人城，再顾倾人国。译作"金发女郎"则不具备这样的思维联想。

简言之，原型思维的空间效应表现为汉英民族对于相同概念范畴的不同心理表征，这种不同终将通过语言的表现力得以宣泄。

范畴化的时代特性，指某一范畴的典型性认定与特定历史时期的文化规约，亦和当时状态下公众对典型范畴的期待值有关，也就是说，概念框架被打上深刻的时代烙印。以 Individualism 为例，概念范畴包括个体、个人、个性等概念要素。根据原型思维的民族性，整体性概念范畴 Individualism 在中西方社会语境下具有不同的隐喻诠释：在西方社会，Individualism 代表自由的意志、个性的张扬，进而产生有主见、有主张、善担当的正面联想，是西方社会语境下的概念框架，典型代表就是十九世纪美国诗人艾米莉·迪金森远离世俗尘嚣、形成独特文风的认知体验（谌莉文，2003）。而在中国社会的文化语境下，这一概念范畴却具有争议，原因在于社会的不同历史时期造就了差异性隐喻表征：春秋时期，老子主张的政治哲学和行事方式的核心是"无为"，"无为而无不为"就是崇尚人性的彻底释放，其概念内涵与西方语境下的概念框架成分发生部分吻合，情感上倾向褒义。随着历史进程和时代变迁，个人服从集体、"小我"遵循"大我"逐渐成为主导社会的潮流，那么，Individualism 就意味着纪律涣散、自私偏颇，情感上趋于中性甚至贬义。这说明，随着历史的变迁，概念内涵发生变化，相对于同一范畴词汇 Individualism 而言，其概念框架表征就具有差异性。

19世纪美国著名的现实主义作家斯托夫人（Harriet Beecher Stowe）的小说 Uncle Tom's Cabin 被看作美国废奴文学中丰碑式里程碑，林肯总统称其为引发"那场巨大战争"的导火索。作为被林纾首次译成中文（《黑奴吁天录》）的美国小说，它对唤起中国人民的民族觉醒产生了巨大的作用（刘琴，2006）。半个多世纪后，上海译文出版社推出了中国第一部用白话文翻译的全本《汤姆大伯的小屋》；1965 年，联邦德国、意大利、南斯拉夫联合摄制成同名电影（由 Géza von Radványi 导演）；对于今天的中国观众来说，普遍认可的名字则是《汤姆叔叔的小屋》。究其原因，林纾生活的时代正处中华民族遭受西方列强凌辱的危难时期，其译名有鼓舞斗志、唤醒民众抗击侵略之功效，在彼时堪称经典。而一个世纪之后，受者整体思维原型和概念结构早已不同于彼时，译名措辞也发生相应变化，在情感表达上趋于中立，在这种情况下，选择遵循源文思维原型的目标语范畴词也不失为佳作。因此，范畴化与译者所处的时代背景深刻相关。

二　范畴系统与口译概念框架

范畴化是一种原型表征，也是翻译思维加工研究的重要课题，Neubert（1985）、Snell‐Hornby（1988/1995）、Krzeszowski（1990）、Nuebert & Shreve（1992）、Halverson（1998，1999，2000，2002）等（王仁强、章宜华，2004）均对此展开了有意义的探讨；国内的相关研究涵盖翻译过程的原型机制、理论原理和实践应用（王仁强、章宜华，2004；黄琼英，2007；谭载喜，2011；赵联斌，2012等），比较一致的观点是，翻译是一个原型范畴，翻译行为是在范畴系统下的意义运作。人的内在世界与外部世界开展互动，建立以多种类似途径体验世界的概念框架（Evans & Green，2006：157），因此，口译思维加工中概念框架构建可置于一个整体范畴系统进行考量。

范畴系统是基于范畴化运作图式系统。塔米（Talmy，2012：49）认为，对语法元素进行分类可获得一套概念，有助于发现具有共通性的语义成分，这些组合范畴很小且排序无章。如果给予更系统的观察，这些概念之间的组织模式就会变得清晰，因为它们必须有在一定的概念范畴总体框架下才可明晰，我们将其称为图式范畴（schematic categories）。反过来，这些范畴集合于广泛融合的概念结构系统，可称为图式系统（schematic systems）。

范畴系统在内容上彼此相互独立，而个体通过其特殊的概念维度与其他概念系统发生联系，由这种联系产生的融合成果彼此协调并关联，直至形成一些个性化的组合形式。可以用三种图式来表示：配置系统、视角和注意力分配（同上）。

图式范畴和图式系统内部的概念模式遵循一定的组织原则，原则之一是空间表征于时间表征之间的广泛同源集合，其中第一类图式范畴，也就是域，包括时空区分，往往融入后续出现的范畴中，各种范畴绝大多数都适用于空间和时间，还有来自各范畴的平行概念。另一原则是范畴内部转化，指一种语言所表征的任何图式范畴的个体概念均可融入某种词项中。对一种语言而言，语法和词汇通过不断互动融合，产生新的范畴概念表达。范畴互动类型可看作在同一范畴内部的概念转换，故称其为范畴内部转换。

　　范畴系统的范畴化图式原型为口译思维加工概念框架研究提供理据。原型指相对于特定范畴的各个内部成员而言，某一成员获得最高认知度（Rosch et al., 1976：382），通过概念来表征（Evans & Green, 2006：157-159），原型经验的范畴化通过概念框架运作得以实现。翻译中的转换过程是翻译根本性的区别特征（王建国、何自然，2014），作为沟通两种语言和文化的中介，口译思维加工可视作思维主体多次跨空间概念映射和概念压缩，在相关经验范畴的持续思维碰撞中，形成相对稳定的概念框架（谌莉文，2014），因此，传译过程的概念框架构建受范畴系统图式原型和概念映射制约。

　　再看前文所提到的美国影片 *Legally Blonde*，其在中国内地广受认可的中文名是《律政俏佳人》，"Blonde"译成"俏佳人"，让中国观众感受到一个充满灵气知性的美丽女子，可谓精思妙笔。试想若仅追求译文与源文的字面对应，译成"金发女"，则少了一分干练，多了些许风尘，其媒体引导作用不言而喻，究其原因，正是"俏佳人"和"Blonde"分别代表不同文化特质的图式范畴。

　　根据罗施（Rosch, 1975）的研究，概念本身具有原型思维特性，原型就是范畴中最具典型意义的成员。概念赋予经验以形式，将经验进行组织，形成概念框架，使得我们拥有了解读世界的方式。概念框架可以预知判断方式以及涉及价值、责任和判断力的行为（Fillmore, 1985），以抽象图式表征的形式存在于我们的大脑中，受到某种信息（比如语言、图像）的激活后，促发原型思维迅速汇集，重新组织经验。

　　我们通常所说的域也是一个典型的图式范畴，最典型的范畴概念是时间和空间，据此可以进行范畴分类和组织，形成认识世界的元认知单位。既然概念框架表征了相关概念的范畴化过程，那么在口译概念化思维过程中，范畴系统就是从整体角度描写概念框架构建的思维原型。

　　根据范畴理论及二语习得研究，口译过程中，汉语母语者的母语原型思维会影响 B 语（英语）的理解与产出，从而影响口译的质量。为此，我们（周翠琳、谌莉文，2017）曾考察以汉语为母语的口译学员汉英交传过程的原型失误。通过搜集英语专业本科生和研究生的共计 84 份口译测试音频作为统计数据库，针对口译学员口译过程的母语原型表征，统计词汇和句法方面的错误表现，结合问卷调查，考察母语思维原型在汉英交传过程的表现形式以及造成母语迁移性口译失误的原因。

在汉英交传过程，母语迁移对口译绩效的影响主要可从词汇和句法使用两个层面考察，其中对于词汇及用法的影响集中时态、词义、词性、单复数以及动词错译等方面，对于句法的影响集中在动宾结构和主谓结构两方面。究其原因，主要是汉英两个民族原型思维的不同影响语言使用习惯，从而形成各自较为固化的概念表征。

范畴系统论说为本研究带来的启发有二：

一方面，口译思维过程涉及从源语空间到译语空间的多重概念整合，无论使用何种术语来构建基本认知单位，如图式、域、框架或心理空间，本质上都是源于范畴系统内部的相关概念不断进行范畴化的概念集合，范畴化运作是口译思维概念框架构建的动因。

另一方面，口译思维过程具有跨越双语的原型思维效应，原型范畴代表了母语思维定式，汉语母语者在口译任务执行过程中，难免受母语原型思维迁移影响，母语原型是口译学员概念框架构建障碍研究潜在控制因素。

第三节　口译思维加工能力表征

一　概念能力

概念能力与语言能力相对（戴炜栋、陆国强，2007），是运用概念结构进行思维处理的概念框架构建能力，包括概念能力具有类型学意义，尤其有助于洞察母语使用者的意义构建方式。

在认知语义学看来，概念能力指人脑对于支配母语的概念结构规则的无意识行为，既包括对概念结构的认识，也包括用概念结构来处理语言的能力，可以说是用概念结构进行思维的能力，即每个人脑中内在地掌握了母语概念结构，从而能够正确生成和解释语言。概念能力实际上是一种语感或者语言直觉（linguistic intuition），这种能力也可解释为思想和语言动态的递归式映射（戴炜栋、陆国强，2007）。

要了解一个民族如何思维，我们可以观察语言的使用。请看从某国际经济论坛上的代表发言：

Mastering the tactic of Rome, he says, was a lot more difficult than gaining access into military systems that should be among the best-protected in the world[①],

其中 Rome 含有两个相互映射的概念，概念 1 是 city，概念 2 是 the most best-protected military system，通过二者之间的概念接口 tactic of Rome 以及隐喻映射关系，就可整合而成 Mastering the tactic is more difficult than gaining access into the military system。（掌握作战方略难于攻破城墙），考虑此句的经济论坛背景，语境是市场营销，将 military protection 与 market protection 进行二次概念映射，整合为 Mastering the tactic is the taken as the most difficult thing to do in which we must take serious concern（意即我们应当更多关注营销策略而不是简单占领市场）。此句的概念结构表征了一种思维结构，语义演变正是通过概念映射发生概念整合的过程。此例说明英民族是如何运用其概念结构进行思维处理的，这种对语言所含概念结构进行认知处理的过程可反映使用者的概念能力。

中国人常说吃酒席，作为一个具有典型意义的语言结构，通过对其所包含的概念要素进行分析，可了解这一汉民族共通性概念结构的思维处理过程。其中酒席（feast）是概念 1，酒席所提供的食物（food provided at the feast）是概念 2，"吃"的行为是二者的概念接口，由此了解到其实该短语表达的是"赴酒宴，吃美食"。2016 年里约奥运会期间，网络媒体出现一个非常火的人物指称词"洪荒少女"，该指称词是中国网民集体智慧的成果，解读方式也可通过概念映射（少女和说"使尽洪荒之力"段子的中国游泳选手），完成概念压缩，针对由此产生的概念结构进行解读，这种概念解读能力就是以汉语原型为基点的概念能力。

概念能力既然与具有母语敏感性的概念结构运用休戚相关，那么，不同语言和文化的语言使用者，其概念能力必然存在差异性思维运作表征，这正是我们在讨论口译思维概念框架构建障碍不可回避的重要特质。

分析还表明，通过观察语言的使用，我们可以寻找一个民族的具有普遍意义的概念结构以及由此形成的概念框架构建规律，从而洞察语言使用者的思维方式，由此推断，译员的思维处理过程正是在不同的概念结构之间寻找契合，取得平衡，构建新的概念框架的过程。

---

① Financial Times, 2009-03-27。

二 口译能力

口译能力是概念能力的外在体现，也是口译思维加工障碍研究的重要组成。

吉尔（Gile，2009：73-86）综合巴黎释意学派和德国功能目的论的相关学说，提出了包括阐释、抉择、资源、约束四要素的翻译能力IDRC模式，认为理解是必要过程，但阐释可能依据其他要素而调整深度和表达形式，其中抉择最为关键，因为它渗透在每个阶段，该模式包含了语言和非语言因素，其中涉及社会、交际、组织等微观因素（刘和平，2011）。

《高等学校翻译本科专业教学指导意见》中，翻译能力由三个板块构成：语言知识与能力、翻译知识与技能、通识教育。根据勒代雷（2001）的观点，翻译能力指围绕职业翻译方法的语言知识、主题知识和百科知识。李明秋（2009：80）将认为翻译能力分为智力因素和非智力因素，前者包括语言能力、知识能力和口译能力，后者包括心理因素、健康素质和职业素质。

刘和平（2011）针对翻译硕士专业研究生口译能力发展阶段研究，提出了一个综合动态处理和翻译能力构成模式，将翻译能力划分为四大组成部分，分别是：双语能力、分析综合抉择能力、语篇处理能力和职业能力。其中双语能力包括外语交际能力、跨文化意识和根据不同交际场景、领域选择恰当语言的能力，分析综合能力指对源语的阐释、分析、抉择、记忆等，语篇处理能力指根据语篇用途进行译语选择和言语生成的能力，职业能力指应用翻译工具和资源的能力和译员职业道德。该模式不仅考虑翻译动态处理，而且涵盖跨文化意识、工作语言、阐释分析、记忆、语篇处理、资源使用等涉及翻译过程的不同因素，较为忠实地反映了职业翻译的工作过程。其中对口译思维研究最具启发意义的是对语言能力的界定，因为认为语言能力并非等同于语言知识，翻译转换也并非语言转换，更主要是关照与交际能力相关的文化转换能力，即在恰当时间、恰当地点和用另一语言的恰当形式表达源语言承载的思想、概念、意图、信息。

针对目标口译能力实证研究的不足，董燕萍、蔡任栋、赵南、林洁绚（2013）进行了关于口译能力研究的文献调研，发现有关口译能力的理论探讨已取得了一定的成果，其中多数研究者从口译教学出发，将口译能力分解成三大模块，即口译能力=双语能力+言外知识+口译技巧，主要着眼的是课堂口译教学。在口译能力结构测试中，他们对口译能力进行了操作层面的定义，即口译能力就是译员某一段时间内相对稳定的口译水平，并将正在接受培训的口译学员的交替传译绩效设为测试目标，重点考察语言能力和心理能力两大指标，而前期大多数口译能力研究仅关注语言知识能力和工作记忆能力，这说明口译能力不仅包括我们在口译教学中常强调的显性语言和非语言因素，还包括对语言处理能力和心理适调能力。此外，高彬（2014）围绕同声传译认知加工的复杂性和译员的应对能力，探讨了心理学途径的实证研究成果对同声传译研究的贡献，指出并分析了用心理学方法研究同声传译中存在的不匹配问题，对同声传译的能力发展开展了有意义的探索。

研究表明，口译能力绩效是口译思维处理的集中反映，在口译概念化思维过程中，概念框架构建能力是最基本的口译认知能力，考察口译概念化思维障碍，需要将口译能力尤其是口译思维概念框架构建能力作为重要指标，只有对能力绩效开展具有统计学意义的界定，才有可能深刻了解口译思维概念框架构建障碍的运作方式。目前，从功能单一的语篇结构到动态复杂的概念结构，对于影响口译思维过程参与要素的能力评估越来越受到各方的关注。与技术层面的口译质量评估相比，建立概念框架基础上的口译能力关系到口译任务完成的程度，并贯穿于口译思维系统运作的始终。

第四节　小结

认知语言学关于意义构建、范畴思维和概念能力的基本论说为解决本课题中关乎口译概念化思维加工障碍的中心议题奠定了理论基础，为接下来的研究提供以下简三方面的可能：

第一，确定口译概念框架构建障碍研究的理论基础。无论是认知心理学抑或认知语言学，均达成一个认知共识，即词语或其他形式单位本身不能编码意义，其作用在于促发话语的意义构建，因此，意义构建具有概念属性，意义构建可以等同于概念化（conceptualization），概念整合思维可以描写这种概念化过程。因此，口译思维过程的意义构建可以通过基于概念化运作的口译思维概念框架来描写，探求隐匿的概念框架构建障碍就是探索意义构建的过程。

第二，提供口译概念框架构建障碍研究的认知理据。无论图式、域、框架或心理空间，都是源于范畴系统内部的相关概念不断进行范畴化的概念集合，范畴系统运作是口译思维中概念框架构建的动因，讨论概念框架构建障碍的诱发机制可从范畴运作入手。口译思维过程的概念框架构建具有原型范畴特性，原型范畴代表了母语者一定程度的思维定式，汉语母语者在口译任务执行过程中，母语迁移与原型干预可能造成口译绩效低下。

第三，明晰口译概念框架构建障碍研究的基本指标。在口译思维过程，概念框架构建能力是最基本的口译概念化能力，考察口译概念框架构建障碍需要将口译能力尤其是口译思维概念化能力作为重要指标。从功能单一的语篇结构到动态复杂的概念结构，对于影响口译思维过程参与要素的能力评估越来越受到各方的关注，与技术层面的口译质量评估相比，建立概念框架基础上的口译能力关系到口译任务完成的效度，并贯穿于口译思维系统运作的始终。

第四章

口译概念框架构建障碍的内涵

　　口译思维加工中，译员必须时刻专注口头跨语交际中的意义指向（Seleskovitch & Lederer，1995：3），因此，口译过程也可视为从源语向译语进行意义传播的言语行为，用当代认知语义学所提倡的范畴空间来表述，口译过程研究的重点就是从源语空间到译语空间的意义构建，包括从发言人到译员以及由后者滑向译语听众的思维叠加运作，在此期间，源语表意所承载的概念内容穿行于以源语发布者、译员和译语接收者为主体导向的三个基本范畴空间，源语意义潜能透过稍纵即逝的话语表达，借助工作记忆，将源语所传递的言外之力内化为译语表意行为。

　　概念框架是记忆体中的信息集合，或基于人们经验的概念信息关系网络（程琪龙，2006：92）。当代认知语义学的一个基本主张就是，概念结构基于身体体验，表征经验范畴（Evans & Green，2006：157-159），因此，口译意义构建就是通过不同经验范畴跨空间运作（Fauconnier，1997：2）得到表征的概念化过程。

　　概念框架作为考察口译意义构建的范畴单位，通过心智空间来运作。根据福柯尼耶（Fauconnier，1985/1994，1997）的观点，心智空间就是我们思考和谈话时为了局部理解或行动而建构的概念集合，来源于一些单独的认知域（domains）、直接经验以及对事件的陈述（Fauconnier，2007：355），它包括一些语义要素，由框架和认知模型所构筑。我们进行思考和交谈等言语交际活动都是构建心智空间的过程，随着话语的展开，根据空间构建语（space builder）、语法标记和语用信息提供的提示，可不断建立新的心智空间。

　　研究表明（谌莉文，2011），口译思维后台认知并非体现由源语到译语的简单映射，而是表征为认知主体不断进行概念整合的意义协商。意义协商亦称概念化协同运作，指隐匿于口译心智活动的特殊意义构建，表征为关涉一系列复杂输入维度的概念整合，包括从源语表征空间到译入语表征空间之间的前知识突显、双重语境连通和主体性对话互动等概念化方式。意义协商涉及一系列概念化运作，既包括认知过程，也包括认知结果。语言结构的解码与编码的实质在于具有不同思维模式与个性化特征的概念范畴的在线交流与合作，促发来自不同心智空间的参与要素不断进行概念合成运作，以获得认知效用最大化。不过，由于概念整合理论对于概念化运作与概念合成推出的成果之间的相关性，尤其是动态场景下话语使用者、话语本身以及相关社会脚本之间的关系尚不明晰，口译概念化网络运行机理有待进一步探索。

为描写口译学员概念框架构建障碍表征，本章开展探索式分析，首先明晰口译意义构建的概念化思维流程，细致剖析影响口译思维整合的基本概念框架及其在整体流程中的位置和作用，洞察概念框架构建障碍的思维表征。

第一节　口译思维流程中的概念框架

综观当今针对口译过程的程序化描写，口译思维过程可看作包括"语义理解—脱形取质—语义表达"的语义认知（Seleskovitch & Lederer, 1995），这是借鉴认知科学的有关思想，强调口译思维中语义摄取及认知补充的语义认知程序；口译思维过程视为"理解程序—重构程序"的翻译过程转换（Gile, 1995: 101-105），这是基于一个统一翻译框架的翻译转换程序；口译思维过程视为"接收—解码—记忆—编码—表达"（梅德明，2008: 12）的信息传播，这是强调转换能力和交际能力的信息传播程序。以上过程描述反映了众家对口译心智活动的理性探究，说明口译思维研究具有侧重不同理论视点的跨学科特性。不过，无论从什么样的学科视角出发，口译思维加工流程不外乎从源语到译语的要素竞争概念化范畴运作。

一　概念化流程

人类往往通过范畴划分来认识世界，通过对事物的本质进行经验提取，然后按照从中获得的范畴类别去认知世界，概念就是一种范畴原型。

本研究对于口译思维过程的认知描写建立在口译范畴系统讨论的基础上，主张口译思维过程的核心是概念化运作，口译认知思维就是基于概念层面的心智活动，并将其描述为"概念化输入→概念化转换→概念化输出"，这种看法突出了口译思维的概念化运作特性，涵盖口译思维过程中涉及认知程序的基本内容，即胡庚申（1993）所说的听（listening）、记（memorizing）、思（processing）、表（delivering）等一系列思维程序（谌莉文，2011：97）。

口译思维的认知发展中，意义构建通过概念化整合网络运行，不断发生与概念运作相关的意义流失和意义重构，是系统自组织运动，最后留下来的部分成为我们通常可以感知的符号（语言和非语言）、规约（操作技能）和创造（新生意义）。也就是说，通过一连串复杂认知，重构的译语意义结构在语言和非语言的符号层面得到体现。为保证口译交际效果，相关概念成分通过不断交融、竞争、晋级，最终进入合成运作并获得新生意义，这一思维流程受制于口译思维意义协商机制。

口译思维是一个涉及知识运作、语境运作和思维主体运作等不同范畴的概念要素相互运作以及意义结构动态发展的后台认知。口译工作环境下，各种知识结构、技能结构和心理成分交织互含、互为关联和相互影响，呈现出明显的立体并行加工特点，口译交际所欲传递的核心意义穿行于一个系统的概念化整合网络，不断进行着由表及里、由里及表（邬姝丽，2010）的持续交换（谌莉文，2011：102）。口译思维运作通过源语理解、分析记忆和译语产出等基本程序的概念化行为得到表征。

因此，口译思维的认知理据是概念化协同，涉及语言、文化和心理世界的相关要素共处于口译概念整合思维的经验框架内，其中利益冲突的不同资源或者个体，经由涉及多重心智空间的概念映射连通、选择投射与合成运作，从彼此竞争走向相互协调、合作，促发新生意义不断涌现，最终顺利完成口译交际目标，我们将保证该过程顺利进展的表征机制称作意义协商（谌莉文，2011：105）。

研究表明，意义协商可视作口译思维加工概念化流程的操纵表征，关涉意义运作与心智空间的内在认知，这对进一步认识口译概念化流程中的概念框架构建特性具有深刻影响，主要体现在对口译思维流程中的意义理解以及思维流程基本范畴单位的重新审视。

其一，意义运作。在口译思维加工网络中，意义是一个动态的概念集合及其认知表征，通过概念成分的映射、突显、连通、选择、投射、合成等认知行为完成系统内部的组织协调并完善系统结构，因此，意义是口译思维过程的概念化运作的认知构建，既包括认知过程，也包括认知结果，更是口译思维过程的本质属性——体验性和功能性的共性表征，据此，意义也是口译范畴系统内部相关要素进行竞争与合作的概念化运作，其核心机制表征口译概念整合思维的意义协商。在口译思维过程中，涉及物质、社会、心理和交际等复杂的语义域（Brandt，2005），共同构建一个整体开放、变化发展且动态有序的网络环境，因此，高效的意义协商可以协调口译思维转换与意义传承，完成创造性口译思维。

其二，范畴空间。口译心智空间可以动态表征译员是如何对概念结构进行经验划分的，这种思维方式符合认知语言学关于概念范畴的原理，同时极具独特性，主要在于：一方面，口译心智空间既不是认知域，也不是语义框架，它是主体思维所构建的部分和暂时的表征结构，其构建过程取决于概念框架的激活，并表征认知域的部分场景；另一方面，口译心智空间构建受不同语言和文化中迥异概念结构的影响，随着口译交际的推进，心智空间呈现多域整合的特性，说明概念框架构建更为复杂。由此可见，口译概念化流程的基本单位来自不同范畴的概念框架构建。

据此，口译概念化思维围绕概念空间协同，代表不同认知单位的心智空间具有关联互通的基本特性，口译意义传承的顺利进行来自不同心智空间之间的概念连通。在口译语境在线构建和不同思维主体对话协商的认知介入下，跨空间概念映射关系不断得以建立，形成概念压缩，产生概念突显，突显的概念就是那些进入口译思维程序的知识结点。口译思维过程中意义的持续更新体现在来自不同空间相关要素的持续概念化协同运作，并通过概念合成促发新生结构。

分析表明，口译概念整合网络中，心智空间的关联与映射受协同性调节机制的操纵，正是由于持续的概念化协同运作，各类复杂认知参与要素在不断竞争中得以有序进行，通过意义协商，思维进程的一系列概念化行为体现出独特的整合性、关联性和浮现性。其中，认知可及原则是口译思维过程认知单位存在空间相关性的认知前提。

福柯尼耶（Fauconnier，2007：356）认为，认知可及原则（Access Principle）或识别原则（Identification Principle）是各输入概念之间发生空间关联的认知理据。可及性是关于认知构建和概念连接的一个重要语言属性，指命名、描写一个心理空间的元素表达式，通过可及性连接头（connectors），可以连接到或及达另一心理空间的相应元素。如果元素 a 和元素 b 由一个连接头相连接，即 F（b）= F（a），则 b 就可通过命名、描写或指向其对应的 a 而得到识别。

以 Maybe Vincent is in love with Vivian（文森大概爱上了薇薇安）一句为例，展示思维理解中的认知可行性原则实施情况。

该例中，在基础空间（Base Space）（或父母空间，Parent Space）存在 a 和 b 两个概念点，分别代表 Vincent 和 Vivian 两个人物。与基础空间相对应的是可能性空间（Possibility Space）或新空间，可能性空间存在 a′ 和 b′ 两个概念点，maybe 是空间构建语（Space Builder），通过空间构建语，概念 a′ 和概念 b′ 在新空间得到识别。因此，a′ 和 b′ 分别是 a 和 b 的对应概念，其相关性在于通过象征可及性连接头（connectors）实现跨空间可及性连接。

依据可及性原则，口译思维过程的源语空间作为认知输入源，与其他输入空间之间具有概念连通性，所有心智空间在口译思维概念化流程具有跨空间映射的认知属性。口译概念整合中，基本认知单位通过心智空间得到表征，主要包括七个空间，即源语空间（effector space）、感知空间（perception space）、关联空间（relevance space）、语境空间（contextualization space）、理解空间（understanding space）、记忆空间（memorization space）、译语空间（receptor space）（谌莉文，2011：100）。

口译思维意义协商原则就是在此基础上建构，如下：

> 口译思维过程涉及一个系统的概念整合网络，以意义协商为操纵表征。意义协商涉及从源语空间到译语空间的概念化在线运作，其中，来自语境、主体和语言知识形成概念突显，通过跨空间映射连通及选择投射等认知操作，进行概念合成运作。其中，源语空间、感知空间、关联空间和语境空间是输入空间；理解空间和记忆空间是合成空间。来自不同输入空间的相关概念在概念化协同运作的协调下，不断在合成空间产生新生结构，形成概念突显，为下一阶段的合成运作提供输入成分，因此，理解空间与记忆空间在整合网络中扮演思维连接角色，从源语感知突显到理解概念突显，主体性协同和语境连通持续介入，经过合成进入译语空间，形成新的概念突显，为产生译语以

言表意做准备。

如图 4-1 所示：

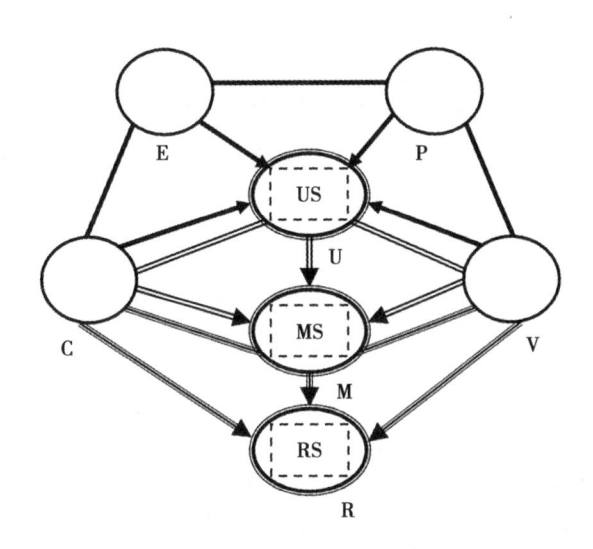

图 4-1　口译概念整合的意义协商模型

谌莉文（2011：106）

根据谌莉文（2011：101-110）的前期研究，基础空间是源语空间和感知空间，分别用 E（Effector）和 P（Perception）表示；语境空间和关联空间是输入空间，分别用 C（Contextualization）和 V（Relevance）表示，也是每一阶段合成运作的输入来源；来自源语空间、感知空间、语境空间和关联空间的相关概念经过跨空间映射与有选择投射，促发合成空间的概念突显，即通常认为的理解空间，用 U（Understanding）表示；在此形成的概念突显用 US（Understanding Salience）表示，指从源语解析出来的意义；理解空间、语境空间和关联空间共同作为输入空间，进行新一轮的概念合成，经过口译记忆延伸运作，在新的合成空间——记忆空间产生新生结构，记忆空间用 M（Memorization）表示；在记忆空间形成的概念突显，记忆概念突显用 MS（Memorizing Salience）表示；通过记忆空间、语境空间和关联空间的共同作用，经过口译思维重构运作，在译语空间产生新的概念突显，译语空间用 R（Receptor）表示，译语重构概念突显用 RS（Reconstructing Salience）表示。其中，单线圆指基本的输入空间；双线圆指合成空间；虚线方框指合成产生的新生结构。单实线箭头代表第一次概念合成过程的意义协商运作；双实线箭头代表第二次概念合成过程的意义协商运作；实线箭头代表第三次合成中的意义协商运作。

口译思维加工概念化流程说明，认知单位之间的网络联系是跨空间映射、概念匹配与选择投射，每一次合成运作都是关涉语言、交际和经验范畴的意义协商，通过持续的意义协商，推动递进式口译思维进程。以此为核心，呈现清晰的口译概念化网络中枢脉络，较为突出的概念方式是关涉源语空间、感知空间、语境空间、关联空间和重构空间合成运作的前知识突显，通过理解空间、记忆空间和重构空间得到表征；关涉源语空间、理解空间、记忆空间和重构空间的语境构建，通过语境空间得到表征；关涉感知空间、理解空间、记忆空间和重构空间的主体性协同，通过关联空间得到表征。

二 基本概念框架

承认以意义协商为操纵表征的口译思维概念化流程是讨论口译思维概念框架构建障碍表征的前提。值得注意的是，源语空间和源语感知空间是口译思维加工中相对稳定的认知单位，理解空间、记忆空间和译语重构空间是相对必然的整合空间，那么，究竟什么力量促使从源语、感知到理解、记忆和重构产出的思维进程有序推进且发展迅速？分析表明，正是主体性协同和语境构建（连通与重构）的动态概念运作，促发产生每一级合成空间的概念（前知识突显），不断成长、互为渗透、互为交织、共同影响并决定着口译思维流程的每一步推进。阐述如下：

源语空间的交际事件被抽象为围绕口译话语意图的知识图式，通过运作心智空间的意义协商，受语言结构、副语言结构以及各类在场的有形知识结构的驱动，激活感知空间的相关概念，发生概念突显，形成前知识突显概念框架，作为新的输入成分，与相关空间进行概念匹配。不过，源语图式结构和感知前知识结构互动还不足以形成源语意义理解，完成认知选择还需要两个口译概念化运作不可或缺的基本输入空间认知介入——关联与语境的范畴运作。

关联空间的构建理据是主体间性，源语发言人、译员和译入语听众等不同认知主体的个性化意识受语境认知构建的影响，在源语空间知识图式与感知空间知识图式之间建立最佳关联，这一动态运作环节可看作构建主体性协同概念框架的过程。语境空间受语境在场概念和不在场概念的相互作用，与话语主题相关社会、文化、趋势等不在场概念成分被语言、情景、技术等在场成分所激活，不断融入在场，在场与不在场语境的连通互动，大大提高了源语听解与记忆的效率，译语空间的语境重构，则进一步将工作语境与译语听众相关的不在场语境发生连通，顺利发生保证译语言后之效的语境重构，此过程促发语境构建概念框架。

受来自关联空间的主体性协同范畴运作和语境空间的语境连通范畴运作的共同影响，进行选择投射的条件得以成熟。通过语篇、语境和主体的概念连通，进行判断和选择等思维理解合成运作，在合成空间形成一个新生结构，这一思维瞬间即通常所说的口译思维理解顿悟。该新生结构形成理解概念突显，可看作构建第一阶段前知识突显概念框架，突显的概念结构既是理解的成果，也是推动思维进展的输入概念。理解概念突显作为新的前知识结构再次受到来自关联空间（主体性协同）和语境空间（语境重构）的概念框架输入激活，进入记忆强化合成运作阶段，并在记忆空间形成记忆突显，即二阶前知识突显，这为思维重构进一步划定了输入范围。围绕译语重构的语境构建在译员与听众、听众与发言人之间的主体间性运作的推动下，进一步渗透整合网络，完成记忆延伸，最后，通过选择投射，进行转换协调合成运作，在译语空间完成思维重构，形成译语产出概念突显，口译思维概念化流程接近终端。

综上，口译思维概念化运作的意义构建，其认知原理是概念整合观和范畴空间观，意在强调，口译中思维转换的实质是话语、环境和思维主体之间的联系与整合，发生感知空间概念突显（前知识突显）、关联空间主体互动运作（主体性协同）、语境空间的双重语境运作（语境连通与重构），通过部分跨空间映射、思维主体认知选择等认知运作不断产生概念压缩，促发出现原来并不存在的新生结构，形成新的概念突显，帮助完善口译思维理解。在主体性协同和语境连通与重构的持续作用下，口译思维得以有效推进，迅速进入重构产出空间。

口译思维意义协商模型有助于深入探求口译学员概念框架构建障碍，以此引发的思考主要有三：

第一，能否形成概念突显？

概念整合的组构原则尚无法解决口译概念化思维交际的现实问题，比如，决定口译思维流程更富有意义的存在则是主体性思维和语境构建以及贯穿始终的概念突显，然而，在合成空间形成概念突显只是一个理想化的设想，对于口译交际而言，概念整合更像为我们提供了一个思考问题的心理模型，我们尤为感兴趣的是，先前的知识结构和口译加工过程中不断跟进的知识结构能否顺利形成整合空间概念突显？是什么阻碍了以汉语为母语的口译学员形成即将成为实际言语的概念突显？要深入解释口译思维加工过程中多重话语的主体间性互动合作、复杂语境范畴的认知构建以及口译中可能遇到的诸多可变因素的口译思维运作，需要解密口译认知中前知识突显概念化本质及其在线思维障碍的实际。

第二，如何保障思维协同？

作为非线性运作的口译思维加工，完成一次完整的概念化思维经历源语空间、感知空间、关联空间、语境空间、理解空间、记忆空间和译语空间共七个心智空间的概念化运作，心智空间包括一些突显的概念框架结构，也是前阶概念整合的成果，其中理解空间、关联空间和语境空间最基本和典型的口译概念化范畴，作为口译思维认知单位（谌莉文，2011），它们既是上阶段概念整合的合成空间又是下阶段概念整合的输入空间，口译思维并行运作对认知主体的思维协同概念化提出了更高要求，那么，针对非线性口译思维，尚在求索阶段的口译学员开展思维并行运作困难何在？如何通过运作思维主体的协同，连通前知识突显和语境构建？与思维主体性运作相关的诸如角色、情感和意图方面融通的受制机制如何？基本概念框架之于概念化思维推进的抑制因素何在？我们认为，认知协同有助于概念框架构建的优化，也就是说，主体性协同高效顺利有助于提高口译绩效。反之，则抑制口译绩效发挥。

第三，怎样完成语境对接？

根据意义协商原则和范畴空间观，每一次概念框架构建都涉及来自不同输入空间的相关概念成分，有赖于各种关键关系，经过跨空间映射，适合的概念匹配环境有利于顺利形成涉及在场与不在场的语境要素对接，对接是否成功直接关系概念框架构建的顺利与否。在概念突显、主体性协同的协助下，更大范畴不在场语境和口译在场语境范畴的相关概念连通互动，动态概念框架伴随口译思维进程发生、发展，不断融入源语感知、理解、记忆和译语重构的认知程序，因此，语境对接成功与否是决定从思维理解到思维重构的口译思维加工关键，为此，重组抑制语境系统构建的概念框架，方可疏通快速发展的口译思维概念化进程，为此，需要解决语境连通和语境重构的语境构建障碍。

归纳起来，概念框架构建是口译思维意义协商体系内部运作的基本概念化方式，表征为主体性协同、语境构建和前知识突显，既是基础空间合成运作的成果，也是不断参与新的合成运作的积极架构，可视作口译思维流程的独特概念框架。如图 4-2 所示：

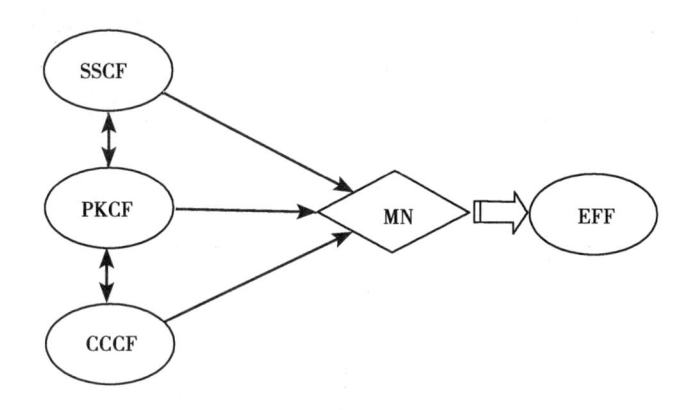

图 4-2　口译思维过程概念框架构建

图 4-2 中，主体性协同概念框架（Subjectivity Synergy Conceptual Frame，SSCF）、前知识突显概念框架（Pre-knowledge Conceptual Frame，PKCF）和语境构建概念框架（Contextual Construction Conceptual Frame，CCCF）作为影响意义整合的三个基本范畴空间，通过意义协商思维运作（Meaning Negotiation，MN），不断优化自我评价效能，促进口译能力绩效的发挥（EFF）。所有范畴空间得以互通、联动的桥梁在于贯穿始终的跨域映射。

第二节　主体性协同障碍

一　主体性协同概念框架

主体性协同（subjectivity collaboration）指操纵范畴空间的主体性概念框架表征机制，协调口译言语行为过程同思维主体的丰富范畴资源，涉及角色、情感和意图概念的在线合作、意义协商、共相发展，协同一致完成口译目标。

通过主体性协同运作，具有内在关联的概念要素连通不同范畴空间，彰显口译言语行为的语用效能,确保交际意图的传承延续。

对口译交际而言,最初和最终解释均止于对源语的一次性陈述(Pöchhacker,2004:10),实际操练中,如何顺利完成这项终极任务是大多数学员难以逾越的障碍,吉尔(Giles,1995)认为,造成此现象的原因在于译员主体缺乏进行概念框架构建的经验认知。我们不由发问,关涉主体认知运作的概念框架究竟以何种经验形式作用于口译言语行为过程?

主体构成口译交际行为中的一个主要成分(陈菁,2013),主体性是翻译中的一个不可避免的因素(许钧,2009:105),口译主体性研究自21世纪初开始逐渐走向前台,其发展历程伴随研究人员对语言学转向的借鉴与思考。从研究视角而言,大体分为三类:一是语篇功能视角,主要是对社会文化场域的关注,从话语分析的角度重识译员角色和主体性意识(Wadensjo,2002;任文,2010;莫爱屏,2010;陈菁,2013等);二是信息功能和职业化视角,主要通过明晰主体性的信息特性,确定口译职业化定位,将主体性视作受社会文化语境制约的动态能动反映(吕炳华,2005;曾利沙,2006)以及对译者的极限与底线进行辩证反思(仲伟合、周静,2006);三是认知功能视角,主要是以体验哲学为导向,追问口译活动中的发话人、译员、译语听众、互动话语之间的主体间性关系(谌莉文、梅德明,2010;梅德明、谌莉文,2011)。在术语本质与界定上,大体分为广义主体性(查明建、田雨,2003)和狭义主体性(许钧,2003;陈大亮,2005等)两类(侯敏,2012:45-46),对此所持的立场决定了翻译主体性研究的语言观和研究路向。认知语言学的兴起引发人们重新审视广义主体要素的互动关系,开始进行跨空间概念整合研究的尝试(尹福林,2007;谌莉文,2011),至此,主体性开始视为翻译言语行为过程的动态经验认知。

我们认为,口译言语行为既非表征词语本身的固有属性,也不是交际者单方产生的含义,而是涉及思维主体和话语因子的多重主体性交互,即存在一个来自不同主体性范畴持续对话交流的概念化网络(谌莉文,2011:71),通过空间运作,传递托马斯(Thomas,1995:22)所强调的意图潜能,在线构建口译言语行为过程的主体性概念框架,综合调控不同范畴空间的角色图式、文化情感、联想能力、感觉行为等概念要素的互动交流,有助于顺利促发潜在于译语听众的言后效果。

截至目前,主体性在口译过程研究的地位得到充分关照,然而研究焦点仍在于探讨人、话语、文化和社会等显性因子之间关系的言语行为思维现实，鲜为触及隐匿于传译行为背后的意义构建，尤其对于口译言语行为过程的复杂主体性运作所表征的独特概念框架缺乏勘探。本节试图突破口译言语行为过程跟进的传统，立足当代认知语义学的范畴空间论说，考察主体性协同概念框架构建对口译言语行为的影响，窥探口译传神达意的概念化根源。

此节重点解决以下问题：如何认识口译言语行为过程的主体性概念化认知？主体性协同概念框架的内涵是什么？主体性协同运作如何影响不同口译语类的言语行为？

（一）范畴空间与主体性渗入

奥斯丁（Austin，1962）用言语行为来描写言语交际过程，将言语交际中的话语行动及其引发或可能引发的言后效果描述为以言表意（locutionary acts）、以言行事（illocutionary acts）和以言取效（perlocutionary acts）三种基本方式①，以解释话语可能产生的影响，后来学者们（Davis，1980：37；Leech，1983：201）对此大体表示赞同，然而，言语行为理论无法解释思维运作的内在机制以及语言形式和命题态度之间的内在联系。

当代认知语义学重视人类的概念范畴能力。概念范畴是一组整体性的集合，因而也是一种经验范畴（Evans & Green，2006：159），人类具有对可触实体进行范畴化经验归类的概念化能力。范畴空间可视为一种源自表层结构的认知域，根据福柯尼耶（Fauconnier，1997：2，42）的论述，它是心智运作的单位，包括后台认知、概念模型和更为局部的心理空间，意义构建的动因就在于连接各空间的概念映射，同时，空间运作有赖于包括框架在内的认知要素进行跨空间连通，其结果是促发涌现新生意义结构。由于大多数概念化过程通过跨域映射来实现，探究不同范畴空间之间的概念映射有助于揭示隐匿于语言使用背后的意义构建。

口译交际与一般言语交际有明显不同，帕奇哈克提出（诺德，2005：141），言语意图应看作一个更大的语义整体，口译言语事件代表整体格式塔单位，其概念内涵超过各组成部分性质的总和。口译言语行为过程可

---

① 何自然（1997）曾采用以言指事、以言行事和以言成事的译名；何兆熊（2005）将其译成言内行为、言外行为和言后行为；在王宗炎主编的《英汉应用语言学词典》中则采用了表述性言语行为、施为性言语行为和成事性言语行为等译名。

看作一种承载跨语意义传承的超文本系统，包括一系列经验认知，涉及分别以源语发言人、译员和译语听众为核心的角色身份、情感意识、意图联想等主体性概念范畴，结合表情、体态、口气、语调等超文本内容，共同构成口译言语行为的"以言表意"，源语概念结构与译员主体思维发生对接，促发译语空间的新生结构，形成口译"以言行事"，新生结构通过与译语听众的思维对接，形成新的以言表意，将源语意义源源不断地传递至听众，完成口译"以言取效"。因此，口译产出效能不仅与译员对语言和副语言方式的运用有关（Pöchhacker, 2007），而且是多重思维主体多次跨空间概念映射和概念压缩的结果，译语表意就是来自源语的语言和副语言结构在概念碰撞中形成的相对稳定的概念框架，表征口译言语行为的特殊意义合成。

以上表明，在口译言语行为过程中，源语意图并非线性传递，而是整合式推进，具体而言，口译言语行为涉及源语发布、口译运作和译语接收三个范畴空间，所有范畴空间都是口译言语行为实施中在线产生的语义域，成为口译思维中共有的认知存在。不过，这些范畴空间不是静态不变的图式结构，而是由多维主体性引导的诸如知识、理据、意向和情感等概念所共同构建的认知架构，范畴空间的动态运作过程就是构建概念框架的过程。据此，口译言语行为过程的主体性渗入是在线构建主体性概念框架的基本前提，主要体现为三类特色鲜明的空间思维：

第一，空间连通。口译认知过程存在以发言方为主导的源语发布空间、以译员为主导的口译转换空间和以译语接收方为主导的译语接收空间三个不同范畴空间，通过角色、意图、情感等主体性概念映射，发生空间连通。

第二，空间合成。口译言语行为包括源语意义潜能在译员运作引起以言取效以及与后者有关的意义潜能在译语空间再次形成以言取效两个认知阶段，两个认知阶段相互重叠又传承延续，主要有赖于各类主体性概念成分的空间对接和选择投射，通过合成运作，促发新的意义结构。

第三，空间契合。完成口译言语行为的认知标志是经过口译思维运作的源语意图在译语听众产生的反应，这就要求源语接收空间（涉及译员主体）的言后效果与译语接收空间（涉及译语听众主体）的言后效果一致，主体性概念完成空间契合是实现口译最终目标的保障。

综上，以言取效来自源语发言主体和译员主体以及译语接收方的共同努力,而非源语图式结构,源语表意与译语效果之间也不是简单的因果关系,而是围绕认知主体在线运作的多空间、跨阶段的概念框架,支撑该概念框架的跨域映射具有空间连通性、空间合成性和空间契合性。

(二)主体性协同概念框架构建

源语理解的主要方式是脱离语言外壳的意义运作,译语产出主要来自意义驱动(董燕萍、王斌华,2013)。由于话语本身对其可能产生的效果并没有限制力,仅从话语本身很难推测将会发生的结果(顾曰国,1993),那么,要使口译言语行为过程实现意义的在线传承,需要一个处于中枢地位的主体性概念表征机制,将具有不同主体思维导向的概念结构引入口译主体性范畴空间网络,通过不同范畴空间主体性概念结构的相互碰撞和在线激活,构建主体性概念框架,相关概念成分目标合一、协同运作,从而推动口译思维整体进程。

分析表明,源语发布空间的意义潜能在译员运作空间产生一个直接言后效果,经过主体性协同,将源语意图特征转化为译语接收空间的意义潜能,在口译言语行为整体思维模式下,意义潜能具有连续性,受主体性概念成分的引导而穿行于不同范畴空间,通过不断发生在线互动,可在译语空间产生相应言后效果,描写如下:

口译言语行为过程自源语表意行为的形成开始,译员思维主体受源语空间发言人主体在角色意识、意图规划和情感模式等概念结构的影响,在思维转换空间发生相对应的主体性成分的碰撞和激活,受译语听众主体导向的相关经验成分在线搭建主体性协同调控平台,通过角色对话、情感沟通和意图融合等更为细致的概念运作,借助译员本身所具有的职业思维和整合推理能力,将转换空间的言后效果映射到译语接收空间,从而使源语引发的意义潜能源源不断地输往译语听众主体,完成译语以言表意,取得新一轮言后效果。

请见图4-3(实线箭头代表认知流程,虚线双箭头代表协同路径):

该图表征口译思维过程主体性协同认知流程,椭圆代表以主体为导向的范畴空间,其中E(Effector)代表原语发布空间,通过迅速发布的语流进行以言表意和以言行事;O(Operation)表示译员作为受话人和发话人进行思维转换的口译运作空间;R(Receptor)代表译语接收空间,包括译语以言表意和听众反应;I(Intention)代表交际意图;P(Perlocution)代表潜在于译员的言后效果;P^1(Perlocution^1)代表在目

```
          I ───────────────→ P
        E ↑ ↖         ↗ ↘    │ O
          ↓   ↘     ↙        │
              ( α )           │
              ( β )           │
              ( γ )           │
          ↑   ↗     ↘        ↓
        ↓ ↙         ↘ ↖     P¹
              SC              
                              R
```

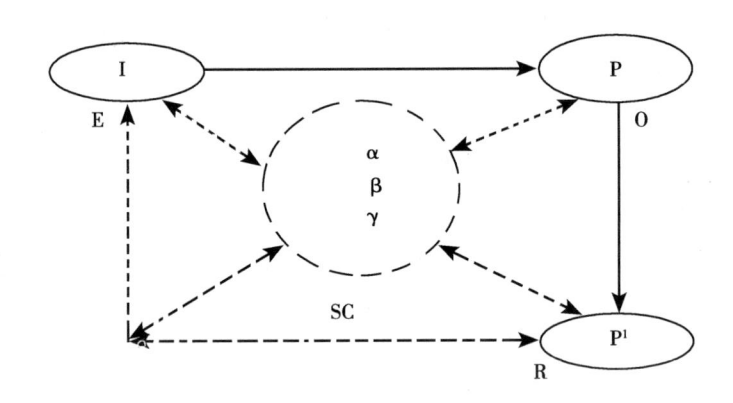

图 4-3　口译思维过程主体性协同概念框架

标语听众产生的言后效果；圆形代表具有三个空间共享成分的主体性协同平台 SC（Subjectivity Collaboration），交际意图、角色含义、心智能力、感觉行为及社会文化等概念突显在此交汇；其中的圆点代表互助、延伸、重构等协同方式，分别用 α、β 和 γ 表示。

请看下例：

2010 年 3 月的人大记者招待会上，温总理借用"兄弟虽有小忿，不废懿亲"的古训，回答台湾《联合报》记者提出的有关构建两岸经济合作框架的问题，以此表明对两岸关系回暖的信心。此古训出自《左传·僖公二十四年》，为周朝富辰的进谏之辞，意即兄弟间虽难免摩擦，但亲缘永在。源语概念结构中，"兄弟"与"有"之间并不存在真正的隶属关系，其概念结构是借"兄弟关系"喻指"两岸关系"。要使这一概念内涵往下传递，需启动主体性协同框架，使角色、情感、意图等主体性概念内容得到现场沟通：不同社会条件、相似的情感概念、上下文语境、历史环境与现实背景等概念要素发生空间连通，激活译语空间的相关概念结构，由此，英语民族的线性思维模式在空间认知网络得到突显，古、今、中、外思维图式得以在线贯通。协同运作导致在译语空间产生新的以言行事，警示勉励，在运作空间产生概念突显，形成以言取效："一母同胞没有不解之仇"。情理相融的悟性思维与线性对接的理性思维基于交际身份而发生角色互助，兄弟矛盾与两岸关系一对相关概念通过隐喻映射得以情感延伸，古时进谏与今日援引一对相关概念通过答记者问的在场情境透射意图重构，最终在译语空间产生"矛盾分歧难割血脉亲情"的思维走势。

通过角色、情感、意图子范畴的主体性协同，在线沟通原译语概念结构,现场译员的译文"Differences between brothers cannot sever their blood ties"就是对这种思维路向的回应,至此,源语以言行事通过译语表意在听众产生强烈的心灵震撼。

总之,口译言语行为蕴含丰富的概念化表征,要使源语意图成功传至译语空间,有赖于在线迅速搭建主体性调控平台,在充分激活的概念框架的整体运作下,通过受角色、情感和意图等资源要素引领主体性成分协同共生,源语所携带的意义结构转化为进入译语表意的意义潜能,在译语空间促发间接言后效果。

(三)主体性协同概念框架运作

随着口译服务在各行业的广泛应用,译员在不同口译类型中角色更加复杂、多维(任文、杨平,2011),鉴于口译活动的服务性、口头性和一次性要求,口译言语行为主体性具有现场性和历史性并存、物质性和心理性并存、语符性和概念性并存的空间特性,极大丰富了口译主体性协同框架构建效度,其认知运作在不同口译语类①中彰显个性。奥斯丁(Austin,1962)最初提出的表述式假设(Performative Hypothesis)欲说明通过语言操作可成功实施某一行为,而口译言语行为的实施还取决于发言人、译员和语体听众三者之间不断发生概念碰撞,通过角色对话、情感沟通和意图融合等概念化方式,完成主体性协同。

角色对话

角色对话指角色因素与认知因素寻找共生性,二者相辅相成。角色因素涵盖当今世界热点问题,如东西方价值观、民族冲突、南北问题、生态问题、人口问题、恐怖主义等涉及主体意识的价值观念,在论证、演说和对话谈判等口译话语类型中,角色对话表征口译主体性架构的基本概念框架。

主体性协同既包括对该事件背景和趋势的了解、洞察和判断等角色素质概念,又隐含发言人表情、手势和语气等角色情景概念,它们与译语听众的感应、期待和反应等角色意识发生概念互助。2009年7月,美国总统奥巴马在首轮中美战略与经济对话开幕式上有一句针对中美关系的阐述,曾在日本产生了意想不到的言后效果。源语表述如下"US-China relations will shape the 21st century, which makes it as important as any bilateral

---

① 口译话语类型依据鲍刚(2005)对口译工作语言的分类。

relationship in the world",此句中,源语表意结构包括以动词 shape 为核心的主句和由"make+ obj. +as…as…"句型构成的非限定性定语从句,修饰主题命题句。在口译言语行为中,动词语义特征的功能性表征受到来自发言主体、译员主体和观众主体不同视角的角色侵蚀,容易引发具有巨大反差的言外之意。日方媒体在传译时的潜在民族意识造成核心语义曲解,故译成"美中关系比世界上任何两国关系都要重要"(表意 1),其结果当然是刺激了本来就惴惴不安的脆弱神经。设想从口译目标出发,将发言主体"美国总统"的角色意识、译语接收方"广大民众"的角色意识与言语沟通方"译员"的职业意识共同调动,则获得如下概念内容:发言人角色主要涉及美国对中国经济的依赖与防备并重的心理,听众角色意识中包括对美中双边贸易互相依赖性的前认识和国情意识,译员角色要求其既感受发言者现场表现又感受听众心情,还受制于职业化要求,只有进行角色对话与互助才会形成正确判断,据此推出"美中关系 21 世纪模式,与世界上任何双边关系一样,都是非常重要的"(表意 2),其以言取效就是华盛顿在外交上承认与中国经济相互依赖的关系,以强调中美经济战略合作的重要性。因此,除去日本媒体忧心忡忡的深层心理不谈,表意 1 的言效失合源自译员大脑中未能及时架构起动态的角色概念框架。

源语的语音、词汇和结构等表意成分与事件、听证、语调、预期等角色身份的互动造成伴随事态发展的微妙影响,在主体性协同作用下,通过角色对话与互助,源语意图、译员解读与听众认知力的关系得到进一步加强,译语以言行事在话语意图、思想感情上更接近源语。总之,真值条件相同并不保证语用效果相同,角色对话有利于言外之力的准确传递,在论证式口译语类中绽放精彩。

情感沟通

导致译语无法激发与源语一致的思想、感受或者反应的一个重要原因可能是,不同文化的社会现实对于译语听众来说是未知或可及性很低的话语所指,为此,需要思维主体进行情感延伸,即通过扩充译语空间的文化缺失,激发译语听众的联想力,使译语在听众产生与源语意图一致的交际效果。情感沟通在介绍、演讲、致辞等话语类型中表现出主体性协同优势。

在浙东贸易洽商会上,某茶叶销售代表进行现场推介,说"茶叶出自浙东高山云雾,清明节精心采制",这句话被协助展会的临时翻译员译成"The tea grows among the cloud and the mist in the mountains of East Zhejiang, and is collected before the Tomb-sweeping Day",由于相关文化的情感缺失,引发理解晦涩,造成此摊位门庭冷落。推介失败的主要原因是缺乏与话语所携带情感的在线沟通,源语发话的情感元素没有得到有效延伸,致使译语表意引起了与源语意图并不相符的言后效果。中国茶文化是凭节气的时间差来精确划分茶叶品质,清明是采茶最佳节气,故此茶为极品推荐。然而,这些概念在外国客商的情感空间属于缺省元素,若没有主体性空间的情感沟通,外国客商就无法在杯中香茗与扫墓祭祖之间建立关联,由此产生的译语表意行为难免引起文化隔膜和情感厌恶。根据主体性协同理念,现场译员应充分考虑产品推介的意图,及时将发话人所蕴含的赞扬性和劝说性以言行事延伸至译语图式空间,补充听众所缺省的茶文化以及推荐上品的好客性和真诚性,源语空间的情感因素与客户对产品的购买信心发生概念映射,经过主体性协同平台的概念连通,迥异的东西方价值观在情感空间得以通融,在意义和构式的共同驱动下,完成译语表意行为:"The tea is prepared from tender leaves in the mountains of East Zhejiang and collected during early spring",此译采用换形替代的策略正是来自情感延伸运作,源语以言行事中有关为客户提供上品春茶的情感意识延伸进入译语的相关图式范畴,令听众产生关于青春和生命的联想,从而引发购买欲望,达到源语所期待的效果。

以上说明,情感沟通可令包含无限认知视域的主体性意识进行在线合作,通过思维运作,借助译语表意,实施以言行事,在译语听众空间获得与发言情感一致的言后效果。

意图融合

所谓意图融合,就是指全部或部分放弃的表意成分,尽大程度保留言外之意,将源语发言人意图与言语预期进行重新整合,建构新的译语表意,达到交际效果。一些具有修辞性效果的讲话,比如插科打诨、转弯抹角、含沙射影等往往出现在联想式语类中,其中意图成分取决于其表意结构在发言场合所突显的独特思维,此独特性恰是译语空间中所缺少的主体性意识,这就要求译员利用在场优势进行意图融合与思维重构。

以熟语为例进行说明。熟语是历史与现实结合的产物,含有丰富意义潜能,使用者持有特定言语社团的独特价值标准,体现独特的言语行为。1999年4月,中美关系正遇瓶颈,时任中国国务院总理朱镕基召开访美前的记者会，面对华盛顿蠢蠢欲动的反华情绪，做出如下发言："历史上曾经有这种时代，弄得草木皆兵，人人自危。"现场译员采用了直译，原译如下："When people treated even the grass and the wood as the enemies, and people were so afraid of, every people would be afraid of being accused by others"。此译使用的 grass、wood 等词与 accused by 之间缺乏连贯性，这让包括在场外国记者在内的西方听众感到十分不解。表层原因在于，语流飞逝的口译现场性要求译语不宜留下大量陌生信息，留给听众自己来填补源语的文化空间；深层原因是译员思维中没有顺利开启主体性协同运作平台，意图无法在译语空间得到反馈。因此，为完成即实传递意图的交际任务，应根据译语听众的主体性期待和意图联想，将发言所蕴含的意义潜能进行概念融合与重构处理，使听众对所接收的表意行为产生正确反应并跟上发言思路，如套用适合译语经典文化的典故，减轻听众的理解压力，将译语调整为 "In the past when people were oversensitive and suspected everybody, like Don Juan fighting against the windmill"。该口译以言行事过程包括语境解构以及对源语言文化图式和译语空间相应文化图式的整合，通过主体性协同，进行意图融合，实现发言人所期待的言后效果。

在联想式口译语类中，实现言效契合的关键在于主体性意图融合，通过对源语发言意图进行认知解构，再重新构建符合译语听众意图预期的概念图式，意图构建在译语听众的思维习惯和行为方式中得到回应，如此，谈话者的文化底蕴和精神世界给听众留下思想的震撼。

（四）发现与启示

口译交际包含独特的双重叠加言语行为，呈现空间连通、空间映射与空间契合等主体性协同思维，为实现口译交际目标，与角色、情感和意图相关的概念成分进行主体性协同，求同存异、共相发展。研究发现，在口译言语行为过程中，以言表意和以言行事通过刺激译员心理图式产生一种言后效果，通过在线搭建协同平台，触发新一轮言语行为认知中潜在于译语听众的反应或行动，促使口译产出达到发言主体范畴所期待的言后效果。因此，主体性协同是口译言语行为过程中动态构建的概念框架，协调、衔接并保障口译言语行为有效运行。主体性协同方式主要表现为角色对话、情感沟通和意图融合，不同运作方式在不同的口译语类中表现出区别性倾向，分别在论证式话语类型、介绍式话语类型以及联想式话语类型中影响口译策略。

二 障碍表征

主体性协同障碍指口译言语行为过程中概念框架构建受制,无法协调和保障口译言语行为的有效运行,由于在角色、情感和意图等概念成分引导的概念框架进行协同运作受到阻碍,难以完成口译交际目标。本节聚焦主体性协同框架的基本成分——角色对话、情感沟通和意图融合,分析思维主体对于主体性障碍的不同表现,深入考察英汉口译过程中角色构建障碍与语义选择的关系及障碍成因,从更精细的层面寻求应对口译过程进行语义选择的难题。

口译过程中,思维运作的核心在于语义(Seleskovitch, 1995),口译过程中语义选择的正确与否直接影响着译语产出质量和口译交际效果。就笔译而言,不同的译者必然产生不同的译本。照此推理,同一场口译,不同译员的思维加工(不同思维表征)也必然引起不同的译语产出(吕炳华,2005)。用当代认知语义学所提倡的范畴空间观(Evans & Green, 2006: 157-159; Fauconnier, 1997: 2)来表述,口译过程的重点就是揭示从源语空间到译语空间的意义构建,包括从发言人到译员以及由后者转向译语听众的思维叠加运作,源语表意所承载的概念内容穿行于以源语发布者、译员和译语接收者为主体导向的三个基本范畴空间(谌莉文,2011)。正是这种思维叠加不同程度抑制口译过程中的概念框架构建,发生语义选择障碍。

主体性协同(subjectivity collaboration)包括三个基本范畴空间的表征机制,是协调口译言语行为过程不同思维主体的丰富范畴资源,涉及角色、情感和意图概念的在线合作,通过意义协商,开展共相发展,协同一致完成口译目标。作为口译言语行为过程中动态构建的概念框架,主体性协同承担协调和衔接思维主体言语行为的有效运行(谌莉文、熊前莉,2014)。在口译言语行为过程中,以言表意和以言行事通过刺激译员心理图式产生一种言后效果,在线搭建协同平台,触发新一轮言语行为认知中潜在于译语听众的反应或行动,使口译产出达到源语发言主体范畴所期待的言后效果。

主体性协同概念框架障碍表征与发生在关联空间的概念行为有关,其核心是对概念互明的处理。

关联空间是口译概念化运作网络的一个心智空间,是具有不同输入空间共享成分的一个共有空间。在概念整合网络构建的任何时刻，都有一些共享的输入成分，共同构建一个特殊的心智空间。福柯尼耶和特纳（Fauconnier & Turner, 2002: 59-60）曾使用"与康德辩论"来说明概念整合运作中心智空间如何组构，从中可以发现不同心智空间相关概念的成分共享特性，分析如下：作为话语产出方的哲学教授是身处现实空间（Input 1）的主体元素，该教授正在发表自己关于理性的独特看法，其发言指向的康德是与之有着同样身份（哲学教授）但处于不同时代的哲学家康德（18世纪德国哲学家、古典唯心主义创始人）则处在一个可能性虚拟空间（Input 2），构建心智空间相关性的关键包括同指性和时空性，相关两个不同时空的概念域之间遥相呼应，实现跨域映射。其中针对"什么是理性"这一话题的探讨，构成两个输入空间共享的输入成分。根据概念整合论说，来自不同输入空间的共享成分可构成一个类属空间（Generic Space），共享成分与所有输入空间的相关概念一起参与合成运作。

口译概念化思维中，关联空间具有包括输入空间共享成分的类属特性，在此空间，共享是一个更加丰富而动态的概念结构，它伴随口译交际进程而得以在线架构，理据是斯玻伯和威尔逊（Sperber & Wilson, 1986/2001）提出的关于认知互明的论断。互明原理主要针对一般言语交际，其核心在于交际双方拥有共享知识或共有知识（mutual knowledge）。

共有知识或共享知识是语用学术语，指语言交际中交际双方对话题共有的背景知识。关于语言交际模式有两种看法：基于编码和解码的语言交际模式和基于言语交际的认知模式。针对第一种模式，以合作原则为例（Grice, 1975），语境涉及语言知识话语的上下文、世界知识、交际的社会文化背景知识以及交际时的具体情景因素，语用推理是一种人的知识因素加上具体情景因素的综合推理过程，话语的推理是建立在共有知识的基础上，其中共有背景知识是一个必要条件，该条件表明，要想能够对话语做出有效推理，双方就必须具备一定的背景知识，它是确定的、双方共享的，具有静态性质，这样才能保证言语交际的有效性，因此这是存在于交际双方头脑中固定不变的共有知识。以关联论（Sperber & Wison, 1986）为代表的言语交际认知模式则认为，交际双方的有效交际是依赖于认知环境的，它不是事先确定好的和静态的，而是具有动态性；不是双方共享的，不是被动的，而是在语言交际过程中通过假设、猜测和推理不断被创造出来的。言语交际是有目的和意图的活动，说话人的目的或意图能被听话人识别，是由于他们对认知环境（cognitive environment）具有共识，也就是说，交际是否成功，就看交际双方对彼此的认知环境是否能显映（manifest）和达到相互显映（mutual manifestation）。因此，言语交际认知观点认为，共享知识是语言交际和理解话语的结果，而不是理解话语的前提。

共享知识包含一系列的语境预测，它们与交际双方各自的已有旧信息有关，在交际中，这些信息得以不断更新，直到语境信息不仅是为双方所共知，而且达到双方相互知晓对方对此信息的了解（mutually known）这一目的。我们曾借斯玻伯和威尔逊（2001）引自 Clark 和 Marshall（1981）经典例证来说明互明知识在交际中的重要性（谌莉文，2011：117）。在此继续仍以此例进行说明：

On wednesday morning Ann and Bob read the early edition of the newspaper, and they discuss the fact that it says that a day at the races is showing that night at the Roxy. When the late edition arrives, Bob reads the movie section, notes that the film has been corrected to monkey business, and circles it with his red pen. Later, Ann picks up the late edition, notes the correction, and recognizes Bob's circle around it. She also realizes that Bob has no way of knowing that she has seen the late edition. Later that day Ann sees Bob and asks, 'Have you ever seen the movie showing at the Roxy tonight?'

——Sperber & Wilson, 2001：17

此例表明，对于交际双方安（Ann）和鲍勃（Bob）而言，保证交际成功的唯一条件就是：安不仅必须知道在罗丝影院（Roxy）上映的是什么电影，而且知道鲍勃也同样明白在罗丝影院上映什么电影，同时，鲍勃心里清楚，安知道鲍勃已了解到她已知道要上映的影片，并且鲍勃也知道安了解他知道要上映的影片。反过来一样，即鲍勃应首先知道在罗丝影院上映什么电影，且了解安也同样明白在罗丝影院上映什么电影，同时，安知道鲍勃了解一个事实，即安知道他已知要上映的片子，并且安也知道一个事实，即鲍勃知道她已了解要上映的影片。

在口译思维加工过程，源于口译交际中源语发言人、译员之间以及译员与译入语听众之间拥有认知互明，符合共享假设（shared assumptions）认知，即口译交际主体（发言人、译员、听众）具有主体性互动协商。如哈逖姆和梅森（Hatim & Mason, 2001：217）所言，说话人总是假设听话人已知、猜想或者能够推想出某事（但并不一定考虑此事）。具体而言，口译思维加工过程的认知互明就是基于口译交际活动中不同认知主体对于交际对象的预知和猜测能力，以及相互之间达到主体各方相互知晓彼此对相关信息的了解这一基本条件。可以说，认知互明是思维主体在线交流互动的成果，实施互明则是一个从不同认知主体具有共享假设能力、新旧知识在线协商，最终产生认知共识，完成对话语走向的成功预测以及产出新话语的过程，该过程的有效运转有助于构建一个系统化的主体思维协同概念框架。

口译认知行为的理据是口译思维加工存在涉及多维主体的主体间性。主体间性说明同一系统内主体思维意识和谐共生，也是人类共通感的体现。共通感（common sense）来自德国诠释学哲学大师伽达默尔（Gadamer，2004：10-25），该术语用来谈及其所倡导的人文主义主导概念，共通感是存在于所有人当中的普遍能力，包括导致共通性的感觉。根据王文斌（2007：179）的观点，所谓共通感就是一种主体间性。论证表明（谌莉文，2011：69），口译思维过程的主体间性是口译整体范畴模式的思维表征，遵循口译语言游戏的参与原则，标志参与主体摆脱了彼此孤立、隔岸相望的认识论桎梏。通过主体性协同运作，不同参与角色之间通过情感沟通、角色对话与意图融合等方式发生碰撞，意义解析准确而迅捷。同时，主体性运作具有制动性，说明认知互明对预测主体性运作障碍有间接影响作用。

主体性协同与主体形成语境假设的新旧信息处理机制有关，是认知主体间互动交流的过程，作为构建关联空间的基本方式，它使关联空间的相关概念成分积极参与到口译概念整合思维的宏大系统中。源自发言人、译员和译入语听众等口译思维主体的认知互明抑制，直接影响了主体性协同功效，体现为情感沟通障碍（关涉态度、感受、意向、道德、价值等情感因素）、角色对话障碍（关涉身份、地位、权利等角色因素）和意图融合障碍（关涉计划、预期、规划、方案等意图因素）等主体性协同约束或主体性协同障碍，其结果是阻碍话语走向的正确预测。主体性协同障碍表征如图 4-4 所示。

1972 年 2 月，时任美国总统尼克松（Nixon）访华，成为中美外交史上的一段佳话。2 月 28 日，中国国务院总理周恩来为尼克松总统举办欢迎晚宴。席间，尼克松致祝酒词，并引用中国国家主席毛泽东的一句脍炙

```
关联空间 { 认知互明受阻 ⇒ { 角色对话障碍
                          情感沟通障碍  } ⇒ 认知共识降低
                          意图融通障碍
```

图 4-4　口译思维过程主体性协同障碍表征

人口的诗词，借以抒怀，有意拉近与东道主的关系。原句如下：

"Chairman has written: so many deeds cry out to be done, and always urgently; the world rolls on, time presses. Ten thousand years are too long; seize the day; seize the hour!"

——Richard Nixon, 1972

此诗出自《满江红·和郭沫若同志》，原文是"多少事，从来急；天地转，光阴迫。一万年太久，只争朝夕！"

原诗背景为 1962 年的多事之秋，在国内，刚刚经历"大跃进"大饥荒，百废待兴；在国外，美国对越南进行军事干涉，对印度提供军事支援，继续加紧孤立中国的步伐。在此背景下，毛泽东主席挥笔成诗，以豪迈的英雄气魄，传递出中国政府及其人民所拥有的大无畏精神和革命情操，以上信息为口译交际双方所共知的共享知识，也是隐匿于译员长时记忆中的前知识。

十年之后，美国和苏联进入冷战高峰期，美国深陷越战泥潭，中苏关系较为紧张，可视作中美关系的转折点，尼克松访华之时中美关系刚刚得到恢复。尼克松总统用 Chairman has said（指中国国家主席毛泽东同志）引出话题，交际意识强烈，谈话涉及的主体角色进入主体性协同意义加工轨道。考虑尼克松总统访华的具体事件、交际目的及其带动中美外交融冰的预想结果，与话语意图等相关概念结合，经过情感融通，可迅速成为口译认知思维中的理解概念突显。所引诗词作者毛泽东主席是隐含的话语主体，发言人尼克松总统是显性话语主体，假如缺乏对主体角色的认知互明，如对口译思维涉及的交际主体的相关身份、地位和权利不明，则难以实现概念对接，导致互明抑制，如出现 Chairman 和总统指代不明的困惑，照字直译还是进行信息补充（如补充出现源文中没有的"毛泽东主席"）？采用什么文体和结构？等等选择困难。若不能及时了解发言人的态度和价值取向、听众的感受和听众道德价值取向，则导致发生情感理解困难和情感重构困难。若无法判断听者的认知接受力和共享知识，则难以完成口译信息整合。发生互明抑制的结果是，关联空间不能及时产生概念突显，无法取得主体性效果，直接阻碍口译思维理解向工作记忆程序的推进。以上说明，主体性协同障碍将会抑制口译思维加工中与角色、意图、情感相关的概念范畴的融通、协商与规整。笔者曾在本科四年级高级口译课程中，请全班24名学生模拟口译，只有6名学生能够较快猜出原诗出处并基本想起原诗内容，其余同学虽然知道原诗，可惜对具体内容知之甚少，所有同学的传译表现差强人意，在回答问题环节（与角色、意图和情感框架相关的问题），其相关度与口译效果基本一致。

对照现场翻译冀朝铸老师的口译表现，译员思维流畅，应接自如，其精彩传译准确到位，交际效果获得满堂喝彩，究其原因，与职业译员工作过程的主体性协同自动化程度相对较高有关。

"只争朝夕"意指中美关系耽误了许多年，耽误了许多事，现在正是加紧补课的时候了。接下来，尼克松借题发挥，用"This is the hour. This is the day for our two people"来表达中美关系携手并进的良好愿望。和前句比，基本没有涉及词汇和句式的语言听力障碍，大多数学生尽管主体性协同程度相对迟缓，前期表现不佳，却基本较快译出"现在是属于中美两国人民的时候"。反之，对于主体性协同抑制性较弱的6位同学来说，由于口译思维过程中意图连通的延续性作用，加上前文的语篇铺垫，胸有成竹地大声说出"现在就是我们两国人民只争朝夕的时候了！"。这从某种程度反映出传译水平差距与译员的主体性概念框架构建有关。

同理，上节提到的另一实例中，朱镕基总理对华盛顿反华言论的驳斥义正词严，然而，由于译员在现场发生主体性抑制，无法进行正确的语义选择和策略选择，情急中采用了一般人都会选择的直译做法，如源语"历史上曾经有这种时代，弄得草木皆兵，人人自危。"被译成"When people treated even the grass and the wood as the enemies, and people were so afraid of, every people would be afraid of being accused by others"（意为：人们把草木当敌人，人们害怕，人人担心遭迫害）。口译表现有点差强人意，难免引起听众困惑。

总之，交际主体、互动话语和复杂语境在口译思维过程共同作用、和谐共生，推动口译思维过程主体性协同运作，通过情感沟通、角色对话与意图融合等方式，主体思维局部系统进入协同工作状态，涉及主体情感、角色和意图的对话抑制、沟通抑制和融合抑制，成为阻碍口译思维进程的概念框架表征因素，概念框架构建障碍分析印证了口译思维过程是并行而非线性立体加工的前期断言。在该过程中，译员必须不断纠正无益于思维主体语言游戏活动的整体目标方案，并适时采取有利于目标进程的主体性决策，而这对于实战经验不足的口译学员来说，往往是发生口译失误的认知源头。

口译思维加工涉及众多参与主体性因素，其意义构建具有动态开放性系统特征，口译概念化认知的基本任务就是完成一系列意义阐释，而该目标的实现有赖于所有参与成员的共同合作。口译意义阐释遵循口译思维过程语言游戏参与规则，即所有参与者互为主体，共处于"我—你"一体范畴框架（谌莉文、梅德明，2010；2014），彼此依存、相互合作，表现为相融相通的主体间性，认知主体之间的意义运作的理想方式就是涉及角色、情感、意图等概念要素的主体性协同框架的迅速构架，对话抑制、沟通抑制和融合抑制成为主体性协同障碍表征，对于口译认知思维加工的整体进程而言，障碍表征的客观存在不容忽视。

综上，主体性协同是构建关联空间的核心概念，来自源语空间、感知空间的相关概念通过跨空间连通，在新的空间产生新的概念突显，即主体性协同概念框架，体现了心智空间最佳关联的意义协商，同时，与情感对话、角色互动和意图融通相关的协同抑制可能延缓甚至改变口译思维的态度取向和整体方案，对理解突显和记忆突显产生深刻影响。

第三节 前知识突显障碍

前知识指口译思维加工中潜在于译员长时记忆并可特定条件下迅速融入工作记忆的各类知识与经验（谌莉文，2010a）。如何高效、全面启动这些潜在的知识与经验是口译思维理解加工不可绕过的环节。

一 前知识突显概念框架

（一）前知识的经验特征

自口译纳入研究范畴以来，译员大脑中知识储备对思维过程的影响就引起研究者的关注，口译研究先驱者赫伯特（Herbert，1952：23）认为"对主题知识的熟悉程度决定口译意义理解成败"，以塞莱斯克维奇（Seleskovitch，1978）为代表的释意学派从认知语义的角度延续并发展了这一观点，认为完成口译释意的前提是理解源语，那么，背景知识与感知输入相结合可能形成一种概念心理表征，自此，人类认知世界中至关重要的前知识概念开始跻身于口译思维研究的学术领域。不过，由于缺乏学派之间的交流与实证研究，这一重要参数的经验过程（如生成、发展、架构、表征、障碍）有待进行进一步考察。

国内对于影响口译思维过程前知识因素进行深入挖掘的不多，较早注意到口译过程中相关知识缺乏而造成理解困难的研究者是廖开洪（1997），其理性思考将源语理解困难与前知识构建障碍联系起来。真正从理论层面关注口译思维加工中信息知识重要性的研究，当属鲍刚（1999）提出的口译职业化思维主张，他认为，应针对源语内容、逻辑关系和相关信息进行整合加工。

在本文研究中，前知识是一个更加宽泛的范畴概念，涉及译员工作状态的长时记忆。不同领域的研究者曾从不同学科视角出发，采用不同术语对这一概念做出了各种解释。如在范畴认知领域，前知识与图式（schema）或认知模型（cognitive model）有关，指通过突显相关认知辖域的特定区域来理解语言意义的认知模型（Taylor，2001：85）；在人工智能研究中，前知识与框架（frame）有关，指特指记忆状态中表征特定情景的信息结构（Minsky，1975/2007）；生成语义学中，前知识是一种语义框架（semantic frame），表示对经验的连续图式化（Fillmore，1985）；在话语分析领域，人们使用脚本知识（script）对言语事件进行联想和推理（Dijk，1980：234）；在认知心理学研究中，前知识与场景（scenario）有关，指动作发生阶段的知识前奏，如针对儿童派对，场景可预设为分发礼物、切吃蛋糕和玩游戏等知识成分（Renkema，2009）。

总之，对于以上各类术语的界定因其理论背景不同而各有侧重，但不完全等同于概念化思维加工中的前知识概念，尽管如此，研究均认同，前知识与大脑长时记忆有关，来自主体本身已有的知识与经验，因而可视作思维过程不可或缺的概念结构。探讨口译概念化过程的前知识突显、概念框架构建以及障碍表征均离不开以上理论基础。

（二）前知识突显概念框架构建

口译思维加工概念整合过程中，前知识与译员大脑中涉及语言符号、文化图式、交际事件和主体风格等一系列概念成分的长时记忆有关。前知识概念框架最初是在感知空间形成的认知架构，也称为感知突显。

在口译思维理解过程中，潜在于译员长时记忆中的各类知识与经验，伴随听解接收的源语语言结构、交际事件、交际情景、发言人身份和表情语调，被激活并迅速进入感知空间，主题知识、语言运用和交际事件等范畴领域与源语图式的相关概念，因各类关键关系（如时空关系、类推关系、同指关系等）的存在而进行跨域映射。如果说口译思维理解加工是在线概念整合过程，那么理解整合第一步就是就是感知突显，合成运作的成果是理解突显，这一概念化过程成为构建前知识突显概念框架的前提。

口译概念化思维中，前知识突显概念框架是一个连续的系统范畴，连接点是完整的三阶合成的阶段性成果，如理解突显、记忆突显、重构突显，分别来自源语语义评价运作、工作记忆检索运作和原型选择重构运作的概念框架构建。推动连续化前知识概念突显的形成还得益于口译意义构建的语境概念范畴运作以及涉不同认知主体的主体性协同运作的影响，受其共同影响，前知识突显在概念整合过程得中到不断更新，进而连续发生记忆空间和重构空间的概念突显，最终转化为译语空间的相应知识结构。不难看出，这一系列突显运作中，不同空间的相关概念存在彼此关联和相互连接的内在关系，因此，前知识突显概念框架受口译概念整合网络中意义协商机制操纵的基本概念化方式。

前知识突显作为口译意义构建的基本概念框架，其认知构建使得长时记忆的相关概念得到充分激活，此外，口译感知的最大化体现也与前知识突显有关，因此，前知识突显所体现的概念化运作在口译思维理解中承担承前启后的重任。不仅如此，作为一种特殊的概念化方式，前知识突显运作贯穿口译思维过程中的理解、记忆和重构等一系列认知程序（谌莉文，2010a）。

研究发现（谌莉文，2011：148-150），口译概念整合的前知识突显是意义协商机制运作的概念化成果，其中前知识是口译认知中由思维主体[①]的文化知识、语言知识、技术水平、人生体验以及对客观世界的洞察力和感悟力所共同构建的知识结构，它潜在于主体长时记忆中，在口译现场条件下被瞬间激活后融入工作记忆，并在口译语境的调节和参与主体的主体性运作的介入下，成为构建概念合成网络的重要组成部分，其概念化方式具有持续发展、生机勃勃、不断更新的意义整合特性，前知识突显概

---

① 广义的口译主体最少包括交际双方、译员、主办方等在内的个体、集体或社会主体；狭义的口译主体指译员，此处主要指狭义主体。

念框架就是用来描写这一动态发展的概念化架构,可以借助口译思维加工前知识运作过程得到说明:

前知识突显作为口译思维感知的注意力焦点,活跃于口译感知空间并通过前知识运作贯穿起口译思维网络,因而是一个动态意义单位。口译概念整合中的前知识来自长时记忆与源语语篇图式的概念压缩,其概念内容包括语言结构、发言主题、专业技术等不同方面。前知识随口译感知的渗透而变化、随着主体经验的累积而增强,因其先在性、激活性、暂时性和成长性贯穿于口译思维全过程。在口译概念化思维加工中,前知识突显通过选择投射和合成运作,不断形成新生结构,其中选择依据是概念激活和概念突显,选择动因来自思维主体能动性与受动性的共同作用,随着概念整合的深入,前知识突显运作在合成空间形成语义理解、记忆检索和原型选择重构等不断更新的结构表征。可以说,口译思维运作有赖于在合成空间高效形成前知识突显。(谌莉文,2010a,2011:156-162)

如图 4-5 所示:

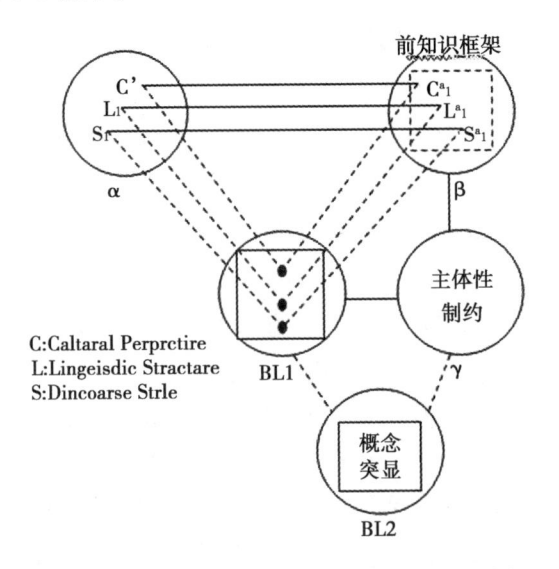

图 4-5　口译思维过程前知识突显概念框架

图示中,α、β、γ 分别是输入空间,α 代表源语表征空间,C'、L_1、

S_1分别代表源语图式所携带的文化、语言和风格等概念表征；β代表口译感知空间，C_a^1、L_1^a、S_1^a分别代表形成感知空间的感知概念突显，前知识概念框架用虚线方框表示，分别对应源语图式的文化、语言和风格等概念表征；BL1代表合成空间1，其中的黑点代表感知概念突显；γ代表主体性制约空间，该空间汇集主体性互动运作以及作为对以上操作范围进行限制的语境控制和相关职业化思维运作的集合；BL2是合成空间2，实线方框代表经过再次运作，在此空间形成的理解概念突显，标注为意义生成。

以英国剑桥公爵夫人凯特王妃在Place2 be的发言为例，对此思维过程进行简要说明，如下：

简短的致辞中，凯特王妃意在表达对家长、教师和相关工作人员帮助青少年心理健康的心情，言辞间表现出对具有人类共通性情感的感同身受：每个人都应该去帮助那些需要被聆听和理解的孩子，孩子需要被尊重，需要被爱。源文如下：

> Of course not all children have the anchor of a strong family. Many will arrive through your school gates feeling a real lack of love and devotion in their lives. This often leaves them feeling insecure and without confidence and trust in the world around them. This is why your work is so important. (Kate, 2008)

对于这段发言的英文源文进行思维理解，需要激活与family和school等概念相关的前知识框架。在源语表征空间α中，C'、L_1、S_1分别表征如下概念要素：家庭为青少年成长提供守护的避风港（C'）；用词朴实、句式规范（L_1）；语体温和、严谨正式（S_1）。口译感知空间β中，虚线方框代表与思维主体在线感知有关的前知识框架，感知空间的概念突显C_a^1、L_1^a、S_1^a分别对应于C^1、L_1、S_1，表示感知空间前知识概念与源语空间相关概念相呼应，产生感知突显。C'代表所有的倾听、尊重和保护都将对青少年产生积极意义；L_1代表英语特有的语言结构规范，从而易懂、接受度高；S_1代表劝勉、鼓励、呼吁社会重视青少年教育的话语风格。通过跨域映射，被激活的概念成分与其对应的源语知识成分一起，选择投射进入理解空间，初步形成理解概念突显。此阶段的前知识突显概念框架运作过程如下：love, devotion, insecure, confidence 等词或短语令概念接收者瞬间产生众多不同联想，即存在多重语义选择，然而，到底何种语义意向与当前话语所指相匹配呢？选择标准涉及正确的意义重构与译语产出的效率，能否达到这一标准取决于口译思维主体能否在接收语音信息的同时，使源语结构表征（如 anchor of a strong family, school gates 等）与感知突显（intentional reference at the exact occasion）产生关联匹配，如借助思维主体的主题知识、个人经验与文化关联介入，在理解空间产生相应的概念突显，换句话说，口译解析成功与否就是在于能否有效迅速构建前知识概念框架。

此外，主体性制约空间 γ 包括发言者角色与身份（英国王妃、关爱青少年健康大使）、语气（鼓励与呼吁）、表情（温和而激动）、主题（关注帮助青少年心理）和现场情景（place2b 大会），受其干预，前知识突显被进一步激活，经过认知选择、判断与决策等合成运作，在合成空间 BL2 得到记忆突显，通过进一步的相似运作，在合成空间 BL3 产生新的意义结构（实线框），即出现一个新的前知识突显概念框架——"关爱青少年心理身心健康是你我也是社会的共同责任"，即重构产出空间的原型突显。需要提醒的是，在口译思维加工概念化流程中，理解空间和记忆空间既是前阶段（感知加工、理解加工）的合成空间，又是下阶段（重构加工、产出加工）的输入空间，在此形成的概念突显与感知空间概念突显具有因果推进关系，正是这些不断出现的概念突显将整体前知识突显概念框架建构起来。

以上过程表明，前知识运作不仅有利于对语言、文化和情景的感知与解读，而且制约思维主体的主观能动性无限发挥，既省时省力，又能有效掌控注意力焦点。因此，前知识突显既是输入成分，又出自合成运作，准确、有效的前知识突显有助于构建口译思维概念化加工的基本概念框架。

（三）前知识突显概念框架运作

前知识突显概念框架的动态构建体现在前知识运作过程，也是口译意义构建的基本概念化方式，涉及符号表征图式、文化表征图式和语体风格图式等不同方面的概念连接，通过跨空间映射和框架构建，不断形成新的概念突显，主要体现为文化视点互动、语言结构互动和话语风格互动等认知操作。下面对此进行简要说明。

第四章 口译概念框架构建障碍的内涵

文化视点互动

文化视点互动发生在针对源语表达的语义评价程序。口译面临的不仅是不同语种的语言，而且是具有迥异社会文化背景、包含不同意图和期待值的文化模式的碰撞，口译思维理解强调语篇层次上的整合意义，意义获取很大程度上受相异文化和思维方式的影响。接收源语语音信息后，口译思维主体表现出认知上的反应和情感上的波动，这为启动相关知识图式并积极构建在线前知识概念框架做好准备。

凯特王妃访问位于英国东部伊普斯维奇（Ipswich）小镇的儿童福利院"树屋"（Treehouse），该福利院是一家绝症儿童护理机构，此行是出任该慈善机构的荣誉赞助人，同时看望那些致力于帮助患绝症儿童的工作人员和志愿者。发言人作出如下表达：

> Today I have seen again that the Treehouse is all about family and fun, For many, this is a home from home-a lifeline, enabling families to live as nornally as possible, during a very precious period of time. (Kate, 2012)

此段中，源语编码空间包含绝症儿童护理机构（Treehouse）、特定的人、家、生命、时光等；在口译感知空间，潜在的前知识概念由于主体对不同文化模式的感知而激活，形成感知突显对应：儿童慈善机构成立仪式、凯特王妃、关爱临终儿童的社会职责、联系家、爱与生命的纽带等。这些原本沉睡的知识要素受主体能动作用的刺激，在处理口译听辨的同时就被立即唤醒，与源语知识图式发生跨域概念映射，投射进入合成空间。作为凯特王妃和慈善机构荣誉赞助人代表的文化和社会身份、现场气氛、发言人语气、神态、心情以及听众的文化模式和文化感知力这些主体性制动因素的影响，新一轮的选择投射更加全面地调动和激活经过改进的前知识框架，共同进入合成运作，由此产生的概念突显更为准确、合理。经过理解、记忆和重构等一系列概念突显，引发思维顿悟，并经过概念重构，成为译语以言表意："今天我再次见证，'树屋'是温暖家庭和快乐源泉。对于许多孩子来说，这是从出生之家来到养护之家的生命线，在生命中最为珍贵的时期，家的温暖得以延伸。"

以上说明，文化视点互动作为前知识突显，决定着思维主体的认知判断、对待概念角色的态度、认知参照点的选择乃至思维理解整体心智模式的选择，因而可以看作启动结构互动和风格互动的基点。

语言结构互动

语言结构互动发生在记忆检索程序。目标话语与源语话语的认知框架具有范畴一致性和顺应性。与笔译思维中的线性搜索不同，口译时前知识框架中的潜意识区域在"一次性"和"即时性"（Pöchhacker，2004：10）的即席交际环境下同时启动多条搜索线索，首先被激活的是词汇和句式结构，相关概念突显融入工作记忆检索程序，并与源语空间的编码图式相呼应。

2016年末，美国前总统奥巴马卸任前夕，发表总统声明。11月9日，执政期将满两任的奥巴马总统即将卸任，大选结果揭晓之后，奥巴马约谈了即将上任的新一任美国当选总统特朗普，然后公开发表了总统声明。在此摘取一小段：

But President Bush's team could not have been more professional or more gracious in making sure we had a smooth transition so that we could hit the ground running.

(Obama，2016)

源语发言人使用"could not have been more + adj. …in making sure …"的句式，表示对其后形容词程度的级别修饰，相当于形容词最高级，在此意为"最专业、最有风度的"，该语法结构用否定句式来加强所欲修饰的成分，使核心成分得到强化，建立一种得到强化的肯定句式。根据前知识突显思维运作，本例中源语结构在感知空间引发一个原型句法："不能更……（程度）以使……（动作）"。该结构通过类比、同指等关键关系与源语空间相关概念发生连通映射，参照所有认知主体已有的关于总统换届的惯例、发言人以在任总统的身份发表讲话等环境制约因素，经过思维加工，合成产生目标语意义结构："然而，布什总统的团队以无可比拟的敬业精神和风度保证了我们的顺利交接，使我们能着手开始实际工作。"

以上表明，源语表征空间的语义编码为口译感知空间前知识框架提供概念来源，被激活的原型结构与源语知识图式的连通取决于主体认知选择，口译现场条件加快了口译意义搜觅。语言结构突显可看作口译思维理解中进行意义摄取的基石。

话语风格互动

话语风格互动发生在原型选择程序。口译思维过程包含感知空间与表征空间的风格映射，口译中话语风格互动主要体现在与原型表征知识图式相呼应的韵律节奏、修辞应用和时空关系等几个方面。这就是说，解读源语立意不可忽视发言标的和情景语境，后者与源语文化模式和编码系统共同作用可提高原型选择效率，从节奏修辞和时空层面进行呼应。

2016年9月，杭州西湖之畔召开了举世瞩目的20国集团（G20）领导人峰会。9月4日，在20国集团工商峰会开幕式上（B20），中国国家主席习近平出席开幕式并发表题为《中国发展新起，点全球增长新蓝图》(A New Starting Point for China's Development. A New Blueprint for Global Growth) 的主旨演讲。当时正值钱塘江观潮期，习主席即兴以用一句豪迈的结束语，完成精彩演讲——

> 弄潮儿向涛头立，手把红旗旗不湿。我同各位一样，期待着二十国集团勇做世界经济的弄潮儿！
>
> （习近平，2016）

针对该句进行解析，除结合源语文化和结构突显外，更应整合思维模式、语域、韵律、修辞，尤其是，如何还原习主席所代表的心胸宽阔的人格魅力和引领世界的大国领袖风范？而这正是决定意义搜觅和译文效果的关键。这种独特的话语风格如何参与前知识框架构建呢？根据2016年中国经济和投资形势分析报告（http：//www.csh.gov.cn），国外经济呈逐步复苏的局面，这有利于我国经济的企稳，美联储步入加息周期，国内经济状况一分为二，传统产业虽然不景气，但新经济（消费、新兴产业和服务业）形势很好，根据《中国战略性新兴产业发展报告》，"十二五"时期新兴产业呈跨越式发展，产业增加值增速良好，处于快速发展期。中国经济能否实现持续增长？中国能否避免陷入中等收入陷阱？不仅中国在问，世界也在问。这构成前知识框架的基础成分，发言人身份以及会场情景构成口译思维中的主体性制约因素。受其影响，前知识框架中对话语主题的选择与源文借宋代词人的一句词来表达美好期望发生呼应，"弄潮儿""涛头""红旗"与其所带来的言外之意发生呼应。不仅如此，源语的精炼工整的语体风格促使前知识框架中的相关知识点得到激活,大大促发了词语搜觅的高效运转,从而使口译思维更接近源语的修辞风格。同时,对源文韵律节奏的感知使前知识框架中的相关句式得到激发,从而产生韵律突显。这样一来,语境和现场环境因素对思维的干预可确保时空关系的一致性。

合成产出的新生机构就是理解突显,即"所谓大潮,在勇者则不谓其难,唯勇者可以制服,在座众位,堪称勇者"。据此认知流程,再通过记忆突显和重构突显,即可产出相应译文"As an ancient Chinese poem reads,'The tide riders surf the currents, the flags they hold up never get wet' I, like all of you, look forward to a G20 that will ride the tides in the world economy"。译文基本遵从了源语句式的风格对仗,通过重复 tide riders 和 ride the tides 的衔接手段,突显主题风格。如此操作,中国有勇气做改革发展的弄潮儿,敢做世界经济大潮的弄潮儿的国家情怀扑面而来。在前知识框架的推动下,传译有助于世界听众感受来自中国政府的声音,即"中国对外开放,不是独角戏,而是欢迎各方共同参与;不是谋求势力范围,而是支持各国共同发展;不是建造自己的后花园,而是共同建造世界的百花园"①。

同理,再看 2016 年 11 月奥巴马总统的声明:

> Now it's no secret that the President-elect and I have some pretty significant differences. But remember, eight years ago, President Bush and I had some pretty significant differences. … Regardless of which side you were on in the election, regardless of whether your candidate won or lost, the sun would come up in the morning.
>
> (Obama, 2016)

该句中,源语空间的历史文化概念、语言结构概念、国情规则概念等与思维模式、语域、韵律、修辞进行整合,激活译员大脑中已有的前知识结构,在感知空间构建新的前知识框架,这一构建过程包括发言人作为在

---

① 引自习近平主席于 2016 年 9 月 4 日在 20 国集团工商峰会上开幕式的讲话,题为"中国发展新起点,全球增长新蓝图"。

任总统应有的话语风格和奥巴马以严谨思维和富有感染力修辞的个人风格,通过话语风格互动,产生目标语以言表意:"新当选总统和我有很大分歧,这已不是秘密。但是请记住,八年前布什总统和我也有很大分歧。……不管你曾经站在这场选举的哪一边,也不论你选择的候选人胜败如何,太阳照常在早上升起。"由于前知识框架在线运作,突显了源语所采用的重复、排比、隐喻等丰富的语篇形式,由此产生的译语言后之效更加契合源语意图。

(四) 发现与启示

综上,前知识突显概念框架是连接口译概念合成运作的基础框架,其概念化运作方式贯穿口译思维整体流程。前知识突显概念框架运作假说论证了以下要点:

第一,前知识突显概念框架通过概念压缩而构建。前知识作为一个基本的知识结构是构建口译思维加工心智空间的来源。前知识概念框架由于口译主体的职业感知和现场条件而得以在线构建,意义运作的成果成为概念突显(如主题突显、符号突显和风格突显等),这为口译跨空间映射提供有力支点。

第二,主体性制约是前知识突显概念框架构建的控制空间。主体性体现为能动与受动两方面,前者指不同思维主体(涉及发言人、译员和译入语听众等)在文化、情感等方面的对话合作,后者包括具体环境、条件和口译职业性要求等种种限制。二者共同参与口译思维,从主体互明到在线互动以及最终产生认知共识,形成不同心智空间的有效关联,相互促进、相互制约,共同促就前知识突显的快速发展。

第三,前知识突显概念框架构建具有动态延续性。概念突显通过主体性运作的互动得以不断深化,贯穿口译思维的进展,通过选择投射,在合成空间涌现出不同于源语表征图式的新生结构,这些新生结构作为概念突显暂时固着于合成空间。突显的意义结构伴随思维发展流程得以延续,表征为理解突显、记忆突显和重构突显。

综上,前知识突显既是思维加工处理的结果,又是新一轮概念合成运作有待激活的概念成分,因此可看作促使口译思维动态延续的结构化思维表征,其概念化运作在口译思维过程意义协商总体操纵下发生更新突显,直至译语重构产出。

二 障碍表征

前知识突显障碍主要由于前知识概念框架不能及时搭建，概念突显不能顺利实现，进而影响认知结果。

根据易森克艾尔（Eysenck，2001）的研究，20世纪中晚期，认知科学家吉布森（Gibson，1950，1966，1979）提出了与当时主流认知及计算机理论大相径庭的视觉感知认知理论，认为来自环境的信息可以作为个体与环境直接交流的信息源，无须内在加工与心理表征，人对外界的感应是自下而上的（刘宓庆，2006：43）。这一论说有助于了解人类感知的本源。

口译认知的初始环节就在于对源语信息的感知。感知突显是发生在感知空间的概念框架运作成果，通过感知空间的概念内容与源语空间的相关概念内容发生空中接应而得以完成。

在口译思维加工的初始阶段，接收声音信息以充实感知内容，后者包括认知心理学家吉尔福特提出的智力结构形态思考内容中的五个方面，即视觉、听觉、符号、语义和行为（刘爱伦等，2002：303-304）。这五个基本方面作为感应认知所依赖的概念要素与源语空间的相关概念要素进行空中匹配，通过概念对接跨域映射，经历语义认知评价、记忆检索激活及原型选择产出，时实构建一个动态的前知识框架，在感知空间获得一系列概念突显。然而，在实际操作中，尤其是对于自动化程度较低的口译学员，这一系列概念化过程恰恰成为造成前知识框架构建的困难所在（谌莉文、李丹弟，2020）。为清晰描写这些障碍表征，需要进一步明晰形成概念突显的过程。

认知语言学中，所谓概念突显，指认知过程中基本层次范畴的部分成员被视为具有本质的和突出的属性，同时范畴内其他成员却并不具备这样的属性。昂内尔和施密德（Ungerer & Schmid，2001：77）曾以bus的范畴化表征为例，对词汇突显现象进行初步论证。他们发现，bus的范畴属性可以从不同角度进行描述，然而只有位于最上端的上位词素才是广为接受和实际使用的。其实验表明，关于bus的基本范畴属性有两个：相对于"载人移动"的基本属性，指"车"（vehicle）；相对于"用来游戏的"，指"玩具"（toy）。反过来，当我们听到车或者vehicle，就立即浮现其具有载人移动的功能属性；而听到玩具或者toy，脑海中就浮现出其可以用来供人游戏的基本功能。因此，形成上位词素范畴的原因是认知广泛性和功能性的概念突显。

我们认为，以上对于概念突显的解释具有静态特性，与口译意义协商中的概念突显并不完全等同。在口译感知空间，概念突显伴随口译前知识概念框架的现场构建而临时产生。在感知空间，译员开始思维理解的第一步，概念突显是概念压缩的成果，也就是说，将所接收的那些具有突出的和基本属性的源语信息以概念的形式暂时固着下来（entrenched），为下一步的理解、记忆与分析转换提供概念来源，具有原型特征。

卢植（2007：158）提出，当我们范畴化客体的时候，往往有一个关于最具有代表性标本特征的共同概念。根据上文分析，感知空间的突显成分由于与源语空间的匹配关系，体现为一系列具有代表性的概念突显，具体就是相应的符号突显、文化突显、情感突显和语体突显，然而，这些突显结构的产生需以大量频繁的概念化作为激活条件，设想职业译员经过长期训练和大量现场磨炼，其前知识概念化运作更接近自动化，更容易形成概念突显，反之，造成概念突显障碍。需要说明的是，在这一空间，由于口译前知识概念框架不能及时搭建，概念突显不能顺利实现，进而影响认知结果，如对发言意图、文化心理、时代背景、审美价值的判断不及时、不准确，因此，总体来说，前知识突显概念框架构建可以描写可能促发或阻碍口译感知范畴原型产生的过程。从感知突显到完成理解突显、记忆突显、重构突显的发展中，前知识突显障碍表征为三个方面的运作障碍：语义评价障碍、记忆检索障碍、原型选择障碍。

前知识突显概念框架构建的障碍表征来源渠道及其概念内容如图4-6所示：

视觉
听觉
符号   → 感知空间 → 语义评价障碍   → 理解突显受阻
语义   记忆检索障碍   记忆突显受阻
行为   原型选择障碍   重构突显受阻

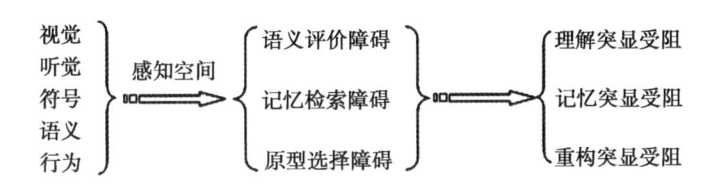

图4-6 口译思维过程前知识突显障碍表征

下面仍以习主席在2016年20国集团领导人工商峰会发言为例。

"千百年来，从白居易到苏东坡，从西湖到大运河，杭州的悠久历史和文化传说引人入胜。"

（Famous for Bai Juyi, a leading Chinese poet in the Tang Dynasty and Su Dongpo, a popular poet in the Song Dynasty and who spent time in Hangzhou, as well as the West Lake and the Grand Canal, Hangzhou has a fascinating history and enchanting cultural heritage.）

源语空间的基础概念从视觉、听觉、符号、语义和行为五个方面为口译感知提供了信息来源。在感知空间，一方面要借助对习主席发言伴随的表情、手势和体态的观察，另一方面要从听觉渠道（听筒）接收言语所携带的语音信息、词汇信息和句法信息获得感知，并以此摄取符号信息中的积极语义成分。按照言语行为论说，发言意图伴随话语输出而生，同时在受者产生反应，行为感知就是指这种反应，然而，种种原因导致与前知识概念框架有关的认知行为不能如期实现。

译员思维的源语感知涉及概念对接，即从语音、词汇和句法等方面接应源语的语符表征，所接收的语音信息通过白居易、苏东坡、西湖、大运河、杭州这些突显的人名和地名概念传入大脑的信息接收通道。此处预示出现前知识表征障碍的关键区间，表现为：

第一，缺乏正确的语义评价。对上述语音、词汇、句法表征不会调动，无法产生语义联想，无法对这些符号出现的用意做出判断。

第二，缺乏顺利的记忆检索和有效激活。长时记忆中缺乏关于唐代诗人白居易和宋代诗人苏东坡曾经在杭州留下足迹和经典之作的事实，或者这些事实如果未能激活，就不能调出充分、完整的信息点。

第三，缺乏合适的原型选择。"白居易""苏东坡""西湖""大运河"都是具有文化特色的原型概念，若不能对源语原型了如指掌、不熟谙译语文化、不把握译语听众接受度，则很难进行得体的原型选择，最终难以完成重构突显目标。

正因为上述原因，源语语音和词汇所映射的语义发生原型选择障碍，直接导致译语产出不达的后果。这样一来，源语所携带的语音、词汇仍只是单纯的符号形式，不能完成前知识概念框架构建，其结果是，直接对应字符，如译成"Famous for Bai Juyi and Su Dongpo as well as the West Lake and the Grand Canal, Hangzhou has a fascinating history and enchanting cultural heritage"。很明显，如果口译仅完成字面上与源文对应，而没有实现概念层面的契合，口译效果则不尽如人意。对于世界听众而言，仅凭此译，很难引发与源语所欲传递的历史故事和文化底蕴有关的理解共鸣，因为众人都知道这两位是大诗人，但并不知道两位分别处于中国两大朝代的诗人在不同时空背景下都曾来过杭州、赞过杭州，更无法产生发言人引用二位诗人之名以及提及西湖与大运河的深层用意。

相反来看，习主席的表情、体态等非言语信号在译员脑中留下感性的印记，这使得中国社会与文化传统的基本理念在口译思维理解加工中获得初步定位，经过话语所蕴含的态度与情感的概念压缩，激活关于诗人地位和经历的概念结构，即一位是生活在盛唐的大诗人，一位是生活在宋朝的大诗人，两位都曾赋诗赞美杭州的山水人文。另外，作为杭州标志的西湖名胜，历史上修建大运河的不易和大运河所孕育的文明，都为杭州这座城市留下浓墨的一笔，堪称中华文明的一个剖面。与此同时，源语所采用的正式热情又不失文雅的语体风格也得到及时接应。再通过对匹配概念进行综合评价，如语言有什么特色、文化有什么特色、表达什么情感以及语义是否恰当等，长时记忆中一些原本沉睡的前知识概念被激活，迅速构建起感知空间前知识框架。前知识框架包括对中国历史的掌握、中国文化的熟谙、对杭州主办 G20 的大背景知识以及对习主席个人风格的了解等，随着前知识概念框架的形成，思维感知根据具体情况，获得基本的原型语词，并使之成为概念选择的基础，产生一种"杭州不愧有'历史悠久、文化瑰丽'美称"的感知。值得注意的是，在时间紧迫的口译现场条件下，原型词汇可能直接转化为译语概念，即思维直接到达因果关系表达中的结果，如在口译时选择用 a leading Chinese poet 和 a popular poet 表示两个名所代表的身份。这种口译时常见的解释译法其实就来自对源语中因果关系的原型感知。

照此，经过语义概念评价、记忆概念激活和原型概念选择程序并以此搭建前知识概念框架，在感知空间及其后的理解空间、记忆空间和重构空间留下一系列相互关联的突显概念，伴随话语出现的抑扬顿挫和掷地有声的声音表意、崇尚和谐进步的华夏文明意图突显、借话语传递出的大国自信以及习主席亲切而不失刚毅的话语风格等概念加工均加速了前知识突显的形成。

总之，前知识突显概念框架构建为思维转换的合成运作提供输入来源及合成成果。然而，实际工作中往往发生语义解析评价困难、记忆检索激活困难、原型选择产出困难，其结果是，在加大口译思维理解认知努力的同时，降低了口译思维理解的准确度，以致出现不利于译语产出的后果。

第四节　语境构建障碍

概念范畴（conceptual category）指一组整体性的集合概念，当代认知语言学关注人类的概念范畴能力，将概念看成人对事物本质的观念性理解，口译概念化思维加工过程的语境构建就是将参与口译认知的所有语境因素进行范畴归类的尝试。本节首先分析语境构建概念框架，进一步析出语境构建概念框架障碍的内涵，在此基础上，开展相关探索式研究。

一　语境构建概念框架

口译思维中的语境构建是指对围绕口译过程的话语环境以及由此推断出来的相关信息进行经验分类，进而形成范畴认知的概念化过程，主要涉及在场概念（presence）与不在场概念（absence）。在场概念指表现直接、现场可及的语境成分集合，不在场概念则指相对隐蔽的语境成分集合。二者在口译语境认知构建中连通互动，成为一个动态的概念结构，即口译双重语境（谌莉文、王文斌，2010），本节试图说明，口译思维加工中，涉及语境在场和不在场范畴的双重语境运作构建一个独特的口译语境概念框架，表征为语境连通和语境重构。

"在场"术语出自解构主义哲学家德里达，用以指代他所说的"绝对词义"，即所谓超乎语言应用之外的一个绝对的语义基础（艾布拉姆斯，1990：69）。存在表示在场，其反面就是不在场。目前的研究成果出自信息学、符号学、心理学、社会学和语言学等众多学科视角，然而，无论出于何种视角的研究，均体现了众家对口译认知中的语境在场因素与不在场因素的重视。在英格拉姆（Ingram, 1985）所设计的符号学标准交际模式中，语境作为一个独立的符号存在于交际过程；塞莱斯基（Selevsky, 1993）将口译定义为与情境有关的复杂交际行为；吉尔（Gile, 1995：21-25）则重点探讨职业情景对口译的制约，以上属于语境在场研究。对不在场概念的关注包括斯坦兹（Stenzl, 1983）的口译交际信息流程讨论，其中 A/B 语的社会文化语境被放在信息流程的突出位置；司徒雷斌（Setton, 1999：87-88）提到同声传译中的语境化问题；帕奇哈克（Pöchhacker, 2004：15）则从社会交往功能的角度划分出个体和机构两个层面的话语环境；释意学派代表人物塞莱斯克维奇和勒代雷

（Seleskovitch & Lederer, 1995: 57）甚至把口译过程的超语言因素看作口译的第二性。此外，我国学者莫爱屏和蒋清凤（2006）也从语用视角分析了口译过程中的交际、语言和语境之间的关系。

在以上研究中，无论是在场语境还是不在场的语境，基本上都被当成现实的外在体现。

我们认为，参与口译交际的各类副语言因素及其他所有超语言因素可以组成一个完整的口译语境系统，该系统涉及在场概念与不在场概念，在场概念主要包括语言、技术与情景要素；不在场概念主要包括社会文化、情感与趋势要素。口译思维理解往往与此二者的认知运作有关。

本研究中，概念框架既是一个心理结构，也是表征记忆中一般概念的知识体系，可视作意义运作结构化过程的一种思维形式，包括人们所期待的一套理念化的原型模式，泛指所有连贯一致的概念区域。口译语境既指与口译交际相关的语言知识，也指各类语言外知识；语境不仅取决于外在客观条件，也与谈话各方的主观心理因素相关。因此，影响口译交际的各类语境知识都可看成彼此关联的概念框架。

为昭示一个较为全面的口译语境构建概念框架，并求证语境构建对于口译整体思维程序的潜在影响，我们曾借助当代认知语言学关于概念范畴的理论阐述，探讨口译语境的概念范畴特性和口译语境认知构建的连通原则，并对在场概念与不在场概念的相互关系进行了梳理（谌莉文、王文斌，2010；谌莉文，2011）。进一步研究表明，由于口译思维过程往往涉及飞速变化的时空转移，语境概念框架构建效用体现在即实动态的语境重构，正是语境激活与连通促使口译思维加工中语境重构得以发生。

（一）语境连通

与语境相关的知识与经验是客观因素与主观因素相结合的范畴集合，通常作为概念知识表现于语境系统。语境系统是语境运作的机制，因此也是一个概念系统，其中各类知识成分之间的连接关系大部分是潜意识或无意识的。

根据口译思维加工概念化流程（见图4-1）的实时运作，我们发现，意义协商操纵网络中有一个语境空间，参与口译交际的各类副语言因素及其他所有超语言因素共同置于一个完整的口译语境系统。

口译语境认知构建是形成概念认知的概念化方式，其概念内容主要涉及语境在场概念与不在场概念。在场概念指表现直接、现场可及的语境成分集合，涉及所有在场因素的环境网络，主要包括语言、技术与情景框架。不在场概念则指相对隐蔽的语境成分集合，涉及所有不在场因素的环境网络，主要包括社会文化、情感与趋势框架。在场概念与不在场概念的连通称为双重语境连通（Dual-Context Interconnection）（谌莉文、王文斌，2010）。

研究表明，语境系统是语境运作的机制，因此也是一个概念系统，其中各类知识成分之间的连接关系大部分是潜意识或无意识的。这说明，口译思维过程的语境概念并不只是包括外在的现实体现，而是口译意义协商不可或缺的经验表征，包括对围绕口译思维过程的话语环境以及由此推断出来的相关信息进行经验分类，进而形成概念体系的认知过程。

口译思维过程双重语境连通假说（谌莉文，2011：163-165）对此进行了说明：

口译概念整合中，语境不是客观的外在体现或内在的心理意识，而是概念的实时构建。其中，在场概念与不在场概念构成一个开放型认知语境系统，口译语境认知构建通过语境概念运作机制得到表征，各类语境知识通过概念运作而被激活，语境系统运作体现为口译双重语境连通，其中在场概念（主要包括语言、技术与情景框架）与不在场概念（主要包括社会文化、情感与趋势框架）的激活连通是产生系统整体效应的理据，深刻影响着口译思维的记忆分析。口译双重语境系统运作主要通过概念类推、情感协商与意义传承等方式完成语境连通，受此影响，口译思维的整体进程得到迅速推进。

图4-7中，椭圆表示概念框架；方框代表口译思维程序；实线表示概念之间的激活连通；虚线箭头表示概念互动对口译思维程序的影响；由中心向四周弥散的阴影代表开放性系统特征，中心代表在场概念，处于周边的是不在场概念。

2015年，中国国家主席习近平访问拉美，历时9天，4个国家，每天都有密集安排的公开活动，既有同金砖国家领导人的会晤，也有庄园访老友的安排，南下北上于广袤的南美大陆，一路下来，以大量的诗词妙语贯穿拉美行程，既有中华经典诗词，又有拉美诗人、作家的名著，此行堪称"一路引诗文论天下"，完美表达了向拉美国家和人民传递友好声音的愿望，同时以这种独特的讲话方式展示了一个底蕴丰富的大国形象。

在接受拉美四国媒体联合采访时，习主席首先抛出"相知无远近，

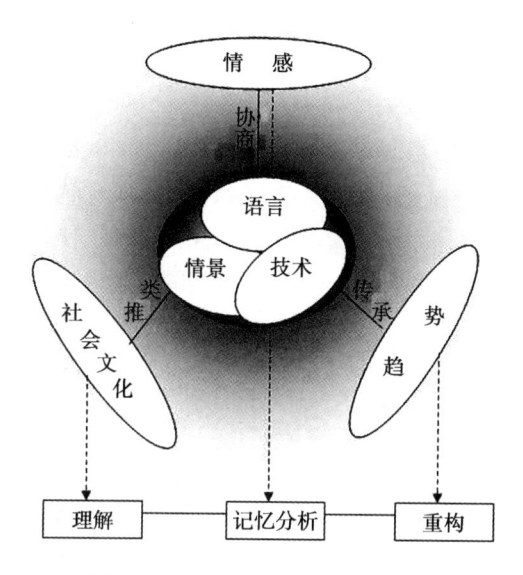

图 4-7　口译思维过程的语境连通

（湛莉文，2011：165）

万里尚为邻"的诗句，形容中国与拉美国家及加勒比海地区间的良好关系，称其为中国与拉美国家关系的真实写照。该句一出，一时间在拉美大地广为传播。

该诗文出自唐朝诗人张九龄的《送韦城李少府》，整体上可看作一个隐喻。原意是"只要彼此相互了解，即使相隔万里也可以成为邻居"，指"中国与拉美正是远隔万里的好邻居"。

中国古人善用比兴手法，"万里尚为邻"本为夸张之辞，而对于中国与拉美国家的地理，恰是真实写照，正如诗文所言，国家之交往，重在相互了解而非距离远近，显然，中国与拉美国家之间已具备成为"邻居"的基础。

根据语境连通观点，在场概念内，语言框架包括文内语境以及亲切大度、旁征博引的文采；技术框架包括习主席讲话时的自信表情以及对国际关系的把握；情景框架包括发言人作为中国国家主席的身份及其特有的演讲风格、各国媒体组成的听众阵营以及会见大厅的正式场合。不过仅凭这些在场概念成分，并不足以解读源文和进行信息重构。要顺利完成口译沟通任务，就要首先解决古今语境沟通的难题，为此需要不在场概念的及时介入。不在场概念中，诗人对于送别客人时对距离相远和友情相近的感受

(古代交通不便，相隔两地总觉万里之遥）与当今中国与拉美国家的空间现实发生时空呼应，大脑中沉睡的长时记忆（如王勃的诗句"海内存知己，天涯若比邻"）被唤醒，再通过概念类推，"万里"与"中国与拉美之间的空间距离"发生概念呼应。同时，"相知"与"为邻"和"远近"与"万里"分别通过隐喻关系发生情感呼应。以上通过概念类推产生概念突显，致使唐代与当今、中国与拉美之间能够进行情感协商，在口译思维空间体现为"国家交往如同朋友交往"等概念结构。通过在场该概念与不在场概念的连通互动，古、今、汉、外的差异性思维模式在语境构建中得到充分整合，从而推断出"真诚沟通无关距离遥远，相互了解可成为好邻居"的思维走向。据此，此句诗文可译为"There is an old Chinese saying goes, 'friends have no distance while they are ten thousand miles away from each other', which is just the case with Chinese and Latin American people"。通过在场与不在场概念的互动，古、今、中、外思维模式在语境概念化构建得以实现的瞬间得到沟通。译文既保留了民族特色，又突显了国家交往重在了解的必要性，可激发和平、平等、友好等大国形象的言后效果。

口译双重语境构建连通的概念原则说明，在场与不在场虽处于不同的概念范畴，但是通过语境成分的连通运作，可以构建一个动态的概念网络。语境连通主要表现为概念类推、情感协商和意义传承等认知方式。

概念类推

概念类推指社会文化框架的概念成分受现场语速、语气和语词等语言框架激活后，具有开放性概念特征的历史知识与现实知识获得经验类推，发生彼此呼应，反过来激活在场概念的情景框架，从而使在场概念与不在场概念发生实时连通。与此同时，后者的无限性则通过对前者的影响而渗透整个语境网络。概念类推包括一系列体现关系，如类推、时空、角色和意图关系等，通过推理和概括，引发在场知识图式的相应运作，产生语言化、情景化和技术化等一系列反应。比如在接受拉美联合媒体采访时，习主席说，"'艰难困苦，玉汝于成。'在过去30多年间，有6亿多中国人摆脱了贫困，对全球减贫事业贡献率达70%"。此句诗文出自北宋哲学家张载的《西铭》，其中有"贫贱忧戚，庸玉汝于成也"，后来演变为"艰难困苦，玉汝于成"。意思是要成大器，必须经过艰难困苦的磨炼，逆境使人成功。习主席引用该文，其中既包含对中国历史与文化底蕴的彰显，又包含对中国社会和世界经济现状的洞察：从世事之艰，到国事之难，借事说国；从个人安身立命，到国家摆脱贫困之大举，喻小于大；同时，社会文化视野穿越古今，进入在场，刺激译文语言结构的产生。译文可采用"difficulties and hardship""make one""find its way to success"等结构，以体现"尽管艰难困苦，但只要自身努力，逆境更使人成功"的意义内涵。

情感协商

情感协商指当译员接收到语言信号后，由于某种特殊的经验，表达一定心理定向的信息在各自的文化模式下表现为不同的概念突显，亦称情感突显。突显部分与语言、技术和情景等在场成分发生呼应：一方面，情感概念受语言表达、视听环境和场景因素的刺激而突显；另一方面，这类概念突显反过来激活长时记忆、保持工作记忆并加速思维理解，促发译员本身的在场经验图式。李克强总理2016年3月28日在国务院第四次廉政工作会议上强调，治国理政，无信不立。各级政府必须把诚信施政作为重要准则，以徙木立信之态取信于民，带动全社会诚信意识的树立和诚信水平的提高，借以批评一些地方政府不按合同办事，说变就变，让企业无所适从的现状，树立政府诚信和社会诚信意识。其中"徙木立信"出自司马迁的《史记·商君列传》，讲的是商鞅变法的故事：为消除民众信任危机，在法令拟定尚未发布时，商鞅立三丈之木于国都市南门，以十金招募能将其从南门移至北门的人。当时，没人相信有这等好事，都不敢去搬。商鞅又宣布，"能徙者予五十金"，结果一位大汉将其搬到了北门，商鞅当即赐金五十两，以示不欺骗。随后颁布新法，取得了民众的信任，使变法顺利推行。有令必行、有禁必止，赏罚分明、奖罚兑现，成就了秦国的强大和富足①。译员的概念图式中，可凭借上下文语境，激活长时记忆中的以往经验（如政府部门办事难、变数频繁），将自身经历与中国社会所面临的现实困难进行情感协商，在感知空间形成一种概念突显（如商鞅史事与言必信，行必果），在语境连通的作用下，思维得到进一步推进，理解空间的概念突显再结合语言框架中的概念突显（如诚信为先），引发合乎情理的概念重构，产生类似"integrity comes first"的语言结构。

---

① 引自东方网2016-03-28"李克强总理引'徙木立信'诠释'施政之本'，作者付彪，下载地址http://views.ce.cn/view/ent/201603/29/t20160329_9914662.shtml。

意义传承

意义传承指不在场概念与在场概念受各种连通关系被激活后，在场的经验图式在瞬间被赋予了开放的不在场概念的特征，从静态转向动态。其结果是，在场的当下性不再具有永恒的意义，在场就成为联系过去和现在关系的产物了。换言之，通过概念激活和概念连通，在场的现实已经包含了不在场并具有了感知话语发展动态的趋势潜能，源语意义在开放式语境系统中得到传承，从而保证了口译思维的连贯性。如 2010 年两会记者招待会上，时任国务院总理温家宝引用"行百里者半九十"，喻指中国改革到了攻坚时期。经过概念类推和情感协商，获得"走百里路，行九十才算一半"这样的感知概念突显，这是由于受到历史与现实语境的驱动，语境空间发生连通古今的经验延伸，建构出提醒和警示的言外之意。经过进一步整合，推断出"越往后越艰难"的思维决策，有利于激发"坚持就是胜利"的话语趋势。据此，"行百里者半九十"可译成"Only half is done even if one has traveled ninety of the one hundred miles, that is to say, the last part of a long journey usually turns out to be the hardest to take"。该译文以直译还原古训原貌，再用意译点出古训精髓，不仅达成意义连贯，还可缓解口译现场的时间压力，同时有助于取得以诗明志的效果。

口译现场译成"Half of the people who have embarked on the one hundred mile journey may fall by the wayside"，这就与源文语义传意有一定出入，对于瞬息万变、高度紧张的口译现场而言，误译原因有很多，其中之一可能是两个彼此关联的语境概念（在场与不在场）未能充分激活与连通，从而导致思维走势偏差。

分析表明，语境连通是联系口译思维整体程序的重要概念化方式，也是口译思维加工的语境构建表征。如王文斌（2007：200）所言，系统整体效应通过其与思维主体在知觉上、智力上和情感上的相互影响中表现出来，口译语境系统正是由于在场概念与不在场概念的相互激活连通得以构建，通过概念类推、情感协商和意义传承等认知方式进入口译思维程序。

对以上认知过程的讨论带来如下启示：

第一，口译语境构建讨论语境运作的机制，因此也是一个概念系统。其中，语境知识通常作为概念知识储存在语境系统中，其中概念成分之间的连接关系大部分是潜意识的，那么，口译语境可以看成语境意义的实时构建。

第二,在场与不在场同属于一个开放式语境系统。其中,在场概念位于范畴中心,主要包括语言、技术和情景等框架,不在场概念离中心较远,主要包括文化、情感和趋势等框架。

第三,口译语境概念框架构建发乎在场概念与不在场概念的激活连通,其认知过程主要表现为概念类推、情感协商与意义传承。通过推理与概括,语境连通贯通源语理解到记忆分析,新的意义结构进入思维转换环节,开启通往译语产出的语境重构程序。

总之,口译思维加工的双重语境连通有助于昭示较为全面的口译语境认知构建机制,说明语境在口译意义协商中所承担的协调作用,其重要功效在于促发语境重构的产生。需要提醒的是,语境构建立足于口译思维过程的系统特性,因此,语境重构仍然通过具体现实与抽象心智相结合的环境范畴得到表征。

(二) 语境重构

语言与语境相伴而生,后者则可看作一个动态发展的概念系统,构成语境的各种抽象因素决定了话语的形式、话语的合适性和话语的意义(Lyons,1977:572)。口译中的语境不仅涉及外在客观条件,还与说话者的主观心理因素密切相关,涉及在场与不在场双重语境(谌莉文、王文斌,2010)。语境重构指译员通过双重语境连通推理,重新整理组合两种话语结构所依赖的概念框架,构造新语言环境的过程,通过语境重构,译语听众准确获悉说话者想要表达的情感和意图。

随着经济发展,中国与各国交流日益频繁。古语作为中国文化的精髓,充分体现国家深厚的历史文化,经常被引用在外交场合用以宣传中国形象,但由于其产生年代悠久,时空性强,其口译过程涉及古代到现代、国内到国外等多重思维转换,简单的直译或意译并不能准确重现古语源语所要表达的深层含义。同时,口译独特的临场性,口译内容的不确定性以及外交场合的正式官方性,使译员完成古语口译的难度大大增加。本节借探究汉语古语口译过程复杂的话语环境,剖析外交场合古语口译英译过程的语境重构思维。

口译是一种与情境有关的复杂交际行为(Selevsky,1993);同声传译过程的语境化问题从口译认知语用视角得到关注(Setton,1999:87-88);帕奇哈克(Pöchhacker,2004:15)从社会交往功能的角度划分了两个层面的话语环境:个体和机构。在国内,越来越多的学者们意识到口译过程中语境不容忽视的存在：如廖开洪（1997：15—17）发现即席口译过程中的理解障碍，主要由于词句的理解错误、情境的忽略、背景知识的缺乏和文化的差异造成；李锦、廖开洪（2002：45—47）就如何在口译时适应语境进行了初步探讨和分析；宋姝彧（2005）从关联角度证明了口译中语境的重要性；谌莉文、王文斌（2010）首次从概念范畴的认知视角，提出了口译双重语境构建的思想，认为口译语境概念框架主要涉及在场与不在场两大基本范畴概念，在场具有既定性，语言、技术和情景等要素，不在场具有隐蔽性，涉及社会文化、情感和趋势等要素；董燕萍、王斌华（2013）赞成语境在口译过程两阶段解读（源语理解和译语产出）中的重要作用；孙鹤瑜（2013）从顺应理论出发分析了译员如何动态顺应语境的过程。

文献表明，目前国内外学者关于口译语境的研究成果主要侧重于三个方面，一是基于口译过程特点，发现语境对消解理解障碍的功效，二是探讨口译语境策略和应对技巧，三是分析在场语境和不在场语境的系统作用。这说明，随着研究的进展，口译语境认知构建开始引起关注，不过，对于口译过程中由于语境认知构建推进而促发概念框架重构的思维事实尚未进行深入分析。

20世纪70年代末，斐尔莫（Charles J. Fillmore）首先在格语法（Case Grammar）理论的基础上提出并发展了框架语义学（Frame Semantics），其基本观点是，为了更好地理解语言中词的意义，我们必须先有一定的概念结构，它能为我们理解词语和表达提供背景知识，即语义框架知识（Johnson et al., 2001）。框架是一个概念体系，其中的任何概念之间都相互联系，相互激活。要理解一个概念，就得以理解它所在的整个体系为前提（Fillmore, 1985），本文所指概念框架大都与此相关。

口译双重语境（谌莉文、王文斌，2010；谌莉文，2011：163）构建了一个语境动态网络，不过，其研究重点主要是源语理解阶段的语境连通，随着口译过程推进，思维转换需求变得强烈，此时的语境构建突出体现为不在场范畴更加活跃，认知运作突显概念重构特性。下面聚焦外交场合古语口译英译，分析社会、文化、情感、趋势等因子作为相对独立的语境框架内涵及其相互关系，窥探口译思维加工中的语境重构表征。

框架语义学阐述的是人类对现实世界的共同认识水平，框架作为人类认知构建的一种手段，将人的经验知识和言语结构结合在一起，为语言提供了背景和动力。正是因为拥有共同的概念体系，不同语言的人才能够相互交流。在口译中，影响口译交际的各类语境知识都可以被看成关联彼此、相融相通、相互激活的概念框架。语境重构框架内涵表述如下：

> 源语、译语和重构过程看作口译语境系统内的三大概念框架范畴。源语框架中含有社会、文化、情感和趋势四个小框架；而译语框架中含有社会'、文化'、情感'和趋势'四个小框架。它们之间相互对应，内涵意义相似，语言形式不同；社会框架指话语所在具体社会发展情况；文化框架指话语所呈现的精神文化和物质文化，是被传承的国家或民族的风土人情、风俗习惯、思维方式、价值观念等；情感框架指话语本身被依附的情感、态度和价值观；趋势框架指发言人发言意图的趋势所向，与译员具备的感知话语意图的趋势潜能相关。重构过程具体由文化调适、历史对接、趋势预设三个小框架构建而成。（蒋嘉妮、谌莉文，2015）

图4-8中，椭圆形表示语境重构框架；圆形表示总体概念框架；扇形区域表示局部概念框架；虚线表示框架之间具有可渗透性，即具有相互影响相互激活的性能，虚线间隔越大，激活性能越强；箭头代表连通方向；白色区域表示该部分具有直接可视性；阴影区域表示具有一定隐蔽性，不直接暴露于外界的不在场语境因子。此外，源语框架、译语框架与重构过程之间的连通通过运作理解分析和协商传承等认知方式得以施行。

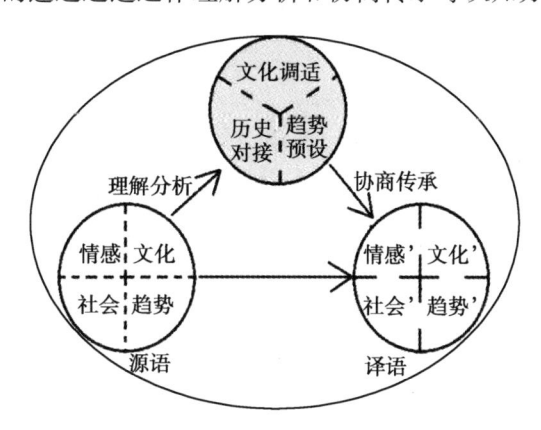

图4-8　口译思维过程的语境重构

习主席访欧演讲中，借用"读万卷书，行万里路"鼓励欧洲学生多阅读有关中国的书籍，多来中国走走。其中，源语社会框架指中国古代封建君主专制的社会背景，译员通过历史对接进行古语时空转换，得到译语中"社会'框架"包括当今中国社会现实和欧中关系情况。文化框架指中国古代科举制相关的文化背景，情感框架指古语呼吁人们注重理论与实践的结合。口译思维加工中，思维主体将两者结合，进行整体化文化调适，推向译语中的"情感'框架"，即习主席对同学们将学识应用于生活的美好期许；"文化'框架"包括西方的精神文化、思维方式和价值观念。在此基础上，译员发挥主体性，根据自身认知和体验，预设话语趋势，推断出"眼见为实耳听为虚"的思维趋势，得到话语中期望欧中双方加大交流的"趋势'框架"。

为进一步揭示该过程，下面结合具体口译现场，着重分析语境重构过程的内部运作及其与不在场框架之间的连接。

文化调适

由于不同语言使用者拥有不同文化背景，造成思维方式语言习惯差异，因此不在场概念需要进行重构加工。鉴于情感融入文化，文化体现情感，将情感框架与文化框架整合进行文化调适，有助于形成准确的译语框架。

（1）原文：这个时候需要"明知山有虎，偏向虎山行"的勇气，不断把改革推向前进。

译员：What we need is the courage to move the reform forward, to use a Chinese saying, we must get ready to going to the mountain, being fully aware at there might be tigers to encounter.

源文中"明知山有虎，偏向虎山行"的感情色彩较强，习主席讲话时的眼神和表情更传递出讲话人坚定不移的强烈情感，表明我们国家将不断推进和深化改革进程的决心。老虎在中华文化中是威猛和勇敢的传统象征，也是凶恶残暴的代名词。但老虎主要产地在亚洲，在西方国家影响力非常小。中西方对同一事物的情感文化不同，需要文化调适以达到情感文化呼应。译文中译员将"虎"直接译成"tiger"，结合词语负载情感文化来看，是否属于处理欠妥呢？大多数西方人的文化思维原型中，并没有畏惧老虎凶猛的情感和传统文化，狮子可能更视作威猛勇敢的象征，因此，适当开展必要的文化调适，可减少译语对听众产生困扰的可能性。假如听众意识中对老虎所负载的深层文化含义比较模糊，就无法理解在"明知山有虎"的凶险情况下，"偏向虎山行"的举动背后所表达的是我们国家不怕任何艰难险阻的勇气。

历史对接

由于源语与译语的社会背景差异，译员在口译古语时，往往疑惑于如何将汉语古语的表达形式与英语语境情景相匹配，匹配错误则会造成译语表达不清晰，因此，须重视口译过程中古、今、中、外的历史对接过程。

（2）原文：……我们的先人早就提出了"天行健，君子以自强不息"的思想，强调要"苟日新，日日新，又日新"。

译员：Our ancestors told us that as heaven maintains vigor through movement, a gentleman should constantly strive for self perfection. And that if one can make things better for one day, he should make them better every day.

"天行健，君子以自强不息"出自《周易》，下句是"地势坤，君子以厚德载物"，意思是君子应该像自然一样运行不息，即使遇到阻挠，也要坚持顽强拼搏，强大自己。习主席作为国家领导人，通过引用这句古语，表明我们中华民族自古就有自强不息、顽强拼搏、勤劳勇敢的高尚品质。古语中的"天"，不仅仅是广义的大自然，更是中国古代社会信仰体系的核心，是中国古代社会独有的精髓之一。由于历史驱动、社会发展，这句古语所处的社会环境发生变化，因此需要进行历史对接。在口译现场，通过对古今中外的历史对接，译员将它翻译成了 heaven。纵览西方历史，发现 heaven 始终是整个西方社会信仰体系的核心，指天堂、上帝，象征着令人向往的极乐世界，该词符合西方社会的认知，适应西方文化的发展。

此外，原句中"君子"是中国古代历史中较完美的人格典型，具有中国社会文化独特性，在西方历史中没有直接对应的名词框架。这就需要结合"君子"一词的产生背景进行解析，即在"提倡以和为贵、以仁为美"的中国古代社会框架进行解读。"君子"一词代表人格高尚、道德品行好的人，随着历史发展，古语所处的社会框架发生了改变，中国现代社会开始提倡民主、自由、富强、和谐等核心价值观。但通过对古今社会框架进行历史对接，发现"君子"这一名词所指的人物类型没有发生实质性变化，在中国现代社会中仍可代表为人正直、良善恭谦的形象。其后对中外社会框架进行历史对接，又发现西方现代社会中 gentleman 的意思是绅士，指言谈举止都符合礼节的人，纵览西方历史文化，它与"君子"概念最贴近。因此，口译时秉承意义传承的思想，将"君子"译成"gentleman"，为的是更方便译语听众理解和接收信息。

趋势预设

正式外交场合下，发言人的话语趋势是演讲的导向性旗帜。译员是源语文化和译语文化间的动态平衡点，负责缓和语境冲突，明确语义。译员发挥主体性，通过对发言趋势的预设，衔接源语的情感框架与译语趋势框架，明确发言意图，使译语听众准确获悉语言信息。

（3）原文：在激烈的国际竞争中前行，就如"同逆水行舟，不进则退"。

译员：Being faced with fierce international competition, this is like sailing against the current, when either forges ahead or falls behind.

习主席引用的古语"逆水行舟，不进则退"出自清朝梁启超，其本意指逆着水流行船，不前进的话就会顺着水流后退。此前，习主席已明确中国是正在发生深刻变革的国家。那么译员在翻译时，需要传达在激烈竞争中也要保持昂头前进的话语意义。原文中"进"和"退"之间有一个选择，习主席的情感趋势偏向于"进"，强调在激烈的国际竞争环境下，如果中国不努力前进不积极进步，就会被他国超越而落后。译文译成"forge ahead or fall behind"（前进或者后退）反映了古语的字面意思，但译员忽略了趋势预设这一重构环节，导致译文情感模糊，发言趋势不明确，没有将"一定要前进"的气势表达出来。经过"中国必须不断进行改革"的趋势预设语境重构处理后，译成"if it doesn't forge ahead, it will fall behind"，趋势框架更为清晰，译语表意似更为贴切，译语听众更能准确获悉发言人情感意图和发言趋势。

（4）原文：第五，中国是正在发生深刻变革的国家。我们的先人早就提出了"天行健，君子以自强不息"的思想，强调要"苟日新，日日新，又日新"。

译员：Our ancestors told us that as heaven maintains vigor through movement, a gentleman should constantly strive for self perfection. And that if one can make things better for one day, he should make them better every day.

原句中的"苟日新，日日新，又日新"出自儒家经典《大学》，本意是"如果能够一天新，就应保持天天新，新了还要新"，寓意是从动态的视角出发，强调要改革要不断推动和深化。习主席首先描述了中国是一个拥有着悠久文明，经历了深重苦难，推行特色社会主义的发展中国家，接下来，话语趋势转为介绍中国正在发生深刻变革这一特点。在中国特色社会主义的社会框架和提倡革新的情感框架的基础之上，综合古语本身的寓意和习主席演讲时的语气，话语被赋予了想象空间和可预测性。据此，译员发挥其感知话语趋势的能力，连通社会、文化、情感框架，构建出中国自力更生不断革新的言外之意，推断出改革带来美好的思维决策，预设出中国今后发展必将离不开改革创新的话语趋势，借助得体的译语表达，为译语听众提供了接收译语的清晰话语趋势，传达出明确的话语意图。

综上，本节基于概念框架的理论阐述，聚焦讨论语境认知构建中的不在场概念范畴，拟构了一个包含社会、文化、情感、趋势的古语口译英译语境重构模型（SCET），认为语境重构是促发思维转换的核心。通过分析社会、文化、情感、趋势等不在场因子作为相对独立框架的相互关系，发现在古语口译思维过程，分别通过文化调适、历史对接、趋势预设的方式进行语境重构。口译语境重构概念框架的构建有利于帮助译员进行思维转换和译语重组，降低口译思维意义整合的难度。

二 障碍表征

口译交际行为的一个重要特性就是思维加工机制高速运转，主要在于口译思维体现译员大脑的高效工作能力，其复杂多维的语境构建是决定口译思维工作效能的关键，而该认知过程也尤其容易发生概念化运作障碍。主要因为：

其一，口译的言语载体是口语，言语组织结构相对于笔语来说是不严谨和不精密的（鲍刚，2005：29），在使用过程中需充分调动副语言信息和其他超语言信息；其二，口译交际进程中，所有成员同时在场，这使得口译的语言外因素具有多样性和复杂性特点。

自马林诺夫斯基（Malinowski）于1923年提出情景语境后，学者们继续探讨言语交际的语境影响并不断完善对语境的认识。何兆熊（2005：21）认为语境包括各种语言知识和语言外因素，前者指除了莱恩斯（Lyons，1977）所归纳的有关语言使用的各种知识外，还指交际的上下文；语言外因素则包括背景知识、情景知识和相互知识。维索尔伦（Verschueren，2008：75-114）把影响语言使用的语言外因素分为物质世界、社会世界和心理世界，其中物质世界包括时间和空间所指；社会世界指人称态度所指以及机构和文化所指等;心理世界包括性格、欲望和意图等心理成分。

在口译认知研究领域,塞莱斯克维奇和勒代雷(Seleskovitch & Lederer, 1995: 56-58)、司徒雷斌(Setton, 1999: 87-89)都曾提到语境化(contextualization)一词,所谓语境化,指发言时的情景知识对言语进行框架化认知的思维事实,强调语言外知识对参与言语理解的重要性。就两类研究所专注的区别性目标而言,前者意在帮助口译学员寻找问题并分享他们在书本上无法学到的东西;后者则建立在斯玻伯和威尔逊(Sperber & Wilson, 1986/2001)的关联论中所提出的一套假设(set of assumptions)基础之上,强调译员在口译前积极收集有关话题及周围环境知识的认知过程。以上说明,口译思维过程的语境具有动态的本质,不过,尽管两类研究均出于语境的动态认知观,有关口译语境的本质研究还停留在心理意识的层面,其思维运作尤其是障碍表征尚未引起足够关注。

为此,首先应明确语境的概念内涵。一方面,语境不仅包括各种与语言相关的因素,还包括语言外因素;另一方面,语境不仅指语言使用的外在客观条件,而且与交际各方的主观心理因素相关。我们曾就此开展了一系列相关研究(谌莉文、王文斌,2010;谌莉文,2011;蒋嘉妮、谌莉文,2015),发现语境更是源于各类语境知识在一个持续运作的语境系统内相互关联的概念架构。也就是说,口译思维加工中的语境是一个与经验认知有关的概念范畴,那么语境构建障碍源于经验和范畴运作。

当代认知语言学关注人类的概念范畴能力。概念是人对事物本质的观念性理解,概念范畴是一组整体性的集合概念。无论何时,人在感知某个实体时,就从心理上自动地对该实体进行范畴化归类,外在的物理世界并不是已经存在的客观现实,而是受人类认知活动的范畴化影响并得以成行的(卢植,2007:172)。同时,由于个体经验不同,对同一事物的范畴化过程也会因人而异(Taylor, 2001: 66)。在讨论人类交际的理解难题时,贝特森(Bateson, 1972: 184-92)曾使用框架表示与元交际相关的一种内在心理状态。由此,语境构建概念框架既是一个心理结构,也是表征记忆中一般概念的知识体系,同时还是解释结构化过程的一种思维形式,包括一套应和期待的理念化原型模式,泛指所有连贯一致的概念区域,语境障碍表征可在此区域得到描写。

在语境空间,口译思维涉及的各类环境因素可通过在场(presence)

和不在场（absence）所共同构建的概念范畴得到表征（谌莉文，2011：121）。解构主义哲学家德里达（Derrida）使用"在场"用以指代他所说的"绝对词义"，即所谓超乎语言应用之外的一个绝对的语义基础（艾布拉姆斯，1990：69）。

在口译现场，可视可触的口译情景表征就是存在，用在场范畴表示；需要在场激活的长时记忆，用不在场范畴表示。影响口译交际的各类语境知识都可看成彼此关联的概念框架（谌莉文，2011：120-122）。具体如下：

在场范畴主要涉及语言框架、技术框架和情景框架，其中语言框架指语音知识（如语调、语速、口音）、语篇知识（如照应、重复、省略）和语体知识（如方言变体、用词等级）等。技术框架包括传播媒介（如网络、电话、电视）、视觉环境（如表情、姿势、仪表）、听觉环境（如收音效果、噪声层级）、生物环境（如时空、天气、健康）和从业经历（如职业、半职业、未训练）等。情景框架包括传播模式（如即兴演说、有稿发言、材料朗读）、交际场景（如种族、机构、现场）和个人信息（如角色、身份、地位）等。

以上概念成分离经验较近，对口译认知操作具有直接影响，称作口译在场概念范畴，具有概念框架层级表征。

不在场概念主要涉及社会文化框架、情感框架和趋势框架。社会文化框架指所有参与者主体业已存在的历史背景和现实烙印，是主体所处社会的个人及群体从事各种活动的事件和过程的总和，如传统观念、风俗习惯、物质条件、知识水平和民族风尚等。情感框架指主体态度、行为、信念、愿望、动机和价值观等。趋势框架指由谈话人的社会心理背景、文化背景和专业背景所引发的具有感知事件发展的趋势潜能。

以上概念成分距经验较远，存在形式较隐晦，并不直接对口译认知操作产生影响，称作不在场范畴，不在场范畴也具有概念框架层级表征。

在场概念与不在场概念虽因其个性化特性而属于不同的框架范畴，但它们彼此关联、和谐共生，共同营建口译意义协商不可或缺的语境系统（谌莉文、王文斌，2010）。我们进一步发现，语境构建贯穿口译思维整体过程，是决定思维效能的关键，根据语境范畴的工作推进状况，表征为语境连通和语境重构，分别在源语思维理解和译语思维重构中表现为不同的认知突显。由于范畴的概念框架层级特性对范畴内部要素对接协调的影响，不在场概念与在场概念的动态变化特性，语境构建过程中发生关乎语境连通和语境重构的概念框架构建障碍，如图4-9所示。

```
在场语境  ┐ 融入困难
         ├――――――→ 语境连通障碍 ══> 语境重构障碍
不在场语境 ┘
```

图4-9 口译思维过程语境构建障碍表征

再看习主席访欧演讲，在阐述了欧中友好关系之后，习主席说"'读万卷书'，还要'行万里路'"，以此鼓励青年学生不仅阅读有关中国的书籍，还应该多来中国走走，亲自体验文化与社会。

该语出自（清）梁绍壬《两般秋雨庵随笔》卷五，《眼镜铭》："读万卷书，行万里路，有耀自他，我得其助。"意思是说，要真正了解一件事物或学习一门知识，一方面应该全面吸收书本知识，获得渊博扎实的知识储备，同时不能死读书，还必须广泛了解、认识和接触社会，并把书本知识应用于社会实践。综合起来，就是既要重视书本知识，也要重视社会实践，理论结合实际，学以致用。

在语境连通运作中，不在场范畴包括中国古代封建君主专制的社会背景、中国古代科举制相关的历史背景、欧中关系现状以及中国古代贤人的劝学之道；在场范畴是面对欧洲听众讲话的现场情景、中国国家主席发言时的从容自信的表情和海纳百川的风范。如果对源语含义及其特殊用词含义不确定则无法顺利开展概念类推，不能将中国古代科举制度和完成大量必读书进行推理关联；情感协调失利则表现为借用该语展现国家情怀与邀请青年学子来中国的意图不能协同；如此，很难达到源语意图向译员再向译语听众的意义传承。至此，源语所使用的"万卷"和"万里"只能停留在数字符号层面。

语义分析环节出现语境连通障碍极大影响了语境重构运作：源语引发的文化框架，即中国古代科举制相关的文化背景与当今社会和西方社会崇尚的精神文化、思维方式和价值观念难以适调；情感框架中，理论结合实践的劝勉不能对接习主席鼓励青年学子将学识应用于现实生活的美好期许；以上协同抑制将会阻碍译员主体性的发挥，即难以及时根据自身认知和体验，预设话语趋势，推断"眼见为实耳听为虚"的言外之意，这将直接影响译语重组时的选择策略，可能导致一种直译：One needs to not only read 10000 books, but also travel 10000 miles。其实，英语中，一般并不用"万"表达不计其数的意思，听众缺乏数量之多的情感负载，直译的结果是，听众无法体会习主席借古语鼓励大家通过亲历和实践来了解未知事物的劝勉，鼓励通过事实而非通过报刊或媒体，来了解真正的中国。

为此，积极消解语境构建障碍，在直译其后补充"…to know the world around us"则是现场职业译员及时采取的应变举措。

口译认知工作环境下，在场与不在场范畴的语境框架相互联系，互为补充，语境构建系统有序推进，不在场思维成为在场思维的有力帮助，二者的相融相通成为在线构建语境空间的基础。然而，灵活复杂的语境概念要素对缺乏实战的口译学员来说，往往难以激活与操纵，概念对接不利或连通抑制均或阻碍其为合成运作提供输入，同时无法顺利与其他概念框架进行在线结盟。那么，口译思维意义协商流程中的理想化语境空间就无法自然成为概念合成网络的输入空间，难以在译语空间开展语境重构，因此，语境构建障碍在一定程度上成为遏制产生理解突显、记忆突显和重构突显的重要因素。

第五节 小结

口译思维加工可视作受意义协商机制操纵的概念化流程，作为口译思维加工概念化流程的操纵表征，意义协商关涉意义运作与心智空间的内在认知，这对进一步认识口译概念化流程中的概念框架构建特性具有深刻影响，承认以意义协商为操纵表征的口译思维概念化流程也是讨论口译思维概念框架构建障碍表征的前提。正是主体性协同和语境构建（连通与重构）的概念框架构建，促发产生每一级合成空间的概念突显，推动新生结构不断成长、互为渗透、互为交织、共同影响并决定着口译思维流程的每一步推进。

分析表明，主体性协同概念框架决定口译思维的态度取向和整体方案；语境构建概念框架用来明确角色价值和背景所引发的体验表征，唤起各类前知识突显概念结构，是空间输入的动因；前知识突显概念框架始于听觉感知，串联每一次概念突显，引发在译语空间形成突显的新生结构。

概念框架构建障碍发生在口译概念化流程的机制运作阶段，涉及在思维理解、记忆推进和重构产出过程遭遇的概念突显困难、并行运作困难和思维对接困难。每个阶段所表征的认知能力均以意义协商为核心，在缺乏实战经验的情况下，意义协商机制优化运作受许多因素干扰，且这些因素多与局部的和整体的概念框架运作障碍有关。

其中，口译思维理解涉及从源语感知范畴前知识概念突显到理解范畴新生结构出现，经过多次概念合成运作，不断形成新的意义结构，进而在译入语思维表征空间产生译语新生结构，也就是说，可以预估的是，口译思维加工流程不断遭遇前知识结构认知发展障碍；记忆推进阶段，不在场语境概念不能充分被在场语境概念所激活，受连通抑制影响，阻碍后者融入前者的框架组织，进而抑制了连接理解和记忆程序，语境重构受阻，口译程序受到破坏，对听众主体的角色认同和情感沟通产生积极作用，难以形成译语空间新生结构。重构产出阶段，译员主体应更加充分将译入语听众的认知图式引入与源语发言方共有的认知互明平台，如果缺乏对话交流，则获取认知共识能力低下，不利于源语意图在译入语听众产生一个与之契合的言后效果。

因此，口译概念框架构建障碍也是口译思维加工流程中意义协商概念化能力的间接反映，取决于主体性协同、前知识突显、语境构建三个基本概念框架的在线构建，涉及对感知、理解、记忆和重构产出等一系列认知目标实现过程的抑制因子，且与角色、情感、意图、语义、记忆、原型以及在场与不在场语境等层级框架结构的在线运作和相互关联有不可分割的关系。

以上重要发现建立在严密的理论推导基础上，通过针对部分变量的实验研究，开展探索式因素分析，确认理论推导所涉及的关键参数，从而为进一步分析和全面评估概念框架构建障碍的观测变量及其与各类潜在变量之间的相互关系奠定基础。

接下来将借助结构方程模型线性建模技术，制定总体架构的实证研究方案，开展验证式因素分析。

第五章

实证研究方案

实证研究是确保本研究信效度的重要保障,也是本研究借以完善系统论证的重要保障。自本章开始,在前期探索式分析的基础上,开展模型拟合验证分析。即通过探索性因素分析,确认口译思维加工中概念框架构建障碍的表征结构与概念关系;通过建模与验证,考察以汉语母语的口译学员思维加工中的概念框架构建障碍的数据表现、运作机理及其对口译能力绩效的影响。

本章重心是基于理论构建总体框架,结合前人相关研究的理论基础,制订可行性数据统计方案。研究方案基于口译概念化思维流程的总体架构,聚焦影响思维运作的三类基本概念框架构建障碍,运用结构方程模型(Structure Equation Modeling, SEM)进行模型检定,具体包括明确数据来源、建立概念模型、形成研究假设、描写研究变量等。在本章的描述中,所有变量内涵都将提供明确的理论来源,数据指标和题项均将明晰在案,为下一步考察相关变量与总体概念框架构建障碍模型之间的关系、不同障碍类型之间的关系、障碍变量与口译绩效之间的关系等进行数据准备。

徐盛桓(2002)认为,开展与语言相关的系统研究,必须针对理论假说进行可行性论证,以确保科学理论假说的精密和严谨。本实证研究围绕影响口译概念化思维运作的概念框架构建障碍表征的理论假说,以本领域相关研究为理论依据,进行模型设定与多方检定,尽可能详细地描写各类潜在变量和观察变量指标,梳理多变量间的相互关系,从而为剖析以汉语为母语的口译学员概念框架构建障碍表征机制提供数据支持。

我们曾考察口译思维的输入维度,发现经验维度影响语言事件,从而引起交际行为的变化(湛莉文,2011:134-142),也就是说,通过考察语言和行为背后的概念结构,有望找到使语言行为和交际过程发生相应变化的运作机制，这正是本研究的兴趣所在。尽管观察过程的方法难以掌控（蔡小红，2007：210），但传达源语意图可视作按照语言及其运用规则，利用相关知识、交际原则等手段进行口头处理的过程（蔡小红，2001）。因此，通过设计相应变量指标，观察受试使用经验手段、语言手段和交际手段的有形结构、其相互关系和不同变化，可获得对概念框架构建能力进行综合评价的定量依据。

第一节　统计方法

主要运用结构方程模型理念，依据已有理论研究基础，建构结构方程研究模型，并为此收集相关数据资料，进行数据统计分析与检验模型配适，获得实证数据对理论的支持。

在众多研究领域中，通过变量统计分析的方法，有利于深化对众多社会学科及行为科学的应用研究，其中，应用最广泛的是结合因素分析与回归分析或路径分析而成的统计方法，即结构方程模型。

结构方程模型又称协方差结构分析（Analysis of Covariance Structure）、因果建模（Casual Modeling）、线性结构方程（Linear Structure Equation）等，是一种新的线性统计建模技术，最早出现于莱特（Wright）在1921年发表的一篇论文中（韩宝成，2006），自20世纪60年代后期到90年代初期，该统计技术逐步并广泛应用于生物、教育、经济、医学、心理学、社会学等多个领域，但针对语言应用领域的研究并不多。2006年，韩宝成教授在《现代外语》发文，结合（Kunnan，1998）的一项语言测试调查统计研究，向国内外语教育领域的同行介绍该项技术及其在语言测试中的应用。国内将结构方程模型运用于应用语言学的研究大多在二语习得领域，主要见于包括（马广慧、文秋芳，1999；秦晓晴、文秋芳，2002；王立非、文秋芳，2004；桂诗春，2004；修旭东、肖德法，2006）等学者的研究（雷蕾，2009）以及后期更多的实践探索。雷蕾、韦瑶瑜（2007）针对非英语专业大学生写作障碍，对华中科技大学170名非英语专业本科一年级学生进行调查，通过24个项目间接测量写作障碍。许宏晨等（2011）针对二语动机开展了系列跟踪研究，运用SEM分析，对五所高校1300名本科生进行在校四年跟踪调查，研究英语学习动机与自我认同变化（许宏晨、高一虹，2011）。随着研究的深入，结构方程模型对复杂多维变量之间的关系进行全面检测的方法优势得到显现。

结构方程模型兼具验证性因子分析（Confirmatory Factor Analysis, CFA）和路径分析（Path Analysis）二者的特性，前者用于分析观测变量与潜在变量之间的因果关系，后者检验观测变量之间的因果关系，而SEM建模检验观测变量与潜在构面之间以及多个潜在构面变量的因果关系，故也有学者（Crowley & Fan, 1997）认为，SEM是验证性因素分析、路径分析及多元回归分析的总和（雷蕾, 2009）。一个完整的结构方程模型应包括探索性因素分析和验证性因素分析，探索性因素分析主要用于研究活动的前期阶段，做初步形成理论之用；SEM则可对整体因素模型做统计评估，获取依据理论建构的因素模型和实际观测数据的拟合程度，在对每个潜在因素进行多方法测量时，可排除测量方法的误差（韩宝成, 2006），深入探索相关变量背后可能存在的因素结构，因此，结构方程模型是当今多变量统计分析中的主要应用方法，目前被普遍应用于许多研究领域，营销学、心理学、教育学、运动、休闲、经济、医学、一般管理、生物学、生态学及其他社会及行为科学领域。

下面简要介绍结构方程模型的几组基本概念。

验证性因子分析（CFA）用以检验连接观察变量与潜在因素之间的非线性交互关系，其中，观测变量（Observed Variable, Manifest Variable）是指可以直接测量的变量，是指根据实验目标、依据一定理论所设计的调查指标，又叫测量变量（Measured Variable），如口译成绩与口译表现。潜在变量不可直接测量，往往是从观测变量中概括总结出来的一种假设，又叫假设构念（Hypothesized Construct），比如口译能力是不可直接测量的，口译思维中的语境构建能力、主体性能力都是不可直接测量，但是可以从观测量表、观测指标（Indicator）中得到测量，也就是说，可以通过观测变量来间接测量潜在变量。

变量又有外生变量（或外源变量）（Exogenous Variable）和内生变量（或内源变量）（Endogenous Variable）之分，外生变量是对别的变量产生影响的变量，外生变量可以是观测变量，也可以是潜在变量，依据变量的形态决定；内生变量是受到别的变量影响的变量，内生变量既可以是观测变量，也可以是潜在变量。比如，进行产品营销，假设消费者对产品的信心增加会影响产品销售，则消费者信心就是外生变量，产品销售就是内生变量。同理，在本研究中，概念框架构建障碍的各类表征（外生变量）

影响口译能力绩效（内生变量），表示外生变量（障碍）的变化引起内生变量（绩效）变化。

完整的结构方程模型（SEM）由测量模型和结构模型组成，测量模型是指表明观测变量与潜在变量之间关系的模型，结构模型是指表明潜在变量之间关系的模型，如表示概念构建障碍的具体假设与其观测指标之间关系的模型是测量模型；不同类型概念框架构建障碍构念之间关系的模型是结构模型。

复杂模型往往含有许多因素，每个因素涉及多个层面和问题，传统的分析验证办法往往需要多次验算，才能将模型分析完毕，在此过程中，将会忽略一些变数的影响，致使结果不够精确。而第一代统计技术，如SPSS/SAS，只能分析观察变量以及变量间的间接效果，无法分析其直接效果。

需要指出的是，SEM 与传统统计方法（如相关分析、回归分析、变异数分析）在许多方面是一致的，如二者均是基于线性的统计模型、均提供了因果关系的推论等，不过，从研究特性来看，SEM 统计方法有其独到之处，如 SEM 是具有高度弹性及全面化统计方法，尤其适用于调查如成就、趋势、健康、自我概念、运动、自我效能、心理等更为动态和抽象的现象。再者，SEM 允许研究者分析观测变量的不完美特性，而统计方法假设测量是没有误差的。同时，SEM 可以解决多元共线性的问题，如一个潜在变量有多个测量指标是必要的，但多元共线性不能发生在潜在构面之间。因为后者代表的是不同意义的概念。此外，SEM 图形提供了方便简易的方式来展现模型中的复杂关系。因此，SEM 技术更严谨、提供多样化配适指标、可进行复杂模型的评估，因而是本研究总体框架开展分析论证的主要统计方法。

为提高信度，达到样本数据的效度与完备性要求，本研究采用结构方程模型，结合因素分析与回归分析或路径分析，考虑模型交互作用、非线性关系、自变量相关、测量误差相关、多指标外生潜在变量及多指标内生潜在变量的关系（张伟豪、郑时宜，2012：4）。软件工具采用结构方程模型中应用最广泛的矩结构分析（Analysis of Moment Structure，AMOS）软件该软件目前是 IBM SPSS 公司旗下的产品。矩结构与协方差矩阵内涵相似，实务应用于结构方程模型的分析（吴明隆，2016：2），可直接读取 SPSS 的资料档，并将所有数据文件用于分析过程。AMOS 以画图为主，软件会自动将程序转化为程序语句，进行验算。第五章、第六章和第七章的所有图形均为建模语句代入软件导出。

本研究采用 AMOS 21.0 版，是目前比较稳定的版本。

为提高开展口译过程思维障碍研究效度，我们将对各类复杂障碍因素之间关系进行梳理，建立统计假设模型，设定假设条件，建立实验数据，进行模型与数据的适配度验证，以达到研究目标。

研究方案规划包括以下内容：厘清影响口译思维流程概念框架构建障碍的变量构成；在充分尊重口译操作与观察过程特殊性的前提下，进行实验设计、样本选择与仿真测试；采用结构方程模型中的 AMOS 软件进行数据分析。数据调研践行多方位、多角度的翻译过程三元数据分析路径（郑冰寒，2008），通过对口译现场进行录音观察，将其转换为观测变量，对口译表现进行综合评估；对受试开展有声思维访谈，获得观测指标的障碍因子；收集调查问卷，取得不同口译样本对不同类型障碍因子的数值反馈。

本实证研究依照模型设定—模型识别—模型估计—模型检测—模型修正的步骤进行。接下来介绍研究受试和样本来源，确认模型主要包含的变量或构念，包括研究论题、可能性影响因素等，形成研究假设，重点对所有进入运算的变量进行理论描述，包括潜在变量、观测变量等，从而对假设进行衡量。

第二节　研究对象

统计学研究要求根据样本做出对总体的假设，再进行检验，从而对总体做出推断。因此，为使总体的本质特点在样本中得到体现，基于数据的定量研究对样本有两个基本要求，分别是尽可能使用较大样本和保证样本有代表性（秦晓晴，2003/2010：15）。据此，本研究在样本选择与采集方面，将根据总体目标的实际需要，开展统计描写，判定样本的类型与代表性。样本采集原则是，采集面覆盖不同区域、不同层次、母语为汉语、具有一定水准的口译学员，采集手段包括口译音频、译后访谈、网络问卷和纸质问卷。

事实上，研究对象与研究目标本身的特性是决定样本选择的关键，为确保考察工具的效度，样本选择应尽量实现受试可比性最大化，并能充分保证数据统计信度。基于样本选择基本标准，本研究中的考察样本指受试人员完成口译的过程反馈与结果呈现。

一 研究受试选择

被试标准参照国内外同类研究并结合本研究实际。

在同声传译认知语用研究（Setton，1999）中，作者通过实验研究论证该模型的解释性，其研究语料是现场会议或模拟现场会议的口译录音材料，主要语料涉及基于不同发言源语（德语和汉语普通话）的两个发言样本，包括 3 名发言人和 5 名译员（其中 3 名为德英译员，2 名为汉英译员）的口译行为。在针对口译纠错过程的实证研究（Osnat，2005）[①] 中，共选取 9 位译员，对受试 16 场口译中的纠错次数进行统计，分析错误类型、传译方向、译语变量及其与现场纠错的关系。

交替传译过程及其能力发展研究（蔡小红，2001），针对法语译员和学生的交替传译活动，共挑选 12 名受试，按其资历分为 3 组，通过观察各层次口译人员的表现，就交替传译的思维特点和干扰因素等方面进行考察。同声传译与工作记忆关系研究（张威，2007），挑选 3 组受试人，按其资历分为专业译员、口译学员和非口译人员，考察同声传译与工作记忆关系，验证同传记忆假说[②]。交传译员笔记特征与口译效率的实验研究（戴炜栋、徐海铭，2007；徐海铭、柴明颎，2008），共挑选了 12 名受试，其中 6 名为职业受训人员，6 名为非职业受训人员。

鉴于以往的口译实证研究普遍存在语料单薄，难以满足解释性充分性目标的问题（Setton，1995：101）。本研究在选择样本数时，主要考虑本考察所使用研究工具和考察项目认知特点的要求，同时参照 Setton（1999）、蔡小红（2001）、张威（2007）等人的研究。口译学员概念框架构建障碍研究调查问卷发放对象涵盖国内高校以汉语母语的口译学员 300 人次以上，主要来自翻译硕士专业、普通高校英语专业和独立学院英语专业，采集范围以华东地区高校为主，主要原因是，研究者所在的华东地区具有外向型经济环境、社会对口译需求相对旺盛的特点，学生学习口译积

---

① Pöchhacker（2004）提到 Osnat 学位论文中的做法。
② 根据张威的博士论文及其发表在《四川外国语学院学报》（2007 年第 3 期）和《现代外语》（2008 年第 4 期）的系列相关文章。

极性普遍较高，参与口译活动的主观意识和实际参与度也相对更强。在确定测量模型的观察变量指标时，共 300 个样本数据作为样本观察值进入调查研究。

实验受试分为三组：高级口译受训学员、中级口译受训学员和初级口译受训学员。具体如下：

组 1（GH）：从保证实验效度的角度考虑，受试来自中国东部高校全日制翻译硕士口译学员，具备较为熟练的双语驾驭能力、成熟的认知机制和良好思维能力，均接受过 800 小时以上的系统口译技能培训、模拟实战练习和社会实践，具有相对丰富的口译课内外实践经历。此类受试代表实践经验较为丰富的口译学员。

组 2（GM）：英语专业四年级学生，均通过全国专业英语四级考试且平均成绩为 70 分以上，具备较为熟练的双语驾驭能力、成熟的认知机制和良好思维能力，已接受过两个学期口译课程培训和相关实践，约 100 小时。此类受试代表具有一定实践经验的中级口译学员。

组 3（GL）：英语专业三年级学生，均通过全国专业英语四级考试，具备较为熟练的双语驾驭能力、成熟的认知机制和良好思维能力，刚开始接受口译基础课程培训。此类人员代表具有口译意愿的初级学员。

本实证研究将在严格挑选受试人员的基础上，根据受试人员所呈现的所有样本，考察单个样本执行口译任务的过程，包括其感知、处理以及解决问题的不同方式、障碍因子确认以及障碍影响因子的评估等。其中潜在变量是主体性协同障碍、前知识突显障碍和语境构建障碍概念要素，用以比对的潜在变量是口译绩效及其相关概念要素。相信通过模型界定、数值统计、数值比较、假设检验和数据分析，关涉汉语母语者口译学员概念化思维障碍的认知命题有望得到较为信服的论证。

二 考察材料来源

作为实验研究的源语材料均取自现场口译，语篇类型选择依据是鲍刚（2005）提出的口译工作言语概念及其话语类型。

口译工作言语是口译工作实际需要的口语言语，既是口译工作所依赖的语言基础，也是反映译员工作的一项重要基本功。口译工作言语有别于生活口语，对二者加以区分，主要在于前者强调口译中所使用语言的职业特征，包含具备口译特定技术的工作当中最为常见的、有代表性的言语。

话语类型包括庄严体、正式体、普通体等语体，它们拥有较高语级、特定的题材类别和口译中所能够遇到的语篇结构，反映的是口译中遇到的典型且具有一定难度的口语运作方式，涉及叙述类、介绍类、论证类和联想类四种主要类型（鲍刚，2005：42-50）。

为收集具有代表性的反映会议口译过程的数据，本实证研究对于源语材料的选择标准是，尽量接近符合口译工作言语的要求，能够全面、准确地反映出口译的理解、记忆、表达等相关程序和口译技术特征，该选择标准既适用于源语，也适用于译员再表述所使用的目标话语；考察材料既包括A语，也包括B语；语篇类型参照鲍刚（2005）提出的话语类型标准，以论述类话语为主。论述类话语是会议口译最常见的话语类型，在篇章布局上类似于叙述类，然而具有更强烈的逻辑性，有明显的论点和论证过程，且具有语级较高、有一定难度的特点，尽管如此，所选语篇也不完全排除可能性叙述、介绍和联想类话语成分。其实，口译中工作话语类型的区分只是相对概念，因为在实际发言中，各种话语类型之间往往存在交叉互含的情况。

源语材料

根据源文语类标准和前测准备，挑选四个涉及不同专题的视频材料，源语发言人分别涉及男声与女声，分别用中文（普通话）和英语（既包括英式英语，也包括美式英语）发言，均接近标准发音①，作为本研究选择源语材料所考虑的语音标准。

实验共四场，选自近年来不同中英美领导人分别在四个不同场合的发言视音频，英汉口译和汉英口译项目各占一半。为确保样本（口译过程与能力反应）的稳定性，我们在不同时间为受试者举行主题各异的模拟现场口译。

对于实战口译来说，背景知识准备非常重要，因为准备要旨就是可以用来预测的口译内容（林超伦，2004/2009：36）。为最大程度接近现场口译实际情况，提前将发言人和发言主题信息等背景材料发给受试者，类似于帮助其在真实现场口译前开展译前准备，同时鼓励受试者充分利用提

---

① 关于英语标准发音，英式英语中，指类似BBC电台及电视台新闻播音员所讲的南部英语，常被英国教师选中作为标准英语教授给外国学生（Roach，1991：5），一般称为 Received English（引自陈桦著《中国学生英语语调模式研究》，上海外语教育出版社2008年版）；美式英语中，指类似VOA电台及电视台播音员所讲的英语，一般称为 General American English。

示，作最可能详尽的译前准备。另外，在每次模拟会议发言开场前，主持者宣布简短的会议主持开场白，使实验环境更加接近真实情景。

源语材料内容简介：

一　主题：阐解中国"新经济"；发言人：中国国务院总理李克强

2016年3月16日上午，人民大会堂三楼金色大厅，国务院总理李克强答中外记者问。在会上，财经杂志记者针对政府工作报告中提出的"新经济"概念提问总理，比如"新经济"是否指新兴的电子商务和小微企业，与总理之前提倡的"大众创业、万众创新"有什么关系，对缓解当前经济下行压力有什么作用等问题。针对提问，总理介绍了"新经济"的覆盖面和内涵，鼓励亿万民众团结一心，认为民众的积极性和创造力是抵制经济下行压力的动能。

二　主题：英中关系回顾与展望；发言人：英国首相特丽莎·梅

2017年元月，中国农历新年到来之际，英国首相特丽莎·梅向英国、中国以及全世界所有庆祝中国新年的人们送上了最好的新年祝愿。首相从习主席访英，到中国向英国投资以及中国学生到英国留学、中国游客到英旅游的现象谈起，通过回顾中国香港回归中国纪念日和中英两国大使级外交纪念日，总结了中英两国在联合国的重要地位和关系，期待加强两国在商业、外交、教育、旅游和文化上的更多联系，展望两国关系的更美好未来。

三　主题：光伏产品贸易纠纷；发言人：中国商务部部长高虎城

2014年，中国商务部和欧盟委员联合举办新闻发布会，主要发言人是中国商务部部长高虎城和欧盟贸易委员德古赫特先生。高虎城作为中国商务部部长，向新闻媒体和各国人民，介绍中国和欧盟关于解决光伏产品贸易纠纷的情况。他表示，中欧双方均有意愿和诚意，通过价格承诺谈判，妥善解决光伏案，也为此正在付出努力。同时认为，双方技术团队的磋商和谈判积极而富有建设性，希望在接下来的磋商中，双方能够采取务实、灵活的态度，加强协调和配合，真正实现在光伏产业的互利和共赢。

四　主题：总统权力移交；发言人：美国前总统贝拉克·侯赛因·奥巴马

2016年11月9日中午，美国总统奥巴马就美国大选在白宫发表讲话，强调美国大选已经结束，虽然自己和当选总统特朗普有分歧，但美国需要团结一致，进行权力的和平过渡。奥巴马说，他感谢布什总统团队当年与他进行的顺利交接，完美确保政权平稳过渡，为此承诺，奥巴马团队将遵循布什总统团队八年前树立的好榜样，尽最大努力来保证自己和当选总统的平稳交接，因为总统和副总统的职责超越个人情感。

以上源语材料作为本次实证研究的模拟口译源语输出语料，每场模拟口译的平均持续时长约 8 分钟，所有受试人均完成 4 场口译，所有口译测试过程预计共产生译语样本 300 份。每场口译结束之后，立即进行关涉口译过程概念框架障碍相关因素的问卷调查，开展母语思维对概念框架构建障碍影响的现场访谈，共获取有声思维语料统计数据表 300 份；访谈记录数据 300 份；口译学员概念框架构建障碍调研问卷回收共计 300 份。将数据结果进行合并，得到本次实证研究的综合样本。

上述样本为开展实证研究提供数据来源，也是建立考察口译概念框架构建障碍数据库的基础。

第三节 数据采集

数据采集包括实验、录音、访谈、调查与录音转写等工作，具体实施步骤如下：

一 实验前测

实验前测

为保证口译过程概念化能力测试的信度，在举行正式实验前，进行口译实验前测工作，说明如下：

第一，对受试人员的语言水平（如英文词汇量、造句能力等）、专题知识（如时事知识、专业知识等）和文化感知（如中西文化、语用能力）等方面进行测试调查。第二，根据实验前测，确定具有调查意义、语言难度适中的发言源文，避免主题与内容过于专业与艰深，尽量避免发言有语音畸变等现象。第三，在此基础上，准备译前准备材料，如介绍发言人物、主题、发言节选的前文和提供必要技术性词汇等，排除个体的社会文化背景差异和个体思维差异等干扰变量。

准备工作

口译实验的准备工作包括对受试者进行编号、确定考察时间和地点、组织模拟受众、样本采集与编排等。

首先将受试人员按学员接受口译培训及从事口译实践经历分为三组，隐去姓名，用字母代号进行标注；源语材料作为信息输出样本，源语信息均通过视频输出，英译汉和汉译英各占一半。为保证口译能力发挥与口译过程效果的稳定性，每次完成两场口译任务，分别为英译汉和汉译英；源语为英语，标注为 BE（英式英语）或 AE（美式英语）；源语为汉语，标注为 CH；源语为男声，标注为 M；源语为女声，标注为 F；口译测试场次编号为 01，02，03，04；考察材料音频格式为 wav。

不同场次的口译称为口译测试项目（Item），项目编排如下：

项目 1：中国新经济　　　　　　　CH. M　　　　01. wav
项目 2：英中关系　　　　　　　　BE. F　　　　02. wav
项目 3：光伏贸易　　　　　　　　CH. M　　　　03. wav
项目 4：美国大选　　　　　　　　AE. M　　　　04. wav

实验工具标准是 New Class DL760《首席翻译官》口译训练系统，主要因为其涵盖系列语音终端的技术经验，具有视频多媒体处理技术、核心网络技术、流媒体技术与嵌入式系统相结合的优势，数据采集信度较高。主要装置由主席机、系统控制主机、中央控制器、联拼显示器、音视媒体、节目源输入设备、摄像头、网络交换设备和耳机麦克组成，功能包括可视交传、聆听和通道录音，符合基本的音视频接收及语音录制要求。

在仿真口译实验室开展数据采集，主要是利用其较为理想的室内演练环境、音频播放与储存功能，模拟国际会议样式进行会场布置，室内环境逼真。项目执行期间，安排一定数量的学生志愿者作为听众代表入座代表席。在口译进行中，为受试者创造良好的通过观看视频聆听发言，接收发言人的视觉与听觉信息的机会，同时他们也可与听众进行眼神交流。总之，模拟口译实战的要求就是尽可能接近真实会议的现场环境，以达仿真效果[①]。口译结束后，将录音内容转存入计算机，以待标注。

二　数据采集过程

数据采集自 2016 年 10 月 24 日开始，12 月 25 日结束。数据采集过程包括口译录音、译后访谈和问卷调查等环节。

[①] 口译现场生态效度要求（requirements of ecological validity），参见 Gile，1994；Shlesinger，1998：3。

实验数据采集涉及进入播放视频节目，发送视频音频给受试席和所有代表席，开始录音；播放一段后暂停并播放下一段源音；受试接收节目，开始记录；暂停播放，开始口译；听众观察屏幕信息并聆听受试口译。所有过程全程录像。

问卷调查是数据采集的重要程序，其结果构成考察概念框架构建障碍潜在变量的样本来源。具体如下：

根据统计原则关于潜在变量维度上的量化研究方式（Jayawardhena et al., 2003），对口译思维加工中概念框架构建障碍进行认知考察。考察采用结构式问卷进行，以李克特五级量表（Likert 5-level scale）来衡量，从"完全不"到"总是"，得到潜在构念的信息。依据结合各学者对口译思维加工的相关维度定义和文献探讨，并配合文献研究，形成操作性定义。问卷设计则参考研究上已经成熟的兼具信度和效度的模板，并发展形成本研究所需的结构式问卷。

研究问卷调查的内容量表设计包括 8 个部分：1. 角色对话障碍；2. 情感沟通障碍；3. 意图融合障碍；4. 语义评价障碍；5. 记忆激活障碍；6. 原型选择障碍；7. 语境连通障碍；8. 语境重构障碍。遵循 SEM 问卷设计原则，每个变量至少有 3 个题项，潜在指标因素之间避免出现横跨交叉现象，变量指标设定基本出自知名学者，理论架构根据主流理论和考察目标进行修正，模型中的潜在因素在两个以上（Bollen, 1989）。

问卷调查针对"口译学员概念框架构建障碍"，调查内容围绕主体性协同障碍、前知识突显障碍和语境构建障碍，概念框架调研依据是（谌莉文，2010a，2010b）、（谌莉文、王文斌，2010）、（谌莉文、梅德明，2010）、（谌莉文、熊前莉，2014）、（谌莉文，2015）的同类研究，根据本研究目标在第四章理论探讨部分进行了修订，并开展探索性实验分析。基于以上内容，制成问卷星，调查对象是以汉语为母语的高校口译学员。受试人员仔细阅读问卷中的每句命题后，选择自己在做口译时针对不同概念化策略的抑制频率，并进行数字填入。回收有效调查问卷 300 份。

译后访谈针对概念框架构建障碍影响因子开展调查，主要方法来自有提示回忆调查法（simulated recall）。根据（戴炜栋、徐海铭，2007）的调查研究（Gass & Mackey, 2000; Basturkmen et al., 2004; Vik-Tuovinen, 2002 等）表明，在口译研究中，有提示回忆是一种有效的反思手段，可以帮助我们及时获取口译过程回顾与反思。每场口译结束后，受试者进入隔壁房间，工作人员对其进行译后访谈，收集相关数据。工作人员事先准备好访谈用纸并标注被试代号，除提出事先准备好的访谈问题外，还根据被试项目，播放口译录像并依次提示口译话题以及每个话题的各段内容，协助受试人员进行口译过程思维回忆。访谈内容围绕汉语母语者的原型思维在口译过程中针对不同概念结构处理中所遇到的认知障碍，如下：1. 针对修辞（隐喻、转喻等）口译处理；2. 针对动词口译处理；3. 针对名词口译处理；4. 针对时态口译处理；5. 针对术语（特色词、习惯语等）口译处理；6. 针对动宾结构口译处理；7. 针对主谓结构口译处理。

事实上，在涉及汉英口译和英汉口译时以及源语理解与译语产出时，障碍因子影响情况均不完全一样。根据本研究的总框架，模型设计中暂时不含口译方向变量对比。

三 录音转写与样本标注

每次测试结束后，对每位受试者的译文录音进行转写，形成文字材料，作为进行口译能力绩效观察的数据来源。

转写时尽量保持言语发布原貌，将每位受试者的每场口译录音进行原样转写。口译转写及语料标注方法以（胡开宝、陶庆，2010）为基本依据，根据本实证研究的具体目标做适当修正、补充。如：

停顿：（英文）停顿时长 2—3 秒，用一个省略号表示（…）；停顿 4—6 秒，用两个省略号表示（…，…）；统计时标注为 PAU。（中文）停顿 2—3 秒，用一个破折号表示（——）；停顿 4—6 秒，用两个破折号表示（——.——）。

迟疑：英文 er 或 erm，标注为：@ 或@ m。统计时注为 HES。

重复：问题处字体标红，并用括号注明。统计时注为 REP。

修正：问题处字体标红，并用括号注明。统计时注为 REV。

标点：语句之间停顿时间较长且语篇意义完整，适用句号；反之，则用逗号；语句声调结束，适用问号；句末选用句号。

语篇信息传译的准确性和忠实度是考察语义理解的重要衡量标准，统计数据分别包括信息点、信息意层、信息结构。信息值是针对源语内容计算译语信息点数量，并获得数值体现，信息数量参考巴黎释意学派理论中关于意义单位的说明，以所有反映源文信息内容的数值为单位进行统计，以实词为目标，同时以单词（转折词、形容词、副词）、词组、义段或意群等形式出现，信息点以语义为单位，记为 INF = n；信息意层以一个完整的意义级层为单位，如因果关系中的原因级层或结果级层、事件关系中的时间级层等，记为 MEA = n；信息结构以完整的意义结构、关系结构、事件结构、观点结构等为单位进行统计，记为 STR = n（蔡小红，2007：42）。以上数据可作为描述语言表述忠实性考察的观测指标留作待用。

与译语产出语言质量以及译语内容与源文契合度有关的统计数据包括：涉及信息表达的规范性统计：指合乎译语语言表达的词汇用法、构建连贯语篇语法形式以及特殊表达规范理解与传递的数值，含时态、单复数、搭配等，其中词汇和句法通过错误频次来统计。词汇和句法是检测受试对目标语产出的熟练程度和规范性，记为 LEX = n；SYN = n；隐转喻、习惯语和专业术语是体现源语原型的重要特征，对这些概念的解析与表达可以作为译语内容与源语内容契合度的代表数据，因此需要统计隐转喻、习语和术语在译语语篇的实现值，统一记为 IDM = n。以上数据可作为描述语言表述规范性考察的观测指标留作待用。

信息表达的语篇连贯观察指标包括考察译文样本的完整句数量、衔接与关联。完整度以达意与顺应交际背景为基本界限；对应的正确单位涵盖基本达意、语法正确且符合源文意思等内容，以语篇意义整合、语言成分衔接与交际顺应为基本界限。完整句数值记为 COM = n；衔接性通过统计语篇衔接手段（显性和隐性）的数量获得数值体现，以达到语义连贯，形成有意义语篇，记作 COH = n；与此类似，统计译语语篇表达的语义连贯性还可以通过语篇关联特征进行统计，记为 REL = n。以上数据的实现值可为描述连贯度数值表现提供数据来源。

涉及信息表达的流畅度统计：统计停顿、迟疑、重复、纠正和语流数值，其中语流指重音、节奏、语调，是与语义密切相关的语音表征，通过时间得到统计，语流均值指平均每秒产出的单词（字）数。分别记为 PAU = n；HES = n；REP = n；REV = n；FLD = n。相关数值可以来构建流畅度基础数据库。

有关信息点、信息意层、信息结构、语流、词汇、句法、隐喻等数值的测量标准均以蔡小红编著的《口译评估》中制定的有关标准（蔡小红，2007：39-56）为主要依据，具体操作时以本研究的核心理论和主要目标为调整依据。

每个译文样本对应一位受试者完成单场口译的录音。

转写结束后，进行基础统计工作。统计项目涉及语言表述的规范度、信息传递的忠实度、语篇表达的连贯度以及内容输出的流畅度，主要依据是蔡小红（2007）针对口译评估设计的指标，涉及信息产出和语言表达的质与量。所有指标转换成李克特五级量表，标准样本由两名资深译员提供，并根据评估标准制定分值，将标准值化为 5 个等级。单个样本与标准样本进行数据比较，据此，将样本实际产出量换算成 5 分量值。其中 PAU、HES、REP、REV、LEX 和 SYN 等反向数值在 SPSS 软件中进行负向转换。

样本标注采用通用标记语言 SGML（Standardized General Markup Language）的基本格式，每个样本均包括篇头信息和篇体信息两部分；篇头标注的具体内容置于两个括号之间，主要用来说明发言人、发布时间以及相应的文本编号、译员、发布时间以及相应的文本编号等信息；篇体正文信息标注为录音文字转写内容（谌莉文，2011：190）。

以时任英国首相特丽莎·梅的讲话口译为例，根据转写统计标准，记录如下：

代号	INF	STR	COM	COH	PAU	HES	REP	REV	FID	MET	IDM	EPX	IEX	SYN	MEA	REL
B4	10	6	4	4	1/7	1/4	1/2	1/3	5	2	2	3	1/2	1/4	9	3

统计结果表明，对信息点总数为 22 的源语语篇而言，此次口译共完成信息点数为 10；对信息结构总数为 15 的源语语篇而言，此段口译共完成信息结构数为 6。此外，在此段口译中，共完成完整句数量为 4，比对标准是 11；使用衔接词数量为 4，比对标准是 7；停顿 6 次；迟疑 3 次；重复 1 次；纠正 2 次，词汇错误 1 处，句法错误出现 3 处，为方便统计，以分数方式标注，出现 0 次记为 1，出现 1 次记为 1/2，依次类推；语流统计以秒为单位，记为 3.5；源文所含隐转喻现象有 3 处（pressing, all the ties we share, forge a new role for Britain），完成 2 处；英文习惯用语 4 处（than ever before, historic state visit, more Chinese investment/ than any other, has doubled），完成 2 处；术语 5 处，完成 3 处。信息意层完成数值为 9，比对标准是 15；关联性数值为 3，比对标准是 8。

照此标准，对所有受试的录音材料进行转写与标注，总计获得译语转写样本 300 份。

第四节 研究假设

在完成涉及前知识突显障碍、主体性协同障碍、语境构建障碍等不同变量的所有数据采集工作后,实证研究工作进入数据分析与处理阶段。数据分析包括三个步骤,分别是概念性模型的提出、检验假设的形成、关键参数的处理。另外,随着样本数据分析工作的深入,可能需要对前期预测进行进一步的调整或细化。

一 概念模型

模型（Model）是对变量之间关系的统计描述。每个潜在变量之间的关系都需有研究理论的支持与实务上的证明其存在意义,最后形成研究架构。研究假设形成的前提是建立结构方程模型的研究概念模型,以此为基础,完善建立 SEM 模型图。

首先基于理论构建,围绕口译概念化思维流程中的基本障碍表征机制,围绕潜在变量主体性协同障碍、前知识突显障碍和语境构建障碍与口译能力绩效,依据数据资料的整理,建立三种竞争模型,相互比较,找出最适当的模型以及最能代表样本数据的模型。图 5-1 为本研究探索推导的口译思维概念框架构建障碍结构方程概念模型。

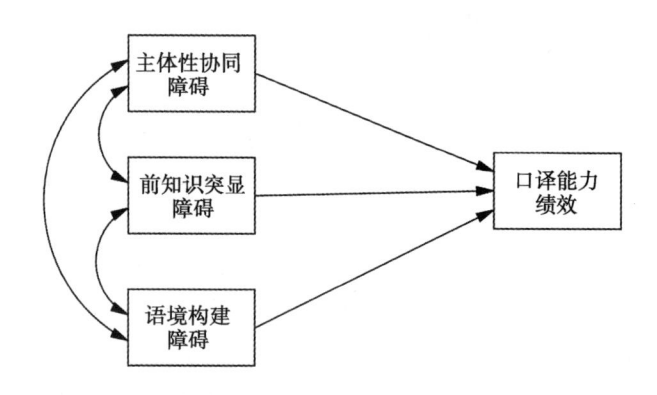

图 5-1 口译思维概念框架构建障碍概念模型

图 5-1 所示的是口译过程概念框架构建障碍的研究概念模型,包含了内生变量和外生变量、中介和干扰变量,以及多余变量造成的共线性问

题，但未包含重要变量造成内生变量估计的偏差，因此，将上述模型中成对变量之间的方向性（如相关或因果关系）加以改进，进一步解读为两个竞争模型，建成口译过程概念框架构建障碍竞争模型概念图。如图 5-2 所示：

(a) 口译忠实度能力绩效模型

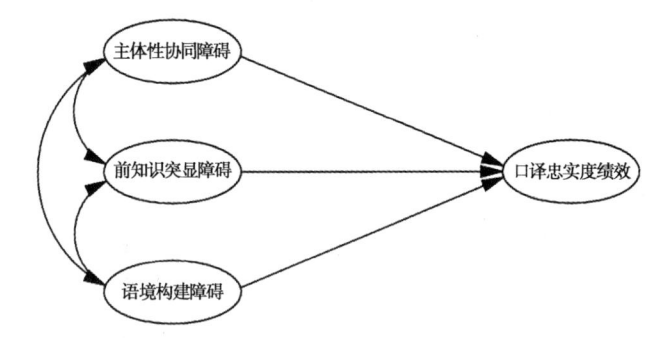

(b) 口译规范度能力绩效模型

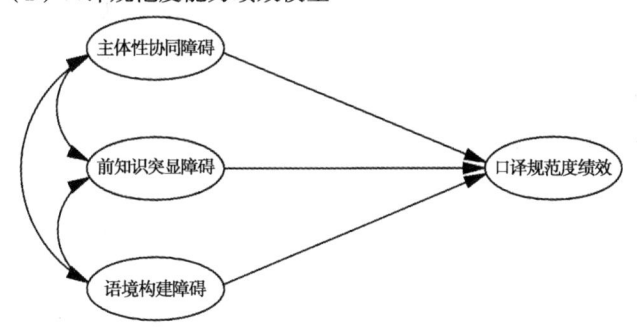

图 5-2　口译思维概念框架构建障碍竞争模型

据此 SEM 模型，形成研究假设。SEM 假设的写法不同于第一代（传统）多变量的写法。第一代多变量将所有自变量之间的关系陈述一个假设，如规范度、忠实度、正相关等，用于做直接效果的评估，但其无法对潜在变量做直接分析。通常是把观察变量分数加总平均，变成观察变项再加以分析，分析过程中把每一个样本资料代入计算。一次对每一个相关或回归做假设是合理的，但 SEM 分析则不然。SEM 采取的是整体模型评估，以样本共变异数矩阵（S）与模型再制（再制）矩阵进行比较，两者差异越小，表示假设模型与样本模型相似度越高。因此，SEM 的假设写法只有一个，即 H_0 = 样本共变异数矩阵与模型期待矩阵没有差异（张伟豪，2012：41）。

二 假设形成

根据 Chin（1998）的观点，结构方程模型分析结果必须考虑拟合度，因为拟合度不佳的模型代表模型与样本差异过大，涉及模型界定错误，因此本研究第一个假设为模型期待共变异数矩阵与样本共变异数矩阵没有差异，考虑口译能力绩效评估涉及不同维度的评估参数（蔡小红，2007：36—62），据此形成二个假设。

假设一，口译障碍模型期望共变异数矩阵与样本共变异数矩阵没有差异。

H_0a. 口译能力绩效忠实度模型共变异数矩阵与样本共变异数矩阵没有差异。

H_0b. 口译能力绩效规范度模型共变异数矩阵与样本共变异数矩阵没有差异。

本研究要讨论的是口译思维加工中概念框架构建障碍的基本变量对口译能力绩效层面的忠实度、规范度之间的影响是否并重，作出预测如下：

预测：仅源语的语言形式本身不能带来译员所期待的源语意义成果，译后效果更是遥不可及，只有通过言语行为空间运作，才能完成意义结构的认知接力。言语行为空间运作表现为源语在译员产生的言后效果，经过跨空间整合，在理解空间产生动态的新生结构，其中，主体性运作是实施这一言语行为认知的思维协调机制，其中角色对话障碍、情感沟通障碍和意图融合障碍是阻碍主体性协同机制运作的关键因子，也就是说，主体性意义协商受阻，必将影响概念合成运作，延缓源语言语行为成果的产出，造成可供译语以言行事的知识储备不足。由于译语言语行为的展开对译入语听众产生直接影响，译语以言表意在听众的反应可能与源语在其听众的反应不一致，导致"言效不合"，即人们常说的传译失误。由此假设：

假设二，主体性协同障碍对口译能力绩效忠实度和规范度的影响没有差异。

其中，角色对话障碍、情感沟通障碍、意图融合障碍与主体性协同障碍显著正相关，且对忠实度、规范度及连贯度产生的影响没有差异。以初级学员为例，由于这些口译学员没有接受过较为集中的口译训练，受训时间往往只是每周两学时的口译课程，缺乏足够的实战和实践，在捕捉源语发话人角色、源语语篇意图和源语情感走向的敏感度等方面，较实战经验丰富的学员更弱，在思维重构过程，综合考虑译语听众的受众感受、期待和情感等方面也处于相对抑制的状态。因此，无论在口译思维理解、记忆推进还是译语重构阶段，口译学员在思维主体与发言人以及听众之间的角色构建、情感对话和意图沟通均发生不同程度的抑制。因此，就译文整体效果而言，初级口译学员的样本信息完整度较低、逻辑性较弱、整体连贯性最差，为听众接收讯息造成困难，这将导致样本成功率低下。

预测：前知识结构是在口译思维流程中动态构建起来的概念架构，而不是固有和静止不变的知识结构。口译思维的发展取决于受源语图式和相关概念对接而获得的感知概念突显，受益于主体性协同运作。这说明，口译思维理解中存在一个对源语整体知识图式与感知框架的空间应和，具体内容包括符号、文化、语体等概念。感知空间的概念突显来自对源语图式的相关概念与认知语境构建的介入而产生的概念压缩，发生前知识突显意义协商，在主体性协同运作的关照下，译员主体与发言意图和听众预期三者相互照应，促使口译思维主体性得到充分彰显，加速了理解阶段的概念连通，这就有利于迅速进入思维理解程序。感知概念突显是前知识运作的基本前提，其运作过程涉及语义评价、记忆激活和原型选择等方式，由于语境构建和主体性协同运作的持续介入，在理解空间形成对源语图式在符号、文化和语体方面的感知综合，最终形成构建译语篇的一个个信息点。初级阶段口译培训的双语人员缺乏在源语空间、感知空间的跨空间映射获取概念压缩的训练，无法迅速形成感知空间的概念突显并完成语义评价和记忆激活，从而影响了对源语原型概念的意义选择和译语原型概念的意义选择，其样本呈现与源文信息内容相符的信息点最少、信息结构最少的特征。口译实战与实践经验则一定程度上可弥补这种缺憾。据此假设：

假设三，前知识突显障碍对口译能力绩效忠实度和规范度的影响没有差异。

其中，语义评价障碍、记忆检索障碍、原型选择障碍与前知识突显障碍显著正相关，且对忠实度、规范度及连贯度的影响没有差异。前知识突显障碍的存在直接影响了空间映射、突显匹配与选择投射，不能顺利促发大于源语概念又有别于感知概念的新生结构，导致思维理解偏差，从而阻止下一阶段的概念化运作。语义评价障碍体现缺乏足够的反映组构源文语篇意义的信息结构，记忆检索障碍表现为缺乏足够的与原文一致的信息点，原型选择障碍与对源语中的隐转喻和常用语解析和传译。初级口译学员由于缺乏训练与实践，感知突显和理解突显均或受阻，从而导致在样本中出现相对较多晦涩、无意义句，反映源语语篇的完整信息结构的数值最低，口译绩效值最低。与之相比，中级学员的样本反映为较多的完整信息结构和信息点，其绩效值高于初级学员。高级学员由于大量口译实践、实战与职业素养操练，口译理解过程普遍发生较为积极的前知识突显运作，其样本中体现信息结构最为完善，习语、隐转喻和常用语处理得当，无意义句式较少，总体口译绩效值最高。

预测：在场概念与不在场概念是同属于口译语境构建系统的不同概念范畴，前者包括短时记忆中第一时间参与思维系统的语言、技术和情景等在场因素，后者与长时记忆中的文化、情感和趋势等不在场因素有关。涉及在场概念与不在场概念的双重语境连通是口译思维进程的动力，连通受阻，长时记忆中的历史文化背景、社会现实、专业技术等背景知识无法融入短时记忆，工作记忆受阻。不在场语境与在场语境连通受阻，使得不在场范畴无法介入短时记忆，新生意义结构的演变过程延缓或抑制，难以发生司徒雷斌（Setton，1999）所说的口译认知特有的语境化现象。那么，语境连通抑制成为延缓口译进程的首要屏障。语境构建还体现为不在场语境被充分激活后，在口译职业化意识和跨文化交际意识驱动下，从源语图式空间向译语图式空间的思维转化，在线开展语境重构运作，这一概念化过程受制于多种内外因素，如激活效率、连通效率、选择投射与意义整合成功率等。初级阶段学员口译实战经历少，在接受语言信息的同时，其处于不在场概念的经验范畴原型处于半抑制状态，完成双重语境连通构建的时间更长，口译工作状态表现为尚弱的思维理解和记忆、重构和产出能力，因此其样本发生信息漏译平均值最大、形成记忆突显效率最低，译入语信息完整值最小，源语和译语的意义契合度均值最小，表达规范性降低，这可以通过样本中的信息实现值和语言规范值得到检验。为此假设：

假设四，语境构建障碍对口译能力绩效忠实度和规范度及连贯度的影响没有差异。

其中，语境连通与重构障碍和语境构建障碍显著正相关，且对忠实度、规范度及连贯度的影响没有差异。高级受训学员在进行口译语境构建时，更善于将个体经验与发言主题、文化以及译入语文化进行跨空间连通，在语境连通与重构机制协调下，其认知过程不仅与记忆机制有关，而且直接参与源语思维理解与译语思维重构。由于思维沟通更顺畅,他们可以更好地兼顾源语空间和译语空间的概念连接。样本趋势体现为,高级学员样本信息完整性和准确度更高,较少出现语篇破碎、前言不搭后语的现象;在接受过口译培训且有过一些口译实战经历的中级学员样本中多于前者;初级受训学员在译语产出时遭遇更多障碍,其样本更易发生较多的迟疑、断片或与源语意义不合的自创话题现象。

将口译思维流程的概念框架构建障碍表征作为描述本次实证研究假设的基础指南,原因有二:一是不同的概念化障碍在不同概念合成阶段各有突显;二是将理论假说置于口译思维概念框架障碍表征的组织框架内,可使本研究的理论与实证方案更加契合,互为佐证。不过,以上假设还只是提出一个可供参照的概念性框架,复杂的认知变量需经过模型界定和数据检测,方可保证数据检验的效度,亦有望进一步完善模型。

总之,研究假设意在强调,口译思维流程中,主体性协同障碍、前知识突显障碍和语境构建障碍是影响口译思维理解、思维推进和思维重构的基本概念框架障碍表征,其概念化运作在实际操作中相互渗透并行运作,不仅影响口译能力绩效,而且对组成口译能力绩效基本维度的影响没有差异。

三 关键参数

假设形成后,需要找出其中涉及的关键指标(indicator)或参数(parameters)。影响口译过程认知参数的复杂性一直以来都是困扰口译实证研究的难题。这是因为,假说验证实际上是对指标的观察或对参数测量的证实(Gile,2005)(仲伟合、王斌华,2010),进行数据处理涉及对口译思维过程复杂参数的分类,但是参数分类的依据和参数分类的有效性往往难以把控。根据吉尔(Gile,1990)的分类,针对同声传译职业行为影响因素的考察目标,考察参数涉及源语语篇、发布速度、话语风格、专业知识、发言语音、环境噪声、室内温度、发言人可视性、话题熟悉度、心理素质、身体素质、健康状况、机敏程度、诚实度、团队合作能力、团队人数、主办方与发言方的认可态度等(Setton,1999:99)。这说明,要达到实验的效度,应划定参数范畴和实施策略。为此,本研究严格按照口译概念化思维流程的经验特性,将影响口译思维概念框架根据障碍的考察参数从宏观上划分为三类：主体参数、语篇参数和环境参数①。为探求验证口译思维过程的概念框架构建障碍表征，需根据实际情况对参数做进一步界定。

口译思维过程中，译员大脑通过意义协商机制运作，不断进行概念化意义整合（谌莉文，2011：153），阻碍该流程的经验因素通过范畴运作，导致口译思维概念框架构建障碍。要开展进一步实证考察并数据论证以上概念化操作背后的认知机理，就无法绕过承载思维的有形结构。这是因为，第一，语篇中意义结构的完整性与语言结构的严密性不可分开（Caron，1989）（蔡小红，2001）；第二，源语意图的接收和传译并不是凭空去揣摩发言人的心理，而是按照语言和语言运用规则，利用各相关知识和交际原则进行口头信息处理（蔡小红，2001）。在本实证研究中，受试译文语篇的信息点实现量、信息结构实现量、时间运用的效率、译员口头报告和问卷调查等均可看作引导观察口译概念化运作的有形依据。我们认为，这些有形依据有助于设定影响口译过程的相关变量，并进行变量之间的内在相关性考察。

据此，考察变量的确定以帕奇哈克（Pöchhacker，2004）提出的口译过程参数基本标准，参照 Setton（1999）和 Gile（2005）针对口译过程参数的讨论，指标设定参照蔡小红（2007：39—56）针对口译评估单位微观变量的描写。本研究结合各学者对于口译思维障碍变量定义与相关文献的探讨，配合相关文献对于变量所发展的操作性定义，以此作为确定变量的依据，并参考在研究上具有信度和效度的问卷模板，基于口译思维流程概念框架构建障碍机制的理论推导和本研究考察目标，围绕主体、语篇、环境基本参素，进行变量指标描写。测量模型先导研究（口译思维概念框架构建障碍表征）发现，关涉口译概念框架构建障碍的八个维度构成合理，分别是角色对话障碍、情感沟通障碍、意图融合障碍、语义评价障碍、记忆激活障碍、原型选择障碍、语境连通障碍、语境重构障碍，以上变量分别对应本考察目标的二阶潜在变量：主体性构建障碍、前知识突显障碍和语境构建障碍。口译能力绩效是内生潜在变量，与其相关的外生潜在变量是语言规范度、语篇连贯度和内容忠实度。调节变量是母语思维和受训时间。我们将通过数据统计与数据分析，考察变量之间的相互关系，

---

① 根据 Pöchhacker（2004）在 *Introducing Interpreting Studies* 书中对口译过程的参数界定。

以期发现不同范畴类型的口译思维构建障碍，从而揭示抑制口译认知过程概念化运作的深层机理。

数据统计的基本原则是，采用结构方程模型中的 AMOS 软件进行数据分析。首先根据概念框架构建障碍机制相关论说，涉及实验、问卷及相关调研，确定潜在变量和观测变量；然后进入数据描写，描写与分析主要是基于自变量所涉及的主体性障碍指标、前知识突显障碍指标、语境构建障碍指标、信息传递忠实度、语言表述规范度和语篇组构连贯度以及总体框架因变量所包括的概念化能力表征与口译绩效。

译文样本的评估标准是针对现场译员的口译录音，由两名经验丰富的口译考官[①]参照现场情况，依据口译实践经验和评估细则，共同确定。通过对口译过程中障碍指标的统计测量，考察受试的概念框架构建障碍类型和口译绩效。障碍考察目标涉及思维主体的口译思维概念化运作，涉及主体性协同障碍、前知识突显障碍和语境构建障碍等概念化思维障碍的综合反映；绩效考察则是口译能力的实际反映。为实现验证因素分析，须建立和描述潜在变量之间、观测变量之间以及潜在变量与观测变量之间的关系。为此，第五节针对所有变量进行详细的依据讨论和变量描述。

第五节　变量描述

变量制定标准既要涵盖口译思维流程中概念框架构建障碍的输入要素，又必须符合口译过程测量与绩效评估的基本规范，以便开展定量分析和定性研究。下面在口译思维概念框架构建障碍表征的结构方程模型基础上，围绕研究假说，对模型中每一个变量的内涵、依据和指标进行详细描述。

建立建构方程模型所涉及的变量包括潜在变量和观测变量。观测变量的提出，主要是通过前期的口译思维概念框架构建障碍理论研究，潜在变量分为主体性协同障碍、前知识突显障碍及语境构建障碍三个范畴以及口译能力绩效，据此提炼出变量题项量表开展研究。在实际操作中，借助探索性因子分析，抽出相应的探索性因子，再结合前期理论及实际应用，对少量变量题项的归类进行了调整，使其应用更趋于合理。变量描述如下：

---

① 参加上海口译证书考试评分 30 场以上。

主体性协同障碍（Subjectivity Synergy Deficiency）——标注为 SSDF，考察对象包括角色对话障碍、情感沟通障碍、意图融合障碍。任文（2010：44）针对联络译员主体性意识的考察是较为全面的译员主体性意识系统研究，认为经验丰富的译员往往把自己视为交际活动的参与者，充分考虑和分析活动参与方之间的互动和共生关系，在交际中表现出较强的主体性意识，主要有显身意识、赋权意识和非中立立场观，并对此进行了大规模调研论证。尽管该研究仅针对联络译员的主体性意识开展研究，但同时承认会议口译译员并非交际的被动参与者，二者所在主体性意识方面的区别只是强度不同（同上，2010：48）。本研究主要聚焦会议口译交传思维过程的主体性协同障碍，同意上述对主体性意识要素构成的描写，重点探求表征这些显性主体性意识要素的概念图式构建障碍，其中赋权意识涉及口译思维的角色图式，显身意识关照译员思维的意图图式，立场观则与口译思维的情感图式有关。在针对译员主体性行为特征的测量实验（Strong & Rudser, 1992）中，25 名译员针对测量表格选择"不喜欢""一般"和"喜欢"三个测量标准进行选择，来表达自己的主体性倾向，测量表格以五级量表形式展现，如语言能力的高或低，内容跟进的难或易，可视感觉的舒服或不舒服等，通过测量数据考察语篇外的主体性因素，这些因素归纳起来分别关涉角色、情感和意图因子。因此，主体性协同障碍的考察指标可通过角色、情感和意图在口译活动参与各方之间的互动抑制得到描写，据此推导出一系列变量指标，涉及主体性协同障碍题项 1 至主体性协同障碍题项 12（SSD1—SSD12）。

角色对话障碍（Role Dialogue Deficiency）——标注为 ROL，涵盖关涉发言人的角色对话障碍（Interpreter-Speaker Dialogue Deficiency）和关涉听众的角色对话障碍（Interpreter-Audience Dialogue Deficiency），分别标注为 SDD 和 ADD。观测指标包括发言人身份（speaker's identity）、发言人权利（speaker's right）、发言人立场（speaker's position）、听众身份（audiences' identity）、听众期待（audiences' right）、听众立场（audiences' position）等不同角色之间的互动制约，以上观测指标分别标注为 SID、SRT、SPO、AID、ART、APO。角色是社会学家界定的一系列主体性行为期待，与主体的社会地位相关，是分析译员行为的关键因素（Pöchhacker, 2004：147）。关于译员角色、权利和立场的论述最早见于安德森（Anderson, 1976）和布利斯林（Brislin, 1976b）的研究，考察角色及其子变量的研究方法主要以调查研究为主（survey research）。如在德里兰和斯沃兹（Drenna & Swartz，1999）的研究中，受试者包括30位医护人员和译员，主要从用户话语发出者和译员角度展开调研，关注话语交际者身份、权利和立场以及译员权利和立场；帕奇哈克（Pöchhacker，2000）针对译员到底应该对客户解释术语还是进行文化阐释的问题展开了大规模取证，在此项调研中，受试者包括医护人员和社工人员600人，口译过程的角色研究从关注译员本身到突出口译交际过程的受众身份和受众期待。本研究对角色互动障碍考察目标的标准来自对受试的问卷调查，通过发言人身份、权利、立场、听众身份和期待以及译员权利和立场等微观因子得到描写，据此推导出的变量指标涉及主体性协同障碍题项1至主体性协同障碍题项6（SSD1—SSD6）。

情感沟通障碍（Emotion Communication Deficiency）——标注为EMO。观测指标涵盖译员态度因素，如对源语观点认同（empathy）、对谈话主题喜好（favor）等方面的制约因子以及对话题的焦虑感（anxiety），分别标注为EMP、FAV、ANX。口译过程的非言语特征，如对主题的认同和态度将直接影响口译重构与言后效果。科莱多（Collados，1998/2002）考察了42个受试样本，通过对德语演讲的西班牙语口译传递的语调，考察译员口译过程中微妙情感传递的非言语行为对于口译过程的影响。斯坦内（Steiner，1998）的研究特别强调了译员态度的考量及其对口译效果的影响。英国外交部首席中文译员林超伦（2017）对于现场口译具有丰富的实战经验，他提出口译思维必须融入语篇所承载的情感中，因为语言会忘记，但情感不会忘记[①]，那么，译员对于源语观点的认同、对话题观点与事件的同感，甚至因个人原因引起的现场焦虑感都会直接影响传译过程。本研究的考察目标是口译思维过程中情感因素对主体性协同概念框架构建的影响，重点难点考察缺乏情感沟通所引起的主体性协同概念框架构建障碍，其中情感沟通障碍考察指标来自对受试的问卷调查，通过对源语观点认同的缺乏度、对与主题兴趣的缺乏度、对话题焦虑程度等微观因子得到描写，据此推导出的变量指标涉及主体性协同障碍题项7至主体性协同障碍题项9（SSD7—SSD9）。

意图融合障碍（Intention Integration Deficiency）——标注为INT。观

---

① 源自《南方周末》2017年4月13日刊文，林超伦接受该报记者采访的报道。

测指标包括对交际意图的了解（purpose）、对交际目标的了解（aim）、对言外之意的了解（illocution）受阻等障碍因子，分别标注为 PUR、AIM、ILC。口译是一种复杂的交际行为，主要在于口译不是简单的语言交换，而是发生在情景、语言使用者和语篇之间的动态交互，即从特定的宏观和微观交际情景中获取对源语信息的理解（陈菁、肖晓燕，2014：146），口译思维加工建立在译员与交际情景、信息发送者和信息接收者互动的基础之上，这个互动过程牵涉三个层面的信息交际：第一层面涉及语言信息内容，第二层面涉及交际意图，第三层面交际各方之间的关系。其中，对交际意图的处理是主体性协同概念框架构建的基本加工行为。发言主体的交际目的通过语篇语音形式传递出来，交际意图是一种心理意识，是作为译员的交际主体凭借对源语发言人角色和情感范畴的深入，对源语话语目的和语言结构所携带言外之意的综合感知，对交际意图、交际目的和言外之意的充分了解并对其进行分析加工的能力是顺利开展口译言语交际行为的必要条件。缺乏实战经验和职业素养相对较弱的口译学员在口译多任务和环境复杂性干扰下，往往不能瞬间完成这一特有和必要的意图融合概念框架运作。本研究对意图融合障碍考察目标的标准来自对受试者的问卷调查，通过对交际意图、交际目标、源语语篇言外之意等方面的协同障碍等微观因子得到描写，据此推导出的变量指标涉及主体性协同障碍题项 10 至主体性协同障碍题项 12（SSD10—SSD12）。

综合理论依据和题项判定，主体性协同障碍的操作型定义与题项如表 5-1 所示：

表 5-1　　　　　　　主体性协同障碍构面的操作型定义

维度	操作型定义	题项	简码
角色对话障碍	在发言人、译员和听众身份、权利、地位之间的互动抑制	SSD1 根据发言人身份进行意义预测受阻	SID
		SSD2 根据发言人权利进行意义预测受阻	SRT
		SSD3 根据发言人立场进行意义预测受阻	SPO
		SSD4 根据听众身份进行意义选择受阻	AID
		SSD5 根据听众期待进行意义选择受阻	ART
		SSD6 根据译员权利进行意义决策受阻	APO
情感沟通障碍	观点认同、话题喜好等情感互通障碍并对任务产生焦虑情绪	SSD7 对发言观点认同受阻导致理解受阻	EMP
		PKD8 对发言主题把控受阻导致理解受阻	FAV
		SSD9 口译焦虑增大导致理解受阻	ANX

续表

维度	操作型定义	题项	简码
意图融合障碍	交际意图、交际目的、言外之意等源语意图解析困难	SSD10 推测交际意图受阻	PUR
		SSD11 推测交际目的受阻	AIM
		SSD12 推测交际规划受阻	ILC

前知识突显障碍（Pre-knowledge Deficiency）——标注为 PKDF，该变量既是自变量语义评价障碍、记忆检索障碍和原型选择障碍的因变量，又作为自变量，对口译绩效产生影响。观测指标包括语义评价障碍、记忆检索障碍、原型选择障碍。帕奇哈克（Pöchhacker，2004：57）使用前知识（prior knowledge）一词，说明译员工作的任务在于发生理解行为，这里既指激活长时记忆中与源语信息内容相关的前知识，目的在于完成源语感知理解，又指口译思维转换贴近目标语听众所固有的前知识，目的在于实现译语产出效果。塞莱丝柯维奇（Seleskovitch，1978：100）使用指称框架来指代这种口译思维独有的前知识概念，强调口译过程对语义的提取，其核心不是提取译员任务的某一特殊方面，口译认知创新动力正是在于前知识的独特性，因为它对语义评价和记忆激活起决定性作用。艾赫贝尔（Herbert，1952：19）认为对口译对象进行前知识运作可以进一步推动口译程序，快速进入理解空间，这一推进程序就是一个思维主体不断进行评价、激活和选择的过程。口译概念化思维流程中，前知识运作是在整合空间形成的概念凸显，通过进一步的跨域映射和概念合成得以推进。缺乏实战经验的思维主体在口译语境、主体间性等认知因素的作用下发生前知识运作障碍，导致口译认知加工过程的语义评价激活障碍，抑制记忆检索与激活程序的顺利发生，并对原型选择产生干扰作用（谌莉文、李丹弟，2020）。口译概念化思维流程中，记忆空间的概念凸显其实是理解空间产生新生结构的输入成分，有赖于选择投射。理解空间概念凸显对口译思维转换中的新一轮语义评价、激活和选择形成更多阻力，从而发生译语重构困难，并阻碍在译语空间产出忠实于源语发言人的准确而完整的语义结构。据此，前知识突显障碍的考察指标可通过语义评价、记忆检索和原型选择在口译思维理解、思维推进与思维重构不同阶段的抑制指数得到描写。据此推导出变量指标，涉及前知识突显障碍题项 1 至前知识突显障碍题项 9（PKD1—PKD9）。

语义评价障碍（Semantic Evaluation Deficiency）——标注为 SEM，考察对象包括语义感知（perception）、语义判断（judgment）、语义传递（transfer）困难等障碍因子，分别标注为 PCP、JUG、TRS，观测指标是对源语信息意层进行语义感知、语义判断、语义选择与传递方面的抑制。Anderson（1985）认为，人类对任何有声语言的理解都始于感知（perception）、解析（parsing）和运用（utilization）等环节（陈菁、肖晓燕，2014：38），口译的职业特点赋予译员理解信息不是按照自己的意愿来选取要理解的内容，而是尽量理解讲话人想要表达的所有内容（同上），语义评价开展顺利与否取决于译员能否正确感知、判断与传递这些内容。释意学派提出，口译传递的绝非语码信息，而是源语携带的思想内容或语义内容，且用译语产出所构建的内容之前要完全理解源语的输入信息（Seleskovitch，1976），这里的完全理解就是指对语义的感知、判断与传递决策。释意学派的核心主张就是口译的保真性在于意义的保真（sense），即倡导语义评价的效果，保证语义传递的完整性和准确性；吉尔（Gile，1995：26）提出要保证对源语所携带的讯息和文体的忠实，重点在于信息内容而非语言形式，旨在产出符合源语信息内容和译语表达习惯的连贯意义，哈里斯（Harris，1990：118）将诚实传话作为口译活动的规约，呼吁译员要尽可能严格再现源语发言人的语义内涵和方式，强调语义传递的准确度，即正确传递语篇所携带的言外之意；再通过合体的语义传递，尽可能形成再现源文语义的连贯语篇。在口译概念化思维流程中，与语篇所携带信息内容密切相关的一个基本认知活动就是语义评价，具体表现为与源语空间映射对接的语义感知，由此引发的语义判断和进一步加工所需的语义选择最终达到语义保真性要求，任何对源文语义内容的不当处理均与语义评价障碍有关，这也是前知识突显在理解空间所经历的基本概念突显表征。然而，自动化程度尚未形成的口译学员往往发生语义感知困难、语义判断困难和语义传递困难，这对语义评价的顺利开展形成阻碍，成为影响前知识突显的重要因素之一。语义评价可通过对源语的信息意层或表达开展语义感知、语义判断和语义传递方面的抑制程度得到描写，据此推导出的变量指标涉及前知识突显障碍题项1至前知识突显障碍题项3（PKD1—PKD3）。

记忆检索障碍（Memory Retrieval）——标注为 MEM，观测指标包括长时记忆中缺乏充分的词汇储备（lexical storage）、缺乏充分的知识储备（knowledge storage）以及社会文化语境（socio-cultural storage）不能迅速激活长时记忆并充分融入口译工作程序，形成记忆加工障碍，分别标注为LXS、KNS、SCS。考察指标包括影响口译思维进程的词汇储备不足、知识储备不足和语境激活不足。记忆能力主要表现为对经过大脑感知与意义整合所获得（交替传译过程中往往依靠笔记提供）的线索对源语信息进行检索、提取与转换（Gile，1995）。阿金森和谢夫林（Atkinson & Shiffrin，1968）提出，信息进入人的感知系统后将经历瞬时记忆、短时记忆、长时记忆三种记忆模式（陈菁、肖晓燕，2014：52），其中瞬时记忆又叫感知记忆，在大脑只保存不超过4秒，因此，涉及口译思维过程中记忆检索能力的测量标准主要与长时记忆与短时记忆相互作用有关。正如Phelan（2001：4-5）所说，译员往往需要通过短时记忆来保留刚刚接收的信息，需要长时记忆将信息融入语境。然而，尽管短时记忆是非常重要和基本的认知资源，在实际工作中，译员的短时记忆受诸多因素局限，如在短时记忆容量饱和状态下，旧信息不断被新信息所取代；信息记忆痕迹随着时间流逝衰退成无意义的符号变得难以提取；同时期储存的信息会互相干扰而导致记忆失真等（鲍晓英，2005），除此，现场参与者互动、注意力难以持续以及注意力受干扰都是造成短时记忆困难的原因（陈菁、肖晓燕，2014：53），因此，口译记忆检索往往依靠长时记忆的激活和融入得以完成，也就是说，长时记忆中的词汇知识储备、专业知识储备以及历史和社会文化知识的储备是长时记忆词汇中用以开展记忆检索的重要条件，储备不足，则难以发生记忆激活，那么口译训练中常说的节省认知资源、记住要点并在提取信息时结合自己的已有知识或前知识将这些内容寻回，则成为一件不可及达之技了。记忆检索障碍将导致语义信息省略、表达不连贯等表现，影响口译绩效。以上为确定记忆检索和激活程度的信息单位提供了理论依据。对记忆检索障碍的记忆激活障碍的追溯可通过词汇储备、词汇激活及时提取等方面的不足得到数据统计，据此推导出的变量指标涉及前知识突显障碍题项4至前知识突显障碍题项6（PKD4—PKD6）。

原型选择障碍（Prototype Selection Deficiency）——标注为PRO，考察对象包括隐转喻的理解与表达、源语特色语理解与表达以及常用语理解与表达，观测指标是对隐转喻（metaphors）、习惯用语（idioms）和常用语（expressions）的理解与表达障碍，分别标注为MTP、IDI、EPS。完整的语义内容涵盖符号、文化、情感和风格等信息，以口译心智空间的概念要素为主要依据，概念的主要表征是原型，后者视作代表该范畴的最佳实例（Rosch，1975）。在口译概念化思维流程中，语义原型的概念属性与释意学派提出的翻译意义单位（unité de sens）和认知语言学关于语言意义概念化和认知表征（CR）有关。口译思维流程中前知识突显的重要表征就是在理解空间和译语重构空间形成的原型概念突显，在麦肯道施（Mackintosh，1983）设计的"语义对等"（semantic equivalence）评分系统中，源语的原型概念可作为感知切分（intuitive segmentation），通过概念处理，转化为以短语或小句为表现形式的意义单位，每个单位评价又都取决于其信息组构。在实验中，三位评分人员为受试译语中出现的每个信息单位中的正确重构项（correctly reproduced item）打分，计算出总体达到的语义契合值，其中包括对源语中出现的隐转喻、习语和常用表达等原型概念的正确理解、在译语语篇和文化中的思维重构以及上述原型语义选择反映在译语篇章层次的信息组构。据此，原型选择障碍通过隐转喻理解与表达障碍、源语特色语或习语理解与表达障碍以及常用语理解与表达障碍程度的数据统计得到描写，考察指标是隐转喻、习惯语、常用语与源语的语义契合度以及译语表达的抑制程度，据此推导出的变量指标涉及前知识突显障碍题项7至前知识突显障碍题项9（PKD7–PKD9）。

综合理论依据与题项判定，前知识突显障碍的操作型定义与题项如表5-2所示：

表 5-2　　　　　　　前知识突显障碍构面的操作型定义

维度	操作型定义	题项	简码
语义评价障碍	语义感知、语义判断、语义传递困难	PKD1 对特殊表达进行语义感知受阻	PCP
		PKD2 对特殊表达进行语义判断受阻	JUG
		PKD3 对特殊表达进行语义选择受阻	TRS
记忆检索障碍	词汇储备、专业知识、社会文化知识提取困难	PKD4 语言知识储备提取受阻	LXS
		PKD5 专业知识储备提取受阻	KNS
		PKD6 社会文化知识提取受阻	SCS
原型选择障碍	隐转喻、习惯语和专业术语理解与表达困难	PKD7 隐转喻理解与表达受阻	MIP
		PKD8 习惯理解与表达受阻	IDI
		PKD9 术语理解与表达受阻	EPS

语境构建障碍（Contextual Construction Deficiency）——标注为

CCDF，考察对象包括语境连通障碍和语境重构障碍。口译是具有多维度思维加工特性，尤其体现在语境因素的复杂和多维，这些复杂的语境因子分别在 20 世纪 90 年代中期哈里斯（Harris）开展的分类调研、博文（Bowen，1995）对各类社会语境的划分、萨勒夫斯基（Salevsky，1993）的口译要素维度图中得到确认。交替传译中，记忆能力主要表现为依靠笔记提供的线索对源语信息的检索、提取与转换，即长时记忆对信息的存储与提取（Gile，1995），长时记忆的存储与提取的前提正是不在场语境受通过视听接收到的在场语境的语篇信息激活，并在各类在场情景语境的促发下，与在场语境发生在线融合。费兰（Phelan，2001：4-5）指出，译员借助短时记忆能力来保留刚刚听到的信息，但需要长时记忆将这些信息融入语境。另外，马塞罗（1975）、（Massaro，1975）和摩瑟（Moser，1978）在信息理解模式和信息假设模式中均将"归纳抽象记忆"看作口译信息处理过程中最核心的认知资源，因此对记忆的归纳抽象过程也是双重语境连通的过程。与双重语境连通相关的要素连通不畅，或将抑制受训学员通过长时记忆对源语信息检索与提取，降低归纳抽象记忆能力。语境重构障碍体现于工作记忆的进一步加深直接进入思维转换阶段，多任务认知操作有赖于译员的跨文化交际意识和双语社会规约意识在思维转换和译语语篇加工中的融合作用，如果这些重要的语境重构因子无法通过认知运作，及时构建高速运转的语境构建框架体系，即使口译学员在老师的反复提醒下，已经非常了解跨文化、社会规约及其对产生社会效应的口译语篇重组的重要性，复杂动态的语境要素之间仍难以发挥协同效应，更难以产生既与源语所欲传递的话语意图相符，又与译语代表的文化和社会规约相符的语篇走向。因此，语境连通障碍和语境重构障碍的变化对语境构建概念框架产生直接影响，后者对口译过程的总体影响通过口译学员的口译绩效得到反映。

语境连通障碍的观测指标包括与主题相关的历史语境（history）、与主题相关的现实语境（reality）、与主题相关的专业语境（specialization）等概念因子缺乏造成的连通困难，分别标注为 HIS、REA、SPE。数据获取渠道主要是与口译语境连通障碍问卷调查中的相关指标。在霍姆思（Holmes，1972/2000）提出的描写翻译研究表征图之后，德国洪堡大学的萨勒夫斯基（Salevsky，1993：154）又提出口译研究模拟结构表征变量，并详细列举了口译活动关涉的情景因素，其中包括取决于情景所需的口译模式（mode）、技术媒介（medium）、文化背景（culture）、专业程度（specialization）、关涉领域（setting）、语篇关系（text relations）、参与者关系（partner relations）等，帕奇哈克（Pöchhacker，2004：25）将这些参数称为口译活动的原型域，并进一步提出，口译的特殊性在于最初和最后的译语表现都是基于对源语话语的一次性表达，这一特点主要取决于口译必须同时兼顾社会语境、机构语境和情景语境，通过彼此互动进入工作程序。在口语语境认知构建假说（谌莉文、王文斌，2010）中，我们将参与口译思维过程的所有语境因素进行经验分类，拟构在场语境和不在场语境两大范畴，认为在场与不在场的互动运作是推动口译思维进程的动力。事实上，在口译概念化思维流程中，语境空间是一个不可或缺的基本输入空间，且对工作记忆产生制约（张威，2007）。语境连通障碍考察围绕口译发生的各类环境因素，考察对象涉及两类范畴，即现场可以通过视觉和听觉进行观察的具体在场因素，如口译事件发生时的交际场景、言语视听接收方式、传输设备技术、在场听众以及发言所提供的语篇语境等；现场无法直接触及但仍然深刻影响源文理解、记忆分析与译文产出的各类不在场因素，如与话题内容有关的历史文化背景、现实社会背景、与主题有关的情感与趋势和在场因子的在线融合障碍。将以上因子进行归纳，输入口译语境连通障碍统计量表，用以测量口译过程各类语境概念、要素连通情况及其对总体语境构建障碍运作的影响，变量指标涉及语境构建障碍题项1至语境构建障碍题项3（CCD1—CCD3）。

语境重构障碍的观测指标包括缺乏跨文化交际意识（intercultural communication awareness）、缺乏双语社会规约意识（social norm awareness）、对语篇意义走向（discourse tendency prediction）缺乏预测等障碍因子，分别标注为ICC、SON、DTP。口译程序执行过程涉及的参数复杂而多元，归纳起来，不外乎语言参数和语言外参数，这些参数运行最终指向职业化口译，即译员的职业化双语交际行为，加拿大翻译学家哈里斯指出翻译过程就是与双语交际共生的过程（Harris & Sherwood，1978：155），图里（Toury，1995）认为口译是涉及双语文化和双语交际的活动，意识到这种跨语交际的根本特性是学会做口译的基础。同时，哈里斯和图里均同意，在口译过程存在一种社会文化翻译规约，它决定口译实践技巧应用水平（Pöchhacker，2004：23），即在思维转换过程和译语表达过程是否充分体现跨文化交际意识与关联双语的社会规约意识，因为这些关键技能也是决定源语语篇理解和译语语篇预测的关键。总体来说，一位普通双语人员只有具备话题所携带的文化和其他口译技能，才能进一步进入针对具有不同文化和社会规约背景的交际双方跨语言沟通工作的驾驭和运用。这就是说，判断一位译员是否符合职业标准的尺度必须置于社会文化和机构语境下，而受训学员与职业译员的差距也往往在其思维理解和思维转换中是否具备充分开展语境重构的跨文化交际意识和社会规约意识，并在口译思维转换概念化运作中，将其融于译语语篇产出意义构建中，这一程序决定了译员对口译语篇产出意义走向预测的自动化程度。据此，根据译语文化背景、译语听众审美认知等接收实际，译员的跨文化交际意识、双语社会规约意识、语篇意义走向等要素是否能够充分激活与译语产出相关的在场语境成为语境重构障碍考察的关键指标，变量指标涉及语境构建障碍题项4至语境构建障碍题项6（CCD4—CCD6）。

实际操作中，关涉语境连通与重构的6项观测指标归属相同范畴，据此获得语境构建障碍变量指标，涉及语境构建障碍题项1至语境构建障碍题项6（CCD1—CCD6）。

综合理论依据与题项判定，语境构建障碍的操作型定义与问题如表5-3所示：

表5-3　　　　　　语境构建障碍构面的操作型定义

维度	操作型定义	题项	简码
语境连通障碍	历史语境、现实语境、专业语境与在场语境连通障碍	CCD1 历史语境信息连通受阻	HIS
		CCD2 现实语境信息激活受阻	REA
		CCD3 专业语境信息激活受阻	SPE
语境重构障碍	跨文化交际意识、社会规约意识、语篇趋势预测障碍	CCD4 跨文化交际意识融入受阻	ICC
		CCD5 社会规约意识融入受阻	SON
		CCD6 语篇趋势预测规划受阻	DTP

口译能力绩效（Interpreting Efficiency）——描述口译思维加工中概念框架与概念化运作的执行情况，通过口译成功或失败来衡量，标注为EFF。蔡小红（2007：42），认为，口译质量评估应依据规范标准，使用简便有效、适应性强且可反复操作的手段。据上海外国语大学高级翻译学

院招录会议口译考生入学的测评标准,能力指标是指双语综合运用能力、信息分析与总结能力、口头表达与交际能力、反应敏捷度与心理素质。宏观上看,能力绩效是包括口译思维理解、口译思维推进和口译思维重构等阶段性概念化认知运作的集中反映,评估内容以口译认知输入维度(Pöchhacker,2004;蔡小红,2007;刘和平,2011;谌莉文,2011:133—142)为参照标准。测量通过经验、语言和交际等基本范畴来考察:经验内容,即口译在时空关系、情感、历史文化、话语风格等方面的传递效果;语言表达,即口译在用词、句型、语篇、语流等符号层面的表达效果;交际意图,即口译在言语行为实施、源语意图的传承性、译语听众的可接受性与言后之效等方面所达到的交际效果。句子的语法结构和词汇系统可以用来说明认知表征的不同成分,词汇表达组成的形式结构为句子的概念材料提供框架结构,即概念框架(Talmy,2012:21)。因此,对口译能力绩效的考察要素涵盖双语能力、分析综合抉择能力、语篇处理能力和职业能力(刘和平,2011)。本研究中,根据前人针对口译能力绩效展开的相关讨论(Pöchhacker,2004;蔡小红,2007;刘和平,2011;谌莉文,2011),主要基于蔡小红(2007:42—62)的口译评估标准探讨,对能力绩效的评估可从信息传达的忠实度和语言表达的规范度进行考察。需要指出的是,话语传递的流畅性代表译语进行源语语义信息表达时的产出通畅情况(蔡小红,2007),对增强译语听众可接受性效果具有理论意义。本研究中,由于流畅性指标主要通过停顿、犹豫、纠正等障碍指标获得,与其他指标的界定方式不同,测量标准不宜统一,故暂不作为此次建模的所用变量。

根据考察目标和数据资料的运算,本研究对潜在变量口译能力绩效分别从忠实度和规范度两大维度予以考察。

提炼出信息传达的忠实度和语言表达的规范度两大维度,形成口译能力绩效两个模型,据此构建本研究关于口译能力绩效的两个竞争模型。

忠实度(Loyalty)——指忠实地转达发言者的意图,使原文与译文有一致的交际意图,这也是口译要遵守的基本准则,标注为LOT。口译活动最为普遍的共识是译语尽可能忠实地反映源语的语义内容,基本认同对于口译要"全面而忠实"地传递源语发言人思想(ideas)的论断(Herbert,1952:4),吉沃(Gerver,1969/2002)提出,口译界广为接受的观点就是忠实、准确再现源语的内容，即我们常说的达到语篇完整性标准，这往往可以通过词语层面观察（Pöchhacker，2004：141）。口译认知记忆研究（张威，2009）发现，对语义信息的省略可以用来描写记忆水平，因此，考察可通过信息单位以及各类语流制约因子得到描写，量化标准①是以实词为目标，以单词（转折词、形容词、副词）、词组、语段或意群等形式出现的信息点来确定信息传递的完整性。根据蔡小红的评估标准（2007：42—43），忠实度考察指标确定为：信息点（information）（以语义为单位）、信息意层（meaning group）（以完整的意义级层为单位）、信息结构（information structure）（以完整的意义结构、关系结构、事件结构、观点结构等为单位）、习语（以习语理解正确并内涵传达到位为衡量标准），分别标注为 INF、MEA、STR。据此，变量指标涉及忠实度题项 1 至忠实度题项 4（EFF1—EFF4）。

规范度（Acceptability）——除信息传递的忠实度外，语言运用的准确性是另一个重要参数，在此用规范度表达，标注为 ACC，指使用译语语言进行源语语义内容表达时所反映的语言产出质量，涵盖语言能力和语用能力（蔡小红，2007：49），语义连贯与否也是判断规范语篇的重要标志（Halliday & Hasan，1976），具有体现话语功能和交际意义层面的范畴特性。英语是形合语言，其语篇连贯往往通过显性衔接手段来实现；汉语是意合语言，语篇意义连贯往往比较隐匿，但仍可以通过语篇架构获得流程的语义连贯。对于本研究所选取的正式场合会议口译来说，源语语篇具有层级清楚、结构清晰的特点，交际语境比较明晰，因此，评估的重点放在词汇句法等结构性层面以及实现交际效果上，重视语篇意义的整合量。规范度变量的考察指标是词汇（lexicon）、句法（syntax）、衔接（cohesive devices）、关联（relevance），分别标注为 LEX、SYN、CON、REL。据此，变量指标涉及规范度题项 5 至规范度题项 8（EFF5—EFF8）。

口译能力绩效的操作型定义与题项如表 5-4 所示：

---

① 信息和语言的量化标准参照蔡小红在《口译评估》（2007）中制定的相关评估标准，并根据具体情况进行局部修正。

表 5-4　　　　　　　　　　能力绩效构面的操作型定义

维度	操作型定义	题项	简码
忠实度	译语与源语所传递的语义内涵和交际意图具有一致性	EFF1 译语产出中信息点准确充足	INF
		EFF2 译语产出中信息意层准确丰富	MEA
		EFF3 译语产出中信息结构确充足	STR
		EFF4 译语产出中习语传递准确达意	IDM
规范度	译语语言表达规范，运用自然地道，体现话语功能和语篇连贯	EFF5 译语产出中词汇使用准确	LEX
		EFF6 译语产出中句法使用准确	SYN
		EFF7 译语产出中衔接手段丰富	CON
		EFF8 译语产出中语篇关联紧密	REL

此外，我们曾对英语专业本科生和翻译硕士专业一年级学生的口译测试结果开展了母语因子之于口译绩效的调查研究（周翠琳、谌莉文，2017），针对被试在口译过程中母语对概念框架构建障碍影响因子进行数据记录，观测要点是在涉及英汉汉英不同口译方向以及不同主题的口译过程中，母语对处理隐转喻、动词、名词、时态、术语、动宾结构、主谓结构 7 个语篇观测要素时遭遇的概念框架障碍有何种程度的影响力。在外语习得中，母语对学习者的影响是一种普遍存在的现象（Corder，1973；Kranshen & Terrell，1983）；交传过程中，各种因素导致口译绩效发生变化，从而影响口译质量，母语迁移就是其中之一（周翠琳、谌莉文，2017）。蔡小红（2007：49）认为，完成口译交际要遵守口译基本准则，"忠实地转达发言者的交际意图"，使"源文与译语具有相同的交际意图"。张季红（2005）也发现，翻译过程中母语迁移影响主要体现在词汇和词义的选择、词汇搭配和句法等语言层面上。事实上，无论译语为何种语言，其赖以构建语篇的语法必须为本族语使用者所熟悉，具体涵盖词汇、语法、修辞、造句等方面的语言能力和遵守社会交际规则和跨文化交际能力来完成口译任务的语用能力（蔡小红，2007：49）。为证实母语迁移对口译绩效的影响力，我们选取 67 份音频作为分析原始材料作为数据库，通过统计分析，发现词法方面的母语迁移表现较为显著的影响在于时态、词类（其中动词错译比例最大）、词性和单复数；句法层面的错误主要体现在动宾结构和主谓结构。从统计数据来看，本科组母语干扰引起的错误占总体错误的 78.81%；研究生组母语干扰引起的错误占总体错误的 73.57%；另外，本科组和研究生组的最终统计结果相似，词类错误占比

最高，在词类错误中，名词和动词占比最高，其中，本科组名词错误占 25.53%，动词错误占 33.89%；研究生组名词错误占 31.09%，动词错误占 19.69%。研究发现，母语引起口译过程障碍并对于交传绩效产生深刻影响，原因在于汉英民族的差异性思维原型造成语言形式的不同并引起习惯性错误。

本研究中我们亦将母语障碍因子的观测指标定为词类和句法，开展模型配适。也就是说，以考察口译过程中母语对概念框架构建障碍影响因子为目标，对其可能产生影响的 8 个指标进行观测，即观测变量分别是修辞（figure of speech）（隐喻、转喻等）、动词（verb）、名词（noun）、时态（tense）、术语（term）（特色语、习惯语等）、动宾结构（verb-object structure）、主谓结构（subject-predicate structure），观测变量分别标注为 FOS、VEB、NON、TES、TEM、VOS、SPS。

初期开展探索性分析发现，母语因子对形成概念框架构建障碍的影响不容忽视，在数据整理中，得到了较好的配适度。然而，在与主体性协同障碍、前知识突显障碍、语境构建障碍和能力绩效潜在变量共同纳入模型框架时，发现由于涉及不同范畴的变量对障碍因子模型验证效度造成干扰，因此，母语因子作为一个潜在变量，此次暂不纳入数据模型中。

最后，按实验测量的实际数据，统计整理成 excel 数据表，在进行运算时，转换成李克特五级量表分值，转换依据是张伟豪关于结构方程建模的过程建议[1]，即将公开数据资料转化成李克特量表分值进行运算。

第六节 统计模型

统计模型图由电脑程序分析所得，并非直接来自理论推导统计模型所展示的路径可有效传递结构方程模型的意义，帮助厘清先前理论架构的成立。在理想的情况下，统计模型为概念模型的拓展，也就是说，通过统计模型的路径，可以看到参与分析的所有潜在变量和观测变量、固定参数、自有参数、路径系数、每个变量的残差、模型自由度和卡方值等。

口译思维概念框架构建障碍统计模型如图 5-3 所示。

---

[1] 源自张伟豪博士 2017 年 1 月 8 日授课视频。下载地址：http://bbs.pinggu.org/thread-2448112-1-1.html。

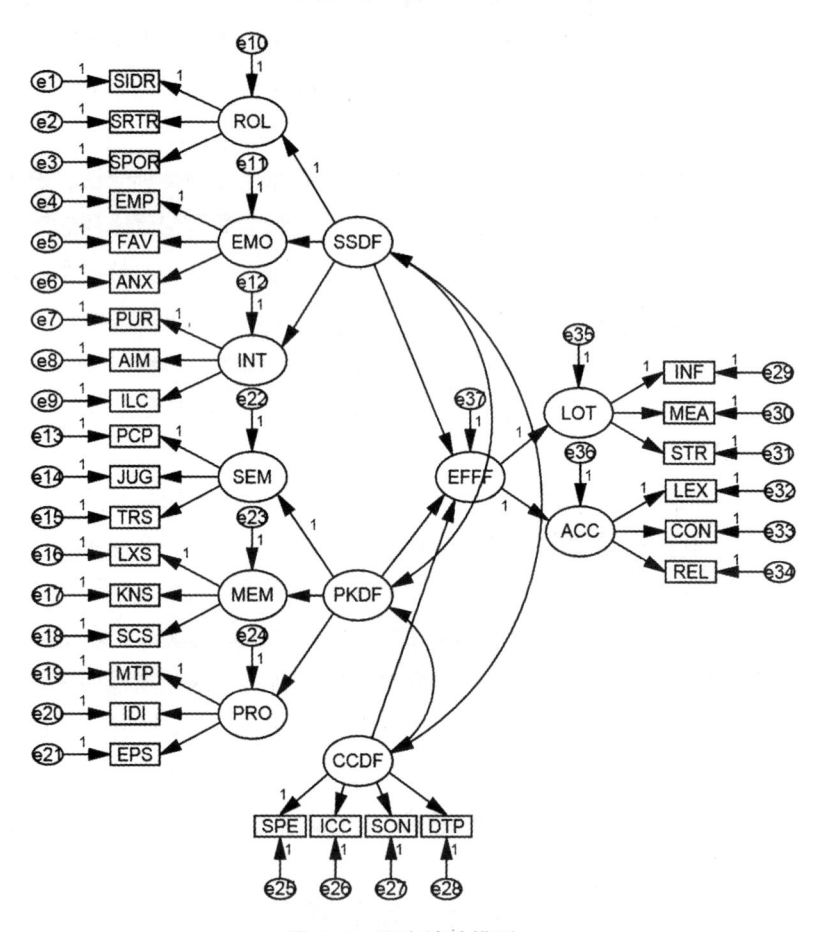

口译过程概念框架构建障碍结构模型SEM图

图 5-3 研究统计模型

在 SSDF（主体性协障碍）二阶结构模型中，分别有 ROL（角色对话障碍）、EMO（情感沟通障碍）、INT（意图融合障碍）三个一阶模型构面。其中，ROL 模型构面中有 6 个观测变量，分别是 SID（发言身份）、SRT（发言权利）、SPO（发言立场）、AID（听众身份）、ART（听众期待）、APO（译员权利）；EMO 模型构面有 3 个观测变量，分别是 EMP（发言观点）、FAV（发言主题）、ANX（焦虑）；INT 模型构面有 3 个观测变量，分别是 PUR（交际意图）、AIM（交际目的）、ILC（交际规划）。

在 PKDF（前知识突显障碍）二阶结构模型中，分别有 SEM（语义评价障碍）、MEM（记忆检索障碍）、PRO（原型选择障碍）三个一阶模型构面。其中，SEM 模型构面有 3 个观测变量，分别是 PCP（语义感知）、JUG（语体判断）、TRS（语义选择）；MEM 模型构面有 3 个观测变量，分别是 LXS（语言知识）、KNS（专业知识）、SCS（社会知识）；PRO 模型构面有 3 个观测变量，分别是 MTP（隐转喻）、IDI（习惯语）、EPS（术语）。

在 CCDF（语境构建障碍）结构模型中，有 6 个观测变量，分别是 HIS（历史语境）、REA（现实语境）、SPE（专业语境）、ICC（跨文化意识）、SON（社会规约）、DTP（语篇趋势）。

EFFF（口译能力绩效）结构模型是由 LOT（忠实度）和 ACC（规范度）两个竞争模型架构，其中，LOT 模型构面有 4 个观测变量，分别是 INF（信息点）、MEA（信息意层）、STR（信息结构）、IDM（习语达意）；ACC 模型构面有 4 个观测变量，分别是 LEX（词汇）、SYN（句法）、CON（衔接）、REL（关联）。

第七节　小结

本章基于前期理论推导，结合相关研究的做法和标准，制订尽可能详尽的实证研究方案。在研究设计上，充分考虑口译概念化思维及其认知过程的特殊性，兼顾其在实验设计、人员选择、样本确定、样本信度、仿真程度、取证过程，尤其是变量描写等方面的独特性，围绕针对口译意义协商及其认知模式的举证分析，开展了受试人员选择、源语材料选取、数据采集、样本汇总、过程描述、假设形成、数据处理、变量描述等一系列工作，验证以造成汉语为母语的口译学员概念化思维障碍的参数表征、相互关系及其对口译过程的影响。

受试人员选择基于司徒雷登（Setton，1999）、奥斯乃（Osnat，2005）和蔡小红（2001）等学者关于口译过程研究的受试标准，根据本研究的特殊性与本实证考察的目标特点，将受试人员的范围划定为以汉语为 A 语且以英语为 B 语的口译受训人员，包括高级阶段口译学员、中级阶段口译学员和初级阶段口译学员，受试样本具有广泛性、普遍性、层级性特点。源语材料的选择尽量接近适合口译工作言语的标准要求，以全面、准确地反映出口译的理解、记忆、表达等相关程序和口译技术特征。根据鲍刚（2005：42—50）的口译工作言语分类，选择以论证类话语为主的视频原声材料，作为口译考察的源语材料。测试环境标准是，每场模拟会议发言通过现场视频进行信息传输，并在模拟现场安排一定数量的听众，以便受试者在口译进行过程中观察发言人的面部表情、身势语言、听众状况以及相关情景反馈。此外，英汉口译和汉英口译的项目各占一半，尽量排除干扰变量因素，保证受试人员进行口译时各考察变量的均值稳定以及考察目标的效度。

数据采集包括准备、录音、访谈、调查与录音转写工作等过程。数据取样依照多视角和多层面原则，扩大数据库容量。其中每场模拟会议口译的平均持续时长8分钟，每位受试人员人均完成四场口译，合计产生译语样本300份。开展样本问卷调查，访谈内容以现场笔录方式留存，问卷调查在访谈后进行。所有项目结束后，共收存访谈笔录并有效问卷300份。以上构成本实证考察的研究语料来源，也是建立口译过程数据库以进行变量赋值的基础。

根据现场试验、访谈与调查问卷等不同方式的数据调研工作。在口译概念化思维流程概念框架构建障碍总体假说和模型界定的基础上，围绕研究问题和预测，最终形成的研究假设分别是：假设一，口译过程概念框架构建障碍模型期望共变异数矩阵与样本共变异数矩阵没有差异。其中，H_0a。口译能力绩效忠实度模型共变异数矩阵与样本共变异数矩阵没有差异。H_0b。口译能力绩效规范度模型共变异数矩阵与样本共变异数矩阵没有差异。假设二，主体性协同障碍对口译能力绩效忠实度和规范度的影响没有差异。假设三，前知识突显障碍对口译能力绩效忠实度和规范度的影响没有差异。假设四，语境构建障碍对口译能力绩效忠实度和规范度的影响没有差异。

研究假设强调主体性协同障碍与口译忠实度和规范度的内在关系及传播效果的内在关系、前知识突显障碍与源文理解和译文产出的内在关系、语境构建障碍与口译思维概念连通和思维重构能力的内在关系。其中，主体性协同障碍、前知识突显障碍和语境构建障碍是内生潜在变量，其作用类似于一般因果关系中的因变量；角色互动障碍、情感沟通障碍、意图融合障碍、语义评价障碍、记忆检索障碍、原型选择障碍为外生潜在变量，其作用类似于一般因果关系中的自变量，通过对口译过程所反映的概念突显障碍表征、语境连通与重构障碍表征、主体性协同障碍表征等指标进行统计测量。同理，口译能力绩效是内生潜在变量，外生潜在变量是译文传递的忠实度和规范度，观测指标分别是信息点、信息意层、信息结构、习语、词汇、句法、衔接和关联的实际完成数值。变量确立及依据描述为建立以汉语为母语的口译学员概念框架构建障碍模型奠定了基础，有助于考察口译学员的概念框架构建制约因素的相互关系及其对口译过程的影响。整体认知过程关涉口译概念化思维模式，考察目标的效能通过模型验证得到体现，通过能力绩效值得到综合反映。

  研究表明，涉及口译思维过程的认知变量具有数量较多且相对比较模糊的特点，这也是造成口译思维过程量化分析相对困难的重要原因。为提高论证的有效性，研究采用在前期对口译过程概念框架构建障碍理论进行探索性因素的分析方法，明确概念框架构建障碍各因素之间的相互关系及其影响作用力。在此基础上架构出理论研究模型，并依据其内在因果关系，找出影响潜在变量的观察指标变量，进行实证问卷题项设计及实验测试指标验证，将实证调查数据予以量化，建立实验数据库，从而对潜在变量进行充分观察，为后续建立结构方程模型进行验证性因素分析做准备。最后通过模型检测和 SEM 分析结果，达到对本课题目标进行充分论证的目的。

第六章

数据处理

本章基于研究方案、研究假设、变量描写与数据建模，获得变量统计结果，并在此基础上，开展数据处理和描述统计。数据整理的方法是通过独立样本 t 检验，对二阶潜在变量构面及其所关涉的研究工具进行进一步鉴定。根据结构方程模型数据，开展同质性检验和叙述性统计，对口译学员思维加工中概念框架构建障碍进行数值描写，观察不同样本在实施口译任务时感知、处理以及解决问题的方式。通过数据整理与检验，一些内部变化不甚清晰、相对不利于观察的变量可得到较为清晰的描写，为进一步提高数据的界定范围和数据分析提供支持。

第一节 引言

吉尔（Gile，1995：21）发现，口译培训中一个极为普遍的现象是，大多数学员往往将注意力放在语言层面，一旦获得源语，就开始搜寻与译语最为接近的语言对应。究其缘由，主要是缺乏经验的口译学员很少进行自我评价，很少考虑口译效果所致。根据口译思维概念化表征分析，造成这一现象的症结可能在于，口译多任务处理所涉及的不易察觉的概念框架构建能力还没有得到充分开发。这一论断得到中外许多学者（Gile，1995；Seleskovitch，1998；Setton，1999；刘和平，2001；鲍刚，2005 等）的支持，其相关研究均不同程度影射了概念运作机制对口译思维的影响。

文献表明，对于口译思维难以绕过的概念框架构建障碍的形成、机理、对口译绩效的影响及其如何作用于口译思维能力等建设性难题，至今没有获得系统的数据支持。本章将聚焦口译学员思维过程中概念框架构建障碍与口译能力绩效之间的密切关系，不特意强调区别性传译方向引起的差异，开展数据整理和描述统计，为下一阶段口译思维过程的概念框架构建障碍机制运作的模型分析奠定基础。

为此，须进行细致的数据考察，从数据模型层面厘清口译思维中概念框架构建障碍表征与口译能力绩效之间的复杂关系。首先基于口译学员概念框架和障碍变量所表征的概念化运作，针对所有二阶潜在变量，开展独立样本 t 检验，鉴定并修正研究工具的数据指标；然后通过同质性分析和叙述性统计，观察样本所显示的概念框架构建障碍的不同表现，寻求达到统计分析要求的数据表现。

综合前期分析和预测，本研究假设，初级培训阶段的口译学员、具有一定实践经验的中级培训阶段口译学员以及实践实战经验较为丰富的高级阶段口译学员等不同群体在口译思维概念化运作过程中，均存在制约其概念化协同能力发挥的概念框架构建障碍，那么，根据变量赋值与数据统计，归纳出具有不同认知倾向的概念框架构建范畴类型，则有望在更加清晰的实证框架下，实施严格的假说验证程序，获得口译思维过程的参与变量与口译能力之间的内在关系。实践证明，基于统计数据，借助科学的计算工具，计算变量之间的内部关联性，是现阶段社会科学研究中处理相对复杂的系统结构性数据的优化手段（曾驭然，2006），也是开展数据分析所遵循的路径。同时，该研究思路也可为进一步揭示与口译思维有关的注意、记忆等认知机制提供参考。

为解决一系列相关问题，本章的讨论分为两步进行：第一步，进行数据整理，鉴定并修正研究工具的数据指标，比如所设计的实验、问卷等数据调查过程是否有表述不清、容易引起误解或难以理解无法解答之处，是否有引起受试者误会实验意图等问题。更重要的是，通过数据整理分析，了解实验题项是否有鉴别力、问卷是否能够产生足够的变量以供后面的统计分析。第二步，对样本数据进行统计描述，主要分为同质性检验和叙述性统计两部分，讨论统计结果与概念化分类之间的关系，对口译思维中的概念框架构建障碍进行范畴分析，并在此基础上针对所有样本概念框架构建障碍开展类型区分。叙述性统计从类别统计和连续变量描述性统计两方面进行，旨在判定样本数、平均数、标准差、变异值、偏态、峰度是否符合进行统计分析的要求。

总之，通过对角色对话障碍、情感沟通障碍、意图融合障碍、语义评价障碍、记忆激活障碍、原型选择障碍、语境连通障碍、语境重构障碍等潜在变量的数值表现与主体性构建障碍、前知识突显障碍和语境构建障碍及其口译能力绩效数值进行描写，可以更好开展数据分析，验证之前提出的理论假设，最终目标在于通过对研究假设及其子命题的数据描述，论证主体性构建障碍、前知识突显障碍和语境构建障碍等概念化结构的机制形成及其对口译思维加工能力绩效的影响。

第二节　数据整理

数据整理的主要目的是鉴定所设计的实验、问卷等数据调查过程是否有表述不清、容易引起误解或难以理解、无法解答之处，以及是否因排版不当导致受试者误会实验意图等问题。更重要的是，通过数据整理分析，了解实验题项是否有鉴别力、问卷是否能够产生足够的变量以供后面的统计分析。如果受试的回答过于集中，则会造成变量太小，说明该题项没有明显的鉴别力，应在正式问卷调查中予以删除，以达到题目精简、切中要害的目的。一般采用对偏态、峰度及变量进行逐一检查的办法。

首先对主体性协同障碍（角色互动障碍、情感沟通障碍、意图融合障碍）、前知识突显障碍（语义评价障碍、记忆检索障碍、原型选择障碍）、语境构建障碍、口译能力绩效题项的正确性进行评估，包括遗漏值、建档错误以及资料的初步评审，如平均数、标准差、变异数、偏态即峰度等，主要目的在于求出题项的 CR 值，加以识别，将未达显著水平的题项予以删除，以提高题项的整体效度。若标准差或变异数太小，判断标准是，峰度大于 7 以上、偏态绝对值大于 2 的选项为不符合题项。

通过 SPSS 软件，对构面变量题项进行一系列转换、分析及运算，得到相应的分析数据。分析的主要步骤是：A. 求出变量题项的量表总分；B. 进行总分高低排序；C. 找出最大或最小 1/3 分位数，即 27 分位数的分数[①]。D. 进行高低分数分组；E. 以独立样本 T 检验对高低两组进行判别。F. 删除未达显著值的题项。

---

① 凯丽的研究（Kelley, 1939）发现，在符合常态分配下，数据分成 27 及 73 分位数，其平均数差异最大，这一发现得到后来的研究人员（Cureton, 1957）的证实。

一 主体性协同障碍构面

首先,对主体性协同障碍构面进行检验,结果如表 6-1a 所示:

表 6-1a　　　　主体性协同障碍独立样本 T 检验数据

	变异数相等的 Levene 检验		平均数相等的 t 检验					差分的 95% 置信	
	F	Sig.	t	df	Sig.（双侧）	均值差值	标准误差值	上限	下限
SID 假设变异数相等	3.648	0.058	-10.160	178	0.000	-1.1863	0.1168	-1.4167	-0.9559
不假设变异数相等			-9.989	146.693	0.000	-1.1863	0.1118	-1.4210	0.9516
SRT 假设变异数相等	0.740	0.391	-11.799	178	0.000	-1.3387	0.1135	-1.5626	-1.1148
不假设变异数相等			-11.688	163.492	0.000	-1.3387	0.1145	-1.5648	-1.1125
SOP 假设变异数相等	2.299	0.131	11.145	178	0.000	-1.2996	0.1166	-1.5626	-1.0695
不假设变异数相等			-10.965	148.164	0.000	-1.2996	0.1185	-1.5338	-1.0654
AID 假设变异数相等	4.077	0.045	-14.216	178	0.000	-1.6601	0.1168	-1.8905	-1.4296
不假设变异数相等			-14.007	151.734	0.000	-1.6601	0.1185	-1.8942	-1.4259
ART 假设变异数相等	1.784	0.183	-14.027	178	0.000	-1.5740	0.1122	-1.7954	-1.3525
不假设变异数相等			-13.882	161.507	0.000	-1.5740	0.1134	-1.7979	-1.3501
APO 假设变异数相等	0.826	0.365	-12.744	178	0.000	-1.5633	0.1227	-1.8054	-1.3213
不假设变异数相等			-12.665	169.205	0.000	-1.5633	0.1234	-1.8070	-1.3197
EMP 假设变异数相等	2.009	0.158	-9.883	178	0.000	-1.2630	0.1278	-1.5152	-1.0108
不假设变异数相等			-9.747	153.870	0.000	-1.2630	0.1296	-1.5190	-1.0070
FAV 假设变异数相等	0.000	0.990	-9.447	178	0.000	-1.2845	0.1360	-1.5528	-1.0152
不假设变异数相等			-9.545	177.095	0.000	-1.2845	0.1359	-1.5526	-1.0164
ANX 假设变异数相等	3.760	0.054	-11.190	178	0.000	-1.4869	0.329	-1.7491	-1.2247
不假设变异数相等			-11.082	162.970	0.000	-1.4869	0.1342	-1.7518	-1.2219
PUR 假设变异数相等	0.163	0.687	-12.680	178	0.000	-1.3624	0.1074	-1.5745	-1.1504
不假设变异数相等			-12.550	161.635	0.000	-1.3624	0.1086	-1.5768	-1.1481
AIM 假设变异数相等	0.454	0.502	-12.055	178	0.000	-1.3664	0.1133	-1.5601	-1.1427
不假设变异数相等			-12.008	172.576	0.000	-1.3664	0.1138	-1.5910	-1.1418
ILC 假设变异数相等	5.709	0.018	-12.966	178	0.000	-1.6277	0.1255	-1.8754	-1.3799
不假设变异数相等			-12.845	163.513	0.000	-1.6277	0.1627	-1.8779	-1.3775

表 6-1a 为本研究的主体性协同障碍构面,高低分组鉴别力检定。判定方法如下:变异数相等的 Levene 检定 F 值中,未超过 4,表示未达显著,也即显著性 P 值≥0.05,表示该变量高低分群变异数相等。在平均数相等的 t 检验中,|t|若超过 1.96,显著性 Sig.（双尾）值<0.05,表示结果达到显著,高低分群有差异,该变量题项具有鉴别力,予以保留。结果显示,AID 和 ILC 的 F 值鉴定超过 4,表示此二变量的高低分群变异

数不相等（不同质），参考"假设变异数不相等"栏，发现其显著性 Sig.（双尾）为 0.000，且 95% 置信区间中差分的上下限值之间不存在数值 0，说明该结果达到显著相关。从表中得出，现有变量题项均达显著，因此，所有变量予以保留。

对构面数据进行整理，将所有符合条件的题项保留，输出并加以说明，整理后的数据表格如表 6-1b 所示：

表 6-1b　　主体性协同障碍高低分分群平均数相等 T 检验

	变异数相等的 Levene 检验		平均数相等的 t 检验						
	F	Sig.	t	df	Sig.（双侧）	均值差值	标准误差值	差分的 95% 置信	
								上限	下限
SID	3.65	0.06	-10.16	178	0.00	-1.19	0.12	-1.42	-0.96
SRT	0.74	0.39	-11.80	178	0.00	-1.34	0.11	-1.56	-1.11
SPO	2.30	0.13	-11.15	178	0.00	-1.30	0.12	-1.53	-1.07
AID	4.08	0.04	-14.22	178	0.00	-1.66	0.12	-1.89	-1.43
ART	1.78	0.18	-14.03	178	0.00	-1.57	0.11	-1.80	-1.35
APO	0.83	0.36	-12.74	178	0.00	-1.56	0.12	-1.81	-1.32
EMP	2.01	0.16	-9.45	178	0.00	-1.26	0.13	-1.52	-1.01
FAV	0.00	0.99	-9.45	178	0.00	-1.28	0.14	-1.55	-1.22
ANX	3.76	0.05	-11.19	178	0.00	-1.49	0.13	-1.75	-1.22
AIM	0.45	0.50	-12.06	178	0.00	-1.37	0.11	-1.59	-1.14
ILO	5.71	0.02	-12.97	178	0.00	-1.63	0.13	-1.88	-1.38

二　前知识突显障碍构面

接下来，对前知识突显障碍构面进行检验，结果如表 6-2a 所示：

表 6-2a　　前知识突显障碍构面独立样本 T 检验数据

	变异数相等的 Levene 检验		平均数相等的 t 检验						
	F	Sig.	t	df	Sig.（双侧）	均值差值	标准误差值	差分的 95% 置信	
								上限	下限
PCP 假设变异数相等	0.208	0.649	-14.006	152	0.000	-1.8106	0.1293	-2.0660	-1.5552
不假设变异数相等			-14.047	151.634	0.000	-1.8206	0.1289	-2.0653	-1.5559
JUG 假设变异数相等	6.955	0.009	-14.918	152	0.000	-1.8517	0.1241	-2.0969	-1.6065
不假设变异数相等			-15.108	149.088	0.000	-1.8517	0.1226	-2.0939	-1.6095

续表

	变异数相等的 Levene 检验		平均数相等的 t 检验						
	F	Sig.	t	df	Sig.（双侧）	均值差值	标准误差值	差分的 95% 置信	
								上限	下限
TRS 假设变异数相等	0.267	0.606	15.578	152	0.000	-1.9587	0.1257	-2.2072	-1.7103
不假设变异数相等			-15.653	151.976	0.000	-1.9587	0.1251	-2.2060	-1.7115
LXS 假设变异数相等	2.680	0.104	-15.880	152	0.000	-2.1086	0.1287	-2.3709	-1.8462
不假设变异数相等			-15.838	148.430	0.000	-2.1086	0.1269	-2.3717	-1.8455
KNS 假设变异数相等	7.025	0.009	-12.511	152	0.000	-1.6100	0.1287	-1.8643	-1.3558
不假设变异数相等			-12.683	148.223	0.000	-1.6100	0.1269	-1.8609	-1.3592
SCS 假设变异数相等	10.720	0.001	-9.376	152	0.000	-1.3413	0.1430	-1.6239	-1.0587
不假设变异数相等			-9.569	140.140	0.000	-1.3413	-0.1402	-1.6184	-1.0642
MIP 假设变异数相等	10.619	0.001	-16.212	152	0.000	-1.8916	0.1167	-2.1221	-1.6611
不假设变异数相等			-16.468	146.190	0.000	-1.8916	0.1149	-2.1186	-1.6646
IDI 假设变异数相等	2.705	0.102	-16.053	152	0.000	-1.9491	0.1214	-2.1890	-1.7092
不假设变异数相等			-16.204	151.120	0.000	-1.9491	0.1203	-2.1867	-1.7114
EPS 假设变异数相等	4.333	0.039	-15.431	152	0.000	-1.9188	0.1243	-2.6145	-1.6732
不假设变异数相等			-15.578	151.090	0.000	-1.9188	0.1232	-2.1622	-1.6755

表 6-2a 为本研究的前知识突显障碍构面，高低分组鉴别力检定。判定方法如下：变异数相等的 Levene 检定 F 值中，未超过 4，表示未达显著，也即显著性 P 值≥0.05，表示该变量高低分群变异数相等。在平均数相等的 t 检验中，｜t｜若超过 1.96，显著性 Sig.（双尾）值<0.05，表示结果达到显著，高低分群有差异，该变量题项具有鉴别力，予以保留。结果显示，JUG、KNS、SCS、MIP 和 EPS 的 F 值鉴定均超过 4，表示以上变量的高低分群变异数不相等（不同质），参考"假设变异数不相等"栏，发现其显著性 Sig.（双尾）为 0.000，且 95% 置信区间中差分的上下限值之间不存在数值 0，说明该结果达到显著相关。从表中发现，该变量题项均达显著，因此，所有变量予以保留。

对构面数据进行整理，将所有符合条件的题项保留，输出并加以说明，整理后的数据表格如表 6-2b 所示：

表 6-2b　前知识突显障碍构面高低分分群平均数相等 T 检验

	变异数相等的 Levene 检验		平均数相等的 t 检验						
	F	Sig.	t	df	Sig.（双侧）	均值差值	标准误差值	差分的 95% 置信	
								上限	下限
PCP	0.21	0.65	-14.01	152	0.00	-1.81	0.13	-2.07	-1.56

续表

	变异数相等的 Levene 检验		平均数相等的 t 检验						
	F	Sig.	t	df	Sig.（双侧）	均值差值	标准误差值	差分的95%置信	
								上限	下限
JUG	6.95	0.01	−14.92	152	0.00	−1.85	0.12	−2.10	−1.61
TRS	0.27	0.61	−15.58	152	0.00	−1.96	0.13	−2.21	−1.71
LXS	2.68	0.10	−15.88	152	0.00	−2.11	0.13	−2.37	−1.85
KNS	7.02	0.01	−12.51	152	0.00	−1.61	0.13	−1.86	−1.36
SCS	10.72	0.00	−9.38	152	0.00	−1.34	0.14	−1.62	−1.06
MTP	10.62	0.00	−16.21	152	0.00	−1.89	0.12	−2.21	−1.66
IDI	2.70	0.10	−16.05	152	0.00	−1.95	0.12	−2.19	−1.71
EPS	4.33	0.04	−15.43	152	0.00	−1.92	0.12	−2.16	−1.67

三 语境构建障碍构面

按照上述办法，继续对语境构建障碍构面进行数据检验，检验结果如表 6-3a 所示：

表 6-3a　　　　语境构建障碍构面独立样本 T 检验数据

	变异数相等的 Levene 检验		平均数相等的 t 检验						
	F	Sig.	t	df	Sig.（双侧）	均值差值	标准误差值	差分的95%置信	
								上限	下限
HIS 假设变异数相等	0.762	0.384	−17.337	158	0.000	−1.9675	0.1135	−2.1917	−1.7434
不假设变异数相等			−17.186	141.487	0.000	−1.9675	0.1145	−2.1938	−1.7412
REA 假设变异数相等	6.711	0.010	−14.470	158	0.000	−1.7011	0.1176	−1.9333	−1.4689
不假设变异数相等			−14.091	129.944	0.000	−1.7011	0.1207	−1.9399	−1.4622
SPE 假设变异数相等	0.107	0.744	−17.385	158	0.000	−2.0774	0.1195	−2.3134	−1.8414
不假设变异数相等			−17.454	148.634	0.000	−2.0774	0.1190	−2.3126	−1.8422
ICC 假设变异数相等	6.353	0.013	−19.331	158	0.000	−1.9019	0.0984	−2.0962	−1.7076
不假设变异数相等			−18.740	126.927	0.000	−1.9019	0.1015	−2.1027	−1.7011
SON 假设变异数相等	3.065	0.082	−17.786	158	0.000	−1.9234	0.1081	−2.1370	−1.7098
不假设变异数相等			−17.467	135.577	0.000	−1.9234	0.1101	−2.1412	−1.7056
DTP 假设变异数相等	13.753	0.000	−15.689	158	0.000	−1.6146	0.1029	−1.8179	−1.4113
不假设变异数相等			−15.033	118.993	0.000	−1.6146	0.1074	−1.8273	−1.4019

表 6-3a 为语境构建障碍构面，对此开展高低分组鉴别力检定。判定方法如下：变异数相等的 Levene 检定 F 值中，未超过 4，表示未达显著，

也即显著性 P 值≥0.05，表示该变量高低分群变异数相等。在平均数相等的 t 检验中，|t| 若超过 1.96，显著性 Sig.（双尾）值<0.05，表示结果达到显著，高低分群有差异，该变量题项具有鉴别力，予以保留。结果显示，REA、ICC 和 DTP 的 F 值鉴定超过 4，表示以上变量的高低分群变异数不相等（不同质），参考"假设变异数不相等"栏，发现其显著性 Sig.（双尾）为 0.000，且 95%置信区间中差分的上下限值之间不存在数值 0，说明该结果达到显著相关。从表中发现，该变量题项均达显著，因此，所有变量予以保留。

对构面数据进行整理，将所有符合条件的题项保留，输出并加以说明，整理后的数据表格如表 6-3b 所示：

表 6-3b　　　　语境构建障碍构面高低分分群平均数相等 T 检验

	变异数相等的 Levene 检验		平均数相等的 t 检验					差分的 95% 置信	
	F	Sig.	t	df	Sig.（双侧）	均值差值	标准误差值	上限	下限
HIS	0.76	0.38	-17.34	158	0.00	-1.97	0.11	-2.19	-1.74
REA	6.71	0.01	-14.47	158	0.00	-1.70	0.12	-1.93	-1.47
SPE	0.11	0.74	-17.38	158	0.00	-2.08	0.12	-2.31	-1.84
ICC	6.35	0.01	-19.33	158	0.00	-1.90	0.10	-2.10	-1.71
SON	3.06	0.08	-17.79	158	0.00	-1.92	0.11	-2.14	-1.71
DTP	13.75	0.00	-15.69	158	0.00	-1.61	0.10	-1.82	-1.41

四　口译能力绩效构面

最后，对口译能力绩效构面进行检验，输出结果如 6-4a 所示：

表 6-4a　　　　口译能力绩效构面独立样本 T 检验数据

	变异数相等的 Levene 检验		平均数相等的 t 检验					差分的 95% 置信	
	F	Sig.	t	df	Sig.（双侧）	均值差值	标准误差值	上限	下限
INF 假设变异数相等	14.252	0.000	-14.163	171	0.000	-1.8018	0.1272	-2.0529	-1.5507
不假设变异数相等			-14.138	155.328	0.000	-1.8018	0.1274	-2.0535	-1.5500
MEA 假设变异数相等	19.293	0.000	-11.939	171	0.000	-1.6059	0.1345	-1.8714	-1.3403
不假设变异数相等			11.917	154.418	0.000	-1.6059	0.1348	-1.8721	-1.3397

续表

	变异数相等的 Levene 检验		平均数相等的 t 检验					差分的 95% 置信	
	F	Sig.	t	df	Sig.（双侧）	均值差值	标准误差值	上限	下限
STR 假设变异数相等	7.306	0.008	-19.013	171	0.000	-2.0235	0.1064	-2.2336	-1.8134
不假设变异数相等			18.986	160.646	0.000	-2.0235	0.1066	-2.2340	-1.8130
IDM 假设变异数相等	7.330	0.007	-13.314	171	0.000	-1.9301	0.1450	-2.2163	-1.6439
不假设变异数相等			13.325	168.248	0.000	-1.9301	0.1448	-2.2161	-2.0114
LEX 假设变异数相等	8.239	0.005	-15.092	171	0.000	-2.3141	0.1533	-2.6168	-2.0114
不假设变异数相等			15.090	170.729	0.000	-2.3141	0.1534	-2.6168	-2.0114
SYN 假设变异数相等	7.094	0.008	-13.413	171	0.000	-2.2890	0.1707	-2.6258	-1.9521
不假设变异数相等			13.407	169.939	0.000	-2.2890	0.1707	-2.6260	-2.0546
CON 假设变异数相等	0.058	0.810	-18.415	171	0.000	-2.3013	0.1250	-2.5479	-2.0546
不假设变异数相等			18.432	167.354	0.000	-2.3013	0.1249	-2.5477	-2.0548
REL 假设变异数相等	0.481	0.489	-13.194	171	0.000	-1.8025	0.1366	-2.0721	-1.5328
不假设变异数相等			13.210	165.305	0.000	-1.8025	0.365	-2.0719	-1.5330

表 6-4a 为口译能力绩效构面，对此开展高低分组鉴别力检定。判定方法如下：变异数相等的 Levene 检定 F 值中，未超过 4，表示未达显著，也即显著性 P 值≥0.05，表示该变量高低分群变异数相等；在平均数相等的 t 检验中，|t| 若超过 1.96，显著性 Sig.（双尾）值<0.05，表示结果达到显著，高低分群有差异，该变量题项具有鉴别力，予以保留。结果显示，INF、MEA、STR、IDM、LEX 和 SYN 的 F 值鉴定均超过 4，表示以上变量的高低分群变异数不相等（不同质），参考"假设变异数不相等"栏，发现其显著性 Sig.（双尾）为 0.000，且 95%置信区间中差分的上下限值之间不存在数值 0，说明该结果达到显著相关。从表中发现，该变量题项均达显著，因此，所有变量予以保留。

对构面数据进行整理，将所有符合条件的题项保留，输出并加以说明，整理后的数据表格如表 6-4b 所示：

表 6-4b 口译能力绩效构面高低分分群平均数相等 T 检验

	变异数相等的 Levene 检验		平均数相等的 t 检验					差分的 95% 置信	
	F	Sig.	t	df	Sig.（双侧）	均值差值	标准误差值	上限	下限
INF	14.252	0.000	-14.163	171	0.000	-1.8018	0.1272	-2.0529	-1.5507
MEA	19.293	0.000	-11.939	171	0.000	-1.6059	0.1345	-1.8714	-1.3403

续表

	变异数相等的 Levene 检验		平均数相等的 t 检验						
	F	Sig.	t	df	Sig.（双侧）	均值差值	标准误差值	差分的 95% 置信	
								上限	下限
STR	7.306	0.008	-19.013	171	0.000	-2.0235	0.1064	-2.2336	-1.8134
IDM	7.330	0.007	-13.314	171	0.000	-1.9301	0.1450	-2.2163	-1.6439
LEX	8.239	0.005	-15.092	171	0.000	-2.3141	0.1533	-2.6168	-2.0114
SYN	7.094	0.008	-13.413	171	0.000	-2.2890	0.1707	-2.6258	-1.9521
CON	0.058	0.810	-18.415	171	0.000	-2.3013	0.1250	-2.5479	-2.0546
REL	0.481	0.489	-13.194	171	0.000	-1.8025	0.1366	-2.0721	-1.5328

检验表明，主体性协同障碍构面、前知识突显障碍构面、语境构建障碍构面和口译能力绩效构面的所有变量题项符合标准，予以保留，可进入下一步数据分析环节。

第三节　描述性统计

针对相应变量指标，观察口译概念化表征的有形结构参数，结合相关变量对口译思维加工的作用、相互关系和不同变化，可获得对口译学员概念框架构建障碍起因及概念框架构建能力的综合评价。

一　样本同质性检验

SEM 对样本数量的要求是采用大数据样本量。统计分析中，同质性假设要求所有的随机变量中，应该具有相同且有限的变异数，若严重违反此同质性假设，易导致模型配适度高估。然而，在实际研究中，一般很难满足 SEM 方法大数据样本要求，故我们采取了从不同高校、不同层级的口译学员中采集数据的办法，采集形式包括网络和纸质两种方式。由于受试者涉及不同年龄、不同性别和不同层次，因此，在对这些不同来源的资料进行同时分析时，需要检查不同来源的资料是否一致。若一致，则可予以合并分析；若差异较大，则需重新进行抽样采集。

本研究设计中的问卷调查部分来自项目主持人所在高校的口译学员，所有受试人员均以汉语为母语，采用纸质问卷答题；其余来自国内其他高校，所有受试人员均以汉语为母语人士，采用网络问卷答题。现将两部分资料合并进行分析，首先开展数据同质性检验。

方法如下：采用卡方检验，如果 P<0.05，则拒绝虚无假设，表示此两部分数据并不相同；反之，P≥0.05，则不拒绝虚无假设，表示此两部分数据为同质，可以进行同质分析。

现以性别类别来比较两部分资料，将数据输入 SPSS 软件程序以检验本研究样本的同质性数据情况。运算结果如下：

1. 交叉表显示，加权变量数值正确。

案例处理摘要

	案例					
	有效的		缺失		合计	
	N	百分比（%）	N	百分比（%）	N	百分比（%）
问卷来源 * 性别	300	100.0	0	0.0	300	100.0

问卷来源 * 性别交叉制表

计数

		性别		计
		男	女	
问卷来源	纸质问卷	22	156	178
	网络问卷	21	101	122
合计		43	257	300

2. 经卡方检验，Pearson 卡方值为 1.389，小于 3.84（1df）；P = 0.239>0.05，表示该值不显著，不拒绝虚无假设。即两部分数据没有差异，为同质，因此纸质问卷与网络问卷这两部分资料可以进行合并分析。

卡方检验

	值	df	渐进 Sig.（双侧）	精确 Sig.（双侧）	精确 Sig.（单侧）
Pearson 卡方	1.389（b）	1	0.239		
连续校正（a）	1.022	1	0.312		
似然比	1.370	1	0.242		
Fisher 的精确检验				0.245	0.156
线性和线性组合	1.384	1	0.239		
有效案例中的 N	300				

注：a. 仅对 2×2 表计算。

b. 0 单元格（.0%）的期望计算数少于 5。最小期望计数为 17.49。

二 叙述性统计

叙述性统计主要针对样本资料的基本特性，并按类别变量及连续变量进行分析。

（一）类别统计

将本次研究样本资料的类别输入 SPSS 软件运行，输出结果如表 6-5 所示。

表 6-5　　　　　　　　　　类别统计结果

统计量					
		问卷来源	组别	性别	年龄
N	有效	300	300	300	300
	缺失	0	0	0	0
	众数	1.00	1.00（a）	2.00	23.00
	极小值	1.00	1.00	1.00	18.00
	极大值	2.00	3.00	2.00	25.00

问卷来源					
		频率	百分比	有效百分比	累计百分比
有效	纸质问卷	178	59.3	59.3	59.3
	网络问卷	122	40.7	40.7	100.0
	合计	300	100.0	100.0	

组别					
		频率	百分比	有效百分比	累计百分比
有效	GH	100	33.3	33.3	33.3
	GM	100	33.3	33.3	66.7
	GL	100	33.3	33.3	100.0
	合计	300	100.0	100.0	

性别					
		频率	百分比	有效百分比	累计百分比
有效	男	43	14.3	14.3	14.3
	女	257	85.7	85.7	100.0
	合计	300	100.0	100.0	

年龄					
		频率	百分比	有效百分比	累计百分比
有效	18	1	0.3	0.3	0.3
	19	2	0.7	0.7	0.7
	20	5	1.7	1.7	2.7
	21	59	19.7	19.7	22.3
	22	81	27.0	27.0	49.3
	23	97	32.3	32.3	81.7
	24	47	15.7	15.7	97.3
	25	8	2.7	2.7	100.0
	合计	300	100.0	100.0	

本研究探讨口译思维加工中概念框架构建障碍对口译能力绩效的影响，受试者为以汉语为母语的口译学员，表6-5 所示其问卷来源、组别、性别、年龄等的具体统计指标。问卷来源指标显示，纸质问卷178份，占59.3%；网络问卷122 份，占40.7%，有效份数300 份。组别指标显示，分类依据是本研究样本采集的预设方案，分别按照高中低层次分为三组，各100 份，共为300 份。性别指标显示，受试学员中，男生43 位，占14.3%，女生257 位，占85.7%。年龄指标显示，年龄最小18 岁，最大25 岁，23 岁有97 位，为众数，占32.3%。

（二）连续变量描述性统计

将连续变量数据资料输入 SPSS 软件运行，输出结果如表6-6 所示：

表6-6 连续变量描述性统计结果

变量名称	N	极小值	极大值	平均数	标准差	方差	偏态		峰度	
	统计量	统计量	统计量	统计量	统计量	统计量	统计量	标准误差	统计量	标准误差
SID	300	1.00	5.00	2.2000	0.8771	0.769	0.527	0.141	0.256	0.281
SRT	300	1.00	5.00	2.3700	0.9216	0.849	0.413	0.141	-0.084	0.281
SPO	300	1.00	5.00	2.2367	0.9184	0.843	0.582	0.141	0.291	0.281
AID	300	1.00	5.00	2.3700	0.9813	0.963	0.485	0.141	-0.097	0.281
ART	300	1.00	5.00	2.4300	0.9840	0.968	0.387	0.141	-0.305	0.281
APO	300	1.00	5.00	2.4333	0.9877	0.975	0.344	0.141	-0.254	0.281
EMP	300	1.00	5.00	2.2700	0.9381	0.880	0.440	0.141	-0.317	0.281
FAV	300	1.00	5.00	2.4333	1.0111	1.022	0.242	0.141	-0.724	0.281
ANX	300	1.00	5.00	2.5167	1.0197	1.040	0.317	0.141	-0.375	0.281
PUR	300	1.00	5.00	2.2367	0.8850	0.783	0.392	0.141	-0.233	0.281
AIM	300	1.00	5.00	2.2133	0.9040	0.817	0.468	0.141	-0.010	0.281
ILC	300	1.00	5.00	2.7100	1.0785	1.163	0.244	0.141	-0.516	0.281
PCP	300	1.00	5.00	2.8633	1.0238	1.048	-0.024	0.141	-0.373	0.281
JUG	300	1.00	5.00	2.8767	0.9753	0.951	0.119	0.141	-0.258	0.281
TRS	300	1.00	5.00	2.8900	1.0205	1.041	0.070	0.141	-0.494	0.281
LXS	300	1.00	5.00	2.2567	1.1898	1.416	0.068	0.141	-1.069	0.281
KNS	300	1.00	5.00	2.5200	0.9448	0.893	0.349	0.141	-0.207	0.281
SCS	300	1.00	5.00	2.5467	0.9648	0.931	0.384	0.141	-0.188	0.281
MTP	300	1.00	5.00	2.8767	1.0091	1.018	0.309	0.141	-0.491	0.281
IDI	300	1.00	5.00	2.8367	1.0231	1.047	0.200	0.141	-0.526	0.281

续表

变量名称	N	极小值	极大值	平均数	标准差	方差	偏态		峰度	
	统计量	统计量	统计量	统计量	统计量	统计量	统计量	标准误差	统计量	标准误差
EPS	300	1.00	5.00	2.8133	1.0305	1.062	0.215	0.141	−0.449	0.281
HIS	300	1.00	5.00	2.8300	1.0022	1.004	0.246	0.141	−0.329	0.281
REA	300	1.00	5.00	2.6233	0.9440	0.891	0.289	0.141	−0.174	0.281
SPE	300	1.00	5.00	2.8667	1.0643	1.133	0.101	0.141	−0.437	0.281
ICC	300	1.00	5.00	2.5767	0.9347	0.874	0.245	0.141	−0.325	0.281
SON	300	1.00	5.00	2.5900	0.9652	0.932	0.271	0.141	−0.239	0.281
DTP	300	1.00	5.00	2.5833	0.9197	0.846	0.350	0.141	−0.056	0.281
INF	300	1.00	5.00	2.8367	1.0674	1.107	0.279	0.141	−0.622	0.281
MEA	300	1.00	5.00	2.8667	1.1030	1.139	0.285	0.141	−0.590	0.281
STR	300	1.00	5.00	2.8967	1.2389	1.217	0.281	0.141	−0.665	0.281
IDM	300	1.00	5.00	2.7833	1.4294	1.535	0.025	0.141	−1.038	0.281
LEX	300	1.00	5.00	2.1167	1.4508	2.043	0.028	0.141	−1.362	0.281
SYN	300	1.00	5.00	2.8900	1.2774	2.105	0.200	0.141	−1.325	0.281
CON	300	1.00	5.00	3.1300	1.1346	1.632	−0.061	0.141	−1.068	0.281
REL	300	1.00	5.00	2.8833	0.9216	1.287	0.010	0.141	−0.758	0.281
有效的 N (列表状态)	300									

连续变量描述性统计结果表明，本次研究在样本数量、平均数、标准差及变异值、偏态及峰度的数值精确、符合标准，具体说明如下：

1. 样本数量：表6-6显示，样本有效数值为300，测量题目的调查尺度为1—5，符合李克特五级量表要求，没有遗漏。

2. 平均数：因样本变量调查值各异，故平均数大小不同。

3. 标准差及变异值：标准差在 0.8771—1.4508，方差在 0.769—2.105。

4. 偏态及峰度：依据克莱恩（Kline，2005）的研究结论，偏态绝对值在2以内，峰度绝对值在7以内，该变量为单变量常态，表6-6所有样本数值均符合标准，故所有变量符合单变量常态。至于是否为多变量常态，需用 AMOS 软件进行进一步检定。

综合以上同质性检验及描述性统计的结果，针对本研究的33个观测变量题项指标，经过对所收集的300份样本进行检测，其样本数、平均数、标准差、变异值、偏态、峰度均符合进行统计分析的要求。

第四节 小结

　　数据整理和描述统计是开始 AMOS 数据模型分析前的重要环节。

　　经过运算整理，对三个二阶潜在变量构面进行了检验分析，全面鉴定了前期实验、问卷等数据调查过程的数据表现，对可能存在的诸如表述不清、容易引起误解或难以理解、无法解答、可能导致受试者误会实验意图等问题予以修正或删除。

　　采用偏态、峰度及变量进行逐一检查的办法，进行数据整理分析，对满足实验题项鉴别力、能够产生足够变量的问卷予以保留，确保题项精简、切中要害，将其作为接下来开展统计分析的材料。经过整理，每个潜在变量构面测量题目均达到 3 个以上，完全满足开展后期模型检测数据分析的要求。

　　完成数据整理后，对所收集的所有有效样本进行检测，开展严格的同质性检验，并按类别变量及连续变量进行描述性统计分析。

　　结果表明，本研究所有潜在变量所联系的观测变量题项指标在样本数、平均数、标准差、变异值、偏态、峰度方面均符合开展统计分析的要求。

第七章

结果分析

第五章和第六章分别介绍了数据来源、变量依据和变量内涵,详述了结构方程模型所使用的方法及变量因素的理论支持,拟构口译思维加工概念框架构建障碍的概念模型和统计模型,并针对以汉语为母语的口译学员交传思维过程,开展全面数据整理和描述统计。

根据 SEM 统计分析要求,相关结果必须符合统计假设,如多元常态、单一构面原则、大样本以及外生潜在变量不可共线等。违反这些原则,则可能导致模型配适度不佳或者模型无法辨识等严重后果。因此,SEM 统计假设的检定必须严谨且循序渐进。

本章将依据 SEM 分析步骤,依次开展验证性因素分析、多元常态及极端值检验、收敛效度分析、区别效度分析、SEM 模型评估(配适度分析、鉴定结果分析、交叉效度分析)及其他相关假设检验。

第一节 验证性因素分析

在 SEM 的分析研究中,潜在变量是无法直接测量的,因此需要对观测变量进行测量,考察因素间的相关性,以确定潜在变量是否被观测变量所代表,此分析即验证性因素分析(Confirmatory Factor Analysis,CFA),其主要功能是决定一组观测变量是否真正属于某一特定构面的统计分析(张伟豪,2012:115)。

CFA 是结构方程的次模型,也是进行整合性结构方程模型进行分析的前置步骤,所检验的是测量变量(或观测变量)与潜在变量的假设关系,它是结构方程模型模式最基础的测量部分,可应用于信度和效度的检验及理论有效性辨识(Bentler,1980)。

验证性分析有以下作用：

第一，心理测量评估，如口译学员在主体性协同概念框架所反映的角色隐形互动、情感沟通，以及在前知识突显概念框架所反映的语义评价、记忆检索等变量，均需借由几个可观察的变量加以推论，才能得出。

第二，构面效度评估，包括信度、统计效度、收敛效度及区别效度。

第三，检测方法效果，对共同方法变异影响统计分析的结果进行检测。

CFA 可分为一阶 CFA 和二阶 CFA 两种。

一阶 CFA 模型是所有观测变量直接与潜在变量连接，因素负荷量自由估计，其变量均须为反映性指标。模型正定的条件是，潜在变量变异数设为 1，或者某一观测变量因素负荷量设为 1，每个构面至少有三个观测变量，或模型有两个潜在变量。由于 SEM 分析资料都是从实际调查而来，若要了解这些资料是否有一定的信度和效度，须从测量模型（CFA）开始研究。

二阶 CFA 分析是指在 CFA 多因素模型分析中，允许模型自由估计潜在变量之间的变异数及共变异数确定相关程度大小，产生交互作用，当一阶潜在变量之间有中高度相关时，即表示有更高阶的（二阶）潜在变量存在。二阶 CFA 至少由一个二阶因素与几个一阶因素的线性组合而成。

肯尼（Kenny，2006）主张，在社会及行为科学领域，我们从 CFA 学到的远比 SEM 还要多，并特别强调，SEM 在分析之前，CFA 一定要单独分析，并提出报告。不仅如此，CFA 研究可提供关于模型设定及评估足够的细节，由此提高对研究结果的可信性。

CFA 分析通过表格呈现因素负荷量及测量模型因素变量的共同性，其内容包括标准化及非标准化负荷量、标准误差、显著性、组成效度、平均变异数萃取量、适当的配适度指标，因此，我们的研究对每个构面做 CFA 分析，确认其构面的信、效度，为后续 SEM 模型分析打下基础。

本书 CFA 分析包括对主体性协同障碍、前知识突显障碍、语境构建障碍和口译能力绩效潜在变量的构面解析。详细步骤如下：

一　主体性协同障碍 CFA 分析

主体性协同障碍 CFA 分析包括一阶构面分析和二阶构面分析。一阶构面分析涉及对其所解构的三个潜在变量——角色对话障碍构面、情感沟通障碍构面和意图融合障碍构面及其所有观测变量的联系进行模型正定。

（一）角色对话障碍构面一阶 CFA

角色对话障碍（ROL）指发言人、译员和听众在身份、权利、地位等角色要素之间的互动抑制，该构面涵盖六个观测指标：发言身份联系受阻（SID）、发言权利联系受阻（SRT）、发言地位联系受阻（SPO）、听众身份联系受阻（AID）、听众期待联系受阻（ART）和听众权利联系受阻（APO）。角色对话障碍模型一阶 CFA 如图 7-1a 所示：

角色对话障碍模型CFA
chi-square=124.912 DF=9
normed chi=13.879
gfi=.861 agfi=.677 cfi=.815
RMSEA=.208 P=.000

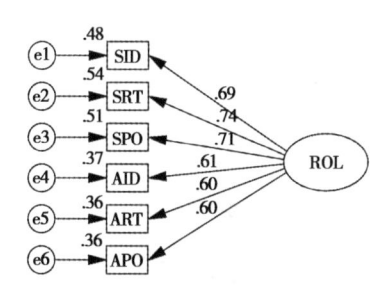

图 7-1a　角色对话障碍一阶 CFA

组成角色对话障碍构面的问卷题项如表 7-1a 所示：

表 7-1a　　　　　　角色对话障碍构面问卷原始题项

构面	题项	题项内容	简码
角色对话障碍	SSD1	根据发言人身份进行意义预测受阻	SID
	SSD2	根据发言人权利进行意义预测受阻	SRT
	SSD3	根据发言人立场进行译语意义预测受阻	SPO
	SSD4	根据听众身份进行意义选择受阻	AID
	SSD5	根据听众期待进行意义选择受阻	ART
	SSD6	根据译员权利进行意义决策受阻	APO

角色对话障碍构面共有六题，自由度为 $6 \times 7/2 = 21 df$，模型共估计 7 个变异数及 5 个因素负荷量，自由度大于估计参数，模型属于过度辨识，符合理论上模型正定的要求。

经初步 CFA 运行后，发现其模型配适度较弱，在判定模型配适度的几个主要指标中，对照 GFI≥0.9，AGFI≥0.9，CFI≥0.9，normed chi-square ≤3，RMSEA≤0.08 的标准，相关数值均未达到标准，故需对该构面的题项数据进行重新判定，以便模型配适。经计算后得到该模型的组合信度为 0.8219（符合 CR>0.7 标准），平均变异数萃取量为 0.4367（不符合 AVE>0.5 标准），说明其题项指标有不错的组合信度，还可以用于模型的进一步适配。另外，从 CFA 模型中发现，大部分观测变量的因素负荷量比较接近，不是直接删掉几个题项就可以解决的。通过对本研究的理论基础及题项设计进一步分析，发现其题项设定分别为同一问题的相反角度设置。因此，将角色对话障碍构面的六个题项分别对应合并，得到新的题项变量，重新命名、分析，形成新的角色对话障碍构面。如图 7-1b 所示：

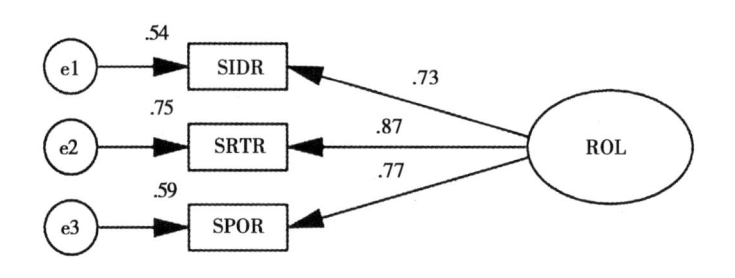

图 7-1b　角色对话障碍模型修正 CFA

修正后的角色对话障碍构建问卷题项如表 7-1b 所示：

表 7-1b　　　　　　　角色对话障碍构面问卷题项

构面	题项	题项内容	简码
角色对话障碍	SSDR1	根据参与者身份进行意义预测受阻	SIDR
	SSDR2	根据参与者权利进行意义预测受阻	SRTR
	SSDR3	根据参与者立场进行译语意义预测受阻	SPOR

角色对话障碍新构面共有三题，自由度为 3×4/2=6df，共估计 4 个变异数及 2 个因素负荷量，自由度等于估计参数，模型属于恰好辨识，符合理论上模型正定的要求。运行 CFA 后，各变量题项标准化系数均超过 0.7 以上且未超过 0.95，残差为正且显著，可见无违反估计。最后计算其组合信度为 0.8341（符合 CR>0.7 标准），平均变异数萃取量为 0.6276（符

合 AVE>0.5 标准)。一因素三个测量变量为饱和模式,是唯一解,故无任何配适度指标显示。因此,保留本构面三题作为下一阶段的分析材料(分别参见图 7-1b 及表 7-1b)。

(二) 情感沟通障碍构面一阶 CFA

情感沟通障碍 (EMO) 指在观点认同、话题喜好等情感互通指标发生关联障碍并对任务产生焦虑情绪,该构面涵盖三个观测指标:观点认同受阻 (EMP)、主题把控受阻 (FAV)、焦虑增大 (ANX)。情感沟通障碍模型一阶 CFA 如图 7-2 所示:

情感沟通障碍模型修正CFA

chi-square=.000 DF=0
normed chi=\cmindf
gfi=1.000 agfi=\agfi cfi=\cfi
RMSEA=\rmsea

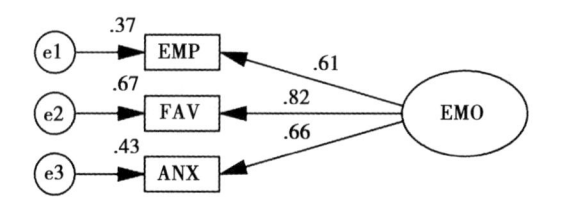

图 7-2 情感沟通障碍一阶 CFA

组成情感沟通障碍构面的问卷题项如表 7-2 所示:

表 7-2 情感沟通障碍构面问卷题项

构面	题项	题项内容	简码
情感沟通障碍	SSD7	对源语观点认同受阻导致理解受阻	EMP
	SSD8	对源语主题把控受阻导致理解受阻	FAV
	SSD9	对口译任务焦虑增大导致理解受阻	ANX

情感沟通障碍构面共有三题,自由度为 $3\times4/2=6df$,共估计 4 个变异数及 2 个因素负荷量,自由度等于估计参数,模型属于恰好辨识,符合理论上模型正定的要求。运行 CFA 后,各变量题项标准化系数均超过 0.6 以上且未超过 0.95,为可接受范围,可视后续配适再做分析。残差为正且中度显著,无违反估计。通过计算,组合信度为 0.7419 (符合 CR>0.7

标准),平均变异数萃取量为 0.5034（符合 AVE>0.5 标准）。一因素三个测量变量为饱和模式,是唯一解,故无配适度指标显示。因此,保留本构面三题作为下一阶段的分析材料（分别参见图 7-2 及表 7-2)。

(三) 意图融合障碍构面一阶 CFA

意图融合障碍（INT）指交际意图、交际目的、言外之意等源语意图解析受阻,该构面涵盖三个观测指标:推测交际意图受阻（PUR）、推测交际目的受阻（AIM）、推测交际规划受阻（ILC）。意图融合障碍模型一阶 CFA 如图 7-3 所示:

意图融合障碍模型CFA
chi-square=.000DF=0
normed chi=\cmindf
gfi=1.000 agfi=\agfi cfi=\cfi
RMSEA=\rmsea

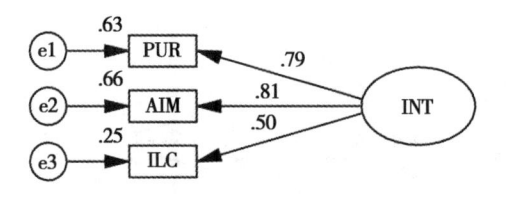

图 7-3 意图融合障碍一阶 CFA

组成意图融合障碍构面的问卷题项如表 7-3 所示:

表 7-3　　　　　　　意图融合障碍构面问卷题项

构面	题项	题项内容	简码
意图融合障碍	SSD10	推测交际意图受阻	PUR
	SSD11	推测交际目的受阻	AIM
	SSD12	推测交际规划受阻	ILC

意图融合障碍新构面共有三题,自由度为 3×4/2=6df,共估计 4 个变异数及 2 个因素负荷量,自由度等于估计参数,模型属于恰好辨识,符合理论上模型正定的要求。运行 CFA 后,其中二题项的标准化系数均接近 0.8,只有变量题项 ILC 的标准化系数为 0.5 最低,但也在可接受范围内。残差为正且显著,可见无违反估计。最后计算其组合信度为 0.75（符合 CR>0.7 标准),平均变异数萃取量为 0.5101（符合 AVE>0.5 标准）。一

因素三个测量变量为饱和模式，是唯一解，故无配适度指标显示。因此，保留本构面的三题作为下一阶段的分析要素（分别参见图7-3及表7-3）。

（四）主体性协同障碍构面二阶CFA

由于主体性协同障碍构面为一、二阶构面，在本研究中解构为角色对话障碍、情感沟通障碍及意图融合障碍等三个构面，需要对这些构面进行分析，以确保其合理且必须。本节主要进行一因子CFA模型分析、三因子无相关CFA模型分析、三因子完全有相关CFA模型分析以及二阶CFA模型分析，然后依据模型适配度，以判断哪种模式合适，并确定理论模型的正确性（Doll et al., 1994）。以下分别为模型分析的运算展示。

1. 主体性协同障碍单因子分析

主体性协同障碍单因子CFA
chi-square=259.850 DF=27
normed chi=9.624
gfi=.816 agfi=.694 cfi=.764
RMSEA=.170

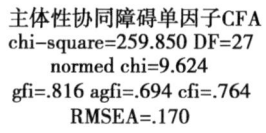

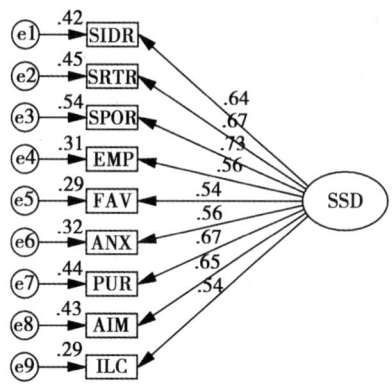

图7-4 Model 1 主体性协同障碍一阶CFA（单因子模型）

2. 主体性协同障碍一阶完全无相关分析
3. 主体性协同障碍一阶完全有相关分析
4. 主体性协同障碍二阶分析

由于此前的每个构面题目均已确定，故在以后的分析中不再以因素负荷量>0.7为标准，仅以模型配适度作为模型的评价标准。

现将所有主体性协同障碍构面的数据整理成如表7-4所示。

主体性协同障碍二阶构面解构成三个构面，执行二阶CFA后，除了

主体性协同障碍三因子无相关CFA
chi-square=255.107 DF=27
normed chi=9.448
gfi=.835 agfi=.725 cfi=.769
RMSEA=.168

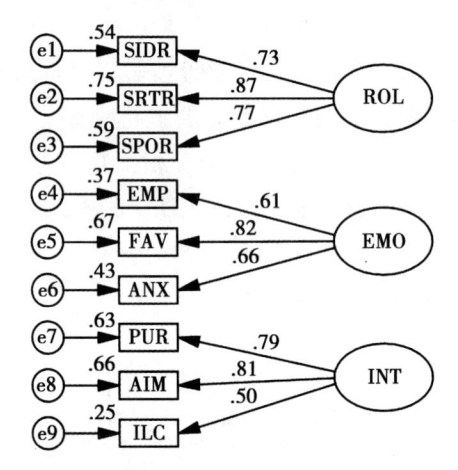

图 7-5　Model 2 主体性协同障碍一阶 CFA（潜在变量完全无相关）

主体性协同障碍一阶完全有相关CFA
chi-square=64.651 DF=24
normed chi=2.694
gfi=.954 agfi=.914 cfi=.959
RMSEA=.075

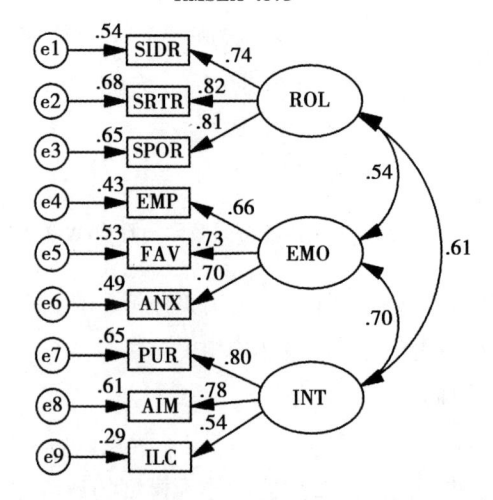

图 7-6　Model 3 主体性协同障碍一阶 CFA（潜在变量完全有相关）

第七章 结果分析

主体性协同障碍二阶CFA
chi-square=64.651 DF=24
normed chi=2.694
gfi=.954 agfi=.914 cfi=.959
RMSEA=.075

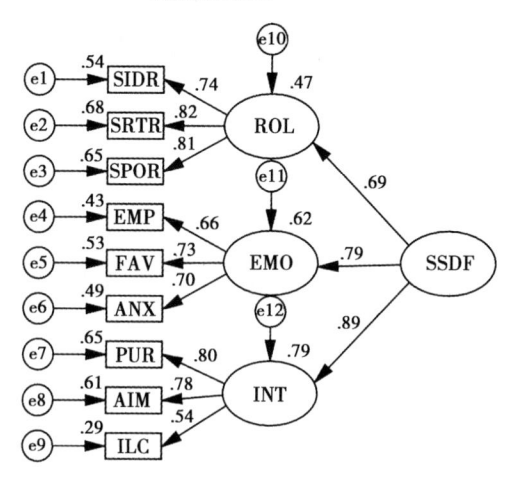

图 7-7　Model 4 主体性协同障碍二阶 CFA

角色对话障碍为 0.69 外，其余两个构面标准化系数均超过 0.7 以上，且未超过 0.95 以上，残差为正而且显著，无违反估计存在。具体结果如表 7-4 所示：

表 7-4　　　主体性协同障碍二阶验证因素模型配适度指标

主体性协同障碍二阶验证因素模式	χ^2	自由度(df)	χ^2/df	GFI	AGFI	CFI	RMSEA
0. Null nodel	1024.164	36	28.449	0.439	0.298	0	0.303
1. 一阶单因子分析	259.85	27	9.624	0.816	0.694	0.764	0.17
2. 一阶三因子模式（因子之间无相关）	255.107	27	9.448	0.835	0.725	0.769	0.168
3. 一阶三因子模式（因子之间有相关）	64.651	24	2.694	0.954	0.914	0.954	0.075
4. 二阶因子模式建议值	越小越好	越大越好	<5	>0.8	>0.8	>0.8	<0.8

表 7-4 显示，主体性协同障碍模型配适度中，二阶因子模式的模型配适度在卡方值/自由度=2.694 最低，而模型 3 与模型 4 的配适度指标相同，表示其模型并无实际差别，因此，二阶主体性协同障碍构面符合理论

模型的要求。经二阶 CFA 后,三个解构构面的标准化因素负荷量除了角色对话障碍为 0.694 外,其余的负荷量均超过 0.7 以上且未超过 0.95,残差均为正且表现显著,说明无违反估计。经计算,组成信度为 0.835,超过 0.7 的标准,平均变异数萃取量为 0.6308,超过 0.5 的标准,均达收敛效度的标准,配适度亦在可接受范围内,故保留二阶三个构面模型,用作后续分析。

二　前知识突显障碍 CFA 分析

前知识突显障碍 CFA 分析包括一阶构面分析和二阶构面分析,一阶构面分析涉及对其所解构的三个构面——语义评价障碍构面、记忆检索障碍构面和原型选择障碍构面及其所有观测变量的连接进行模型正定。

(一) 语义评价构面一阶 CFA

语义评价障碍 (SEM) 指语义感知、语义判断、语义传递困难,该构面涵盖三个观测指标:语义感知受阻 (PCP)、语义判断受阻 (JUG)、语义选择受阻 (TRS)。语义评价障碍模型一阶 CFA 如图 7-8 所示:

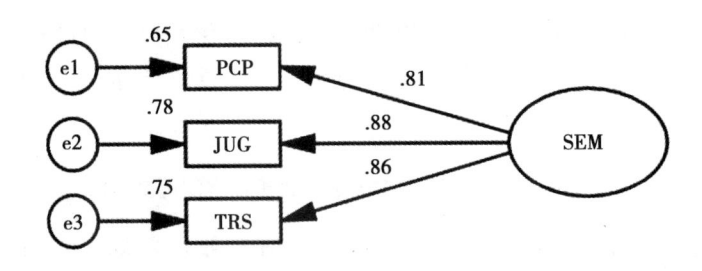

图 7-8　语义评价障碍一阶 CFA

组成语义评价障碍构面的问卷题项如表 7-5 所示:

表 7-5　　　　　　　　语义评价障碍构面问卷题项

构面	题项	题项内容	简码
语义评价障碍	PKD1	对源语特殊表达进行语感知受阻	PCP
	PKD2	对源语特殊表达进行语义判断受阻	JUG
	PKD3	对源语特殊表达进行语义选择受阻	TRS

语义评价障碍构面共有三题,自由度为 3×4/2=6df,共估计 4 个变异数及 2 个因素负荷量,自由度等于估计参数,模型属于恰好辨识,符合理

论上模型正定的要求。运行 CFA 后，各变量题项标准化系数均超过 0.7 以上且未超过 0.95，残差为正且显著，因此无违反估计。经计算，其组合信度为 0.8868（符合 CR>0.7 标准），平均变异数萃取量为 0.7234（符合 AVE>0.5 标准）。一因素三个测量变量为饱和模式，是唯一解，故无配适度指标显示。因此，保留本构面三题作为下一阶段的分析材料（可分别参见图 7-8 及表 7-5）。

（二）记忆检索障碍构面一阶 CFA

记忆检索障碍（MEM）指词汇储备、专业知识和社会文化知识提取障碍，该构面涵盖三个观测指标：语言知识提取受阻（LXS）、专业知识提取受阻（KNS）、社会文化知识提取受阻（SCS）。记忆检索障碍模型一阶 CFA 如图 7-9 所示：

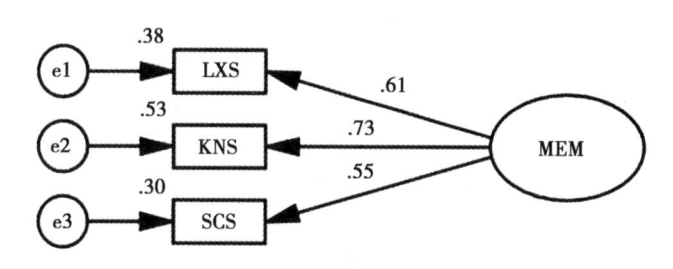

图 7-9　记忆检索障碍一阶 CFA

组成记忆检索障碍构面的问卷题项如表 7-6 所示：

表 7-6　　　　　　　　记忆检索障碍构面问卷题项

构面	题项	题项内容	简码
记忆检索障碍	PKD4	语言知识储备提取受阻	LXS
	PKD5	专业知识储备提取受阻	KNS
	PKD6	社会文化知识提取受阻	SCS

记忆检索障碍构面共有三题，自由度为 3×4/2=6df，共估计 4 个变异数及 2 个因素负荷量，自由度等于估计参数，模型属于恰好辨识，符合理论上模型正定的要求。运行 CFA 后，各变量题项标准化系数均超过 0.5 以上且未超过 0.95，为可接受范围，视后续配适再做分析。残差为正且中度显著，无违反估计。最后计算其组合信度为 0.6659，平均变异数萃取量为 0.4025，此指标不符合收敛效度指标，需进一步对原始题项数据

进行验证，再做重新评估。一因素三个测量变量为饱和模式，是唯一解，故无配适度指标显示。暂保留本构面三题项，待下一阶段再做分析（可分别参见图 7-9 及表 7-6）。

（三）原型选择障碍构面一阶 CFA

原型选择障碍（PRO）指隐转喻、习惯语和专业术语理解与表达困难，该构面涵盖三个观测指标：隐转喻理解与表达受阻（MTP）、习惯语理解与表达受阻（IDI）、术语理解与表达受阻（EPS）。原型选择障碍模型一阶 CFA 如图 7-10 所示：

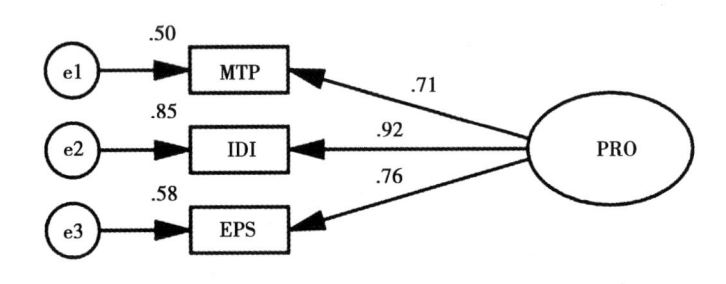

图 7-10　原型选择障碍一阶 CFA

组成原型选择障碍构面的问卷题项如表 7-7 所示：

表 7-7　　　　　　　　原型选择障碍构面问卷题项

构面	题项	题项内容	简码
原型选择障碍	PKD7	隐转喻理解与表达受阻	MTP
	PKD8	习惯语理解与表达受阻	IDI
	PKD9	术语理解与表达受阻	EPS

原型选择障碍构面共有三题，自由度为 3×4/2=6df，共估计 4 个变异数及 2 个因素负荷量，自由度等于估计参数，模型属于恰好辨识，符合理论上模型正定的要求。运行 CFA 后，各变量题项标准化系数均超过 0.7 以上且未超过 0.95，残差为正且显著，可见无违反估计。经计算，其组合信度为 0.842（符合 CR>0.7 标准），平均变异数萃取为 0.6427（符合 AVE>0.5 标准）。一因素三个测量变量为饱和模式，是唯一解，故无配适度指标显示。因此，保留本构面三题作为下一阶段的分析（可分别参见图 7-10 及表 7-7）。

(四) 前知识突显障碍构面二阶 CFA

由于前知识突显障碍构面为一、二阶构面，在本研究中解构为语义评价障碍、记忆检索障碍及原型选择障碍等三个构面。对这些构面进行分析，以确保其合理且必须。主要是进行一因子 CFA 模型、三因子无相关 CFA 模型、三因子完全有相关 CFA 模型以及二阶 CFA 模型，然后依据模型适配度可以判断哪种模式是合适，并确定理论模型的正确性（Doll et al., 1994）。以下分别为模型分析的运算展示。

前知识突显障碍单因子分析、前知识突显障碍一阶完全无相关分析、前知识突显障碍一阶完全有相关分析以及前知识突显障碍二阶分析分别通过图 7-11、图 7-12、图 7-13、图 7-14 进行模型运算展示：

1. 前知识突显障碍单因子分析。

前知识突显障碍单因子CFA
chi-square=310.254 DF=27
normed chi=11.491
gfi=.763 agfi=.605 cfi=.776
RMSEA=.187

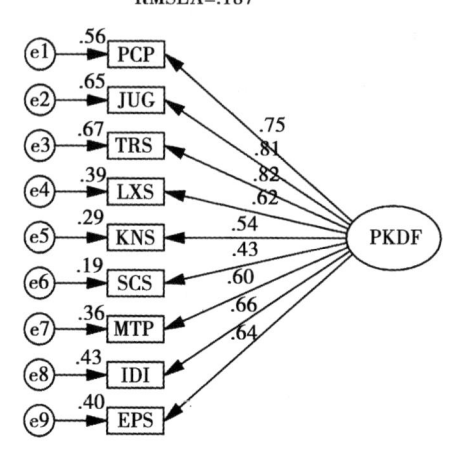

图 7-11 Model 1 前知识突显障碍一阶 CFA（单因子模型）

2. 前知识突显障碍一阶完全无相关分析。
3. 前知识突显障碍一阶完全有相关分析。
4. 前知识突显障碍二阶分析。

由于此前的每个构面题目均已确定，因此在后面的分析中不再以因素负荷量>0.7 为标准，而只以模型配适度作为模型的评价标准。

现将所有前知识突显障碍构面的数据整理成表。前知识突显障碍二阶

前知识突显障碍三因子无相关CFA

chi-square=290.953 DF=27
normed chi=10.776
gfi=.818 agfi=.697 cfi=.792
RMSEM=.181

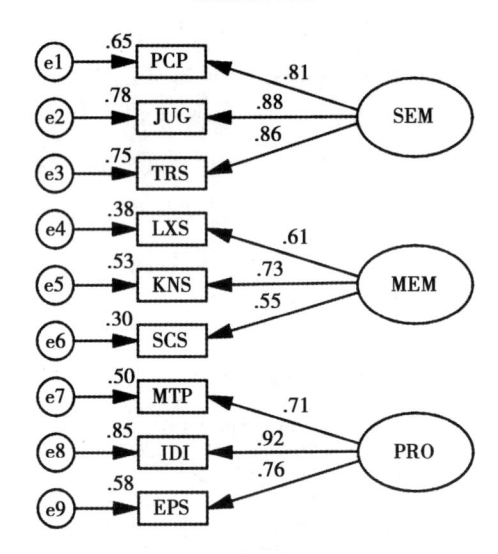

```
e1 →.65 PCP ←.81
e2 →.78 JUG ←.88    SEM
e3 →.75 TRS ←.86

e4 →.38 LXS ←.61
e5 →.53 KNS ←.73    MEM
e6 →.30 SCS ←.55

e7 →.50 MTP ←.71
e8 →.85 IDI ←.92    PRO
e9 →.58 EPS ←.76
```

图 7-12　Model 2 前知识突显障碍一阶 CFA（潜在变量完全无相关）

前知识突显障碍一阶完全有相关CFA

chi-square=40.312 DF=24
normed chi=1.680
gfi=.971 agfi=.945 cfi=.987
RMSEA=.048

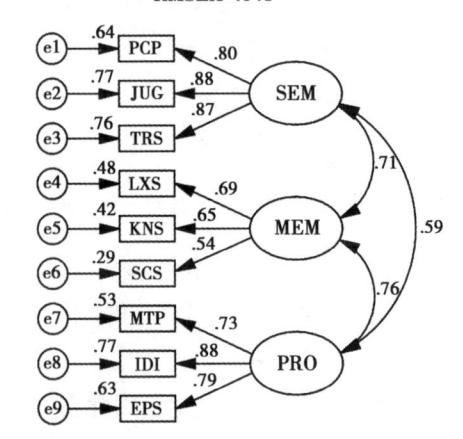

```
e1 →.64 PCP ←.80
e2 →.77 JUG ←.88    SEM
e3 →.76 TRS ←.87
                     .71
e4 →.48 LXS ←.69
e5 →.42 KNS ←.65    MEM   .59
e6 →.29 SCS ←.54
                     .76
e7 →.53 MTP ←.73
e8 →.77 IDI ←.88    PRO
e9 →.63 EPS ←.79
```

图 7-13　Model 3 前知识突显障碍一阶 CFA（潜在变量完全有相关）

第七章 结果分析

前知识突显障碍二阶CFA
chi-square=40.312 DF=24
normed chi=1.680
gfi=.971 agfi=.945 cfi=.987
RMSEA=.048

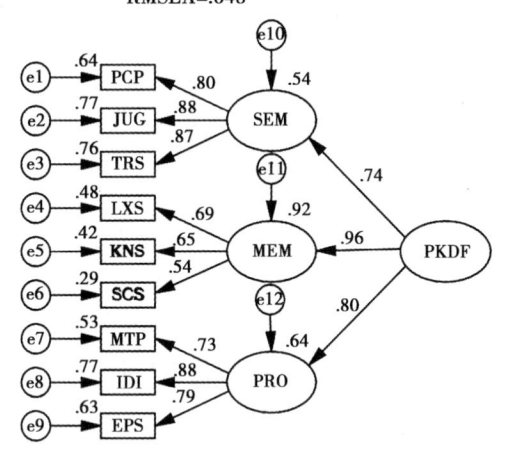

图 7-14 Model 4 前知识突显障碍二阶 CFA

构面解构成三个构面，执行二阶 CFA 后，所有构面标准化系数均超过 0.7 以上，残差为正而且显著，无违反估计存在。结果如表 7-8 所示。

表 7-8　　前知识突显障碍二阶验证因素模型配适度指标

前知识突显障碍二阶验证因素模式	χ^2	自由度 (df)	χ^2/df	GFI	AGFI	CFI	RMSEA
0. Null nodel	1303.23	36	36.201	0.377	0.221	0	0.343
1. 一阶单因子分析	310.254	27	11.491	0.763	0.605	0.776	0.187
2. 一阶三因子模式（因子之间无相关）	290.953	27	10.776	0.818	0.697	0.792	0.181
3. 一阶三因子模式（因子之间有相关）	40.312	24	1.68	0.971	0.945	0.987	0.048
4. 二阶因子模式	40.312	24	1.68	0.971	0.945	0.987	0.048
建议值	越小越好	越大越好	<5	>0.8	>0.8	>0.9	<0.08

表 7-8 显示，前知识突显障碍模型配适度中，二阶因子模式的模型配适度在卡方值/自由度 = 1.68 最低，而模型 3 与模型 4 的配适度指标相同，表示其模型并无实际差别，因此，本研究的二阶前知识突显障碍构面确实符合理论模型的要求。经二阶 CFA 后，三个解构构面的标准化因素负荷量均超过 0.7 以上，残差均为正而且显著，可见无违反估计。经计算，组合信度为 0.8753，超过 0.7 的标准，平均变异数萃取量为 0.7031，

超过 0.5 的标准,均达收敛效度的标准,配适度也在可接受的范围,故保留二阶三个构面模型做后续分析。

三 语境构建障碍 CFA 分析

语境构建障碍(CCDF)指对多维、复杂语境要素(如历史语境、现实语境)专业语境、跨文化意识、社会规约意识和话语预测意识的在线连通和重构运作受阻,涵盖六个观测指标:历史语境连通受阻(HIS)、现实语境连通受阻(REA)、专业语境连通受阻(SPE)、跨文化意识融入受阻(ICC)、社会规约意识融入受阻(SON)和趋势预测意识规划受阻(DTP)。语境构建障碍模型一阶 CFA 如图 7-15 所示:

语境构建障碍模型CFA
chi-square=72.469 DF=9
normed chi=8.052
gfi=.915 agfi=.801 cfi=.914
RMSEA=.154

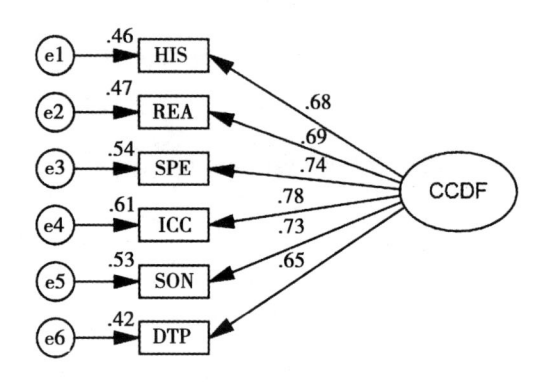

图 7-15 语境构建障碍模型 CFA

组成语境构建障碍构面的问卷题项如表 7-9 所示:

表 7-9 语境构建障碍构面问卷题项

构面	题项	题项内容	简码
语境构建障碍	CCD1	历史语境信息连通受阻	HIS
	CCD2	现实语境信息激活受阻	REA
	CCD3	专业语境信息激活受阻	SPE
	CCD4	跨文化交际意识构建受阻	ICC
	CCD5	社会规约意识构建受阻	SON
	CCD6	语篇趋势预测与规划受阻	DTP

语境构建障碍构面共有六题，自由度为 6×7/2 = 21df，模型共估计 7 个变异数以及 5 个因素负荷量，自由度大于估计参数，模型属于过度辨识，符合理论上模型正定的要求。然后，经初步 CFA 运行，发现模型配适度不理想。根据前人研究（MacCallum & Hong, 1997），在判定模型配适度的几个主要指标（GFI≥0.9，AGFI = 0.801）中，可根据实际情况酌量放宽到 0.8 范围，CFI≥0.9，但 normed chi-square = 8.052 远大于"≤3"的标准。目前，SEM 最重要的统计鉴定力指标近似均方根 RMSEA = 0.154 未达到"≤0.08"的配适标准，其值越大，表示假设模型与资料越不配适。因此，需对该构面题项数据进行重新判定，以便完成模型配适。

经计算，得到该模型的组合型度为 0.8607，符合 CR>0.7 标准；平均变异数萃取量为 0.5083（符合 AVE>0.5 标准），说明语境构建障碍构面模型具有较好的收敛效度。进一步考察 CFA 模型，发现大部分观测变量的因素负荷量比较接近，且都大于 0.6 以上，负荷量并不差，那么，造成配适度不佳的原因就只剩下残差不独立的问题。

（一）模型修正 CFA

首先打开 AMOS 软件输出报表中的修正指针报表，可看到残差卡方值最高的共变异数为 e1←→e2。若将二者相关连接，可降低的模型卡方值为 20.207，其非标准化共变异数至少增加 0.147 以上。但若将 e1、e2 连接，则形成构面观测变量残差共变，违反单一构面原则，构面效度将不存在（DeVellis, 1991），因此，删除一题为最佳选择。其次，从输出报表中可观察到 e2 和其他变量的共变卡方值要远大于 e1，所以删除 e2，再重新评估。下图为 AMOS 程序 MI 输出界面。

修正后的语境构建障碍构面 CFA 如图 7-16 所示。

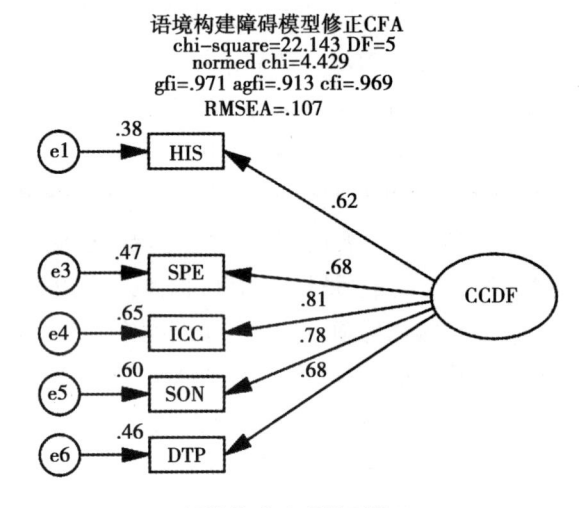

语境构建障碍模型修正CFA
chi-square=22.143 DF=5
normed chi=4.429
gfi=.971 agfi=.913 cfi=.969
RMSEA=.107

图 7-16　语境构建障碍模型修正 CFA

（二）模型二次修正 CFA

经过对残差变量修正重新评估，可看到模型配适度中的 GFI、AGFI、CFI 指标均已达到 ">0.9" 的最佳范围，而卡方/自由度比 normed chi-square 已由 8.052 降低至 4.429，RMSEA 值降低到 0.107，但仍未达到模型配适度的范围，即 RMSEA 值小于 0.08。经再次考察修正，发现模型输出报告需要删除 e1 题项，最后进行新的评估。语境构建障碍模型二次修正 CFA 如图 7-17 所示：

语境构建障碍模型二次修正CFA
chi-square=2.484 DF=2
normed chi=1.242
gfi=.996 agfi=.980 cfi=.999
RMSEA=.028

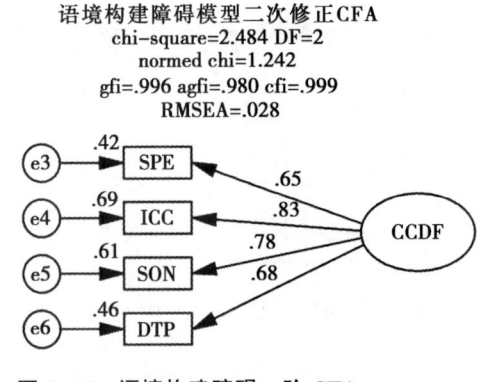

图 7-17　语境构建障碍一阶 CFA

最终评估结果显示，语境构建障碍构面经过模型二次修正，配适度指标已经很理想。新的语境构建障碍构面现有四题，自由度为 4×5/2=10df，共估计 5 个变异数及 3 个因素负荷量，自由度大于估计参数，模型属于过度辨识，符合理论上模型正定的要求。运行 CFA 后，各变量题项标准化系数均超过 0.6 以上且未超过 0.95，残差为正且显著，显见无违反估计。GFI、AGFI、CFI 等配适度指标均大于 0.9 以上。经过计算，构面组合信度为 0.8262（符合 CR>0.7 标准），平均变异数萃取量为 0.5456（符合 AVE>0.5 标准）。据此，保留四题作为后续分析材料。

四 口译能力绩效的 CFA 分析

口译能力绩效 CFA 分析包括一阶构面分析和二阶构面分析，一阶构面分析涉及对其所解构的三个构面——忠实度构面、规范度构面和连贯度构面及其与所有观测变量的连接进行模型正定。

（一）忠实度构面一阶 CFA

口译能力绩效忠实度（LOT）指译语与源语传递的交际意图具有一致性，该构面涵盖四个观测指标：信息点（INF）、信息意层（MEA）、信息结构（STR）和习语传意（IDM）。忠实度模型一阶 CFA 如图 7-18 所示：

chi-square=16.299 DF=2
normed chi=8.149
gfi=.973 agfi=.867 cfi=.946
RMSEA=.155 P=.000

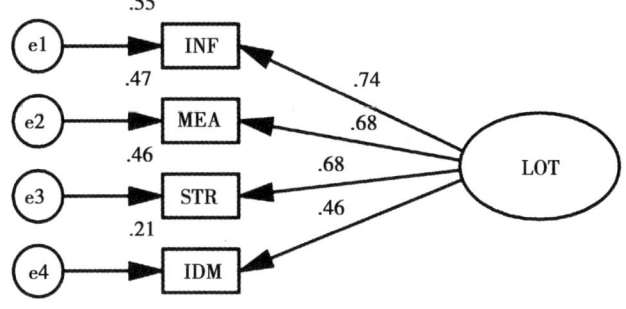

图 7-18 口译能力绩效忠实度一阶 CFA

组成忠实度构面的问卷题项如表 7-10 所示。

表 7-10　　　　　　　口译能力绩效忠实度构面问卷题项

构面	题项	题项内容	简码
口译能力绩效忠实度障碍	EFF1	译语产出中信息点准确充足	INF
	EFF2	译语产出中信息意层准确丰富	MEA
	EFF3	译语产出中信息结构准确充足	STR
	EFF4	译语产出中习语传意准确达意	IDM

忠实度构面共有四题，自由度为 $3\times4/2=10\text{df}$，共估计 5 个变异数及 3 个因素负荷量，自由度大于估计参数，模型属于过度辨识，符合理论上模型正定的要求（见图 7-18）。运行 CFA 后，发现模型配适度不理想，配适度的两个主要指标 normed chi-square ≤ 3，RMSEA ≤ 0.08 等均未达到标准，可能是由于 IDM 题项的因素负荷量只有 0.46，小于 0.5 显示出该观察变量缺乏信度，为求模式精简，予以删除。模型剩余三个题项，重新进行 CFA 分析，以观察模型的配适。

新修正的口译忠实度能力绩效模型见图 7-19。

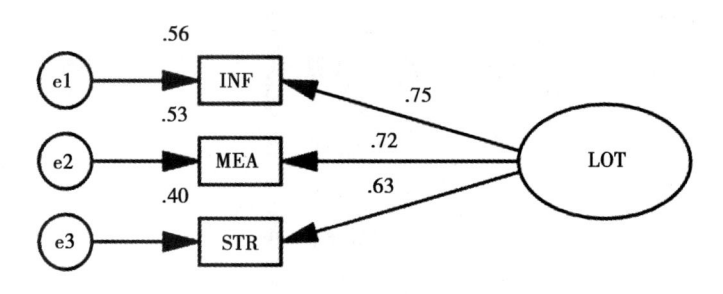

图 7-19　口译能力绩效忠实度模型修正 CFA

从最后的评估结果可看到，口译忠实度能力绩效构面经过模型修正，现共有三题，自由度为 $3\times4/2=6\text{df}$，共估计 4 个变异数及 2 个因素负荷量，自由度等于估计参数，模型属于恰好辨识，符合理论上模型正定的要求。运行 CFA 后，各变量题项标准化系数除 STR 为 0.63，虽未达到 0.7 的标准，但也是在可接受的范围，而其余两题项均已超过 0.7 以上且未超过 0.95，残差为正且显著，可见无违反估计。最后计算其组合信度为 0.7434（符合 CR>0.7 标准），平均变异数萃取量为 0.4926，虽未达到 0.5 的标准，但接近 0.5 左右，为可接受数值。一因素三个测量变量为饱和模式，是唯一解，故无配适度指标显示。因此，保留本构面三题作为下一阶段的分析。

(二) 规范度构面一阶 CFA

口译能力绩效规范度（ACC）指译语语言表达规范，语言运用自然地道，具有规范性，该构面涵盖四个观测指标：词汇运用（LEX）、句法运用（SYN）、语篇衔接（CON）、语义关联（REL）。规范度模型一阶 CFA（见图7-20）：

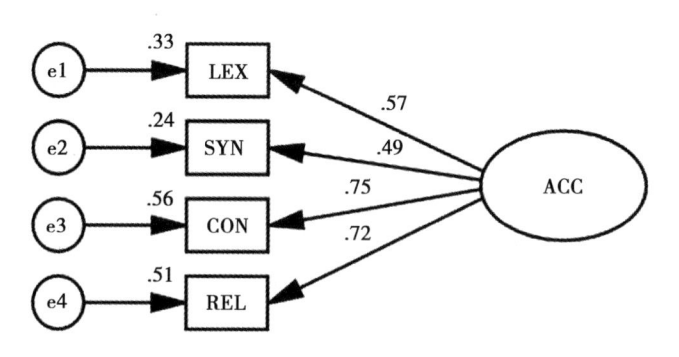

```
e1 →.33→ LEX ←.57─┐
e2 →.24→ SYN ←.49─┤
                   ├ ACC
e3 →.56→ CON ←.75─┤
e4 →.51→ REL ←.72─┘
```

图 7-20　口译能力绩效规范度一阶 CFA

组成规范度构面的问卷题项（见表7-11）：

表 7-11　　　　　　　口译能力绩效规范度构面问卷题项

构面	题项	题项内容	简码
口译能力绩效规范度构面	EFF5	译语产出中词汇使用准确	LEX
	EFF6	译语产出中句法使用准确	SYN
	EFF7	译语产出中衔接手段丰富	CON
	EFF8	译语产出中语篇产联紧密	REL

口译规范度能力绩效构面共有四题，自由度为 $4\times5/2=10df$，共估计5个变异数及3个因素负荷量，自由度大于估计参数，模型属于过度辨识，符合理论上模型正定的要求（见图7-20）。运行 CFA 后，发现模型配适度不理想，配适度的两个主要指标 normed chi-square $\leqslant 3$，RMSEA $\leqslant 0.08$ 等均未达到标准，经分析，可能是由于 SYN 题项的因素负荷量只有 0.49，小于 0.5，显示出该观察变量缺乏信度，为求模式精简，将该题项予以删除。因此模型尚剩余三个题项，然后重新进行 CFA 分析，以便观察模型的配适。新修正的口译忠实度能力绩效模型（见图7-21）。

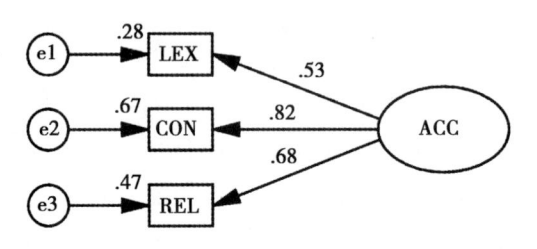

```
         .28
  e1 ──▶ LEX ◀──┐.53
         .67    │
  e2 ──▶ CON ◀──┤.82   ACC
         .47    │.68
  e3 ──▶ REL ◀──┘
```

图 7-21　口译能力绩效规范度模型修正 CFA

从最后的评估结果中可看到，口译规范度能力绩效构面经过模型修正，现共有三题，自由度为 $3\times4/2=6df$，共估计 4 个变异数及 2 个因素负荷量，自由度等于估计参数，模型属于恰好辨识，符合理论上模型正定的要求。运行 CFA 后，STR 变量题项标准化系数为 0.53，REL 为 0.68 虽未达到 0.7 的标准，但是也均在可接受的范围，残差为正且显著，因此，无违反估计。最后计算其组合信度为 0.7223（符合 CR>0.7 标准），平均变异数萃取量为 0.4719，虽未达到 0.5 的标准，但接近 0.5 左右，为可接受数值。一个因素对三个测量变量为饱和模式，是唯一解，故无配适度指标显示。因此，保留本构面三题作为下一阶段的分析。

（三）口译能力绩效构面二阶 CFA

由于口译能力绩效构面为一、二阶构面，在本研究中解构为忠实度及规范度两个次构面。对这些构面进行分析，以确保解构的合理且必须，主要进行一因子 CFA 模型（见图 7-22）、三因子完全无相关 CFA 模型（见图 7-23）、三因子完全有相关 CFA 模型（见图 7-24）及二阶 CFA 模型（见图 7-25）等分析，然后依据模型适配度判断哪种模式合适，并确定理论模型的正确性（Doll, Xia & Torkzadeh, 1994）。具体程序如下：

1. 口译能力绩效单因子分析。
2. 口译能力绩效一阶完全无相关分析。
3. 口译能力绩效一阶完全有相关分析。
4. 口译能力绩效构面二阶分析。

由于此前的每个构面题目均已确定，因此，在后面的分析中不再以因素负荷量">0.7"为标准，而只以模型配适度作为模型的评价标准。现将所有口译能力绩效构面的数据整理成如表 7-12 所示。

口译能力绩效二阶构面解构成两个构面，执行二阶 CFA 后，构面标

口译能力绩效单因子CFA
chi-square=34.307 DF=9
normed chi=3.812
gfi=.962 agfi=.910 cfi=.952
RMSEA=.097 P=.000

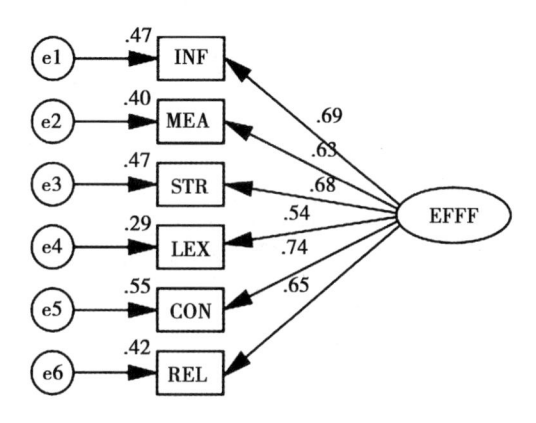

图 7-22　Model 1　口译能力绩效一阶 CFA（单因子模型）

口译能力绩效二因子无相关CFA
chi-square=163.170 DF=9
normed chi=18.130
gfi=.875 agfi=.707 cfi=.710
RMSEA=.239 P=.000

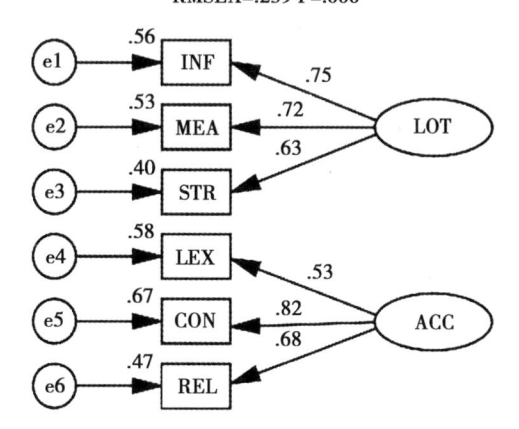

图 7-23　Model 2　口译能力绩效一阶 CFA（潜在变量完全无相关）

准化系数均超过 0.7 以上，且未超过 0.95 以上，残差为正而且显著，无违反估计存在。

口译能力绩效二因子完全有相关CFA
chi-square=16.341 DF=8
normed chi=2.043
gfi=.982 agfi=.954 cfi=.984
RMSEA=.059 P=.038

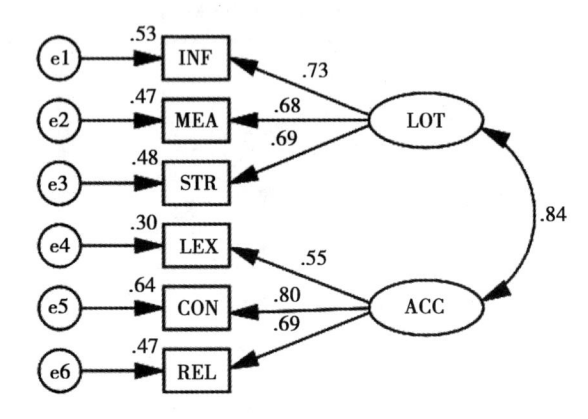

图 7-24　Model 3　口译能力绩效一阶 CFA（潜在变量完全有相关）

口译能力绩效二阶CFA
chi-square=16.341 DF=8
normed chi=2.043
gfi=.982 agfi=.954 cfi=.984
RMSEA=.059 P=.038

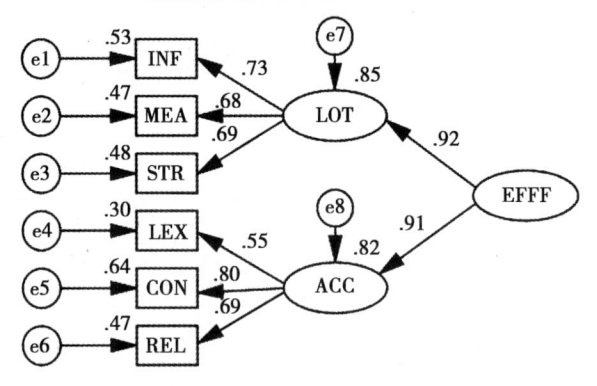

图 7-25　Model 4　口译能力绩效二阶 CFA

表 7-12　　　　　口译能力绩效二阶验证因素模型配适度指标

口译能力绩效 二阶验证因素模式	χ^2	自由度 (df)	χ^2/df	GFI	AGFI	CFI	RMSEA
0. Null nodel	798.291	36	22.175	0.47	0.338	0	0.266
1. 一阶单因子分析	77.427	27	22.175	0.942	0.904	0.934	0.079
2. 一阶三因子模式 （因子之间无相关）	328.43	27	2.868	0.803	0.672	0.605	0.193

续表

口译能力绩效二阶验证因素模式	χ^2	自由度(df)	χ^2/df	GFI	AGFI	CFI	RMSEA
3. 一阶三因子模式（因子之间有相关）	48.97	24	2.043	0.964	0.933	0.967	0.059
4. 二阶因子模式	48.97	24	2.043	0.964	0.933	0.967	0.059
建议值	越小越好	越大越好	<5	>0.8	>0.8	>0.9	<0.08

从表 7-12 可以看到，口译能力绩效模型配适度指标显示，二阶因子模式的模型配适度在卡方/自由度=2.043 最低，而模型 3 与模型 4 的配适度指标相同，表示其模型并无实际差别，因此，本研究的二阶口译能力绩效构面确实符合理论模型的要求。经二阶 CFA 后，两个解构构面的标准化因素负荷量均超过 0.7 以上且未超过 0.95，残差均为正而且显著，可见无违反估计。经计算组合信度为 0.9114，超过 0.7 的标准，平均变异数萃取量为 0.8373，超过 0.5 的标准，均达收敛效度的标准，配适度也在可接受的标准范围，据此，保留二阶三个构面模型做后续分析。

五 CFA 结果讨论

至此，SEM 所有的构面经一阶及二阶 CFA 分析完毕，现将所有构面变量参数指标整理成表，以便观察。内容包括模型参数估计值（非标准化系数、标准误差、t 值、p 值）、收敛效度（标准化系数、多元相关平方、组合信度、平均变异数萃取量）及模型配适度（卡方差异值、自由度、卡方/自由度、GFI、AGFI、CFI、RMSEA）等。详（见表 7-13）。

表 7-13　　　　　　　　　　CFA 数据整理

构面	指标	模型参数估计值				收敛效度				模型配适度指标					
		非标准化因素负荷	标准误差 S.E.	C.R. (t-value)	P	标准化因素负荷	SMC	C.R. 组合信度	AVE 平均变异数萃	χ^2 值	自由度 (df)	χ^2/df	GFI	AGFI	CFI	RMSEA
ROL	SIDR1	1				0.732	0.536	0.834	0.628	0	0	—	—	—	—	—
	SIDR2	1.237	0.102	12.13	***	0.869	0.755									
	SIDR3	1.09	0.091	11.98	***	0.766	0.586									

续表

构面	指标	模型参数估计值				收敛效度				模型配适度指标						
		非标准化因素负荷	标准误差 S.E.	C.R. (t-value)	P	标准化因素负荷	SMC	C.R.组合信度	AVE 平均变异数萃	χ^2 值	自由度 (df)	χ^2/df	GFI	AGFI	CFI	RMSEA
EMO	SSD7	1				0.609	0.371	0.742	0.493	0	0	—	—	—	—	—
	SSD8	1.453	0.189	7.677	***	0.821	0.674									
	SSD9	1.169	0.143	8.165	***	0.655	0.429									
INT	SSD10	1				0.793	0.629	0.750	0.510	0	0	—	—	—	—	—
	SSD11	1.044	0.128	8.161	***	0.811	0.657									
	SSD12	0.764	0.104	7.357	***	0.497	0.247									
SSDF	ROL	1				0.672	0.451	0.758	0.514	0	0	—	—	—	—	—
	EMO	1.139	0.13	8.771	***	0.658	0.433									
	INT	1.343	0.156	8.587	***	0.807	0.65									
SEM	PKD1	1				0.805	0.648	0.887	0.723	0	0	—	—	—	—	—
	PKD2	1.043	0.064	16.42	***	0.882	0.777									
	PKD3	1.071	0.066	16.25	***	0.865	0.748									
MEM	PKD4	1				0.615	0.378	0.666	0.403	0	0	—	—	—	—	—
	PKD5	0.938	0.157	5.956	***	0.726	0.527									
	PKD6	0.725	0.115	6.309	***	0.549	0.302									
PRO	PKD7	1				0.705	0.497	0.842	0.643	0	0	—	—	—	—	—
	PKD8	1.328	0.11	12.11	***	0.923	0.852									
	PKD9	1.104	0.091	12.13	***	0.762	0.581									
PKDF	SEM	1				0.681	0.463	0.785	0.550	0	0	—	—	—	—	—
	MEM	1.008	0.103	9.798	***	0.78	0.608									
	PRO	1.091	0.111	9.818	***	0.761	0.579									
CCDF	CCD3	1				0.647	0.419	0.826	0.546	2.482	2	1.242	0.996	0.98	0.999	0.028
	CCD4	1.128	0.103	10.97	***	0.831	0.691									
	CCD5	1.092	0.103	10.56	***	0.779	0.607									
	CCD6	0.907	0.096	9.494	***	0.679	0.461									
LOT	EFF1	1				0.75	0.562	0.743	0.493	0	0	—	—	—	—	—
	EFF2	0.981	0.117	8.402	***	0.725	0.526									
	EFF3	0.882	0.107	8.271	***	0.63	0.397									

续表

构面	指标	模型参数估计值				收敛效度				X^2值	模型配适度指标				
		非标准化因素负荷	标准误差 S.E.	C.R. (t-value)	P	标准化因素负荷	SMC	C.R.组合信度	AVE平均变异数萃		自由度(df)	X^2/df	GFI	AGFI	CFI	RMSEA
ACC	EFF5	1				0.526	0.277	0.722	0.472	0	0	—	—	—	—	—
	EFF7	1.393	0.208	6.701	***	0.82	0.672									
	EFF8	1.03	0.141	7.301	***	0.683	0.466									
EFFF	LOT	1				0.921	0.848	0.911	0.837	0	0					
	ACC	1				0.907	0.823									

表 7-13 为结果讨论的综合演示。结果显示，经 CFA 运算分析，本研究中经过数据整理的所有构面指标符合 SEM 分析的基本要求。

第二节 概念框架构建障碍 Bollen 二阶段检验

根据 Bollen（1989）提出的 SEM 分析二阶段准则，将所要分析的模型变成验证性因素分析，亦即将所有外生及内生潜在变量一律变成外生潜在变量，只衡量变量之间的变异数及共变异数，并忽略潜在构面之间的因果关系。该环节作用主要是明确 SEM 分析的可行性。

根据 SEM 分析二阶段准则，当潜在因素重新架构成验证性因素分析时，可开始评估模型是否正定，模式正定后方可往下进行。其次是检验潜在变量的原始模型。一般情况下，第一步通过，表示模式在结构模型下有可能正定，并从其相关程度大小，预知模型评估的状态。

首先了解 SEM 分析的可行性。若外生潜在变量之间相关过高（>0.85）时，表示可能存在共线性，在执行 SEM 分析时可能得到系数方向相反的结果，从而导致错误的推论；反之，若相关过低，可能造成模型没有解释能力以及路径不显著的结果；如果 SEM 无法正定，则可能是模型配适不佳造成，可由二阶段检定结果判定不理想的构面并加以处理；最后，还可以检查研究样本资料有没有违反估计的问题（即变异数必须为正且显著，测量变量的因素负荷量不得超过 0.95）。

第一步，将口译思维概念框架构建障碍模型变成验证性因素分析。把所有的内生潜在变量一律变成外生潜在变量，忽略潜在构面之间的因果关系，只衡量潜在变量之间的变异数及共变异数。Bollen 二阶段检验结果（见图 7-26）。

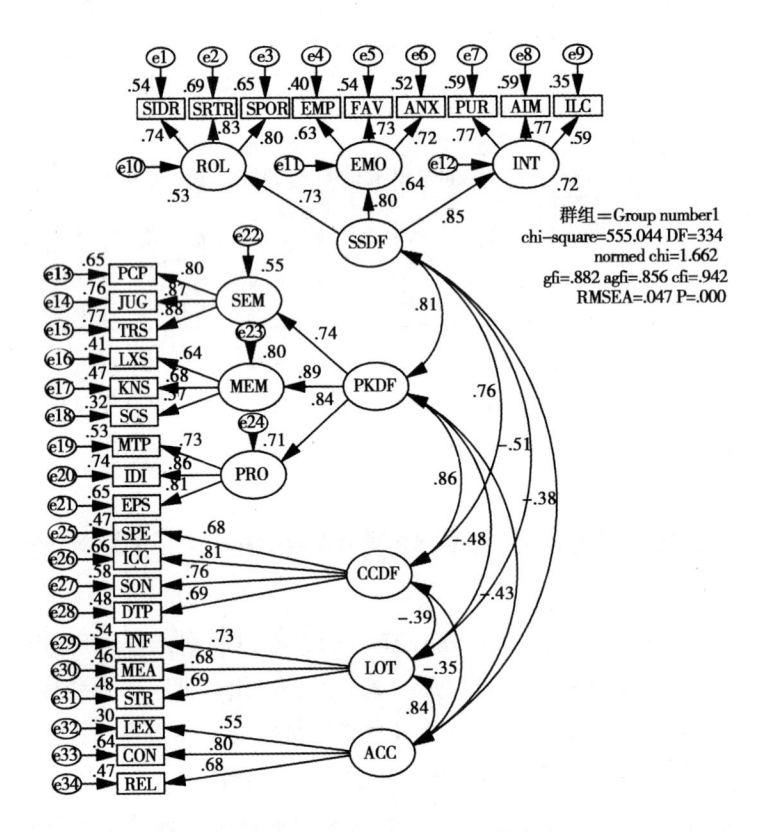

图 7-26 Bollen 二阶段检验

运行后输出结果如表 7-14 所示。

表 7-14　　　　　　　　变量相关系数

变量名称	相关	变量名称	Estimate
PKDF	<-->	SSDF	0.811
CCDF	<-->	SSDF	0.762
LOT	<-->	SSDF	−0.514
ACC	<-->	SSDF	−0.380
PKDF	<-->	CCDF	0.858
PKDF	<-->	LOT	−0.477
CCDF	<-->	LOT	−0.393

续表

变量名称	相关	变量名称	Estimate
CCDF	<-->	ACC	-0.348
LOT	<-->	ACC	0.837

从估计标准化系数来看，所有潜在变量之间大部分是中度以上相关。相关指标值均在0.3以上，只有PKDF与CCDF之间相关值为0.858，略大于0.85的上限值。通常认为，这两个构面间有共线性问题的可能，外生潜在变量之间的共线性则可能导致其与内生潜在变量之间的回归值可能符号方向相反并与理论假设相反，在解读研究结果时就会发生错误。因此，我们对这两个外生潜在变量的所有相关题项进行分析排查，运用SPSS程序对二者构面数集进行总量相关分析，发现其相关性平方值最大为0.667，小于0.8的显著标准，其共线性不大。

此外，PKDF（前知识突显障碍）因素与CCDF（语境构建障碍）因素在其理论内涵上有一定的交叉性（谌莉文、王文斌，2010；谌莉文、李丹弟，2020），这可能造成受试者在进行测试时，产生一定的交叉性判断。这说明，由于理论认知自身和题项设置界定等因素导致两个构面间的类似共线性倾向。事实上，二者确实在理论上有不同的内涵界定，加之本模型的各项配适度指标值均较理想，由此断定，研究结果受此相关值的影响不大。由于以上原因，本次研究中对上述情况暂不予共线性认定，其回归值的方向认定仍以理论的指向为准。

第二步，重新架构为SEM分析。依照Bollen二阶段检定方法，逐一对模型架构指标进行分析，检验分析在下文详述。

一 标准化因素负荷量分析

所有变量的标准化因素负荷量（见表7-15）。

表7-15　　　　　　　　标准化因素负荷量

			Estimate
SEM	<---	PKDF	0.743
MEM	<---	PKDF	0.895
PRO	<---	PKDF	0.845

续表

			Estimate
ROL	<---	SSDF	0.726
EMO	<---	SSDF	0.797
INT	<---	SSDF	0.850
SSDR1	<---	ROL	0.736
SSDR2	<---	ROL	0.828
SSDR3	<---	ROL	0.804
SSD7	<---	EMO	0.630
SSD8	<---	EMO	0.734
SSD9	<---	EMO	0.719
SSD10	<---	INT	0.767
SSD11	<---	INT	0.767
SSD12	<---	INT	0.593
CCD3	<---	CCDF	0.683
CCD4	<---	CCDF	0.810
CCD5	<---	CCDF	0.764
CCD6	<---	CCDF	0.691
EFF1	<---	LOT	0.734
EFF2	<---	LOT	0.678
EFF3	<---	LOT	0.691
EFF5	<---	ACC	0.551
EFF7	<---	ACC	0.800
EFF8	<---	ACC	0.684
PKD1	<---	SEM	0.804
PKD2	<---	SEM	0.870
PKD3	<---	SEM	0.877
PKD4	<---	MEM	0.642
PKD5	<---	MEM	0.684
PKD6	<---	MEM	0.566
PKD7	<---	PRO	0.729
PKD8	<---	PRO	0.860
PKD9	<---	PRO	0.808

表 7-15 的数值显示，模型所有二阶构面的因素负荷量均在 0.7 以上，而一阶的因素构面负荷量最低在 0.551 以上，基本符合模型配适需求。

涉及角色对话障碍（ROL）、情感沟通障碍（EMO）、意图融合障碍（INT）、语义评价障碍（SEM）、记忆检索障碍（MEM）、原型选择障碍（PRO）、忠实度（LOT）、规范度（ACC）、连贯度（CHH）等一阶构面以及主体性协同障碍（SSD）、前知识突显障碍（PKD）、语境构建障碍（CCD）和口译能力绩效（EFF）等二阶构面的因素负荷量均为正值，且数值基本均在标准范围，基本上正确反映了构面特性，可用于进一步 SEM 分析。

二 修正指标分析

检查修正指标是否有过大的修正值。一般来说，在 SEM 中，如果 MI<50，则视为正当；若 50<MI<100，则可考虑对模型进行修正；若 MI≥100，则是严重模型设定错误，需立即处理。本研究的修正指标值（见表 7-16）。

表 7-16　　　　　　　　修正指标值

变量名称	相关	变量名称	MI 值	差异值
e24	<-->	CCDF	4.727	0.037
e22	<-->	ACC	6.023	-0.066
e11	<-->	PKDF	5.917	0.034
e11	<-->	e22	5.812	0.05
e10	<-->	CCDF	5.267	0.037
e21	<-->	CCDF	4.087	0.044
e20	<-->	SSDF	5.744	-0.032
e20	<-->	e10	9.631	-0.06
e19	<-->	e21	7.096	-0.077
e18	<-->	ACC	4.772	0.073
e18	<-->	e22	5.679	-0.076
e18	<-->	e11	4.767	0.057
e17	<-->	e12	6.641	0.066
e17	<-->	e19	5.501	0.076
e16	<-->	CCDF	6.156	-0.076
e16	<-->	PKDF	9.888	0.08

续表

变量名称	相关	变量名称	MI 值	差异值
e16	<-->	e22	16.496	0.153
e14	<-->	e20	4.35	-0.045
e13	<-->	SSDF	6.232	0.035
e13	<-->	e11	6.841	0.055
e13	<-->	e17	4.258	-0.061
e33	<-->	e23	4.04	0.075
e32	<-->	e22	5.166	-0.109
e32	<-->	e11	4.705	-0.085
e31	<-->	e32	6.334	0.158
e30	<-->	e32	4.698	-0.133
e29	<-->	e18	5.623	-0.092
e28	<-->	e12	4.385	0.05
e28	<-->	e11	11.608	-0.075
e27	<-->	e18	5.577	0.078
e26	<-->	e22	8.068	-0.069
e26	<-->	e16	5.505	-0.084
e25	<-->	CCDF	4.579	-0.054
e25	<-->	PKDF	9.604	0.067
e25	<-->	e22	4.581	0.068
e25	<-->	e12	7.938	-0.078
e25	<-->	e28	6.675	-0.086
e9	<-->	SSDF	13.643	-0.07
e9	<-->	PKDF	12.918	0.086
e9	<-->	e22	20.8	0.16
e9	<-->	e12	15.352	-0.116
e9	<-->	e19	5.787	0.094
e9	<-->	e18	12.99	-0.158
e9	<-->	e15	4.547	0.067
e9	<-->	e30	5.269	0.103
e9	<-->	e29	4.186	-0.087
e9	<-->	e28	7.254	0.1
e8	<-->	e30	6.937	-0.087

续表

变量名称	相关	变量名称	MI 值	差异值
e8	<-->	e9	4.279	-0.072
e7	<-->	SSDF	5.91	0.033
e7	<-->	e22	4.69	-0.055
e7	<-->	e11	5.43	0.048
e7	<-->	e17	5.606	0.068
e7	<-->	e14	4.805	-0.048
e7	<-->	e25	5.366	-0.072
e7	<-->	e9	5.852	-0.082
e7	<-->	e8	8.625	0.071
e6	<-->	ACC	5.759	-0.077
e6	<-->	e22	4.899	0.068
e6	<-->	e16	4.612	0.097
e6	<-->	e14	5.856	0.065
e6	<-->	e34	4.391	-0.088
e6	<-->	e28	4.206	-0.067
e5	<-->	e22	7.4	0.082
e5	<-->	e17	5.733	-0.082
e5	<-->	e8	5.412	-0.071
e4	<-->	SSDF	5.266	0.037
e4	<-->	e22	6.792	-0.078
e4	<-->	e12	5.894	0.064
e4	<-->	e15	4.03	-0.054
e4	<-->	e9	8.237	-0.118
e4	<-->	e8	8.477	0.088
e4	<-->	e6	4.319	-0.074
e3	<-->	e4	8.635	0.077
e2	<-->	e12	4.451	-0.04
e2	<-->	e7	4.253	-0.045
e2	<-->	e4	5.931	-0.063
e1	<-->	e24	4.519	-0.041
e1	<-->	e28	7.434	0.067

表 7-16 中，MI 栏中所有的修正指标值中最大的为 20 左右，均在 50 以下，故为正常范围，说明本研究所获得的模型指标无须做修正。

三 配适度指标分析

经过 Bollen 二阶段检定，获得输出配适度指标结果（见表 7-17）。

表 7-17　　　　　　　　　模型配适度指标

CMIN

Model	NPAR	CMIN	DF	P	CMIN/DF
Default model	72	555.044	334	0	1.662
Saturated model	406	0	0		
Independence model	28	4157	378	0	10.997

RMR，GFI

Model	RMR	GFI	AGFI	PGFI
Default model	0.062	0.882	0.856	0.725
Saturated model	0	1		
Independence model	0.325	0.254	0.198	0.236

Baseline Comparisons

Model	NFI Delta1	RFI rho1	IFI Delta2	TLI rho2	CFI
Default model	0.866	0.849	0.942	0.934	0.942
Saturated model	1		1		1
Independence model	0	0	0	0	0

Parsimony-Adjusted Measures

Model	PRATIO	PNFI	PCFI
Default model	0.884	0.766	0.832
Saturated model	0	0	0
Independence model	1	0	0

NCP

Model	NCP	LO90	HI	90
Default model	221.044	160.15	2289.827	
Saturated model	0	0	0	
Independence model	3779	3575.356	3989.961	

续表

FMIN				
Model	FMIN	F0	LO 90	HI 90
Default model	1.856	0.739	0.536	0.969
Saturated model	0	0	0	0
Independence model	13.903	12.639	11.958	13.344
RMSEA				
Model	RMSEA	LO 90	HI 90	PCLOSE
Default model	0.047	0.04	0.054	0.755
Independence model	0.183	0.178	0.1880	
AIC				
Model	AIC	BCC	BIC	CAIC
Default model	699.044	714.51	965.716	1037.716
Saturated model	812	899.215	2315.736	2721.736
Independence model	4213	4219.014	4316.706	4344.706
ECVIModel	ECVI	LO 90	HI 90	MECVI
Default model	2.338	2.134	2.568	2.39
Saturated model	2.716	2.716	2.716	3.007
Independence model	14.09	13.409	14.796	14.11
HOELTER				
Model	HOELTER 0.05	HOELTER 0.01		
Default model	204	214		
Independence model	31	32		

输出配适度指标结果显示，卡方值 = 555.044，自由度 = 334，卡方/自由度 = 1.662，GFI = 0.882，AGFI = 0.856，CFI = 0.942，RMSEA = 0.047。各项指标基本符合要求，模型配适度较好，基本在正常可接受范围。也就是说，根据配适度标准，无须做任何修正，即可进入下一环节的分析工作。

第三节 样本多元常态及极端值检验

在 CFA 分析中，检查观测变量分数值是否符合常态分配是统计分析的第一步。若有任意观测变量分数违反单变量常态，就不可能符合多元常态，反之则是不成立的。进行 SEM 分析时，若指标不符合多元常态分布，那么使用最大概似估计法（ML）就会高估卡方值，即便极小的差异也会使卡方检定变得显著，就会严重低估标准误差，导致路径系数及因素的共变异数变得很容易显著化表现，即使数据资料违反统计假设，仍能得到不错的信度与效度。这说明，最大概似估计法的一个主要限制就是样本的数据资料须符合多元常态假设。依据常态理论的卡方统计，因数据资料的非常态导致卡方值膨胀，使得 I 型错误率变大。然而，实际运用中，往往因为模型被拒而做出错误的推论，主要就是非多元常态造成的模型不佳所致（MacCallum，1986；MacCallum et al.，1992）。因此，进行样本资料的多元常态分析是 SEM 分析中非常重要的工作。

一　多元常态分布检验

变量常态检验的统计标准一般采用偏态及峰度的 Critical Ratio（偏态/偏态标准误）值是否大于 2.58，即 P 值是否小于 0.01 的标准（Leech et al.，2005）来判断。如果 C.R. 值大于 2.58 则说明资料有偏。由于该值易受到样本数的影响（样本数越大，标准误差越小），而 SEM 又是大样本分析法，所以在实际的研究运用中均以偏态和峰度值来做判断，而不以 C.R. 值来判断。Kilne（2005）提出以经验法则判定，将偏态绝对值在 2 以内、峰度在 7 以内称为资料符合单变量常态。多元常态检定采用的是 Multivatiate Kurtosis 及临界比 Critical Ratio（Z-Value）为判断依据，尤其是 C.R. 值（Byrne，2010）。据本特勒（Bentler，2005）建议，C.R. 值<5 则称为符合多元常态分配。当临界比 Critical Ratio 值大于 10 时，即使资料符合单变量常态，但却不符合多元常态分布，需要采用自助法（bootstrap method）加以应对。

下面对口译过程概念框架构建障碍的模型资料进行分析，以判别用于该模型的样本数据是否存在非多元常态分布及极端值存在的情况。

将 SEM 模型资料数据代入 AMOS 软件运行，输出结果（见表 7-18）。

表 7-18　　　　　　　　单变量及多元常态评估数据

Variable	min	max	skew	C.R.	kurtosis	C.R.
PKD9	1	5	0.214	1.51	-0.461	-1.631

续表

Variable	min	max	skew	C. R.	kurtosis	C. R.
PKD8	1	5	0.199	1.408	-0.537	-1.899
PKD7	1	5	0.307	2.172	-0.502	-1.776
PKD6	1	5	0.382	2.703	-0.204	-0.723
PKD5	1	5	0.348	2.458	-0.224	-0.791
PKD4	1	5	0.068	0.479	-1.072	-3.789
PKD3	1	5	0.07	0.494	-0.506	-1.788
PKD2	1	5	0.118	0.838	-0.274	-0.969
PKD1	1	5	-0.024	-0.171	-0.387	-1.368
EFF8	1	5	0.01	0.068	-0.766	-2.707
EFF7	1	5	-0.061	-0.431	-1.071	-3.785
EFF5	1	5	0.028	0.2	-1.359	-4.805
EFF3	1	5	0.28	1.979	-0.674	-2.384
EFF2	1	5	0.284	2.006	-0.6	-2.121
EFF1	1	5	0.278	1.963	-0.632	-2.234
CCD6	1	5	0.348	2.462	0.036	0.126
CCD5	1	5	0.269	1.905	-0.255	-0.9
CCD4	1	5	0.244	1.727	-0.339	-1.199
CCD3	1	5	0.101	0.711	-0.45	-1.589
SSD12	1	5	0.243	1.716	-0.527	-1.865
SSD11	1	5	0.466	3.293	-0.01	-0.036
SSD10	1	5	0.39	2.759	-0.249	-0.881
SSD9	1	5	0.315	2.227	-0.388	-1.373
SSD8	1	5	0.241	1.701	-0.732	-2.588
SSD7	1	5	0.438	3.098	-0.332	-1.174
SSDR3	1	5	0.076	0.54	0.016	0.058
SSDR2	1	5	0.311	2.201	-0.039	-0.137
SSDR1	1	5	0.284	2.006	-0.116	-0.41
Multivariate					59.012	12.469

从表中的 skew（偏态）栏可发现，所有变量的偏态数值的绝对值都没有超过 1（偏态绝对值≤2 的判定标准），而在 kurtosis（峰度）栏中，所有的峰度值均没有超过 7，这说明，本研究的所有观察变量全部符合单

变量常态分布。

其次，观察表7-18中的数据，发现多元常态检定值 Multivariate Kurtosis，即 C. R. 为 12.469，大于标准（C. R. <5）值，据此判定，样本资料存在非多元常态分布的情况。解决办法是，检查资料中是否有极端值的存在并因此影响了多元常态分布的评估。

二 极端值（outliers）检验

通常只要样本资料不符合多元常态分布，就表示有可能存在极端值。极端值是指某一个受试者的分数与其他的受试者分数差异较大。一个受试者在某一个变量有极端的差异值，则称为单变量极端值。如果超过 2—3 个变量以上的结合所造成的极端值就称为多元极端值。在 AMOS 中检定极端值采用的是马氏距离的平方，距离越大表示该样本越远离中心值，即形成极端值。如果没有特别的理由，一般要把极端值删除。AMOS 判断极端值的标准有 p1、p2 两个指标值，Arbuckle（2009）建议以 p2 值为标准。在具体数值的判定时，Kline（2005）建议显著性检定应以保守为原则，即以 p<0.001 以下来取代传统的 p<0.05 值为标准。在实际运用中，p2 值<0.001，也并不一定就是显著的极端值，p<0.001 仅是该样本的马氏距离的存在，至于具体多大的距离是极端值，则要根据具体研究的样本数据来确定。一般来说，以样本与样本之间的差距是否有比其他样本间的差距大很多来定。

据此，运算得出本研究样本的具体数值情况，详（见表7-19）。

表7-19　　　　　　　　　极端值检验数据

极端值检定值			
Observationnumber	Mahalanobisd-squared	p1	p2
54	76.000	0.000	0.001
139	59.137	0.001	0.011
300	58.560	0.001	0.001
37	58.306	0.001	0.000
280	55.046	0.002	0.000
265	54.657	0.002	0.000
10	54.243	0.002	0.000
256	53.703	0.002	0.000

续表

极端值检定值			
Observationnumber	Mahalanobisd-squared	p1	p2
107	52.997	0.003	0.000
223	50.532	0.006	0.000
134	49.888	0.007	0.000
2	49.216	0.008	0.000
295	48.259	0.010	0.000
147	48.111	0.010	0.000
149	48.099	0.010	0.000
208	47.799	0.011	0.000
244	47.485	0.012	0.000
219	46.963	0.014	0.000
206	46.954	0.014	0.000
120	46.693	0.015	0.000
254	45.621	0.019	0.000
250	45.280	0.021	0.000
27	44.874	0.023	0.000
14	44.739	0.023	0.000
157	44.451	0.025	0.000
194	44.266	0.026	0.000
257	43.892	0.028	0.000
108	43.890	0.028	0.000
4	43.572	0.031	0.000
103	42.988	0.035	0.000
24	42.734	0.037	0.000
276	42.645	0.038	0.000
132	42.583	0.038	0.000
238	42.014	0.043	0.000
141	41.896	0.044	0.000
268	41.550	0.048	0.000
13	41.408	0.049	0.000
49	41.017	0.054	0.000
239	39.859	0.068	0.000
297	39.727	0.070	0.000
216	39.632	0.071	0.000
97	39.266	0.077	0.000
56	39.255	0.077	0.000
273	39.096	0.079	0.000

续表

极端值检定值			
Observationnumber	Mahalanobisd-squared	p1	p2
106	38.998	0.081	0.000
196	38.877	0.083	0.000
122	38.546	0.089	0.000
222	38.238	0.094	0.000
118	37.884	0.101	0.001
292	37.587	0.106	0.001
86	36.358	0.134	0.042
270	36.280	0.136	0.037
57	36.254	0.136	0.028
241	36.074	0.141	0.034
12	35.710	0.150	0.066
281	35.576	0.154	0.069
205	35.301	0.161	0.103
74	35.076	0.168	0.134
91	34.976	0.171	0.131
105	34.829	0.175	0.143
182	34.815	0.175	0.116
140	34.761	0.177	0.103
148	34.713	0.178	0.090
7	34.610	0.182	0.090
212	34.506	0.185	0.090
130	34.336	0.190	0.107
3	33.952	0.202	0.203
114	33.690	0.211	0.277
117	33.647	0.213	0.252
55	33.400	0.221	0.329
271	33.332	0.224	0.316
253	33.190	0.229	0.344
48	33.156	0.230	0.313
199	33.116	0.231	0.287
18	33.115	0.232	0.243
95	33.095	0.232	0.212
51	33.089	0.232	0.177
52	32.928	0.238	0.208
65	32.850	0.241	0.204
82	32.834	0.242	0.175

续表

极端值检定值			
Observationnumber	Mahalanobisd-squared	p1	p2
111	32.693	0.247	0.198
228	32.382	0.259	0.309
131	32.308	0.262	0.304
145	32.295	0.263	0.267
11	32.128	0.269	0.313
79	32.075	0.271	0.297
225	32.048	0.273	0.268
23	32.044	0.273	0.229
53	32.027	0.273	0.200
19	31.811	0.282	0.266
251	31.809	0.282	0.228
135	31.807	0.282	0.192
168	31.553	0.293	0.279
166	31.508	0.295	0.262
129	31.379	0.300	0.290
128	31.314	0.303	0.284
116	31.282	0.305	0.260
5	31.051	0.315	0.350
298	30.981	0.318	0.347
204	30.902	0.321	0.350

依据 p2 值<0.001 的极端值判断标准进行检查。从表中可看到，第一个样本中，54 号观察值为 76.000；第 2 个样本中，37 号的观察值为 58.306，两者距离差为 17.694。观察发现，其他样本观察值之间的距离都很小，因此，认定该 54 号样本数据为极端值，将其从资料中删除。

三 非多元常态分布修正

通过前述步骤对本研究样本资料进行的分析，注意到目前本研究的资料只符合单变量常态分布，仍未能符合多元常态数据分布，可能造成标准误差的低估及卡方值的膨胀。为了解最大概似估计法是否低估了标准误差以及是否高估了卡方值，可用 Bootstrap（自助法）（Kline，2005）来解决此问题。

Bootstrap 是重复抽样法（resampling）的一种，它不需要任何理论的假设,而它的推论则是建立在同一集合的样本中,不断地重复抽样,一般至少 1000 次以上。重复抽样法是一种革命性的估计方法,尤以自助法(Bootstrap)相比其他的几种重复抽样法具有压倒性的优势(Fan & Wang, 1996),所估计结果不偏而且一致,故而在 SEM 中较为常用。

针对本研究的样本资料,在 AMOS 的程序 Bootstrap 分析界面中将执行自助法设为 1000,把默认的 90% 信赖区间重新设定为 95% 信赖区间,亦即表示 Bootstrap 执行 1000 次并算出 95% 的信赖区间,并采用 Bootstrap ML 标准法。执行后的结果输出如表 7-20 所示。

表 7-20　　　　　　ML 与 Bootstrap 相关估计比较

Parameter	SE	SE-SE	Mean	Bias	SE-Bias
PKDF<-->SSDF	0.049	0.001	0.811	0.000	0.002
CCDF<-->SSDF	0.048	0.001	0.765	0.002	0.002
LOT<-->SSDF	0.064	0.001	−0.515	−0.001	0.002
ACC<-->SSDF	0.075	0.002	−0.384	−0.004	0.002
PKDF<-->CCDF	0.037	0.001	0.857	−0.001	0.001
PKDF<-->LOT	0.070	0.002	−0.480	−0.003	0.002
PKDF<-->ACC	0.069	0.002	−0.435	−0.002	0.002
CCDF<-->LOT	0.069	0.002	−0.394	−0.001	0.002
CCDF<-->ACC	0.068	0.002	−0.348	0.000	0.002
LOT<-->ACC	0.045	0.001	0.839	0.003	0.001

表 7-20 中,SE 表示 Bootstrap 估计的标准误差,该值理应很小。SE-SE 表示最大概似估计法的标准误差与 Bootstrap 估计的标准误差之间的差距,若值很小,说明该两种方法所估计的标准误差差异不大;Mean 表示 Bootstrap 估计的参数值;Bias 表示最大概似估计法的参数值减去 Bootstrap 估计的参数值,如果值很小,则表示两种方法估计的差异不大。理论上而言,二者标准误差是接近的,且 Bias 很小,那么,即使样本资料偏离了多元常态分布或其他原因引起参数计算偏误,使用最大概似估计法的结果也会具有一定的可靠性。对照表 7-20 中的样本资料数据来看,SE-SE 值均不大于 0.002,确实较小,这就表示样本资料本身虽然有非多元常态分布存在,但其结果偏误并不大。据此表明,本研究中采用最大概似法的估计结果可以接受。

第四节　障碍构面共同方法变异分析

共同方法变异（Common Method Variance，CMV）的问题主要是来自测量工具的误差，测量误差影响了衡量构面之间关系结论的效度（Podsakoff et al.，2003）。一般测量误差可分为随机性误差及系统性误差，而系统性误差可解释为误差发生在测量到非原本想测量的构面或没测到所想要测量到的构面两种（Schwab，2005）。以上无论哪种办法测到的信息都不完整，从而引起构面效度的不足，因此都可能会负面影响构面效度。方法变异正是针对构面效度影响的第一种情况，也就是方法变异是多测的部分，说明方法变异CMV与构面效度极为相关。也就是说，若同时检测两个或两个以上构面，所得的结果显示构面间的相关性很高，但实际上可能并非构面间真正的相关，而是测量工具所致，即方法变异同时出现于构面的测验结果中，产生CMV，导致构面间相关膨胀。

由于研究样本资料的所有题项均采用李克特五级量表，所涉及题型较为一致，语向大部分相同。在数据实测过程中，发现可能出现博达考夫等（Podsakoff et al.，2003）提出的几种常见的CMV问题，分别是：

A. 部分样本题项中含有语义不清或复杂的问项，可能会强迫受试者进行主观判断，导致较低的内部一致性，进而降低构面信度。

B. 本研究样本题项大部分采取的是负面语义及反向问题，可能存在受试者有时忽略与正向语义的对照，从而产生系统误差的情况。

C. 有些问题可能具有引导效果，使受试者在回答前已有了主观的概念存在，这也会产生向上偏误的系统性误差，从而降低问卷的信度。

D. 部分问卷题项中加入了正面或负面的引导文字，致使题项不具中立性。

E. 由于本研究的受试者均为在校学生，不可避免地在许多问题上维持了其态度及认知的一致性，不少题项的答案存在方向上的趋同性。

为避免上述CMV问题产生，我们在问卷设计时运用了事前防范的方法，如采用不同学校的学生作为受试者；对题项进行了编排设计；采用网络和纸质不同的测试方式办法，尽量做到测试的合理、中立，最大限度地降低共同方法变异问题。在问卷测试后的实际研究运用中，通过在执行完CFA后采用哈门氏单因子法（Harman's single-factor test）以及执行一因子验证性因素分析的方法，以检验构面是否有共同方法变异的现象。

一 哈门氏单因子检验

哈门氏单因子检验法是目前应用最广泛的检查测试问卷是否有共同方法变异的统计技术。其做法是将所有构面题项全部放进探索式因素分析（Exploratory Factor Analysis，EFA）中，以检验因素分析的因素个数解释变异的能力（Anderson & Bateman，1997；Aulakh & Gencturk，2000；Schriesheim，1979）。以下两种情形可判定 CMV 的存在：第一，在未转轴的因素分析中只得到一个因素；第二，一个因素掌握了超过 50% 的解释能力。据此说明变量之间存在共同方法变异。

在本研究模型中，存在主体性协同障碍构面、前知识突显障碍构面及口译能力绩效构面三个二阶构面，因此需要将这三个二阶构面降为一阶。因之前 CFA 章节中已经证明，该三个构面具有收敛效度，为了将模型精简，我们把一阶构面的题项进行加总平均，使得模型变成主体性协同障碍一阶构面、前知识突显障碍一阶构面和口译能力绩效一阶构面等三个一阶构面，最后再将它们代入 SPSS 中进行因素分析。具体操作如下：

首先，将三个二阶构面降阶为一阶构面，分别（见图 7-27、图 7-28、图 7-29）。

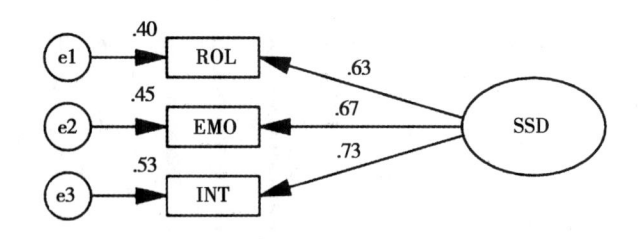

图 7-27 SSDF 降阶构面一阶 CFA

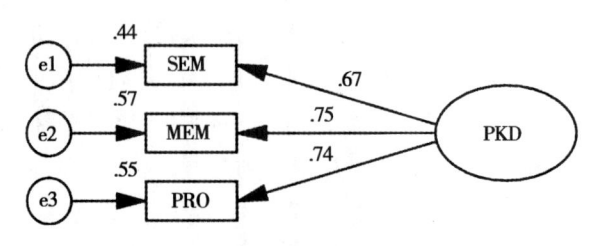

图 7-28 PKDF 降阶构面一阶 CFA

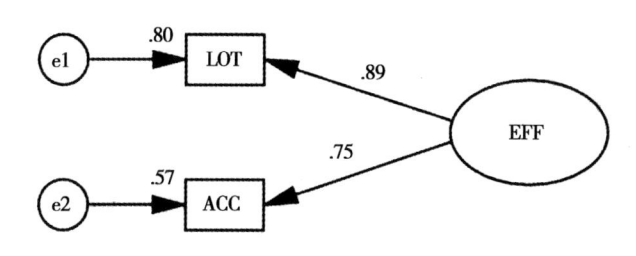

```
        .80
  e1 ──▶ LOT ◀── .89
                    ╲
                     EFF
                    ╱
        .57    .75
  e2 ──▶ ACC ◀──
```

图 7-29　EFFF 降阶构面一阶 CFA

其后,将所有构面的变量数据代入 SPSS 因素分析中,运行后输出如下报告(见表 7-21)。

表 7-21　　　　　　　　因素分析总变异量累计

成分	初始特征值			提取平方和负荷量			旋转平方和负荷量		
	合计	变异数的(%)	累积(%)	合计	变异数的(%)	累积(%)	合计	变异数的(%)	累积(%)
1	8.122	42.748	42.748	8.122	42.748	42.748	3.963	20.858	20.858
2	2.383	12.541	55.290	2.383	12.541	55.290	3.241	17.059	37.917
3	1.247	6.562	61.851	1.247	6.5626	1.851	2.880	15.1585	3.075
4	1.040	5.473	67.324	1.040	5.473	67.324	2.707	14.249	67.324
5	0.796	4.188	71.512						
6	0.676	3.560	75.072						
7	0.655	3.445	78.516						
8	0.566	2.981	81.498						
9	0.532	2.800	84.298						
10	0.513	2.701	86.999						
11	0.476	2.507	89.507						
12	0.463	2.434	91.941						
13	0.378	1.989	93.930						
14	0.371	1.952	95.881						
15	0.339	1.783	97.665						
16	0.326	1.716	99.381						
17	0.052	0.274	99.654						
18	0.039	0.206	99.860						
19	0.027	0.140	100.000						

提取方法:主成分分析。

表 7-21 显示,因素分析结果共得到 4 个因素,而不是只得到了 1 个因素,总解释能力达到 67.324%,没有出现第一种情形。在得到的因素

中，其中最大的因素解释能力为 42.748%，没有超过 50% 以上的解释能力，也不符合第二种 CMV 存在的情形。分析表明，本次进行研究的测试问卷未发生共同方法变异的情况，或至少所发生的情况并不太严重。

二 单因子验证性分析 CMV 检验

接下来，采用单因子验证性因素分析来检验 CMV。单因子验证性分析 CMV 检验是一个很直观的方法，由于多因子的 CFA 必定巢型于单因子 CFA 模型之下，因此，可以采用卡方变异值来检验，只要差异显著，就可以说共同方法变异不明显，至少没有严重的 CMV 存在。出于更严谨的考虑，比较保守的做法是采用 p 值<0.001 而不是传统的 p 值<0.05 来检验。

为此，先将本研究的口译过程概念框架构建障碍模型中的所有二阶构面降阶为 CFA 一阶构面，并将其分别画图成单因子 CFA 以及多因子 CFA，执行分析后得到卡方值、自由度及模型配适度等指标，然后再进行检验判定。单因子及多因子 CFA 分别（见图 7-30 和图 7-31）。

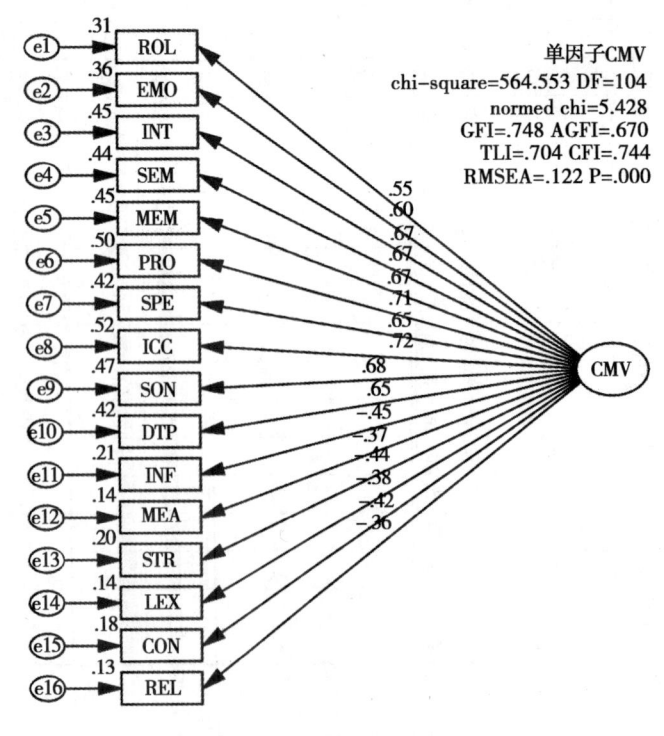

图 7-30 单因子 CFA

如图7-30，单因子验证性因素分析的结果为：χ^2（104，N=300）= 564.553；p=0.000，GFI=0.748；AFGI=0.670；CFI=0.744；TLI=0.704；SRMR=0.1067；RMSEA=0.122。有6个因素负荷量未超过0.5以上，说明数据资料的配适度不太理想。

再看图7-31，多因子验证性因素分析结果为：χ^2（94，N=300）= 129.536；p=0.009，GFI=0.950；AGFI=0.927；CFI=0.980；TLI=0.975；SRMR=0.0390；RMSEA=0.036。以上指标均表明，数据资料的配适度良好。

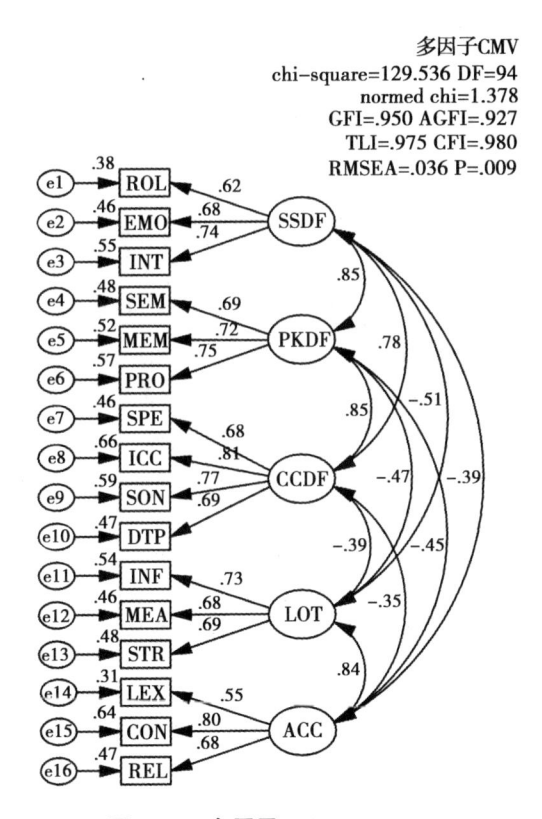

图7-31 多因子CFA

最后我们通过STATABLW程序来计算差异的显著性，先比较两个模型的卡方值和自由度，其差异分别为：$\Delta\chi^2$=564.553-129.536=435.017和Δdf=104-94=20。然后，将这两个差异值输入STATABLW程序来计算P值。

显著性计算输出（见图7-32）。

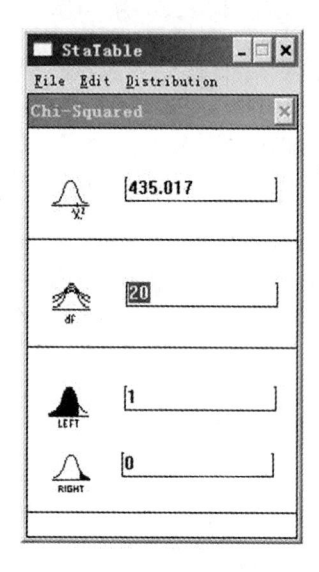

图 7-32　显著性计算

从图 7-32 显著性计算程序的最下一栏可看到，输出的 p 值为 0，表示非常显著，即差异显著性 p<0.000，因此拒绝虚无假设，说明这两个模型不同，因此不存在共同方法变异或至少不严重。

以上说明，本研究的构面没有共同方法变异存在的可能，故不用担心所研究样本资料的 CMV 问题，其系数上的估计不会产生偏误，对结果的解释也不太可能会产生混淆。

第五节　障碍构面的信度与效度分析

测量模型分析（CFA）品质是基于检定模型重点建构效度而来，建构效度则包含了收敛效度（convergent validity）和区别效度（discriminant validity）两个重要组成。在 SEM 应用中，构面是潜在（非观察）的变量，由于无法直接测量，因此需要通过理论研究，利用观察变量来加以间接测量，并根据理论推导，决定构面与构面的相关程度，正因为如此，CFA 被广泛用作验证假设模型的测量工具。然而，验证性因素分析一般只有测量模式而无结构模式，也就是说，其本身没有因果模式的推论。其后果是，在实际研究引用前人的测量工具时，并不知道其是否适用于我们自己的研究，所以必须要对相关题项等进行检验。在检验过程中可能发现一些诸如题项信度不好、再进一步检查发现所引用测量工具也可能存在非通用性信效度不高等问题。因此。对模型中所有因素进行信效度的检验至关重要。

一 收敛效度分析

一组变量用来推定可以衡量同一构面的检验称为收敛效度，它是利用同一构面中变量之间相关程度的大小来加以评估的，又称为内部一致性效度，主要是确保一个构面的变量之间至少有中度以上相关。在 SEM 中，通常采用潜在变量的组成信度（Composite Reliability，CR）指标，潜在变量的 CR 值为观察变量信度的组成，用以表示构面指标的内部一致性，信度越高，表示指标的一致性越高。福内和拉舍（Fornell & Larcher，1981）提出，信度在 0.6 和 0.7 之间是可接受的，0.7 以上则代表该研究模式的内部一致性良好。CFA 技术是 SEM 分析中用来衡量收敛效度的一种很好用的统计工具，其估计的结果包括因素变异数估计、共变异数、因素负荷量及每一个指标的测量误差等。据此，收敛效度包括：因素负荷量、组成信度及平均变异数萃取量等三部分组成（Hair et al.，2009）。具体分析如下：

（一）构面的因素负荷量

因素负荷量（Measurement Weight）大小是衡量收敛效度的重要指标，较高的收敛效度一定有较高的因素负荷量，代表测量变量可以收敛到一个潜在变量上。一般来说，因素负荷量至少要显著，但显著并不代表强度够大。通常情况下，标准化的因素负荷量值至少要≥0.5，理想的状况是 0.7，标准化系数介于-1—+1，解释较为方便。

针对口译思维过程概念框架构建障碍模型，在主体性协同障碍构面、前知识突显障碍构面、语境构建障碍构面及口译能力绩效构面等四个构面中，因素负荷量也大多大于 0.7 的标准，符合福内和拉舍（Fornell & Larcker，1981）及黑尔等学者（Hair et al.，2009）提出的标准（见表7-13）。

（二）组成信度

在 SEM 中，组成信度（Composite Reliability，CR）用来观察变量信度的组成。Cronbach's alpha 是最常用来建立内部一致性的方法，虽然容易被低估，但仍普遍应用在信度分析上，在 SEM 中多采用不同的信度分析，称为组成信度。根据经验法则,良好的组成信度一般要大于0.7以上,组成信度在0.6—0.7方为可接受。

根据前述章节研究结果,主体性协同障碍构面、前知识突显障碍构面、语境构建障碍构面及口译能力绩效构面等四个构面的组成信度分别为:0.758、0.785、0.826、0.911(见表7-13),均超过0.7以上,说明本研究模型的所有构面的指标一致性较高,具有良好的组成信度。

(三)平均变异数萃取量

平均变异数萃取量(Average Variance Extracted,AVE)是将构面所有标准化因素负荷量的平方加总后平均得来,而标准化因素负荷量的平方就是对构面测量题项(题目)的解释能力(SMC),所以 AVE$\geq$0.5 被视为具有适当的收敛程度,若<0.5则表示构面解释测量变量中不可解释变异大于可解释变异,结果并不十分理想。所以在实际研究中,AVE必需每个构面一一单独执行,并对运行结果进行检验。

同样,经过执行后,主体性协同障碍构面、前知识突显障碍构面、语境构建障碍构面及口译能力绩效构面四个构面的平均变异数萃取量分别为0.514、0.550、0.546、0.609(见表7-13),均大于0.5以上,说明所有构面具有适当的收敛程度。

综上所述,本研究应用SEM分析中衡量收敛效度的三个指标,即因素负荷量、组成信度及平均变异数萃取量,以检验本研究中口译过程概念框架构建障碍模型所涉及的主体性协同障碍构面、前知识突显障碍构面、语境构建障碍构面及口译能力绩效构面等四个构面情况。经检验,本研究中所有构面全部具有收敛效度。

二 区别效度分析

区别效度分析是验证两个构面相关在统计上是否有差异的方法。不同构面的题项应该不具有高度相关,如果有大于0.85以上的高度相关,就表示这些题项是在衡量同一件事,发生这样结果的原因通常是因为构面的定义有过度重叠。

下面采用常用的信赖区间法(Bootstrap)和系数设定法两种衡量方法,检验本研究中口译过程概念框架构建障碍模型构面的区别效度。

(一)Bootstrap信赖区间

在SEM执行模型估计时,以Bootstrap方式来产生具强韧性的标准误差，借以建立构面之间相关系数的信赖区间（Lower—Upper），如果信赖区间值未能包含 1，即完全相关，则表示构面之间具有区别效度（Torkazdeh et al.，2003）。在估计路径系数时，Bootstrap 至少要 250 次（Hancock & Nevitt，1999）。本研究中，执行 Bootstrap 程序时，设定重复抽样为 1000 次，信心区间设为 95%。操作方法是，首先将 SEM 模型中所有构面重新架构成 CFA 模式（见图 7-33），然后执行运行 CFA。

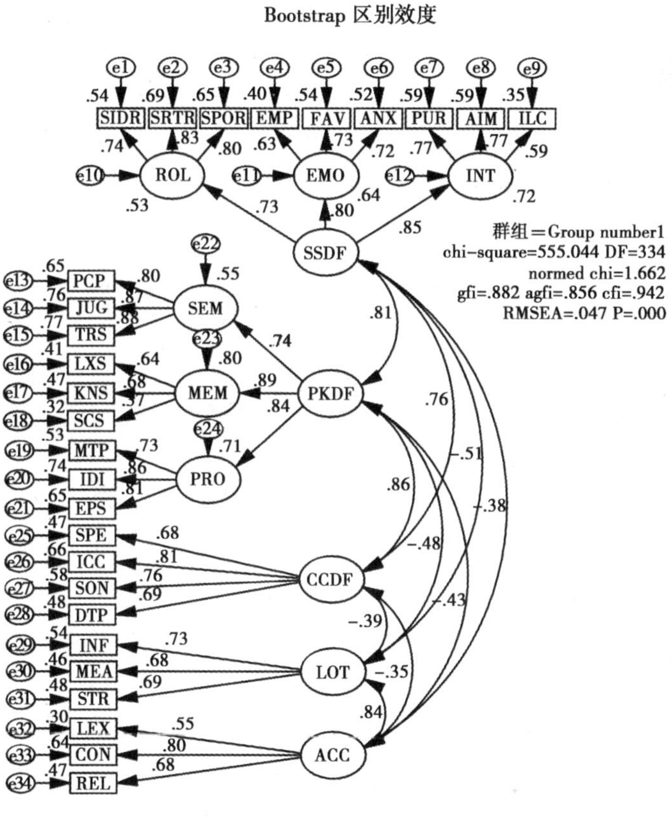

图 7-33　Bootstrap 区别效度

AMOS 程序提供了三种信赖区间的估计方式，一是 Bias-corrected Percentile Method；二是 Percentile Method；三是点估计值 ±2 倍标准误差（Φ±2σ）。在数据资料不违反多元常态分布的情形下，其信赖区间会大致相同。运行 CFA 后结果如表 7-22 所示。

表 7-22　　　　　　　　　　　信赖区间估计

构面之间相关系数信赖区间估计

Parameter	Estimate	φ±2σ		Bias-corrected		Percentile Method	
		Lower	Upper	Lower	Upper	Lower	Upper
PKDF<-->SSDF	0.811	0.707	0.903	0.703	0.903	0.707	0.906
CCDF<-->SSDF	0.762	0.663	0.845	0.652	0.845	0.663	0.857
LOT<-->SSDF	-0.514	-0.64	-0.385	-0.635	-0.385	-0.64	-0.387
ACC<-->SSDF	-0.380	-0.535	-0.233	-0.527	-0.233	-0.535	-0.241
PKDF<-->CCDF	0.858	0.779	0.923	0.778	0.923	0.779	0.923
PKDF<-->LOT	-0.477	-0.611	-0.328	-0.599	-0.328	-0.611	-0.344
PKDF<-->ACC	-0.433	-0.567	-0.291	-0.561	-0.291	-0.567	-0.296
CCDF<-->LOT	-0.393	-0.52	-0.246	-0.514	-0.246	-0.52	-0.255
CCDF<-->ACC	-0.348	-0.48	-0.213	-0.479	-0.213	-0.48	-0.213
LOT<-->ACC	0.837	0.75	0.921	0.739	0.921	0.75	0.926

表 7-22 显示，模型中的构面与构面之间均没有发生信赖区间包含 1 的情形，因此，本研究的所有构面具有区别效度。

（二）系数设定

SEM 系数设定法是利用巢型结构卡方差异检验法（Chi-square Different Test）进行区别效度的检验（Anderson & Gerbing, 1988; Bagozzi et al., 1991）。在运用卡方差异检验法时，需将待检验潜在变量间的标准化相关系数设为 1，这种情况称为受限模型（constrained model）。方法是，检验一个自由度下卡方增加值是否大于 3.84（查卡方值表）。若卡方差异值大于显著水平，则表示所检验的潜在变量具有区别效度。另外，检查模型之间是否达到实务上的差异 ΔCFI>0.01，若每个模型之间的 ΔCFI 都达实务上差距（0.01）的标准，即称为构面之间具有区别效度。若以上两种检验均符合，则说明所有构面之间不论从统计上还是实务上进行鉴定，均具有区别效度。具体分析如下：

第一步，在口译概念框架构建障碍模型中，构面与构面之间设一个固定参数 1，这个 1 表示完全相关（检验假设意即模型的 A 构面与 B 构面完全相关），而且一次只能设定一个，有几个相关就要设定几次。本研究模型涉及主体性协同障碍构面、前知识突显障碍构面、语境构建障碍构面以及口译能力绩效构面（忠实度和规范度两个次构面），共四个构面，除了语境构建障碍构面外的其他三个构面均为二阶构面，在系数设定中只考察直接相关构面。为了能确实检验相关系数为1，需将本研究的四个构面做完全标准化设定，也就是将1设到这四个潜在构面上，同时将原构面在任意一条线上所做的非标准化设定的1予以取消。如此一来，共变异数就等于相关系数，因此，检验共变异数就相当于检验相关系数。

第二步，把模型中四个构面的10个共变异相关线重新编号，分别输入C1、C2、C3、C4、C5、C6、C7、C8、C9、C10等英文字母以示区分。

第三步，将模型的10个相关设定为10个新的模型，并分别重新命名为KYZA1、KYZA2、KYZA3、KYZA4、KYZA5、KYZA6、KYZA7、KYZA8、KYZA9、KYZA10（意即口译障碍模型1—10）等10个受限模型。然后分别将其相关系数C1、C2、C3、C4、C5、C6、C7、C8、C9、C10全部设置为1。开展多模型设定。

至此，用SEM系数设定法来检验模型构面区别效度已设置完毕，模型（见图7-34）。

最后执行SEM运行。为更好说明本研究模型构面的区别效度，我们对输出结果分别进行统计上和实务上解读。首先观察卡方值差异（见表7-23）。

表7-23 卡方值差异

受限模型——预设模型卡方差异值

Model	DF	CMIN	P	NFI Delta-1	IFI Delta-2	RFI rho-1	TLI rho2
KYZA1	1	27.376	0.000	0.007	0.007	0.007	0.008
KYZA2	1	17.747	0.000	0.004	0.005	0.004	0.005
KYZA3	1	47.657	0.000	0.011	0.012	0.012	0.014
KYZA4	1	105.806	0.000	0.025	0.028	0.028	0.031
KYZA5	1	133.222	0.000	0.032	0.035	0.036	0.039
KYZA6	1	27.125	0.000	0.007	0.007	0.007	0.008
KYZA7	1	128.776	0.000	0.031	0.034	0.035	0.038
KYZA8	1	126.727	0.000	0.03	0.033	0.034	0.037
KYZA9	1	154.996	0.000	0.037	0.041	0.042	0.046
KYZA10	1	150.940	0.000	0.036	0.039	0.041	0.045

从表7-23中可看到，所有受限模型的卡方值CMIN中KYZA2的值最

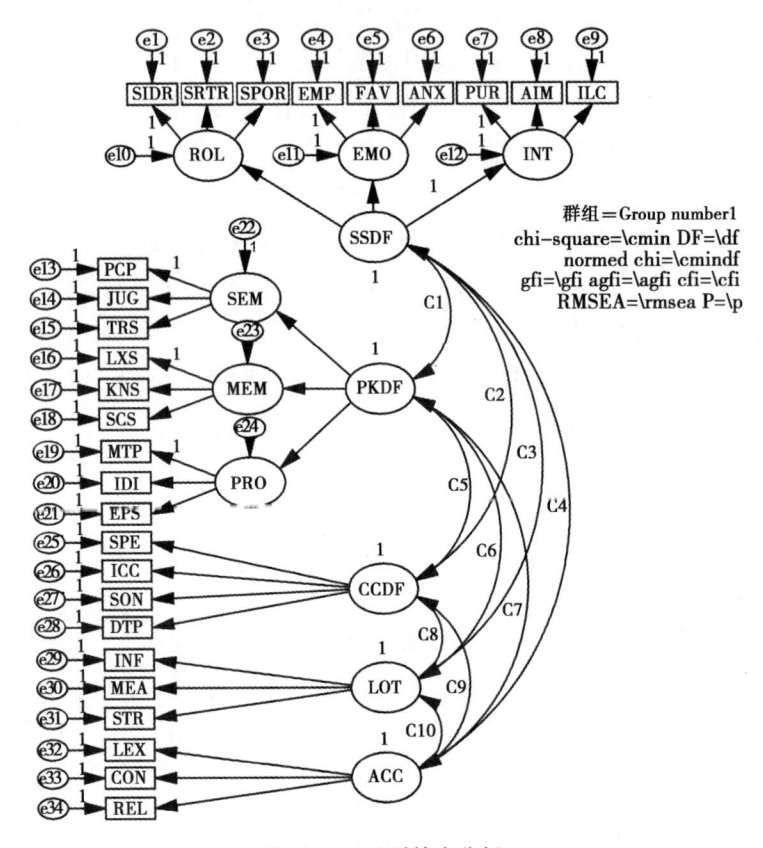

图 7-34　区别效度分析

小为 17.747，显然全部都大于 3.84，显著性检验 P 值全为 0.000，拒绝虚无假设（相关等于 1），所以相关不为 1，即不为完全相关，说明构面与构面之间具有区别效度。

下面再进一步检验实务上的差异显著性情况，即检查假设模型与独立模型的非中央性差异变化（ΔCFI）有否超过 0.01（Byrne，2010；Cheung & Rensvold，2002），若大于 0.01，则表示实际上的差异存在。下面首先展示 ΔCFI 实务差异值（见表 7-24）。

表 7-24　　　　　　　　　　ΔCFI 实务差异

受限模型——预设模型 ΔCFI 实务差异值表

Model	NFI Delta1	RFI rho1	IFI Delta2	TLI rho2	CFI
Default model	0.866	0.849	0.942	0.934	0.942

Model	NFI Delta1	RFI rho1	IFI Delta2	TLI rho2	CFI
KYZA1	0.860	0.842	0.935	0.926	0.935
KYZA2	0.862	0.845	0.938	0.929	0.937
KYZA3	0.855	0.836	0.930	0.920	0.929
KYZA4	0.841	0.821	0.915	0.903	0.914
KYZA5	0.834	0.813	0.908	0.895	0.907
KYZA6	0.860	0.842	0.935	0.926	0.935
KYZA7	0.836	0.814	0.909	0.896	0.908
KYZA8	0.836	0.815	0.909	0.896	0.908
KYZA9	0.829	0.807	0.902	0.888	0.901
KYZA10	0.830	0.808	0.903	0.889	0.902
Saturated model	1.000		1.000		1.000
Independence model	0.000	0.000	0.000	0.000	0.000

表7-24中，最后一行CFI值即各个受限模型—预设模型的ΔCFI值。结果显示，受限模型KYZA9的ΔCFI值是0.901为最小，所有ΔCFI值均大于0.01，说明每个模型之间的ΔCFI都超过实务上差距（0.01）的标准，表示有实务上的差异存在。因此，无论从统计上还是实务上来检验，所有构面之间均具有区别效度。

综上，我们用信赖区间法和系数设定法两种方法对口译过程概念框架构建障碍模型的所有构面进行了区别效度的检验，两种区别效度的检验结果一致，显示有足够的证据证明本研究所使用的构面均具有区别效度。

三 违反估计检验

在SEM估计分析时，一些参数估计值会出现违反统计所能接受的范围，统称为"违反估计"。黑尔等（Hair et al., 2009）专门列出违反估计的各种情形，如分别为负的误差变异数（Heywood Case）、误差变异数不显著、标准化回归系数接近或超过绝对值1（以0.95为限）（Hair et. al., 1998）以及有过大的标准误等。检验分析过程如下：

1. 解决可能出现Heywood Case的问题。

SEM出现负的误差变异数时称为Heywood Case，这在理论上是不可能的，因为误差变异数为平方值，不可能为负。一般 SEM 模型样本数大于 300，每个潜在构面测量题项在 3 个以上，就不太可能出现负的情况。有学者指出了几种 Heywood Case 为负的可能性情况：A. 极端值（Bollen, 1987）。B. 估计未达收敛（Van Driel, 1978）。C. 实务上不足辨识（Rindskopf, 1984），如观察变量相关太高或错误的模型设定等。D. 在样本抽样时因概率巧合抽到不适当的样本，造成抽样波动（Anderson & Gerbing, 1984）等。即便 Heywood Case 发生，SEM 运行依然会提供估计结果，这是模型没有完全收敛所产生的不适当解，有时在报表中会出现错误的信息。通常采用以下办法来解决 Heywood Case 问题：

第一，重新检查构面效度是否存在，方法就是通过删除一些不适当的题目，风险在于可能违反一个构面三个指标的原则。

第二，如果可能的话可增加一些测量题目，或者设定该构面的因素负荷量。

第三，若样本数不足，可尝试增加样本数。

第四，将负的误差变异数设成一个较小的一个正数值（Dillon et al., 1987）。

本研究实际操作中，严格检查构面效度，重新审定测量题目，确保样本数足够大。

在此需要提醒，以上方法虽然可以解决 Heywood Case，但可能会造成模型配适度变差，原因是它不可能与样本值一样，同时也说明研究模型是无法重新设定，或更差的可能是造成测量变量违反估计。

2. 解决误差变异数虽然为正但是不显著的问题。

这种情况在统计意义上代表该误差不存在，潜在变量解释测量变量为 100%。这与 Heywood Case 情形雷同，解决办法也一样。

3. 重新检查数据资料并进行修正。

标准化回归系数接近或超过绝对值 1（以 0.95 为限）。这在理论也是不可能存在的，主要原因大多是来自样本资料的问题，如变量之间高度相关、严重违反统计假设或构面信度太低等所致，解决的办法是重新检查资料并进行修正。

4. 解决出现过大标准误的问题。

过大的标准误差则与估计值显著性有关。标准误差太大易犯 II 型错误，表现为该显著的不显著。根据经验，SEM 估计中，某个估计参数标准误差大于平均标准误差两倍以上视作过大的标准误差。

综合上述理论与实际运用解决办法，考察口译过程概念框架构建障碍模型在 SEM 估计分析中可能出现违反估计的情况，检验结果如表 7-25 所示。

表 7-25　　　　　　　　　变量违反估计检验

变量名称	Estimate	S. E.	C. R.	P	Label
PKDF	0.372	0.065	5.705	***	par_ 34
CCDF	0.526	0.083	6.321	***	par_ 35
LOT	0.594	0.09	6.575	***	par_ 36
ACC	0.617	0.134	4.622	***	par_ 37
SSDF	0.186	0.037	4.957	***	par_ 38
e10	0.166	0.03	5.529	***	par_ 39
e11	0.127	0.033	3.889	***	par_ 40
e12	0.128	0.039	3.276	0.001	par_ 41
e23	0.116	0.047	2.457	0.014	par_ 42
e24	0.155	0.033	4.651	***	par_ 43
e22	0.303	0.046	6.592	***	par_ 44
e1	0.298	0.031	9.576	***	par_ 45
e2	0.222	0.031	7.289	***	par_ 46
e3	0.25	0.031	7.952	***	par_ 47
e4	0.529	0.053	9.951	***	par_ 48
e5	0.469	0.057	8.164	***	par_ 49
e6	0.5	0.058	8.601	***	par_ 50
e7	0.322	0.041	7.814	***	par_ 51
e8	0.336	0.043	7.835	***	par_ 52
e9	0.751	0.0741	0.214	***	par_ 53
e13	0.37	0.038	9.608	***	par_ 54
e14	0.231	0.03	7.644	***	par_ 55
e15	0.239	0.033	7.291	***	par_ 56
e16	0.829	0.084	9.856	***	par_ 57
e17	0.474	0.052	9.073	***	par_ 58
e18	0.631	0.0591	0.707	***	par_ 59
e19	0.475	0.0471	0.172	***	par_ 60
e20	0.271	0.039	7.01	***	par_ 61

续表

变量名称	Estimate	S. E.	C. R.	P	Label
e21	0.368	0.042	8.782	***	par_62
e25	0.603	0.0571	0.555	***	par_63
e26	0.3	0.035	8.58	***	par_64
e27	0.386	0.04	9.582	***	par_65
e28	0.441	0.042	10.538	***	par_66
e29	0.51	0.059	8.633	***	par_67
e30	0.613	0.064	9.567	***	par_68
e31	0.634	0.067	9.466	***	par_69
e32	1.419	0.131	10.873	***	par_70
e33	0.584	0.088	6.656	***	par_71
e34	0.682	0.071	9.568	***	par_72

从变异数的报表7-25中可看到，所有的误差变异数均为正值，没有 Heywood Case 出现；所有误差变异数均显著，表示每个误差变异数存在；回归估计值均未超过0.95甚至1以上，也没有过大的标准误差。

综合分析表明，本研究模型没有违反估计的情形。

第六节 概念框架构建障碍 SEM 模型评估

SEM 应用的主要目的在于根据理论基础，设定研究模型，每个构面具有若干适当指标来反映构面特性，经过调查样本资料分析推论，了解构面之间关系存在的现象，并加以解读其隐含意义（Hayduk et al., 2007）。

一 配适度指标

SEM 在作为理论模型的验证时，模型配适度是其中应用比较广泛的指标，它是衡量本研究模型所估算出来的期望共变异数矩阵与样本共变异数矩阵一致性程度。配适度越好即代表模型与样本越接近，不错的模型配适度是进行 SEM 分析的必要条件（Byrne, 2010）。

（一）模型配适度指标

根据以往文献（Hoyle & Panter, 1995; Schreiber et al., 2006;

Schreiber, 2008; McDonald & Ho, 2002; Boomsma, 2000; Jackson et al., 2009) 研究论述，我们将一般应用广泛的整体模型配适度指标诸如：χ^2 卡方值检定、χ^2 卡方值与自由度的比值、配适度指标（GFI）、调整后的配适度指标（AGFI）、平均近似误差均方根（Root Mean Square Error of Approximation, RMSEA）、非基准配适指标（Non-Normed Fit Idex, NNFI）、渐增式配适指标（Icreamental Fit Index, IFI）、比较配适度指标（Comparative Fit Index, CFI）、标准化均方根值（Standardized Root Mean Square, SRMS）、赤池信息指针（Akaike Imformation Criterion, AIC）、贝氏信息指标（Baysiean Imformation Criterion, BIC）及期望交叉效度指标（Expected Cross-Validation Index, ECVI）等衡量指标的描述说明及理想要求等归纳如下：

1. χ^2 卡方值检定（Chi-square）

卡方值是由最小差异函数转换而来的统计量，$\chi^2 = (n-1) F (\min)$，n 为样本数。卡方值越大，表示模型越不适合，样本数的大小会影响卡方值。模型越复杂，卡方值越小，数据不符合多元常态或有共线的现象，卡方值容易膨胀。因此，χ^2 卡方值越小越好。

2. χ^2 卡方值与自由度的比值

为了减少卡方值受到样本数大小的影响，可采用 χ^2 与自由度的比值作为整体适合度检验的指标，一般宽松认定在 5 以内即可视为研究模型有可接受的配适度（Schumacker & Lomax, 2004），不过大部分学者仍认为 3 以内表示模型有好的适合度。因此，χ^2 卡方值与自由度的比值<3 较好。

3. 配适度指标（GFI）

类似于回归分析中的可解释变异 R^2，表示理论模式所能解释的变异与共变异的量，用来衡量预测值与实际样本数据相比较的误差值平方，其值介于 0—1，越接近 1，表示预测模型与样本资料越能配合。一般建议理想值为 0.9 以上，表示有良好的配适度。一旦估计的参数变多，有时要达到 0.9 就会有困难，故此可酌量放宽到 0.8（Doll et al., 1994）。一般以 GFI>0.9 为佳。

4. 调整后的配适度指标 AGFI

主要是把 GFI 根据自由度加以调整，与 GFI 一样值介于 0—1，越接近 1，表模式配适度越佳。一般建议理想值为 0.9 以上，表示有良好的配适度。一旦模型估计的参数变多，有时要达到 0.9 就会有困难，麦克伦和宏（MacCallum & Hong，1997）建议可酌量放宽到 0.8。一般以 AGFI>0.9 为佳。

5. 平均近似误差均方根（RMSEA）

若 RMSEA ≤ 0.5，表示有好的模型配适（Schumacker & Lomax，2004）。如果介于 0.5—0.8，则称模型有不错的配适度。胡和本特勒（Hu & Bentler，1999）建议 RMSEA 要 ≤ 0.06，称为良好模型配适。RMSEA 受到欢迎，部分原因是它不需要与独立模型比较。是目前 SEM 最重要的统计指标。这说明，RMSEA <0.08 较好。

6. 非基准配适指标（NNFI）

非基准配适指标（NNFI）又称为 TLI（Tucker-Lewis Idex），类似于 NFI，但 NNFI 对模式的复杂度加以考虑进来。有学者（Marshet et al.，1996）发现，NNFI 几乎不受样本数的影响。NNFI 不保证值介于 0—1。TLI 接近 1 代表配适度良好，可以用 0.8 作为标准，但 TLI 要大于 0.95，小于 0.9 模型可能要重新设定（Hu & Bentler，1999）。一般的建议标准是 NNFI>0.9。

7. 渐增式配适指标（IFI）

一般来说，IFI 不受到样本数的影响，其值要大于 0.9 为模型可接受。

8. 标准化均方根值（SRMS）

标准化均方根值（SRMS）是模型中预测矩阵与样本矩阵差异的平均值，依据标准化残差值计算。标准化残差值是配适残差/残差标准误，SRMS 越小，表模型配适度越好。SRMS=0 表完美配适，小于 0.05 一般称为良好配适，小于 0.08 一般称为可接受配适。SRMS 也会受到样本数影响，样本数越大或估计的参数越多，SRMS 越小。一般认为 SRMS<0.05 为佳。

9. 比较配适度指标（CFI）

比较配适度（CFI）可反映出假设模型与无任何共变关系的独立模型之差异程度，同时亦考虑到被检验模型与中央卡方分配的离散性。CFI 指数越接近 1，代表模型契合度越理想，表示能够有效改善中央性的程度。一般采用 CFI>0.9。

10. 赤池信息指标（AIC）

赤池信息指标（AIC）属讯息理论配适度指针的一种，主要是调整模型卡方值,根据模型复杂度加以修正。AIC 并不用来解释单一模型,一般用来比较两个模型具有不同的潜在变项,而不是巢型结构。AIC 并没有直觉的判断标准,越低的 AIC 值反映出配适越佳的模型。AIC 值也有可能小于 0,越接近 0 表模型配适越好。这说明,AIC 值越小越好。

11. 贝氏信息指标(BIC)

贝氏信息指标(BIC)针对模型复杂度极大的样本数加以调整,BIC 对于额外参数的调整比 AIC 更严格,因此,BIC 比 AIC 更为保守,更容易犯型二错误。BIC 一般用在比较精简的模型,即估计的参数较少或样本数较大的模型,BIC 值越小越好。

12. 期望交叉效度指标(ECVI)

期望交叉效度指标(ECVI)一般也是用来作非巢状模型比较用,同 AIC 一样,反映了模型期望矩阵与样本矩阵的差异,ECVI 越低,表示模型越好,因此,ECVI 值越小越好。

以上所列相关配适度指标可以作为进行 SEM 研究模型配适度的依据。本研究中,口译过程概念框架构建障碍模型的结构模型分成两个竞争模型,即 Model 1 口译忠实度能力绩效模型、Model 2 口译规范度能力绩效模型。

据此,对口译过程概念框架构建障碍模型的配适度情况加以比照分析。

(二) 忠实度模型与规范度模型的配适度

口译忠实度能力绩效与口译规范度能力绩效结构模型的分析如下,两个模型的配适度情况(见表 7-26)。

表 7-26   口译绩效模型配适度指标

配适度指标	理想要求标准	Model 1 口译忠实度绩效模型	Model 2 口译规范度绩效模型
x^2	越小越好	467.234($p=0.000$)	477.340($p=0.000$)
x^2/df	<3	1.777(df=263)	1.815(df=263)
GFI	>0.9	0.888	0.884
AGFI	>0.9	0.881	0.856
RMSEA	<0.08	0.051 90%CI=[0.043,0.058]	0.052 90%CI=[0.045,0.060]
SRMR	<0.05	0.0575	0.0606
TLI(NNFI)	>0.9	0.932	0.928

配适度指标	理想要求标准	Model 1 口译忠实度绩效模型	Model 2 口译规范度绩效模型
CFI>0.9	0.941	0.937	
Hoelter's N (.05)	>200	194	190
ECVI	越小越好	1.977	2.011
AIC	越小越好	591.234	601.34
BIC	越小越好	820.868	830.975

表7-26显示了口译绩效模型配适度指标值，大多数指标均符合配适度标准。但两个模型的分析结果也得到p=0.000，是显著的结果，即拒绝H_0假设，表示模型期望共变异数矩阵与样本共变异数矩阵有差异，亦即模型不配适。通常情况是由两个原因导致p值显著：一是研究使用的大样本所致，二是模型配适度欠佳。

这种情况下，一般研究采用Bollen-Stine p值校正法来加以辨别。

二 Bollen-Stine p值校正

Bollen-Stine p值校正法（Bollen-Stine p Value Correction Method）是用来辨别和寻找导致p值显著原因的工具。

由于SEM是一种大样本分析方法，通常建议至少有200个的样本数，但这往往会造成卡方值 $\chi^2 = (n-1) F(min)$ 过大，n为样本数，F(min)为样本矩阵与模型期望矩阵差异的最小值。所以，当样本数大的时候，卡方值自然就大，这容易造成p值拒绝H_0假设，即样本矩阵模型与期望矩阵模型没有差异。通常情况下，人们会直接假设p值显著就是因为样本数大造成的，但也有可能是模型真的配适欠佳所致。

针对此种情况，可运用Bootstrap的方式来加以校正（Bollen & Stine, 1992），即Bollen-Stine Bootstrap p值校正法。该方法是利用取出放回的重抽样技术，修正模型卡方值，检验模型配适度，调整缺乏多元常态分配的资料，以评估影响p值的原因。

（一）忠实度与规范度结构模型修正

分别将口译忠实度绩效、口译规范度绩效两个模型在SEM程序中进行1000次的Bootstrap相关设置并运行。在经过1000次的Bootstrap之后，两个模型均得到1000次的模型配适度是良好，下一个出现较差模型的概率是 p=0.001 的结果，这也就表示最大概似法所估计的 p 值显著原因的确是因为样本数过大所造成的，而不是模型配适度不好所致。

以下为程序输出结果的界面显示。

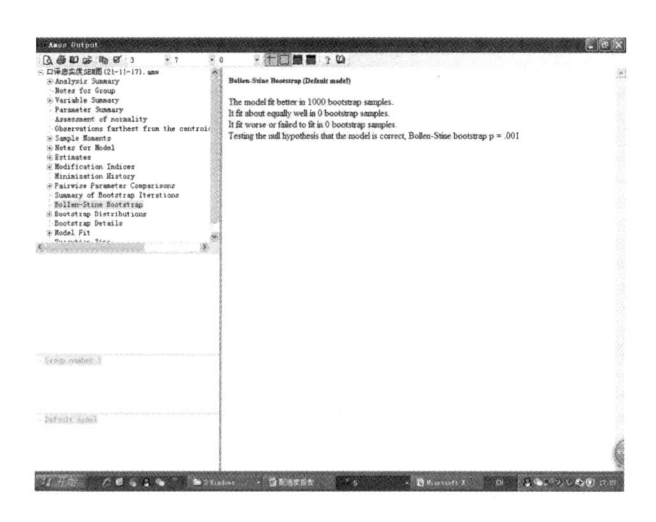

口译忠实度和规范度的修正结果分别（见图7-35 和图7-36）：

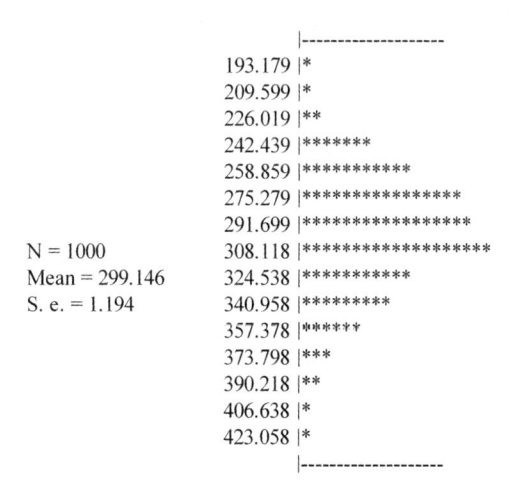

```
                          |--------------------
                  193.179 |*
                  209.599 |*
                  226.019 |**
                  242.439 |*******
                  258.859 |***********
                  275.279 |***************
                  291.699 |****************
    N = 1000      308.118 |*****************
    Mean = 299.146 324.538 |***********
    S. e. = 1.194 340.958 |*********
                  357.378 |******
                  373.798 |***
                  390.218 |**
                  406.638 |*
                  423.058 |*
                          |--------------------
```

图 7-35　忠实度绩效修正

图 7-35 和图 7-36 显示，通过口译忠实度和规范度绩效修正，1000 次的 Bootstrap 结果均呈现大致对称的常态分布。

口译忠实度绩效模型和口译规范度的结构模型运行结果分别（见图 7-37 和图 7-38）：

```
                          |--------------------
                   191.362 |*
                   208.513 |*
                   225.663 |***
                   242.814 |********
                   259.965 |*************
                   277.116 |********************
                   294.267 |*******************
    N = 1000       311.418 |*********************
    Mean = 299.250 328.569 |***************
    S. e. = 1.209   345.72 |*********
                   362.871 |*******
                   380.022 |***
                   397.172 |*
                   414.323 |*
                   431.474 |*
                          |--------------------
```

图 7-36 规范度绩效修正

1. 口译忠实度绩效 SEM

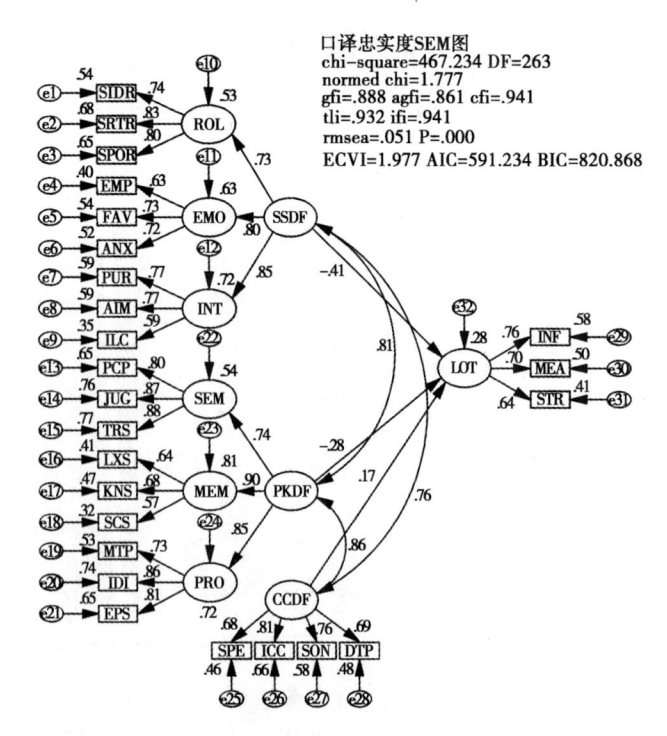

图 7-37 口译忠实度结构模型

2. 口译规范度绩效 SEM

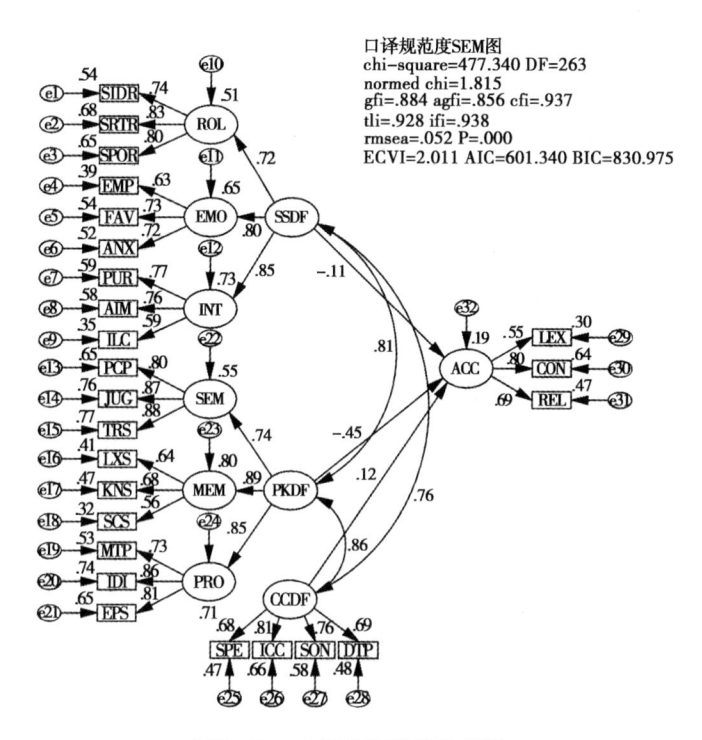

图 7-38 口译规范度结构模型

接下来，继续观察口译忠实度与规范度的竞争模型比较（见表7-26）。由于 Model 1 与 Model 2 两者在口译能力绩效构面上所用的题项数量相同，但题项内容并不同，因此，共变异数矩阵不同，说明此二模型不是巢型结构模型，故不能使用卡方差异检验。为此，需要用给巢型结构的 ECVI、AIC 及 BIC 指标来做比较，值越低表示模型配适越好。从表中可以看出，忠实度模型的 ECVI、AIC 及 BIC 指标值均小于规范度，这说明从非巢型结构的竞争模型比较得出口译忠实度绩效模型是较佳的模型。

从配适度指标来看，忠实度模型配适度也均略优于规范度模型的配适度，但两者差异并不大。大部分指标均符合一般 SEM 研究的标准，虽然 GFI、AGFI 不到 0.9 以上的标准，但仍符合 0.8 以上的可接受范围值（Doll et al.，1994）；两模型的 SRMR 也均接近于临界值，均为可接受的配适度；两个模型的 RMSEA 均小于 0.08，而考察其在 90% 水平的信赖区间值域分别为 [0.043, 0.058] 和 [0.045, 0.060]，均不包含 0.08，表示 RMSEA 小于 0.08 并非巧合。综上说明，口译忠实度和规范度竞争模型均有不错的配适度。

(二) 模型配适度校正

口译忠实度和规范度两个模型 Bollen-Stine Distributions (见图 7-34 及图 7-35) 中的 Mean 值分别为 299.146 和 299.250,它们是 1000 次 Bootstrap 估计的卡方值的平均,比最大概似法估计的卡方值 467.234 及 477.340 分别少了 36% 和 37% 左右,因此模型得到了修正。再利用 Bootstrap 估计的平均卡方值,重新计算所有的配适度指标,具体方法是根据各指标理论定义算法及已有配适度指标值等分别列表计算,运算过程(见附录三)。计算结果整理形成表 7-27:

表 7-27　　　　　　　口译绩效模型配适度指标修正

Bollen-Stine p Correction 口译绩效模型配适度指标值

配适度指标	理想要求标准	Model 1 口译忠实度绩效模型	Model 2 口译规范度绩效模型
χ^2 (Bollen-Stine p Correction)	越小越好	299.146 (p=0.999)	299.250 (p=0.999)
χ^2 df	<3	1.137 (df=263)	1.138 (df=263)
GFI	>0.9	0.920	0.919
AGFI	>0.9	0.895	0.894
RMSEA	<0.08	0.021	0.021
SRMR	<0.05	0.0575	0.0606
TLI (NNFI)	>0.9	0.988	0.988
IFI	>0.9	0.990	0.989
CFI	>0.9	0.989	0.989
Hoelter's N (.05)	>200	264.017	263.925
ECVI	越小越好	1.410	1.411
AIC	越小越好	423.146	423.250
BIC	越小越好	652.781	652.885

表 7-27 显示,所有指标均符合一般 SEM 分析的标准要求,即表示两个口译能力绩效模型均没有问题。

(三) 口译能力绩效结构模型路径系数分析

1. 口译忠实度绩效结构模型路径系数

在口译忠实度结构统计模型中,模型运行后的汇总结果通过表 7-28 得到说明。如下:

表 7-28　　　　　　　　　忠实度结构模型路径系数

构面	标准化估计值	非标准化估计值	标准误差	C.R.(t-值)	P-值	SMC (R2)
ROL<---SSDF	0.726	1			0.527	
EMO<---SSDF	0.796	1.09	0.155	7.053	***	0.634
INT<---SSDF	0.851	1.338	0.16	8.356	***	0.725
SEM<---PKDF	0.736	1	0.542			
MEM<---PKDF	0.901	1.132	0.133	8.504	***	0.811
PRO<---PKDF	0.846	1.027	0.114	8.985	***	0.716
LOT<---SSDF	-0.412	-0.762	0.321	-2.372	0.018	
LOT<---PKDF	-0.279	-0.368	0.307	-1.199	0.231	
LOT<---CCDF	0.169	0.186	0.211	0.878	0.38	0.276

表 7-28 显示，主体性协同障碍（SSDF）和前知识突显障碍（PKDF）分别对口译忠实度能力绩效（LOT）的回归系数有反向的显著相关，而前者对 LOT 的回归系数反向相关更甚，其余构面之间均呈现显著影响关系。

2. 口译规范度绩效结构模型路径系数分析

在口译规范度结构模型中，模型运行后的汇总结果通过表 7-29 得到说明。如下：

表 7-29　　　　　　　　　规范度结构模型路径系数

构面	标准化估计值	非标准化估计值	标准误差	C.R.(t-值)	P-值	SMC (R2)
ROL<---SSDF	0.717	1	0.514			
EMO<---SSDF	0.804	1.11	0.158	7.015	***	0.646
INT<---SSDF	0.854	1.364	0.165	8.293	***	0.73S
EM<---PKDF	0.744	1			0.553	
MEM<---PKDF	0.893	1.115	0.131	8.508	***	0.798
PRO<---PKDF	0.845	1.016	0.113	9.023	***	0.714
ACC<---SSDF	-0.107	-0.197	0.322	-0.612	0.54	
ACC<---PKDF	-0.447	-0.574	0.322	-1.78	0.075	0.194
ACC<---CCDF	0.117	0.127	0.216	0.587	0.557	

研究结果显示，主体性协同障碍（SSDF）和前知识突显障碍

(PKDF)对口译规范度能力绩效(ACC)的回归系数均呈反向显著相关,而后者更甚。语境构建障碍(CCDF)对规范度能力绩效的回归系数及其他构面两两之间回归系数均有显著至极其显著的影响关系存在。

(四)总效果、直接效果与间接效果

在结构模型分析中会产生路径系数,而这些系数的大小及方向表示自变量对因变量影响的大小情况。但有时这种解释方式有可能引发误解,因为多个变量的结构模型往往含有其他变量的影响,而不是单一因素的影响效果。因此,为了较好说明对模型变量的影响大小情况,我们采用总效果显示来加以解释。

在 SEM 分析中,可以将变量的影响大小解构为总效果、直接效果以及间接效果,总效果则是直接效果与间接效果之和。其关系式为:

总效果=直接效果+间接效果

其中,间接效果表示某个变量的影响需要经过一个或多个中介变量后才能影响另外的变量。在现实中有很多这样的因素存在,如为了分析导致学生成绩好坏的原因,我们用学生对专业的兴趣爱好这一间接因素如何影响学习态度从而进一步影响到学习成绩的情况来加以说明。在本研究的结构模型中,我们没有设置相关的中介变量,而是运用已有的理论成果,建模分析考察口译过程中概念框架构建障碍直接影响口译能力绩效的情况。具体(见表7-30及表7-31)。

表 7-30　　　　　　　　　忠实度总效果

	主体性协同障碍（SSDF）	前知识突显障碍（PKDF）	语境构建障碍（CCDF）
总效果口译忠实度（LOT）	-0.412	-0.279	0.169
直接效果口译忠实度（LOT）	-0.412	-0.279	0.169
间接效果口译忠实度（LOT）	0	0	0

表 7-31　　　　　　　　　规范度总效果

口译规范度标准化总效果、直接效果及间接效果

	主体性协同障碍（SSDF）	前知识突显障碍（PKDF）	语境构建障碍（CCDF）
总效果口译规范度（ACC）	-0.107	-0.447	0.117
直接效果口译规范度（ACC）	-0.107	-0.447	0.117

续表

	主体性协同障碍 （SSDF）	前知识突显障碍 （PKDF）	语境构建障碍 （CCDF）
间接效果口译忠实度（ACC）	0	0	0

从表 7-30 和表 7-31 中可看到，口译忠实度绩效与口译规范度绩效的总效果分别等于其直接效果与间接效果相加，这表示没有排挤效用的存在。然而，从两个竞争模型的总效果比较来看，在同样的变量下，口译主体性协同障碍对口译忠实度能力绩效的总效果要大于对规范度绩效的总效果；口译前知识突显障碍对口译规范度能力绩效的总效果要大于忠实度的总效果；语境构建障碍则对忠实度绩效的总效果大于规范度绩效的总效果。

第七节 口译能力绩效模型交叉效度检验

在运用 SEM 进行研究过程中，尤其在开始的验证性因素分析时，会因题目间的相关过高或过低、残差不独立及负荷量太低或违反估计等原因删除一些题项，即使已开始进行 SEM 模型分析，如果发现模型与原先假设的情形不适合，也会对模型进行修正，这一过程称为模型设定搜索（Model Specification Searches）（MacCallum，1986）。然而，模型设定搜索属于资料驱动的过程，并不是验证性过程，因此违反了 SEM 为验证性分析的前提。为避免产生随机偶发概率的错误（Capitalization on Chance），当模型执行过模型设定搜索后，一定要执行交叉效度检验，才能得出模型与样本资料配适的结论（Bentler，1980；Cudeck & Browne，1983）。

在 AMOS 的群组分析功能中可完成交叉效度的分析设定，通过交叉效度分析模型巢型结构比较，可以以卡方值差异为检验标准；多群组比较在 SEM 的功能中允许比较测量工具是否跨群组相同，以及不同母体在结构方程模型上的差异等。AMOS 检验各群组路径系数是否相等，还可以检验变量的变异数、共变异数、截距、平均数及因素负荷量是否跨群组相等。因此，每一个 SEM 模型在完成研究报告之前进行交叉效度检验十分必要。

一 交叉效度方式

交叉效度分析主要有四种方式（Diamantopoulos & Siguaw, 2000），其中应用广泛的是第一种，模型稳定度。其目标在于检验一个单一的假设模型在同一个母体但不同样本之间是否同样达到配适度良好，这是交叉效度分析的最基本模式，也是本研究所采用的方法。

具体做法是，将所研究调查的样本，随机分成两群（一般大约 50：50），一群称为测定样本，另一群称为效标样本。利用研究的假设模型比较模型在两群样本的不变性，包括测量模型的因素负荷量、结构（路径）系数及因素共变异数之间均没有差异，这表示该模型具有相当的稳定性即交叉效度。使用此方法，一般建议分析样本至少 300 个。

第二种为效度延展性。与模型稳定性分析一样，效度延伸性分析的两组样本来自不同的研究母体，判定结果的方法也与模型稳定度相同，但建议模型延展性应在模型稳定之后再来做（Diamantopoulos & Siguaw, 2000）。效度样本来源（见表 7–32）。

表 7–32　　　　　　　　交叉效度样本来源

研究中的模型数量	效度样本来源	
	相同母体	不同母体
单一模型	模型稳定性	效度延展性
不同模型	模型选择性	效度一般性

第三种为模型选择法。具体做法是，从几个竞争模型中选出一个模型，检验该模型是否适用于同一组样本。

第四种为效度一般化法。具体做法是，从几个竞争模型中选出一个模型，考察不同母体的研究样本，检验参数是否具有不变性。

二 模型检验过程

针对口译过程概念框架构建障碍模型进行交叉效度检验的主要依据是模型稳定度检验，具体如下：

第一步，样本设定。利用本研究使用的 SPSS 15 软件程序的随机样本分配功能进行设定。将本次研究使用的 300 个样本以近似 50% 的比例随机分配，得到随机分配后的两群样本数分别为 143（占比 47.67%）和 157（占比 52.33%）。

第二步，群组比较。进行 AMOS 多群组比较操作。将已随机分好的群组数据置于 AMOS 程序中，进行口译忠实度绩效模型以及口译规范度绩效模型的多群组比较分析设置（见图 7-39 和图 7-40）。

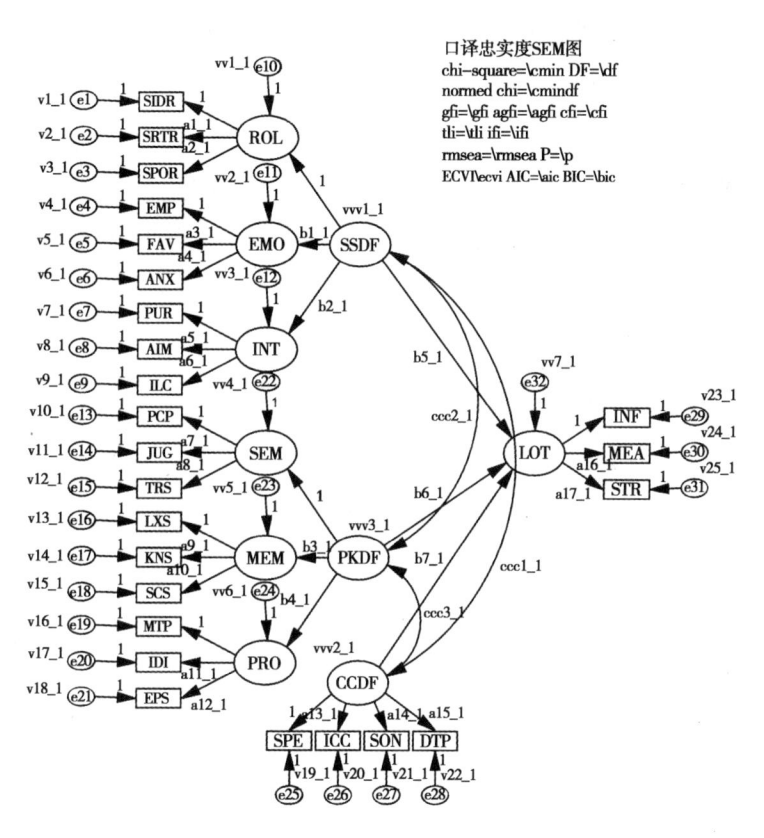

图 7-39　口译忠实度结构模型交叉分析

两图中的图形变量均已按本研究的模型设定进行自动编号，其中字母 a 为因素负荷量，b 为回归估计值，ccc 为共变异数，v 为观察变量残差，vv 为内生潜在变量残差，vvv 为变异数；而数字_1 表示第一组，_2 表示第二组，即随机分成的两群组。在 AMOS 中，除了我们原本假设的（Unconstrained）研究模型外，系统又多生成了 5 个模型，它们分别为：

1. 测量变量权重（Measurement Weights）

将两组模型的因素负荷量设定等同（invariance）后运行得出结果分析，若 p 值显著，就表示在两组多对的因素负荷量中至少有一对是不相等

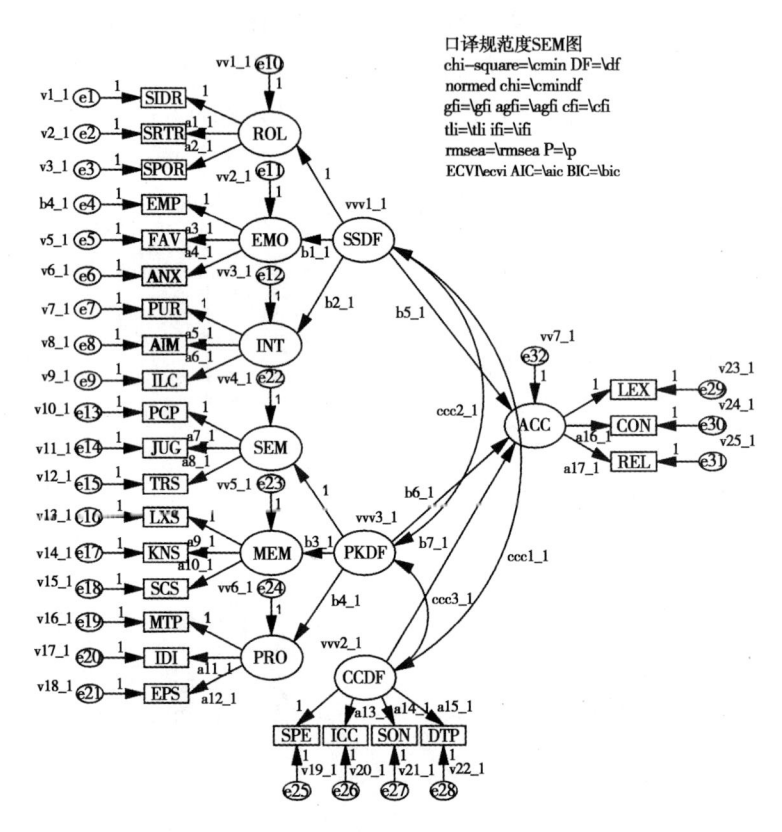

图 7-40　口译规范度结构模型交叉分析

的，即表示模型没有全等，说明研究模型不具有交叉效度。

2. 结构权重（Structural Weights）

将两组模型的回归系数设定等同（invariance），再得出运行结果分析，若 p 值显著，就表示在两组多对的回归系数中至少有一对是不相等的，表示模型没有全等，说明研究模型不具有交叉效度。

3. 结构共变异数（Structural Covariance）

将两组模型的变异数及共变异数设定等同（invariance），而后运行得出结果并分析，若 p 值显著，就表示在两组多对的变异数及共变异数中至少有一对是不相等的，表示模型没有全等，说明模型不具有交叉效度。若变异数是等同的，则表示此两个比较模型为同质，符合群组比较的同质性假设。

4. 结构残差（Structural Residuals）

将两组模型的内生潜在变量残差设定为等同（invariance），运行后并分析，若 p 值显著，就表示在两组多对的内生潜在变量残差中至少有一对是不相等的,表示模型没有全等,说明研究模型不具有交叉效度。

5. 测量变量残差(Measurement Residuals)

将两组模型的测量变量残差设定等同(invariance),运行得到结果并分析,若 p 值显著,就表示在两组多对的测量变量残差中至少有一对是不相等的,表示模型没有全等,说明研究模型不具有交叉效度。

经过对以上 5 种生成模型加上原本的研究模型分别进行群组比较分析,以确定其是否具有交叉效度,但以上检验分析过程要求太过严苛,为此,拜恩(Byrne,2010)提出,在设定结构残差及测量残差全等进行检验时,即使不相等,也无损其交叉效度。这就是说,在全等比较的情形下,如果只有少部分不全等,在跨群组比较时仍可以视为是全等的,因为不全等的题目影响将会非常有限。这种情况称为实务上的显著性(Practical Significant)(Cheung & Rensvold,2002),即根据研究过程得出的 20 余种配适度指标中,若 ΔCFI $\leq$ | 0.01 |,则称两模型没有实务上的差异。利托(Little,1997)也提出,应将 ΔTLI $\leq$ 0.05 定为巢型结构模型之间没有差异的标准。以上观点均符合拜恩(Byrne,2010)提出的温和检验,即资料分两群后比较结果显著为同质,虽然残差并不全等,但一般认为残差全等过于严苛,因此只要两个群组全等并达到温和检验,即可认定两群组全等,说明模型具有稳定性,符合交叉效度的标准。

第三步,运行 AMOS 程序,并对所有模型正定后得出的结果进行分析。下面分别对口译忠实度绩效结构模型和口译规范度绩效结构模型进行交叉效度检验,分析如下:

1. 口译忠实度绩效结构模型交叉效度检验

从表 7-33 中可以得到,在假设本研究的模型正确情形下,将随机分群的两个群组做比较,发现口译规范度结构模型具有交叉效度。

表 7-33　　　　　　　　　口译忠实度群组不变性比较

Model	X^2	df	Δdf	ΔX^2	p	CFI	ΔTLI	RMSEAp	colse fit
Unconstrained	790.004	526	—	—	0.000	0.924	—	0.041	0.995
Measurement Weights	807.232	543	17	17.228	0.439	0.924	-0.003	0.040	0.998
Structural Weights	810.950	550	7	3.718	0.812	0.925	-0.002	0.040	0.999
Structural Covariances	817.570	556	6	6.620	0.357	0.925	-0.001	0.040	0.999
Structural Residuals	821.364	563	7	3.793	0.803	0.926	-0.002	0.039	0.999
Measurement Residuals	842.622	588	25	21.259	0.678	0.927	-0.004	0.038	1

(1) 将两群因素负荷量设定等同后，模型（Measurement Weights）有17个自由度，表示两个模型共有17对因素负荷量设定等同（invariance），这是该模型的 H_0 假设。如果 p<0.05，表示达到显著，则拒绝虚无假设，亦即这17对的因素负荷量至少有一对的因素负荷量是不相等的，说明模型不具有交叉效度；反之，若 P≥0.05，表示不拒绝虚无假设，亦即这17对因素负荷量全等的假设是对的，说明该模型具有交叉效度。

表7-33显示的实际结果表明，模型卡方值（CMIN）增加17.228，检验结果 p=0.439，未达 p<0.05 的显著水平，表示这17对因素负荷量予以设定等同可以接受，因此，这17对因素负荷量全等，模型具有交叉效度。

(2) 在维持测量模型的限制外，再加上7对结构路径系数的设定等同（DF=24-17=7），也即模型（Structural Weights）有24个自由度，除了上述模型的17对因素负荷量设定等同（invariance）外，再加上7对回归路径系数等同设定，表示此模型的 H_0 假设同时检验24对是否相等。如果 p<0.05 表示拒绝虚无假设，亦即这17对因素负荷量加上7对回归路径中，至少有一对是不相等的，说明模型不具有交叉效度；反之，若 p≥0.05，表示这17对因素负荷量加上7对的回归路径系数全等的假设是对的，即说明模型具有交叉效度。

实际结果显示，该模型卡方值（CMIN）增加3.718 即 CMIN=20.946-17.228=3.718，检验结果 P=0.812，未达0.05的显著水平，表示这7对结构路径系数是全等的，说明模型具有交叉效度。

(3) 在维持结构系数模型的限制外，再加6个变异数及共变异数的设定等同（DF=30-17-7=6），也即模型（Structural Covariances）有6个自由度，表示两个模型共有6对3组变异数及3组共变异数设定等同（invariance），这是该模型的 H_0 假设。如果 p<0.05 则表示拒绝虚无假设，亦即这6对变异数及共变异数中至少有一对是不相等的，说明模型不具有交叉效度；反之，若 P≥0.05，则不拒绝虚无假设，表示这6对变异数及共变异数全等的假设是对的，说明模型具有交叉效度。

从该模型的运行结果看到，其卡方值增加6.620，即 CMIN=27.566-17.228-3.718=6.620，检验结果 p=0.357，未达0.05的显著水平，表示这6对变异数及共变异数语义设定等同是可以接受的。因此，6对变异数及共变异数全部等同，说明模型具有交叉效度。

(4) 在维持变异数及共变异数模型的限制外，再加上7对内生潜在变量残差设定等同（DF = 37 - 17 - 7 - 6 = 7），也即模型（Structural Residuals）有 7 个自由度，表示两个模型共有 7 对内生潜在变量设定等同（invariance），这是该模型的 H_0 假设。若 p<0.05，则表示拒绝虚无假设，亦即这 7 对内生潜在变量中，至少有一对是不相等的，说明模型不具有交叉效度；反之，如果 p≥0.05，则未达显著，表示这 7 对内生潜在变量全部等同，说明模型具有交叉效度。

再来查看实际检验结果：卡方值增加 3.793 即 CMIN = 31.359-17.228-3.718-6.620 = 3.793，检验结果 p = 0.803，未达 0.05 的显著水平，表示这 7 对内生潜在变量语义设定等同是可以接受的，因此这 7 对内生潜在变量全部等同，说明模型具有交叉效度。

（5）同样在维持内生潜在变量模型的限制外，加上 25 对测量变量残差设定等同（DF = 62--17-7-6-7 = 25），也即模型（Measurement Rssiduals）有 25 个自由度，表示两个模型共有 25 对测量变量残差设定等同（invariance），这是该模型的 H_0 假设，若 p<0.05，则表示拒绝虚无假设，亦即这 25 对测量变量残差中至少有一对是不相等的，说明模型不具有交叉效度。反之，如果 p≥0.05，则未达显著，表示这 25 对测量变量残差全部等同，说明模型具有交叉效度。

检查实际检验结果，发现卡方值增加 21.259 即 CMIN = 52.618-17.228-3.718-6.620-3.793 = 21.259，检验结果 p = 0.678 未达 0.05 的显著水平，表示这 25 对测量变量残差予以设定等同是可以接受的。因此，这 25 对测量变量残差全部等同，说明模型具有交叉度。

实务操作显示，本研究模型不变性比较的 ΔCFI 及 ΔTLI 值均小于学者所建议的标准，说明两模型没有实务上的差异。因此，可认定对口译忠实度绩效结构模型进行的两群组检验比较结果为全等，说明忠实度绩效结构模型具有稳定性，符合检查效度的标准。

2. 口译规范度绩效结构模型交叉效度检验

从表 7-34 中可以得到，在假设本研究的模型是正确的情形下，将随机分群的两个群组做比较，发现口译规范度结构模型具有交叉效度。

表 7-34　　　　　　　　口译规范度群组不变性比较

Model	X^2	df	Δdf	ΔX^2	p	CFI	ΔTLI	RMSEAp	colse fit
Unconstrained	803.349	526	—	—	0.000	0.920	—	0.042	0.990

续表

Model	X^2	df	Δdf	ΔX^2	p	CFI	ΔTLI	RMSEAp	colse fit
Measurement Weights	820.407	543	17	17.058	0.450	0.920	−0.003	0.041	0.994
Structural Weights	824.580	550	7	4.173	0.760	0.921	−0.002	0.041	0.996
Structural Covariances	830.533	556	6	5.953	0.429	0.921	−0.001	0.041	0.997
Structural Residuals	837.550	563	7	7.017	0.427	0.921	−0.001	0.040	0.998
Measurement Residuals	858.862	588	25	21.313	0.675	0.922	−0.005	0.039	0.999

（1）将两群的因素负荷量设定等同后，模型（Measurement Weights）有17个自由度，这表示两个模型共有17对因素负荷量设定等同（invariance），这是这个模型的H_0假设，如果$p<0.05$表示达到显著，则拒绝虚无假设，亦即这17对的因素负荷量至少有一对的因素负荷量是不相等的，说明模型不具有交叉效度；反之，若$P\geqslant 0.05$，表示不拒绝虚无假设，亦即这17对因素负荷量全等的假设是对的，说明模型具有交叉效度。实际结果表明，模型卡方值（CMIN）增加17.058，检验结果$p=0.450$，未达$p<0.05$的显著水平，表示这17对因素负荷量予以设定等同是可以接受的，因此这17对因素负荷全等，模型具有交叉效度。

（2）在维持测量模型的限制外，再加上7对结构路径系数的设定等同（DF=24−17=7），也即模型（Structural Weights）有24个自由度，除了上个模型的17对因素负荷量设定等同（invariance）外，再加上7对回归路径系数等同设定，表示这个模型的H_0假设同时检验24对是否相等，如果$p<0.05$表示拒绝虚无假设，亦即这17对因素负荷量加上7对回归路径至少有一对是不相等的，则说明模型不具有交叉效度；反之，若$p\geqslant 0.05$，则表示这17对因素负荷量加上7对回归路径系数全等的假设是对的，即说明模型具有交叉效度。实际结果显示，该模型卡方值（CMIN）增加4.173即CMIN=21.231−17.058=4.173，检验结果$P=0.760$未达0.05的显著水平，表示这7对结构路径系数是全等的，说明模型具有交叉效度。

（3）在维持结构系数模型的限制外，再加6个变异数及共变异数的设定等同（DF=30−17−7=6），也即模型（Structural Covariances）有6个自由度，表示两个模型共有6对3组变异数及3组共变异数设定等同（invariance），这是该模型的H_0假设，如果$p<0.05$则表示拒绝虚无假设，

亦即这6对变异数及共变异数中至少有一对是不相等的，说明模型不具有交叉效度；反之，若P≥0.05，则不拒绝虚无假设，表示这6对变异数及共变异数全等的假设是对的，说明模型具有交叉效度。该模型的运行结果表明，卡方值增加5.953，即CMIN=27.184-17.058-4.173=5.953，检验结果p=0.429，未达0.05的显著水平，表示这6对变异数及共变异数语义设定等同是可以接受的，因此，6对变异数及共变异数全部等同，说明模型具有交叉效度。

（4）在维持变异数及共变异数模型的限制外，再加上7对内生潜在变量残差设定等同（DF=37-17-7-6=7），也即模型（Structural Residuals）有7个自由度，表示两个模型共有7对内生潜在变量设定等同（invariance），这是该模型的H_0假设，若p<0.05则表示拒绝虚无假设，亦即这7对内生潜在变量中至少有一对是不相等的，说明模型不具有交叉效度；反之，如果p≥0.05，则未达显著，表示这7对内生潜在变量全部等同，说明模型具有交叉效度。查验实际结果，发现卡方值增加7.017即CMIN=34.201-17.058-4.173-5.593=7.017，检验结果p=0.427，未达0.05的显著水平，表示这7对内生潜在变量语义设定等同是可以接受的，因此，这7对内生潜在变量全部等同，说明模型具有交叉效度。

（5）在维持内生潜在变量模型的限制外，加上25对测量变量残差设定等同（DF=62-17-7-6-7=25），也即模型（Measurement Rssiduals）有25个自由度，表示两个模型共有25对测量变量残差设定等同（invariance），这是该模型的H_0假设，若p<0.05则表示拒绝虚无假设，亦即这25对测量变量残差中至少有一对是不相等的，说明模型不具有交叉效度；反之，如果p≥0.05则未达显著，表示这25对测量变量残差全部等同，说明模型具有交叉效度。实际结果表明，卡方值增加21.313即CMIN= 55.514-17.058-4.173-5.593-7.017=21.313，检验结果p=0.675未达0.05的显著水平，表示这25对测量变量残差予以设定等同是可以接受的，因此，这25对测量变量残差全部等同，说明模型具有交叉效度。

实务操作表明，本研究模型不变性比较的ΔCFI及ΔTLI值均小于学者所建议的标准，说明两模型没有实务上的差异。因此，可认定对口译规范度绩效结构模型进行的两群组检验比较结果为全等，说明规范度绩效结构模型具有稳定性，符合检查效度的标准。

模型两群组全等设定正定截图见附录四。

第八节 SEM模型统计检定力分析

当研究假设的模型配适度在可接受范围内，需检验其解释能力，即检定力（POWER）。评估方式如多元相关系数平方（Squared Multiple Correlations, SMC）为指标，值越大越好，对每一个方程式开展个别评估与整体结构评估。

一 统计检定力（Power）选择

检验模型配适度的虚无假设时，一般有两个考虑重点：第一，检验有意义的相关假设；第二，对假设做正确的结论。因此，当假设被正确定义后，就要进一步了解结论是否正确。

一般在模型发展与评估过程中，不正确的结论可说明研究者的推论错误。假如实际上模型与母体的配适度是不好的，则拒绝虚无假设；但如果评估模型出现虚无假设却得到配适度良好的结果，那么，就会无法拒绝虚无假设，这一结果就称为型Ⅱ错误。这种错误通常是由于测量工具不精准导致的，也有可能是所抽取样本不具有代表性或样本数不够大，不足以提供估计的完整性（MacCallum et al., 1996）。在统计理论上，当虚无假设是错的情形下，正确拒绝虚无假设的概率大小被定义为检定统计力的概念（Kaplan, 1995）。在SEM模型中，虚无假设被定义为在模型方程式中相关参数矩阵固定或自由参数的指定，而这些特定的固定或自由参数是从研究设计中相关潜在变量之间所推论的直接或间接效果的假设。虚无假设的评估是由隐含的共变异数矩阵与样本共变异数矩阵之差异函数来评估，不同的差异函数可由不同最小化演算法来计算，如最大概似法（Maximum Likelihood Estimation, MLE），其目标是一致的。也即在已知分配下，取得检定统计量，然后与取得的样本统计量比较，以此作为虚无假设的决策依据。

在SEM模型架构中，评估统计检定力具有复杂性，因为每一个模型中的固定参数都有可能被接受或存在潜在的错误风险，原则上有无限的对立假设，每一个都需要被评估，而且一次一个参数。

模型检定统计分析分成两大类：第一类为拒绝—支持（Reject-support cotext），检验结果$p<0.05$为显著，则拒绝H_0，即支持研究人员提

出的理论假设，如一般使用的相关分析、回归分析、ANOVA 检验及路径分析等。第二类为接受—支持（Accept-support context），检验结果 p ≥ 0.05 为不显著，则不拒绝 H_0 即支持研究人员的理论假设，如 SEM、同质性、适合度检验等。在 SEM 分析中，估计统计检定力的方法通常有两种：整体模型估计的统计检定力和个别参数估计的统计检定力。

下面分别运用这两种方法对口译过程概念框架构建障碍模型进行检定分析。

二 整体模型估计统计检定力

整体模型的 Power 检定由麦克伦等（MacCallum et al., 1996）提出，以 RMSEA 及非集中性卡方分配为基础，检定三种不同的虚无假设。第一种为接近配适假设（close-fit），其 H_0 假设：$\varepsilon_0 \leq 0.05$。第二种为精确配适假设（exact-fit），其 H_0 假设：$\varepsilon_0 = 0$。这两种假设均属于接受—支持（Accept-support context）模型，即我们所希望的结果是不拒绝 H_0。第三种是不接近配适假设（not close-fit），其 H_0 假设：$\varepsilon_0 > 0.05$，这种假设属于拒绝—支持（Reject-support context）模型，即我们所希望的结果是拒绝 H_0。

由于 Power 越大就越可能找到合理的正确模型，或至少是说明模型共变异数矩阵接近样本共变异数矩阵，而渐进式均方根残差值 RMSEA 是否接近于非集中性卡方分配则是判定接近配适假设（close-fit）或不接近配适假设（not close-fit）的依据。下面依据麦克伦等（MacCallum et al., 1996）所发展的架构，运用 R 程序软件，计算模型统计检定力 POWER 及所需最小样本数。

将本研究中口译过程概念框架构建障碍模型统计力计算的相关参数，即样本数（N）、型 I 错误（α）、模型自由度（df）及对立假设的 RMSEA 值等分别设置。指定 close-fit，对立假设的 H_1 为 RMSEA = 0.08，指定 RMSEA 最大不能超过 0.08 的检定；也可以指定 not close-fit，对立假设 H_1 为 RMSEA = 0.01，则指 RMSEA 最大不能超过 0.08 的检定，然后计算 POWER 值。

本研究的模型参数设置如下：

(1) 样本数 N = 300（本研究模型的样本数）；

(2) α 值 = 0.05（R 程序软件设置，不做改动）；

(3) 自由度 df = 263（见图 7-39）；

(4) rmsea 0 为虚无假设 0.05，不做改动；

(5) rmsea a 为对立假设 0.01 时为 not close-fit 检定；

(6) rmsea a 对立假设改为 0.08 时为 close-fit 检定。

将以上模型参数设置输入 R 程序并进行计算，输出结果（见表 7-35）。

表 7-35　　　　　　　　　统计检定力数值表

模型	自由度	样本数	Power		Minimum N	
			close-fit	not close-fit	not close-fit	close-fit
忠实度	263	300	1	0.999999	72	103
规范度	263	300	1	0.999999	72	103

表 7-35 显示，R 程序分别输出的 close-fit 和 not close-fit 检定计算的整体模型统计力分别为 1 和 0.999999；模型研究所需的最小样本数在 close-fit 和 not close-fit 检定计算时分别为 72 个和 103 个，而本研究样本数为 300 个，远大于最小样本数的要求。这就是说，对本研究中口译过程概念框架构建障碍模型所得到的结果正确有 99.9999% 以上至 100% 的信心。

模型 not close-fit 检定力值、模型 close-fit 检定力值、模型 close-fit 检定所需最小样本、模型 not close-fit 检定所需最小样本分别（见附录五和附录六）。

三　个别参数估计统计检定力

要考察某个估计参数的统计检定力，一般是用在检定干扰作用存在时的交互作用与内生潜在变量之间的关系，这被称为单一自由度检定法。其假设研究者相信母体的 x→y 的非标准化直接效果是存在的。即一个研究的估计模型，把虚无假设设定为 x 与 y 没有关系，也就是将 x→y 设定为 0，在已知样本数下，模型卡方值会近似于非集中性卡方分配，然后再根据次卡方值的改变来计算模型的统计检定力（power）。

具体操作方法为：选择想要检定的某个检定力参数，将参数固定为 0，然后采用对立模型比较，重新估计初始模型。以此非集中化参数卡方值的计算，可以算出所检定统计量的统计检定力大小。下面我们对忠实度绩效模型和规范度绩效模型影响最大的两个回归系数参数进行统计检定力分析，以确定其分别对模型的统计检定力情况。

首先，把对忠实度绩效 LOT 模型影响最大的 SSDF（主体性协同障碍）回归系数参数命名为 a，并将其值固定为 0，即 a=0；其次，对规范度绩效 ACC 模型影响最大的 PKDF（前知识突显障碍）回归系数参数命名为 b，将其值固定为 0，即 b=0。最后，在原模型中架构对立模型，分别见图 7-41 和图 7-42。

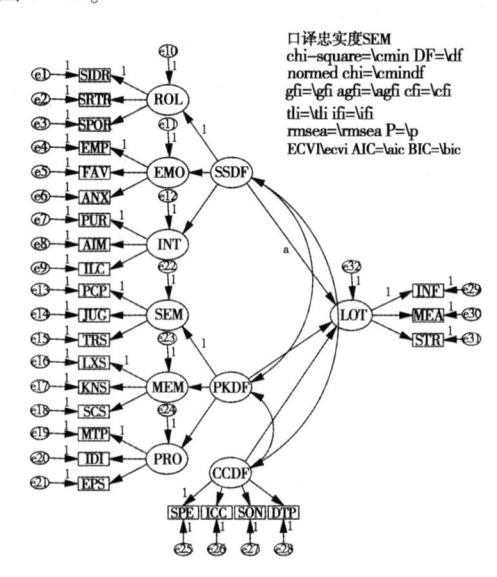

图 7-41 口译忠实度结构模型参数检定力分析

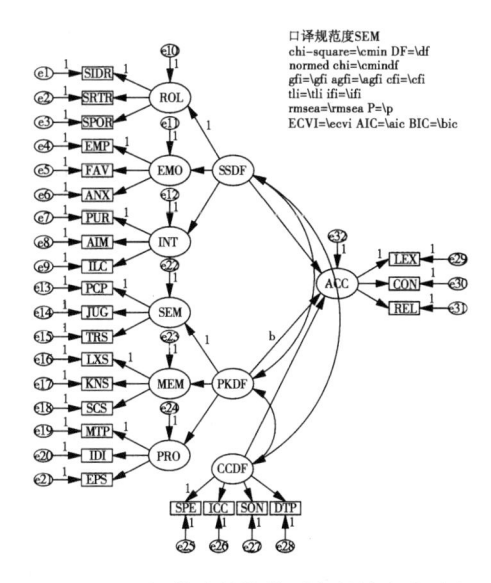

图 7-42 口译规范度结构模型参数检定力分析

运行 SEM 程序，分别得到两个模型的非集中性卡方值为 5.638 和 3.483。最后将这两个卡方值，输入 STATABL 程序，来分别计算它们对模型的统计检定力，分别见图 7-43 和图 7-44。

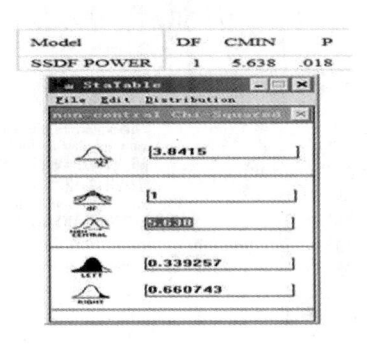

图 7-43　SSDF 参数统计检定力

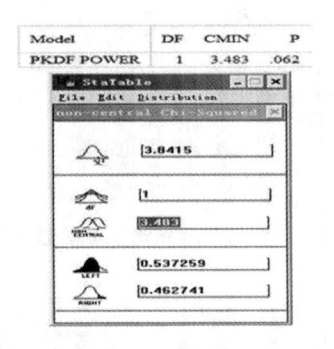

图 7-44　PKDF 参数统计检定力

运算结果为 0.66 和 0.46。其中，主体性协同障碍参数对口译忠实度绩效模型的统计检定力为 0.66，前知识突显障碍参数对口译规范度绩效模型的统计检定力为 0.46，结果基本反映了回归系数值的实际情形。

第九节　研究结果分析

基于前期严格的模型检定和数据分析，进行最终结构模型评估，主要对竞争模型与所研究的设定模型进行竞争模型系数差异比较分析，进一步彰显数据处理的信效度，最后对本研究提出的四个研究假设进行综合评估。

一 竞争模型分析

在结构模型估计中,对巢型竞争模型与非巢型竞争模型的评估应伴随理论模型加以进行,并提供竞争模型与所研究的设定模型配适度进行比较,提出报告(Hoyle & Panter,1985)。

所谓巢型结构是指原始模型的修正版本。完成模型分析后,如果想要增加或移除模型中观察变量或潜在变量之间的关系,一般将 SEM 模型中的一个或多个自由参数加以固定,一般选 0 或 1,由此产生一个或多个限制较多的模型,此模型就称为巢型结构。通过这种方法,我们可以通过受限制模型与未受限制模型的卡方差异自由度差异检验,来了解每个设限的路径是否有显著差异,也即主要是进行针对假设相关的检验。在检验单独的结构系数时,要表现一个潜在变量对另一个潜在变量的影响,其统计显著性是通过卡方值差异来检验的,若模型不是巢型结构,则开展比较的意义就不大。这说明,如果研究者所感兴趣的模型不是巢型模型,那所有的配适指标均被视为不适当且没有意义(Widaman & Thompson,2003)。

所谓非巢型结构则较难以进行精确说明,两个模型如果是非巢型结构,则不论是部分或严格的非巢型结构,只要无法做到在一个模型上进行限制设定使之变成另一个模型,那么,这两个模型就是非巢型结构(Maoz & Russett,1993)。

二 竞争模型系数差异比较

针对口译过程概念框架构建障碍模型分析,在完成 SEM 所有环节的各项检验分析后,接下来考察模型的三个自变量,即主体性协同障碍、前知识突显障碍以及语境构建障碍对口译忠实度能力绩效模型和口译规范度能力绩效模型的影响情况。根据 Duncan(1975)的建议,不同模型的系数比较可用标准化系数以及非标准化系数来比较。我们认为,建议采用非标准化系数来检验比较符合统计的意义,这是因为非标准化系数代表斜率,斜率则是表示变化,代表改变,因此,做比较时要比较改变是否不同更有意义。反之,标准化系数代表相关,相关的平方代表解释变异(R^2),也就是检验标准化系数亦即检验 R^2 改变量,并不符合统计的意义。故此,本研究采用非标准化系数进行检验。公式如下:

$$Z = \frac{b_1 - b_2}{\sqrt{se_{b1}^2 + se_{b2}^2}}$$

其中，b_1、b_2为能力绩效两个竞争模型的非标准化系数，se_{b1}、se_{b2}为能力绩效两个竞争模型的标准误数值。假如 Z 值的绝对值大于 1.96，亦即 $P \geq 0.05$，则表示两个非标准化回归系数有显著差异，反之则没有显著差异。

将前述所计算的忠实度模型与规范度模型的标准化与非标准化系数代入公式，分别计算出各自变量对模型的影响 Z 值，计算结果整理具体（见表7-36）。

表7-36　　　　　　　　竞争模型系数比较

	忠实度能力绩效		规范度能力绩效		Z 值	p 值
	非标准化系数	标准误	非标准化系数	标准误		
SSDF（主体性协同障碍）	-0.762	0.321	-0.197	0.322	-1.243	0.215
PKDF（前知识突显障碍）	-0.368	0.307	-0.574	0.322	0.463	0.646
CCDF（语境构建障碍）	0.186	0.211	0.127	0.216	0.195	0.849

从表7-36的分析结果来看，SSDF（主体性协同障碍）对口译忠实度绩效与口译规范度的影响没有显著差异，但 SSDF（主体性协同障碍）对口译忠实度绩效的影响效果较大；PKDF（前知识突显障碍）对口译忠实度绩效与口译规范度的影响有显著的差异，其中 PKDF（前知识突显障碍）对口译规范度绩效的影响显著大于口译忠实度绩效；而 CCDF（语境构建障碍）对口译忠实度绩效与口译规范度绩效的影响没有显著差异，只是对忠实度绩效的影响比规范度绩效的影响稍大。

三　研究假设结果分析

将所有 SEM 研究分析结果汇总，并逐一对原研究假设进行判定，结果（见表7-37）。

表 7-37　　　　　　　　　　　　**研究假设结果分析**

假设	假设内容	假设结果
假设一	口译过程概念框架构建障碍模型期望共变异数矩阵与样本共变异数矩阵没有差异	
H0a	口译忠实度能力绩效期望共变异数矩阵与样本共变异数矩阵没有差异	不拒绝
H0b	口译规范度能力绩效期望共变异数矩阵与样本共变异数矩阵没有差异	不拒绝
假设二	主体性协同障碍对口译忠实度能力绩效及口译规范度能力绩效影响没有差异	不拒绝
假设三	前知识突显障碍对口译忠实度能力绩效及口译规范度能力绩效影响没有差异	不拒绝
假设四	语境构建障碍对口译忠实度能力绩效及口译规范度能力绩效影响没有差异	不拒绝

根据表 7-37 所显示的研究假设结果，发现：

1. 本研究的假设一成立，两个口译能力绩效的竞争模型都有相当不错的配适度。

2. 针对假设二，主体性协同障碍对口译忠实度能力绩效及口译规范度能力绩效的影响没有差异，假设不拒绝，代表两者之间没有显著差异。

3. 针对假设三，前知识突显障碍对口译忠实度能力绩效及口译规范度能力绩效影响没有差异，假设不拒绝，代表两者之间没有显著差异。

4. 针对假设四，语境构建障碍对口译忠实度能力绩效及口译规范度能力绩效影响没有差异，假设不拒绝，代表两者之间没有显著差异。

经过结构方程模型的系列检测和验证工作，围绕本研究假设的所有问题展开详细运算、分析、探讨，得出如下结论：

第一，对口译忠实度与规范度竞争模型的探讨具有代表意义。

本研究将口译的忠实度与规范度作为研究口译能力的主要维度，主要因为其他相关指标（如流利性）在进行单独量化时对模型有干扰，而关乎语篇连贯性的相关要素已纳入本研究规范度范畴中，故本研究拟以忠实度与规范度两大维度为观察视点。通过实证研究，发现忠实度能力绩效与口译规范度能力绩效两者之间的相关系数为 0.84，呈中高度相关，致使口译能力绩效构面具有较高的一致性。因此，对二者的评估就使得口译能力绩效构面具有较好的代表性且较少发生评估偏误。在现有口译理论研究中，忠实度能力绩效与规范度能力绩效属于不同概念范畴，同时具有意涵上的关联，因此不能将二者直接合并为口译能力绩效来做单一的研究。故此，我们将口译能力绩效这两个次构面分开探讨，考察主体性协同障碍、前知识突显障碍即语境构建障碍对二者影响的不同。

口译忠实度能力绩效构面的分析结果表明，SSDF（主体性协同障碍）、PKDF（前知识突显障碍）对口译忠实度能力绩效的影响均为较显著的反向相关，而这符合进行口译实战时，障碍因素越大，口译绩效越差的实际状况。而CCDF（语境构建障碍）则与忠实度绩效呈正向相关。在口译规范度能力绩效构面的分析结果中，虽然主体性协同障碍和前知识突显障碍对规范度能力绩效的影响都是反向的相关性，但是前知识突显障碍对规范度能力绩效的影响则是较强的反向显著关系。同样，CCDF（语境构建障碍）则对规范度绩效呈正向相关。

在三个自变量中，CCDF（语境构建障碍）对忠实度绩效及规范度绩效两个模型的影响均为正向的中低度相关，这与一般现实中障碍与绩效反向认知不符，也是本研究过程中获得的不同寻常的发现。究其原因：首先，SEM方法是基于已有理论建立模型来进行研究，主要是为了说明变量之间的潜在意义，并建立估计及检验假设关系，继而搜集资料来加以验证的方法，其理论内涵界定了变量之间的关系。本研究中的三个因素变量架构于现行的口译理论基础，在模型中均具有较高相关性，三者相互影响为方向相同的正向关系。其中PKDF（前知识突显障碍）因素与CCDF（语境构建障碍）因素的相关度最高达到0.858，依据SEM的分析，一般≥0.85判断二者构面应有共线性问题，我们除对所有相关题项进行核查排除外，也对其构面数集进行总量相关分析，发现多相关性平方值最大为0.667，小于0.8的显著标准，共线性不大。其次，在Bollen二阶段检验时发现，该三个因素变量均分别与忠实度及规范度构面皆为两两反向相关，说明这三个因素变量的影响方向基本是一致的。以上表明，CCDF（语境构建障碍）因素在理论内涵定义及在统计分析验证过程均应与SSDF（主体性协同障碍）和PKDF（前知识突显障碍）一样，为同向的影响因素，所呈现出的正向性多半与SEM模型自身理论设置有关。因此，在本研究的实际研判中，将因素变量对口译忠实度能力绩效及规范度能力绩效构面的影响视为反向相关，具体表现为中低度的反向影响力。

第二，口译障碍因素变量对竞争模型的影响作用互不相同。

通过口译忠实度与规范度能力绩效竞争模型的比较，发现SSDF（主体性协同障碍）、PKDF（前知识突显障碍）以及CCDF（语境构建障碍）

对口译忠实度与规范度能力绩效构面均表现为反向影响，这与第四章概念框架构建障碍表征研究提出的命题具有佐证意义。同时，CCDF对模型的影响在实际应用中亦表现为反向关系。在反映潜在变量构面相互关系数据结果中，发现主体性协同障碍变量对口译忠实度能力绩效的影响要显著大于前知识突显障碍对后者的影响力；而前知识突显障碍变量对口译规范度能力绩效的影响要显著大于主体性协同障碍的影响；只有语境构建障碍对忠实度和规范度能力绩效二者的影响基本相当，均表现为中低影响力。

第三，概念框架构建障碍影响口译能力绩效的发挥。

在口译过程概念框架构建障碍的两个次构面，即口译忠实度能力绩效与口译规范度能力绩效构面比较研究中，二者的所有配适度指标并无显著差异，表示本研究的假设模型与我们所收集的样本数据基本配适较好，即这两个模型可以较好反映对口译能力绩效的预测力。同时，研究进一步说明，在口译过程中，概念框架构建障碍直接影响了口译能力绩效的高低。具体而言，主体性协同、前知识突显以及语境构建的障碍因素直接影响了口译能力绩效的结果，但作用的侧重程度有所不同，语境构建的障碍对口译能力绩效具有中低度的均衡影响力。

以上发现带来两个重要启示：一方面，今后对口译思维中概念框架构建障碍因素的内涵定义应做更细致的探索研究，使其概念内涵更加明晰，从而加大障碍因素之间的识别因子，利于普遍认知与应用。另一方面，在运用SEM工具做实证研究时，对有关口译障碍因素的题项设置应从其内涵界定上多加区别斟酌，以免给受试者造成困惑，影响测试结果，干扰模型构面与理论实际的拟合。

第八章

结　语

　　莱德米尔（Ladmiral，1999：337-38）主张翻译研究应该是科学研究，即对译员大脑所发生实际情况进行勘探的科学求索，因此，从事翻译研究尤其是翻译过程研究的要旨便在于是否具有可操作性。2010年，勒代雷教授（M. Lederer）发表名为"论翻译学研究方法"一文，对莱德米尔的观点表示支持，提出翻译研究应建立在假说和已经建立的理论基础上，在必要的时候需借助严格意义上的实验方法，以满足客观性标准①。本书对准口译心智活动中影响口译思维加工的概念框架构建障碍，窥探表征其体验性和功能性属性的范畴要素，揭示范畴内部运作及相关范畴之间的关系以及导致动态概念框架变化的潜在因素，通过建立结构方程模型，观察概念框架构建障碍对口译能力绩效产生的影响，分离出复杂事件背后的简单结构，全面展现口译思维的多维画面。为此，研究过程始终坚持以翻译研究的客观性标准为准绳，努力做到推演正确、工具有效、切合本土、数据真实，不仅强调理论，更重视在操作层面开展有助于实际问题的解决研究。

　　作为全书的总结，本章将陈述本研究中重点讨论的主要思想内涵，对研究结果与重要发现进行总结，提炼本项研究的理论意义与实践意义，反思在理论建设与数据统计方面的局限性，最后针对本课题研究过程中引发的新问题，探索今后继续前进的方向。

---

　　① 勒代雷（M. Lederer）：《论翻译学研究方法》，刘和平译，《中国翻译》，2010年第2期。被引出处：Ladmiral, Jean-René, Approaches en theories de la traduction [A]. In Awaiss, Henri, Hardane & Jarjour (eds.). *Traduction: Appracheset Theories*, *Beyrouth*, *Sources*, pp. 337-47. cibles, Universite St Joseph, 1999。

第一节 内涵陈述及研究结论

口译并非语言、环境和主体的图式映射，而是相关经验并行发展的概念框架实时构建，涉及主体性协同、前知识突显、语境构建概念化协同运作，其系统流程涉及从源语经验认知到译语经验认知的一系列概念框架在线构建。以汉语为母语的口译学员由于相异个体在相同的概念化过程呈现不平衡性，其概念框架构建呈现范畴运作抑制，往往发生系统运行障碍，影响出口译产出绩效。

国内外研究从不同程度影射了口译过程存在概念框架构建障碍的认知事实，然而，前期研究总体上存在切入面广而聚焦性弱、多探讨性理论构建而鲜针对性实效研究的特点，口译概念框架构建的认知内涵和障碍机理亟待明晰，本课题研究对准口译过程概念框架构建障碍的经验认知，系统开展相关理论构建与实证分析，关照英汉和汉英不同口译方向，拟构以汉语为母语的口译学员概念框架构建障碍的概念体系，填补针对本土学员口译思维障碍机制系统研究的不足。

研究的主要内容从三方面进行陈述：

第一，研究架构。

借鉴系统科学的问题驱动范式，遵循"确定目标—理论构建—提出方案—建立模型—数据分析—综合评价"的系统方案展开研究。第一步，开展文献调研，梳理口译思维加工和口译思维障碍的研究范式和研究路向，确认"口译概念框架构建障碍源自意义协商概念化流程的范畴不稳定性"之基本论断，明确本研究旨在揭示汉语母语者口译思维加工中概念框架建障碍表征及运作机理的基本目标。第二步，开展理论建设，确立口译思维加工意义构建、口译思维加工范畴认知与口译思维加工能力表征的理论基础，厘清概念化思维、概念结构与口译意义构建、范畴化、范畴系统与口译概念框架、概念能力与口译能力的概念内涵，拟构口译思维概念化流程，论证口译思维概念框架构建障碍表征机制。第三步，确定研究方案，依据理论架构，确定观察变量和特定潜在变量并对所有变量进行描写，建立结构方程模型。第四步，开展数据处理，包括对涉及主体性协同障碍、前知识突显障碍、语境构建障碍和口译能力绩效不同构面的实际观察，进行详细的描述统计，为相关结构要素赋予权重，将变量代入模式。

第五步是数据检验和数据分析，包括模型估计、模型拟合度检测和模型评估，针对所收集口译学员有效样本，进行验证性因素分析，通过对潜在变量开展多方测量以及多维度、细致的模型检定，对整体因素模式做评估，论证基本假设的效度，深入探析口译思维加工概念框架构建障碍的结构性框架。第六步，综合评价，针对研究假设、模型设定、数据统计与结果分析，评价结构模式的信度，对不同范畴样本的概念框架构建障碍提出应对建议。

在实际操作层面，践行 Pöchhacker（2004）提倡的口译过程多元定性研究路径的理念，分别采用理论推演、现场观察、深入调研、模式设定和数据检测等方法，从共时平面考察口译思维加工概念框架构建障碍的表征与运动成因。具体而言，通过语料观察与个案分析，开展理论推演，执行不同组别与子任务的实验研究进行局部验证；针对总体目标和理论构建，建立结构方程模型，形成研究假设、客观、实据描写潜在变量与观测变量，运算处理过程运用 SEM 分析工具，实际进入运算的数据约 15000 个。通过数据处理和详细分析，较为深刻地揭示了影响口译能力绩效的障碍因素的结构表征、内部关联及其运作方式，提高了研究的信效度，彰显客观性和实效性。

第二，理论建设。

基于口译能力认知观（Gile，1995）和语言意义构建观（Langacker，2002；Fauconnier & Turner，2002），将口译思维加工视作概念化认知流程，剖析主体性协同概念框架、前知识突显概念框架和语境构建概念框架的障碍表征和运作机理，获得对口译思维加工概念框架构建障碍的理论认识。理论建设主要包括六个方面：

1. 口译思维加工概念化流程与概念框架

口译思维处理核心在于构建的意义协商机制，整体系统的稳定有赖于相互关联的各类概念化协同运作，其中涉及前知识突显、语境认知构建和主体性的概念化运作在口译思维流程中表现为不可或缺、动态生长又互为交织、彼此制约，形成基本的概念框架构建，主体性协同概念框架决定口译思维的态度取向和整体方案；语境构建概念框架用来明确角色价值和背景所引发的体验表征，唤起各类前知识突显概念结构，是空间输入的动因；前知识突显概念框架始于听觉感知，串联每一次概念突显，引发在译语空间形成概念突显的新生结构。任何环节的范畴局部失调可能引起整体流程的连锁反应，发生系统工作障碍。

2. 前知识突显概念框架构建及其障碍表征

前知识与大脑长时记忆有关，来自主体本身的已有知识与经验，概念要素与源语空间的相关概念要素进行空中匹配，通过概念对接和跨域映射，时实构建一个动态的前知识概念框架，推动口译感知、记忆和选择。前知识突显障碍描写可能促发或阻碍口译感知范畴原型产生的过程，表征为语义评价障碍、记忆检索障碍、原型选择障碍。

3. 语境概念框架构建及其障碍表征

不在场语境与在场语境的在线连通与重构促发更大的语境构建概念框架，贯穿口译思维整体过程，是决定思维效能的关键。语境连通表现为不在场语境受在场语境的激活，相关要素得以在线连通；在此基础上，译语空间的社会文化等不在场语境被激活，并与译语产出在场语境相融，发生语境重构。概念对接不利或连通抑制均或阻碍其为合成运作提供输入，无法顺利与其他概念框架进行在线关联。语境连通障碍与重构障碍在成为遏制产生理解突显、记忆突显和重构突显的重要因素。

4. 主体性协同概念框架构建及其障碍表征

主体性协同与主体形成语境假设的新旧信息处理机制有关，是认知主体间互动交流的过程，为实现口译交际目标，相关概念要素求同存异、共相发展。源自发言人、译员和译语听众等思维主体的认知互明抑制，直接影响了主体性协同功效，阻碍话语走向预测，体现为角色对话障碍、情感沟通障碍和译语融合障碍。

5. 母语思维原型与概念框架构建

概念框架构建能力通过感知概念突显、理解概念突显、记忆概念突显和重构概念突显来表征，母语原型对于形成概念突显具有经验层面的参与性，通过译语错误指标可观察母语原型迁移对口译产出的影响，对概念框架构建障碍潜在变量的形成具有观察意义，由于母语原型思维与口译思维流程概念框架障碍维度处于不同范畴，故本研究仅对其开展探索性因素分析，但不纳入验证性因素分析模型。

6. 概念框架构建障碍与口译能力

以主体要素互动、语境连通与重构、前知识突显推进为主导的概念框架，基本概念框架构建各司其职又目标一致，相互关联又彼此制约，构建一个整体化口译思维概念框架构建能力体系。通过运作概念框架，系统自组织运动得以开展，有助于加快口译思维加工中自我评价的优化进程，提高思维运作能力；反之，概念框架构建障碍突显引起局部环节失调，阻碍能力发展，降低口译绩效。

第三，建模分析。

根据本课题的研究问题、研究目标和论证需要，设计结构方程模型并建立评分量表，对整体因素模式做统计评估，将前期形成的假设模型与样本矩阵进行拟合度检测，即观察理论构建的因素模型与实际观测得到的数据模型的拟合度，分别对潜在变量主体性协同障碍、前知识突显障碍、语境构建障碍及其衍生变量角色对话障碍、情感互动障碍、意图融合障碍、语义评价障碍、记忆检测障碍、原型选择障碍、语境连通障碍和语境重构障碍及其观测变量进行统计分析，通过数据路径，表现变量间的相互关系，通过观察外源变量的集中表现，发现其对内源变量的影响。主要内容包括研究假设、数据采集、数据整理和数据处理。

研究假设：基于现场口译和模拟实战，从汉英、英汉样本中分离出概念框架构建的障碍类型，对比子范畴样本表现，释析相关障碍变量的内部关系，获得不同范畴类型概念框架构建障碍的倾向性。基本预测包括：概念框架构建障碍范畴运作与口译能力绩效表现相关；主体性协同运作内部不平衡导致概念框架构建障碍，影响口译能力绩效的发挥；前知识突显运作内部不平衡导致概念框架构建障碍，影响口译能力绩效的发挥。语境构建运作的内部不平衡导致概念框架构建障碍，影响口译能力绩效的发挥。通过数据观察，提出结构方程建模假设：假设一，口译障碍模型期望共变异数矩阵与样本共变异数矩阵没有差异。其中，H_0a. 口译能力绩效忠实度模型共变异数矩阵与样本共变异数矩阵没有差异。H_0b. 口译能力绩效规范度模型共变异数矩阵与样本共变异数矩阵没有差异。假设二，主体性协同障碍对口译能力绩效忠实度和规范度的影响没有差异。假设三，前知识突显障碍对口译能力绩效忠实度和规范度的影响没有差异。假设四，语境构建障碍对口译能力绩效忠实度和规范度的影响没有差异。

通过对上述预测开展结构方程拟合度检测，验证口译学员概念框架构建的障碍表征，深入探析影响口译能力绩效的概念运作。为完成建模与检测，本研究进行了较为细致的数据整理工作，具体包括：

数据采集：通过实验、访谈和问卷调查获得数据，实验样本参照口译工作语言（鲍刚，2005）的分类。理论先导部分的先导实验涉及前知识突显障碍实验、角色构建障碍实验、语境效能障碍实验和语境构建障碍实验，参与实验分析的共效样本合计 300 份左右，开展探索式因子分析。针对概念框架构建障碍总体架构建模分析，获取译语样本 300 份，进入验证式因子分析；针对口译学员概念框架构建障碍问卷调查，同时开展概念框架障碍影响因子译后访谈，抽取样本数各 300 份，合计参与运算的总数据约 15000 个。

数据整理：涉及英汉和汉英不同口译方向，涵盖体性协同障碍、前知识突显障碍、语境构建障碍三类基本概念框架构建障碍，潜在变量包括角色互动障碍、情感沟通障碍、意图融通障碍、语义评价障碍、记忆检索障碍、原型选择障碍、语境连通障碍和语境重构障碍，观察变量包括发言人身份、发言人权利、发言人立场、听众身份、听众权利、听众立场、观点认同、话题喜好、话题焦虑、话语意图、话语目的、言外之意、语义感知、语义判断、语义传递、词汇储备、知识储备、语境储备、隐转喻、习惯语、专业术语、历史语境、现实语境、专业语境、跨文化交际意识、社会规约意识、语篇趋势意识等。针对内在潜在变量是口译能力绩效，观察变量涉及信息点、信息意层、信息结构、习语、词汇、句法、衔接、关联等，考察传译过程的意义忠实性与表达规范性，外生潜在变量涉及忠实度和规范度两大维度。录音转写采用通用标记语言 SGML 基本格式，以《口译评估》（蔡小红，2007）中的相关指标为依据，译后访谈数据和问卷调查数据通过对统计结果进行数值转换获得。

数据处理：对信息点、信息意层、信息结构、隐转喻、习语、词汇、句法、衔接和关联等观测指标进行收集和分析，考察潜在变量口译能力绩效的变化，通过对检测概念框架构建障碍的不同构面，开展验证式因子分析，比对所致相关概念化障碍表征与口译能力绩效的关系，尤其在忠实性、连贯性、规范性、流畅性等方面的障碍表现。同时，对母语原型思维迁移与口译学员工作过程和口译绩效的关系开展探索性分析，观察母语对于词汇和句法结构方面的错误表现，考察母语因子对于概念框架构建是否存在潜在关系。变量确立及其理论依据为建立以汉语为母语的口译学员概念框架构建障碍模型奠定了基础，有助于考察口译学员的概念框架构建制约因素的相互关系及其对口译过程的影响。整体认知过程关涉口译概念化思维模式，考察目标的效能通过模型验证得到体现，通过样本的绩效值得到综合反映；通过模型运行结果分析，验证前知识突显、语境效应和主体性协同等范畴运作对概念框架构建障碍总体架构的影响。

通过理论推演、数据建模与检测分析，本研究得出以下主要结论：

第一，口译概念框架构建障碍主要表征为主体性协同障碍、前知识突显障碍和语境构建障碍。

口译概念化网络较为突出的概念方式包括关涉源语接收、意义感知、语境连通、空间关联和译语重构不同空间的合成运作的前知识突显，通过在理解、记忆和重构时的概念突显得到表征；关涉源语接收、思维理解、记忆推进和译语重构的语境构建，通过语境构建系统运作得到表征；关涉语义感知、思维理解、记忆推进和译语重构的主体性运作，通过主体性协同运作得到表征。口译概念化流程体现出不同认知主体并存、多种心理现实并存、前知识动态进化的职业特点，子系统不平衡引发概念框架构建障碍，且母语原型思维通过对概念框架构建过程的介入而影响口译绩效。概念框架构建障碍发生在口译概念化流程的机制运作阶段，涉及在思维理解、记忆推进和重构产出过程遭遇的概念突显困难、并行运作困难和思维对接困难。每个阶段所表征的认知能力均以意义协商为核心，在缺乏实战经验的情况下，协同表征优化程序受许多因素干扰，且这些因素多与局部的和整体的概念框架运作障碍有关。通过口译忠实度与规范度能力绩效竞争模型的比较，发现主体性协同障碍（SSDF）、前知识突显障碍（PKDF）以及语境构建障碍（CCDF）对口译忠实度与规范度能力绩效构面均表现为反向影响，这与概念框架构建障碍表征理论命题具有一致性；三者对于口译能力绩效的影响力各不相同，这与口译学员的实际工作状况具有一致性。

第二，口译思维加工中，概念框架构建范畴既相互依赖又彼此牵制。

口译思维意义构建的认知理据源于概念整合观和范畴空间观，强调口译思维转换的实质是话语、环境和思维主体之间的联系与整合，由此引发合成空间的概念突显（前知识突显）、关联空间的主体间性（主体性协同）、语境空间的语境连通与重构运作（语境构建），通过跨域映射和认知选择形成概念压缩，并在感知、理解、记忆和重构产出空间不断更新概念突显，从而完善口译思维理解、记忆检索和译语重构，口译思维得以有效推进。承认口译思维概念化流程的意义协商操纵是讨论口译思维概念框架构建障碍表征的前提。源语空间和感知空间在口译思维过程是相对稳定的认知单位，理解空间、记忆空间和重构空间是必然发生的整合空间。分析表明，主体性协同概念框架决定口译思维的态度取向和整体方案；语境构建概念框架用来明确角色价值和背景所引发的体验表征，激活各类前知识突显概念结构，是空间输入的动因；前知识突显概念框架始于听觉感知，串联每一次概念突显，引发在译语空间形成突显的新生结构。缺乏实战的口译学员往往难以灵活操纵关涉多重空间的概念对接，涉及前知识、主体性和语境构建的范畴映射失败更阻碍了基本概念框架之间的在线结盟，阻碍其为合成空间的概念突显提供输入。因此，正是主体性协同和语境构建（连通与重构）的动态概念运作，促发产生每一级合成空间的概念（前知识突显），三类基本概念框架互为渗透、彼此牵制、不断成长、共同推进，制约口译思维进程。

第三，概念框架构建障碍系统内部的局部变化遏制总体架构运行。

口译思维加工概念化流程是一个自组织系统，系统的内部有序取决于相关概念框架构建及其概念化方式的协同运作，局部组织失衡抑制概念框架构建的开展。实证研究结果表明，主体性协同障碍、前知识突显障碍与口译能力绩效表现出反向相关，语境构建障碍与能力绩效虽呈轻微正相关，但具有较高的模型配适度。概念框架作为隐匿于口译心智活动的特殊意义构建，表征为关涉一系列复杂输入维度的概念化运作，通过内部运动可产生原来没有的系统新质，表现为自我组织、自我调节和自我更新的整体能力，基本方式涉及从源语表征到译语表征的前知识突显运作、双重语境连通与重构和主体性对话互动，这些基本概念化运作在范畴组织与调整下，形成有序运作的动态概念框架。内部失衡则引起系统障碍，如在前知识突显概念框架，相关概念要素进行概念匹配与跨域映射，经历语义认知评价、记忆检索激活及原型选择产出，从而完成感知、理解、记忆和重构阶段的概念突显。假如译员大脑中涉及语言符号、文化图式、交际事件和主体风格等概念成分不能及时对接长时记忆，则无法完成概念对接，引起语义评价障碍、记忆检索障碍和原型选择障碍等概念运作障碍，由此遏制或干扰口译思维理解、口译思维推进和口译思维重构进程。同理，在主体性协同概念框架构建过程，关涉发言人、译员和译语听众的口译思维主体发生认知互明抑制，与角色、情感和意图相关的概念成分不能产生概念对接，引发角色对话障碍、情感沟通障碍或意图融合障碍，并对更大范畴的主体性概念框架构建产生遏制，从而阻碍了思维主体对话语走向的正确预测。在语境概念框架构建过程，不在场语境与在场语境连通受阻，直接导致语重构效率降低,对语境构建概念框架的形成产生极大困扰,从而间接延缓了口译思维进程。口译思维加工的概念框架构建既包括认知过程,也包括认知结果,系统内部不平衡对具有不同思维模式与个性化特征的概念范畴系统产生抑制作用,阻碍来自不同心智空间参与要素的意义协商,延缓认知效用的优化。

第四,口译能力绩效通过概念框架构建障碍程度得到表征。

关涉细微概念要素的跨域映射往往造成思维加工障碍,因为译员需要调用和找到隐藏的概念信息,并根据自己的认知背景应对口译,满足译语听众的需求。对于实战体验缺乏的汉语母语者口译学员而言,概念框架构建障碍机制运作对口译能力绩效的影响体现出差异性范畴程度。比如,相对于语言表达的规范度而言,主体性协同障碍的影响程度最大,前知识突显障碍的影响力次之,语境构建障碍的影响力最弱;相对于信息传递的忠实度而言,从运算值来看,情况并非如此,前知识突显障碍对其影响程度最甚,主体性协同障碍的影响力次之,语境构建障碍的影响力最弱。该结果一方面说明主体性协同概念框架构建障碍、前知识突显概念框架构建障碍和语境构建概念框架障碍对口译思维概念化进程的影响不容忽视,同时另一方面说明其影响呈现一定程度的不均衡性:主体性协同障碍与规范度的关系最为密切,前知识突显障碍与忠实度的关系最为密切;规范度和忠实度不仅关乎口译绩效,而且分别表征语言处理能力和语义处理能力;与以上潜在变量相比,语境构建障碍对忠实度绩效和规范度绩效的影响较弱。针对思维主体受训时间相对较短,实战经验相对缺乏的口译学员来说,概念框架构建一阶潜在变量普遍呈现较高程度的认知障碍,概念压缩不完整,对主体性协同和前知识运作的运用能力较低,而语境构建的介入性较强,从而导致数据结果的不同表现趋势。总体来说,对于大多数口译学员来说,范畴要素不平衡总体上阻碍了概念框架系统对口译思维流程的建设性作用,因而在实际工作过程中较多出现绩效低值。

我们还发现,概念框架构建能力通过感知概念突显、理解概念突显、记忆概念突显和重构概念突显来表征,思维加工中,母语原型对于形成概念突显具有参与作用,通过母语负迁移对产出绩效的影响可以通过错误指标得到观察。由于概念框架构建障碍的形成过程与汉语母语者能力绩效产出具有拟合性,可以断定,考察母语原型思维运作可从不同侧面为口译概念框架障碍研究提供更多支持。

第二节　研究价值与实践启示

本书立足认知语义学关于意义构建和范畴空间表征的相关论说，结合口译能力认知的研究成果，综合考虑口译思维加工的功能体验性和复杂动态性，深入剖析口译过程概念框架构建障碍的经验认知，系统开展汉语母语者口译学员概念框架障碍的理论构建与实证分析，关照英汉汉英不同口译方向，揭示以汉语为母语的口译学员概念框架构建障碍的概念体系，突破口译过程处理的程序性研究，并以结构更为清晰、更利于排除测量方法误差的 SEM 工具进行数据检测。通过理论推导与模型检测，基本完成了从概念化认知层面释析口译思维加工概念框架构建障碍的目标任务。

在口译思维加工概念框架障碍的理论与实证探索过程中，本研究主要在六个方面做了创新性探索，归纳如下：

第一，论证了口译能力绩效的概念化影响因素及其影响力。

首次提出围绕意义协商的概念框架构建决定口译能力绩效的观点。口译思维加工概念化流程在意义协商操纵下，在线构建以多元主体协同、双重语境连通重构、前知识突显推进为主导的概念框架，通过运作概念框架，确保系统自组织运动，实现自我评价优化，局部环节发生效率低下均或导致传译绩效受损。基本概念框架构建各司其职又目标一致，相互关联又彼此制约，构建一个整体口译思维概念框架构建能力体系，其中，主体性协同概念框架决定口译思维的态度取向和整体方案；语境构建概念框架用来明确角色价值和背景所引发的体验表征，唤起各类前知识突显概念结构，是空间输入的动因；前知识突显概念框架始于听觉感知，串联每一次概念突显，引发在译语空间形成突显的新生结构。口译概念框架构建障碍与表征其概念化流程的机制运作有关，涉及在思维理解、记忆推进和重构产出过程遭遇的概念突显困难、并行运作困难和思维对接困难。在缺乏实战经验的情况下，达致意义协商的口译认知能力受许多因素干扰，且这些因素多与局部的和整体的概念框架运作障碍有关。

第二，揭示了前知识突显概念框架构建障碍表征。

前知识与大脑长时记忆有关，来自主体本身已有的知识与经验，口译思维加工概念整合过程中，前知识与译员大脑中涉及语言符号、文化图式、交际事件和主体风格等一系列概念成分的长时记忆有关。源语空间的交际事件被抽象为围绕口译话语意图的知识图式，通过运作心智空间的意义协商，受语言结构、副语言结构以及各类在场的有形知识结构的驱动，激活感知空间的相关概念，发生概念突显，形成前知识突显概念框架，作为新的输入成分，与相关空间进行概念匹配。概念要素与源语空间的相关概念要素进行空中匹配，通过概念对接跨域映射，经历语义认知评价、记忆检索激活及原型选择产出，时实构建一个动态的前知识框架，在感知空间获得一系列概念突显。口译前知识概念框架不能及时搭建，概念突显就不能顺利实现，进而影响认知结果，如造成对发言意图、文化心理、时代背景、审美价值的判断不及时和不准确。因此，前知识突显概念框架构建可以描写可能促发或阻碍口译感知范畴原型产生的过程。从感知突显到完成理解突显、记忆突显、重构突显的发展中，前知识突显障碍表征为三个方面的构建障碍：语义评价障碍、记忆检索障碍、原型选择障碍。

第三，揭示了语境构建概念框架构建障碍表征。

受语境在场概念和不在场概念的相互作用，与话语主题相关社会、文化、趋势等不在场概念成分被语言、情景、技术等在场成分所激活，不断融入在场，在场与不在场语境的连通互动，提高了源语听解与记忆的效率，译语空间的语境重构，则进一步将工作语境与译语听众相关的不在场语境发生连通，顺利发生保证译语言之有效的语境重构，此过程视为语境连通与重构概念框架构建过程，其共同作用形成语境构建概念框架。语境构建贯穿口译思维整体过程，是决定思维效能的关键，根据语境范畴的工作推进状况，表征为语境连通和语境重构，分别在源语思维理解和译语思维重构中表现为不同的认知突显。由于范畴的概念框架层级特性对范畴内部要素对接协调的影响，不在场概念与在场概念的动态变化特性，语境构建过程中发生关乎语境连通和语境重构的概念框架构建障碍。口译认知工作环境下，在场与不在场范畴的语境框架相互联系，互为补充，语境构建系统有序推进，不在场语境成为在场语境的有力帮助，二者的相融相通成为在线构建语境空间的基础。然而，灵活复杂的语境概念要素在缺乏实战的口译学员往往难以操纵，概念对接不利或连通抑制均或阻碍其为合成运作提供输入，无法顺利与其他概念框架进行在线关联。口译思维意义协商流程中的理想化语境空间就无法自然成为概念合成网络的输入空间，难以在译语空间开展语境重构，因此，语境构建障碍在一定程度上成为遏制产生理解突显、记忆突显和重构突显的重要因素。

第四，揭示了主体性协同概念框架构建障碍表征。

主体性协同与主体形成语境假设的新旧信息处理机制有关，是认知主体间互动交流的过程，作为构建关联空间的基本方式，它使关联空间的相关概念成分积极参与到口译概念整合思维的宏大系统中。通过主体性协同运作，具有内在关联的概念要素连通不同范畴空间，彰显口译言语行为的语用效能，确保交际意图的传承延续。口译交际包含独特的双重叠加言语行为，呈现空间连通、空间映射与空间契合等主体性协同思维，为实现口译交际目标，与角色、情感和意图相关的概念成分进行主体性协同，求同存异、共相发展。在口译言语行为过程，以言表意和以言行事通过刺激译员心理图式产生一种言后效果，通过在线搭建协同平台，触发新一轮言语行为认知中潜在于译语听众的反应或行动，促使口译产出达到发言主体范畴所期待的言后效果。源自发言人、译员和译入语听众等口译思维主体的认知互明抑制，直接影响了主体性协同功效，体现为对话抑制（关涉身份、地位、权利等角色因素）、沟通抑制（关涉态度、感受、意向、道德、价值等情感因素）和融合抑制（关涉计划、预期、规划、方案等意图因素）等主体性协同约束或主体性协同障碍，其结果是阻碍话语走向的正确预测。结果表明，一方面，缺乏角色构建障碍为口译过程带来困难的事实（理解困难、表达失误，其中理解困难居多），另一方面，主体角色构建与激活有利于降低英汉传译中语义分析的难度。

第五，证实了概念框架构建能力是一种基本的口译认知能力。

概念框架构建能力通过感知概念突显、理解概念突显、记忆概念突显和重构概念突显来表征，不同阶段的概念突显则反映为口译能力绩效的实现程度。口译思维加工经过最初的感知运作产生概念结构突显，为口译思维理解提供输入，新的知识结构受到主体性协同和语境连通与重构等概念框架的影响，得以促发和成长，进入记忆强化合成运作阶段，并在理解空间形成理解突显，在记忆空间形成记忆突显，经过围绕双重语境连通与重构，且受关涉发言人、译员、听众三方的主体性协同推动，进一步渗透整合网络，完成记忆延伸，并在译语空间实现思维重构，重构概念突显形成的新生结构就是口译成果，所提供的观测指标可以用来计算口译能力绩效。也就是说，通过概念框架不断构建和相互作用，概念框架构建能力得到彰显，由于概念框架构建的形成过程与口译思维加工的概念化流程具有拟合性，因而可视作基本的口译认知能力。

第六，提高了口译思维概念化障碍研究的效度。

分别采用现场观察、理论推演、模式设定和统计检测等方法，从共时平面考察口译思维加工概念框架构建障碍的表征与运动成因。通过语料观察与个案分析开展理论推演，执行不同组别与子任务的实验研究进行局部验证，为客观评价和验证理论研究，开展观察、实验、调查、访谈相结合的三元数据方法，多方举证，提高信度。针对总体架构，运用 AMOS 软件进行结构方程模型建模，通过前期的研究结果、理论假设，设定模型内部变量间的结构关系，检验变量（潜在变量和观测变量）间的潜在结构，设定模型参数估计办法，并对结构模型进行拟合度检验，最后根据模型检验结果，进行模型修正，修正后的结构模型拟合指数达到可接受的水平。运用 SEM 分析工具开展数据处理，更为深刻地揭示影响口译能力绩效的抑制因素结构及其构成，彰显研究的客观性和实效性。

总之，本书从理论上探讨以汉语为母语的口译学员思维加工中概念框架构建障碍的形成、表征与影响，由于涉及概念框架构建的范畴要素复杂，统计指标众多，为完成总体目标，使理论假说得到更为清晰合理检测，实证研究在先前的相关分析、回归分析等探索性因素分析基础上，通过结构方程模型的设定与验证，针对复杂的多维变量之间的关系进行全面检测，样本覆盖面广，数据分析的信度与效度得到较大提高。结果表明，研究基本实现了先前提出的任务目标，从理论上为口译思维概念框架构建障碍研究做出了较为深刻的解释。

不仅如此，本书针对以汉语为母语的口译学员思维过程，取材于中国当前繁荣的口译市场，且对准口译培训中的薄弱环节，研究结果折射出较强的现实价值。

第一，为解决口译培训中的短板环节提供理论指导。本研究触及口译培训过程中学员概念化思维加工的薄弱环节，研究表明（Gile，1995：47；谌莉文，2011：262），无论是基于西方或中国本土的口译培训环境，一个无法回避的共同问题是，学员普遍缺乏对于信息意义整合的概念框架能力，以致口译失误。比如，虽然培训过程不断强调译前准备的重要性，学员积极阅读甚至背记提前发下的相关资料，口译实践过程中还是难免发生非系统性认知操作行为，如孤立听取词汇结构信息以致不知所云；过多延伸发言主题信息却往往判断失误；徘徊于发言人角色、地位和权利的发言主体信息却并无法与其他相关主体经验要素发生关联；高级学员更注重译出语篇的连贯性,但难以把握汉语源文的结构离散;初级学员在汉英口译中尽管信息值较高,却被糟糕的连贯度破坏了口译绩效。不同类型的口译学员均发生大脑紧张忙乱,难以对听取信息及时进行概念化处理的困难,无法顺利实现理想的感知概念突显、理解概念突显、记忆概念突显和重构与产出概念突显等一系列认知关卡,直接影响口译交际效果。数据表明,类似问题的普遍存在是口译学员实践实训环节的短板与常态。口译思维概念框架构建障碍研究有助于帮助学员认识口译思维加工效率低下的症结所在,并在日常培训和自我演练环节有意培养概念化系统框架的构建,整合概念要素,优化学习效果。总之,揭示口译思维加工概念化认知的实质,有助于口译教师和学生有意识加强相关培训,帮助学员克服阻碍能力发展的障碍,这对基于我国国情的口译培训和实践具有现实指导意义。

第二,为开展适合本土学员的口译课程建设、教材建设及口译评估提供客观依据。口译活动的瞬时性和现场性更使本科阶段口译教学面临区别于与传统语言教学和笔译教学的双重困难。主要问题有二:一方面,主题和技能分家,造成课程设置的不平衡性和单一性;另一方面,口译教学与笔译教学不分,教学方法上难以摆脱传统翻译教学思维的窠臼,此现状既不利于学生进行概念框架构建的口译能力,亦有悖于社会主义市场经济条件下外语人才培养目标(参见教育部大纲),造成口译教学目标针对性不强,学习过程难以监控,实践效果不尽如人意等不良后果。本研究结果有助于以具有普遍意义的概念框架构建障碍类型依据,制订适合本土学员概念化思维特质的教学方案和课程计划。同时,在校内外英汉与汉英口译能力测试、人才选拔测试发现,总体上对于评估标准仍比较宽泛,缺乏对于作为潜在变量的口译学员概念化认知这一基本口译能力的客观评测。因此,学习者在不同的范畴概念框架构建障碍类型所反映的能力差异及其所代表的类型取向可纳入口译评估的计划方案。而有针对性的、客观合理的评估方式对于教学具有反拨作用,有助于口译学员树立口译思维过程的概念观和全局观意识,培养与改善学习者的口译认知策略,切实提高思维加工效率。

第三,为学科本体发展及相关学科研究提供理论借鉴。开展口译概念化思维障碍研究的理性思辨与实据检测践行跨学科路径,有助于开拓本学科的研究视野,亦为口译教学与实践、笔译理论与实践、二语习得、外语教学、语言认知、认知科学、系统科学等相关领域提供数据支持及理论借鉴。物理学家哈肯在20世纪60年代提出，协同指组成系统的各子系统或基本要素在一定条件下，通过非线性作用，相互协调，自发产生稳定的有序结构，证明了系统从无序走向有序的过程。本研究将口译思维过程视为系统流程，并据此构建协同型口译教学模式，开展相关教学改革探索，发挥以多维空间要素参与为行动基础、以多方互动合作为行动途径、以职业化能力提高为行动方向的协同优势，利用教学空间的多维子系统和拓展空间的各项子系统不断协调、相互合作，在系统工作期内所有程序从无间断，学生的职业化应用能力得到明显提高[①]。因此，相对于单纯的口译理论研究而言，本研究的实践意义还在于对学科整体建设的贡献，真正做到理论与教学的互为促进，促进中国语境下的口译学科发展。同时，口译思维障碍研究所取得的细微进展亦将为任何探究两种语言、两种文化所遭遇的思维困惑难题的相关研究带来启发。

第三节　问题与展望

尽管在理论建设和实据验证方面做了一定尝试，本研究尚存在一些有待完善的遗憾，正是这些遗憾，为今后的研究开拓了思路。本研究的局限性主要集中于以下三个方面：

数据采集方面。本研究收集的样本虽然覆盖面较广，但尚不能完全满足高水平数据分析效度的要求。本研究曾针对三个基本概念框架构建障碍，开展了四个先导实验，分别选取我国东部沿海地区不同高校的口译学员为考察对象，然而不同批次学员的比对标尺尚不够严格，为论证总体架构，我们运用结构方程模型对复杂变量进行检测，为此开展实证研究，样本分别涉及高级学员组、中级学员组和初级学员组，实验数据和调研问卷数据各300份以上，研究的信度和效度均得到提高。不过，尽管调查研究涉及不同学校、不同层次的口译学员，具有一定普遍意义，然而，由于材料收集不易，答卷方式假定网络问卷和纸质问卷效果等同，这在一定程度上削弱了调查问卷数据的信度。此外，要使综合评估更符合科学标准，外界干扰因素影响、调查问卷受试控制与设计方面均有待改进。在受试人员

---

① "职业化导向的多元协同口译教学模式"获宁波市高校教学成果二等奖，研究论文"协同型口译教学模式探索"（谌莉文，2014）发表后受到业界广泛关注。

的选择上，仅以相似的学习经历、受训时长等外部条件作为选择标准，也可能会对数据统计和整理分析造成一定干扰。另外，尽管实验设计考虑了现场条件需求并努力改善实验环境，实证研究中的模拟实战口译与严格意义上的现场口译毕竟存在一定差距，只能基本满足取证的现场生态要求。

论证深度方面，本研究结合系统科学、认知语义研究、口译过程研究的成果，努力挖掘口译思维加工过程的概念化运作障碍，通过较为深入的理论探讨与实据论证，尤其通过模型数据检测，提高论证的效度，有助于加深口译概念化思维的认识和应用性，这些均在不同程度上弥补了以往开展口译思维障碍研究的缺憾。但是，考虑到不同口译操作类型的口译过程可能带来数据库的庞大和不易控制，本课题聚焦交替传译思维，将以汉语为母语的口译学员模拟实战工作过程作为主要考察对象，进行探讨与论证，后续研究可在本研究结果的基础上，继续检测同声传译思维过程，对比二者在概念框架构建障碍方面的差异性，或将获得更多令人兴奋的发现。另外，由于研究的重点放在口译思维加工概念框架构建障碍表征与检测，在针对具体的概念化运作进行模型设定和微观讨论方面还有较大的发展空间。除此，计算程序实施尚需进一步优化，以获取数据最大化效用。

研究广度方面。本研究针对口译思维加工概念化障碍开展初步研究，基本揭示了口译概念化思维加工所涉及的基本概念框架构建障碍表征和运作规律。受研究目标和研究任务的限制，本项研究仅主要围绕口译概念化思维流程的关键认知机制——概念框架构建进行了理论推演与实证分析，虽然研究关照不同口译方向（英汉口译或汉英口译），但无论在理论思辨研究还是实证建模研究中，均未刻意区分口译方向的概念框架构建障碍，也没有深入区分模拟实战与现场口译的不同口译环境对概念框架构建障碍所引起的不同结果。因此，若要做到严格意义上的口译思维加工概念框架系统研究，可以在研究目标、研究任务的制定方面深化研究内涵，细化研究方案，从而在整体上提高论证的任务效度。

针对业已取得的进展以及本研究的未尽之处，本书所做的尝试为今后开展进一步深入研究留下了一些新的研究问题与发展方向。以下从口译思维加工自动处理、概念化微观深入以及研究手段的科学性三方面展望口译思维过程研究的方向与策略。

洞悉口译思维自动处理的概念化实质。

自然语言的生成与理解是人类最普遍的智慧表征，翻译行为游刃于两种思维、文化、语言之间，惊叹于文字的音美与形美，精妙于思维的转换与整合，无论是语言解构，抑或翻译转换，其内在运作机制均受制于主体与客体的不断碰撞，蕴含着感知、契合、协商、突显、顿悟的意义运作机理，体现出系统自组织运动的心智表征，汇集为无数从无序到有序的概念框架。无论交替传译抑或同声传译，都是在特定的交际场合对自然语言进行在线加工处理，反映了思维主体进行持续意义整合的概念化运作的真谛，相信探究概念框架的生成、表征、障碍、运行，将其作为人类基本的思维方式，将引导人们从概念化思维层面看待口译交际言语行为，认识口译思维过程概念化障碍的本质，更好应对口译思维过程中随时可能出现的困难。本研究将焦点对准针对口译思维在线运作的基本概念框架及其构建障碍，这为进行更加系统的口译思维障碍研究奠定了基础。通过论证、归纳和分析，我们发现，在口译思维加工过程，概念框架构建总是在不断地、自动地发生，范畴要素不仅涉及语词、结构、声音、视觉，更是思维的运作，涉及无数的概念化表征，正是这些概念化运作使得口译思维加工系统内部的复杂要素发生相互联系，不仅如此，范畴内部与更大的外部范畴发生关联，口译概念化思维系统研究就是揭示这些复杂的关系。揭示随现场条件变化而不断发生变化的概念框架构建障碍，有助于认识概念化协同运作不断产生系统新质的概念系统在变化中迈向动态有序的自动化运动，后者正是每位口译学员心之向往的操作目标。

开展口译概念框架构建微观探索。

我们需要进一步了解的关键问题有：构建概念框架的内部要素之间如何发生关联以引起相应的概念化运作？形成概念匹配和跨域映射的条件是什么？到底什么环节发生概念框架构建障碍？除前知识突显框架内部的概念匹配、语境概念连通和重构框架内部的概念匹配、不同主体之间的意义交流外，如何描写还有涉及更为基层的概念化运作，如源语发言主体性协同概念框架、译语听众主体性协同概念框架及其相互之间的关系？此类概念压缩与语义评价图式、记忆检索图式和原型选择图式如何形成最佳关联？与语境连通和语境重构又如何发生联系？前知识突显概念框架在感知、理解、记忆、重构和产出等不同认知阶段的相关图式突显的具体过程如何？怎样避免关联失败？概念框架内部以及范畴之间的关联性如何分别影响口译思维过程的概念能力发展？如何论证相关概念化影响力的程度？如何进一步解释口译概念框架构建障碍的离散型取向与聚合型取向？这些都可以带我们深入探究且可能带来意外发现的课题。除此以外，同声传译过程的概念框架构建障碍及其机制运作与交替传译障碍分布的不同表征、英汉口译与汉英口译过程概念框架构建障碍的具体不同也需要进一步挖掘。若将以上概念要素整合到整体系统框架中，尤其通过对比研究，则有望对口译思维过程的概念框架障碍有更加全面的把握，从而使口译思维过程的概念化运作能力得到全面提高。

进一步优化研究方法与测量手段。

针对实证工作方面，我们在前期因素分析和回归分析的基础上，改进了技术手段，整体架构采用了 SEM 的基本概念和建模方法，用多重指标进行全面评估。在数据采集方面，为保证数据的稳定性，数据采集分为间隔不长的不同时段且取自不同区域的代表性群体，总体而言，本研究基本属于横向代表性研究。从研究结果来看，初级学员在其中某些观测变量（如发言人角色、权利和地位，跨文化交际意识等）数值表现并不劣于受训学员或职业译员的相关表现，而在另一些观测变量（诸如长时记忆储备、隐转喻、专业术语方面）的数值，不同组别又具有相似性。那么，这是否说明存在一个口译思维加工概念框架构建障碍的普遍方式？学习环境的差异性和口译实践经历丰富程度以及受试的区域和学校是否对概念框架构建障碍的概念化性质产生影响？这些因素如何影响口译思维概念化认知发展？要解答以上问题，未来研究可着力于纵向跟踪路线，题型设计更佳完善、数据来源结构更合理，优化理论方案，从而更全面深刻地揭示汉语母语者口译概念化能力的全貌和动态发展过程。

总之，本书从概念层面研究口译思维加工障碍，窥视口译后台认知意义构建的复杂维度，相信后续研究工作将会在此基础上得到深化与完善，并在业内同行的关注与支持下取得更多突破。

参考文献

艾布拉姆斯：《欧美文学术语词典》，北京大学出版社1990年版。

鲍刚：《口译理论概述》，中国对外翻译公司2005年版。

蔡小红：《口译评估》，中国对外翻译出版公司2007年版。

陈菁、肖晓燕：《口译教学：从理论到课堂》，上海外语教育出版社2014年版。

谌莉文：《口译思维过程的意义协商模式》，中国社会科学出版社2011年版。

谌莉文：《意义运作的概念化认知》，上海交通大学出版社2016年版。

程琪龙：《概念框架和认知》，上海外语教育出版社2006年版。

顾凯平等：《系统科学与工程导论》，中国林业出版社2008年版。

何自然：《语用学概论》，湖南教育出版社1997年版。

何兆熊：《新编语用学概要》，上海外语教育出版社2005年版。

侯敏：《认知视阈下的语言与翻译研究》，中国社会科学出版社2012年版。

胡隆：《教育技术研究方法导论》，上海外语教育出版社2005年版。

勒代雷：《释意学派口笔译理论》，刘和平译，中国对外翻译公司2001年版。

李明秋：《口译能力要素对译员素质培养要求分析》，载邱鸣、潘寿君、张文主编《同声传译与翻译教学研究（第二辑）》，中国传媒大学出版社2009年版。

林超伦：《实战口译》，外语教学与研究出版社2009年版。

刘爱伦等：《思维心理学》，上海教育出版社2002年版。

刘和平：《口译理论与教学》，中国对外翻译出版公司2005年版。

刘宓庆：《口笔译理论研究》，中国对外翻译出版公司2006年版。

陆国强：《英汉概念结构对比》，上海外语教育出版社2008年版。

卢植：《认知与语言：认知语言学引论》，上海外语教育出版社2007年版。

梅德明：《中级口译教程（第三版）》，上海外语教育出版社2008年版。

诺德：《译有所为：功能翻译理论阐释》，张美芳、王克非主译，外语教学与研究出版社2005年版。

潘文国：《英汉对比与翻译》，上海

外语教育出版社 2012 年版。

秦晓晴:《外语教学中的定量数据分析》,华中科技大学出版社 2010 年版。

任文:《联络口译过程中译员的主体性意识研究》,外语教学与研究版社 2010 年版。

沈家煊:《认知与汉语语法研究》,商务印书馆 2009 年版。

束定芳:《隐喻研究中的若干问题及研究方向》,载束定芳主编《语言的认知研究》,上海外语教育出版社 2004 年版。

束定芳:《认知语义学》,上海外语教育出版社 2008 年版。

王文斌:《论英语的时间性与汉语的空间性——从洪堡特的"内蕴语言形式"观谈起》,载潘文国等主编《英汉语比较与翻译》,上海外语教育出版社 2012 年版。

王寅:《认知语言学》,上海外语教育出版社 2007 年版。

汪应洛:《系统科学》,机械工业出版社 2001 年版。

王正元:《概念整合理论及其应用研究》,高等教育出版社 2009 年版。

吴明隆:《结构方程模型——AMOS 的操作与应用》,重庆大学出版社 2016 年版。

王文斌:《隐喻的认知构建与解读》,上海教育出版社 2007 年版。

许钧:《翻译概论》,外语教学与研究出版社 2009 年版。

张伟豪:《SEM 论文写作》,台北鼎茂图书出版股份有限公司 2012 年版。

张伟豪、郑时宜:《与结构方程模型共舞:曙光初现》,台北前程文化事业有限公司 2012 年版。

仲伟合等:《口译研究方法论》,外语教学与研究出版社 2012 年版。

鲍刚:《口译程序中的"思维理解"》,《北京第二外国语学院学报》1999 年第 1 期。

鲍晓英:《记忆心理学在口译中的应用》,《广东外语外贸大学学报》2005 年第 2 期。

鲍晓英:《帮助学生实现口译"信"的标准——记忆心理学在口译教学中的应用》,《外语界》2005 年第 3 期。

蔡小红:《交替传译过程及能力发展——中国法语译员和学生的交替传译活动实证研究》,《现代外语》2001 年第 3 期。

陈大亮:《翻译研究:从主体性向主体间性转向》,《中国翻译》2005 年第 2 期。

陈菁:《从口译交际行为的主体、客体和规范透视口译的文化性》,《外语与外语教学》2013 年第 3 期。

谌莉文:《狄金森的自然与人文》,《外语文学研究》2003 年第 4 期。

谌莉文:《口译思维理解中的前知识运作》,《外语电化教学》2010 年第 4 期。

谌莉文:《谈古训汉英口译的言效契合原则》,《中国科技翻译》2010 年第 6 期。

谌莉文:《协同型口译教学模式探索》,《宁波大学学报》(教育科学版) 2014 年第 1 期。

谌莉文：《交传过程中语境构建效能的实证研究》，《宁波大学学报》（人文科学版）2015年第5期。

谌莉文：《翻译过程的原型思维表征：概念框架转换》，《上海翻译》2016年第3期。

谌莉文、梅德明：《意义阐释与口译思维运作的主体间性：语言游戏视角》，《外语与外语教学》2010年第6期。

谌莉文、王文斌：《论口译双重语境的认知语境构建：在场概念与不在场概念》，《中国翻译》2010年第6期。

谌莉文、熊前莉：《口译言语行为过程的主体性协同概念框架》，《外语与外语教学》2014年第4期。

谌莉文、梅德明：《自然语言意义运作中"我"与"你"的相遇》，《外语学刊》2014年第4期。

谌莉文、李丹弟：《基于结构方程模型的口译先备知识运作障碍研究》，《外语教学与研究》2020年第3期。

戴炜栋、陆国强：《概念能力与概念表现》，《外国语》2007年第3期。

戴炜栋、徐海铭：《汉英交替传译过程中译员笔记特征实证研究——以职业受训译员和非职业译员为例》，《外语教学与研究》2007年第2期。

董燕萍、王斌华：《口译过程的两阶段解读》，《中国翻译》2013年第1期。

董燕萍、蔡任栋、赵南、林洁绚：《学生译员口译能力结构的测试与分析》，《外国语》2013年第7期。

高彬：《心理学对同声传译研究的影响探析》，《中国外语》2014年第6期。

顾曰国：The Impass of Perlocution, Journal of Pragmatics，1993年。

桂诗春：《应用语言学思想：缘起、变化和发展》，《外语教学与研究》2010年第3期。

韩宝成：《结构方程模型及其在语言测试中的应用》，《现代外语》2006年第2期。

胡开宝、陶庆：《汉英会议口译语料库的创建与应用研究》，《中国翻译》2010年第5期。

黄琼英：《原型与翻译中叙事语篇的范畴化——论鲁迅科学小说译作的叙事语篇范畴》，《西安外国语大学学报》2007年第2期。

黄忠廉：《翻译思维研究进展与前瞻》，《外语学刊》2012年第6期。

蒋嘉妮、谌莉文：《外交场合古语口译英译过程的语境重构研究》，《现代语文》（语言研究）2015年第11期。

雷蕾、韦瑶瑜：《中国非英语专业大学生写作障碍实证研究》，《中国英语教学》2007年第5期。

雷蕾：《结构方程模型及AMOS软件在应用语言学研究中的应用》，《中国外语》2009年第1期。

勒代雷：《论翻译学研究方法》，刘和平译，《中国翻译》2010年第2期。

李锦、廖开洪：《浅析语境在口译中的适应性》，《语言与翻译》2002年第4期。

廖开洪：《浅析即席口译过程中理解的障碍》，《中国翻译》1997年第4期。

刘和平：《翻译能力发展的阶段性及其教学法研究》，《中国翻译》2011年第1期。

刘明东：《语境与英汉翻译中词义的确定》，《外语教学》2001年第4期。

刘绍龙：《论双语翻译的认知心理研究——对"翻译过程模式"的反思和修正》，《中国翻译》2007年第1期。

刘绍龙：《口译"元交际"功能的认知心理学研究——基于对口译"传播模式"的再思考》，《外语与外语教学》2008年第1期。

刘正光、刘润清：《N+N概念合成名词的认知发生机制》，《外国语》2004年第1期。

吕炳华：《译员主体性的体现》，《广东外语外贸大学学报》2005年第1期。

梅德明、谌莉文：《口译活动的语言游戏参与规则》，《外语教学》2011年第2期。

莫爱屏：《交传与明示：推理交际——口译的理性思考》，《语言与翻译》2003年第2期。

莫爱屏：《口译中译员主体性意识的语用研究》，《中国外语》2010年第3版。

莫爱屏、蒋清凤：《关系语用学的三元关系在口译中的互动研究》，《外语教学》2006年第6期。

穆雷、王斌华：《国内口译研究的发展及研究走向——基于30年期刊论文、著作和历届口译大会论文的分析》，《中国翻译》2009年第4期。

任文：《试论口译过程中译员的"中立性"问题》，《中国翻译》2011年第6期。

任文、杨平：《迈向国际化：中国口译研究发展的现状与趋势》，《中国翻译》2011年第1期。

沈家煊：《"糅合"和"截搭"》，《世界汉语教学》2006年第4期。

沈家煊：《概念整合与浮现意义——在复旦大学"望道论坛"报告述要》，《修辞学习》2006年第5期。

谭载喜：《翻译与翻译原型》，《中国翻译》2011年第4期。

王建国、何自然：《重过程，还是重结果？——译者主体性对应以文本的影响》，《上海翻译》2014年第2期。

王仁强、章宜华：《原型理论与翻译研究》，《四川外国语学院学报》2004年第6期。

邬姝丽：《高校英语专业口译能力评估及其对口译教学的启示》，《中国翻译》2010年第4期。

徐海铭、柴明颎：《汉英交替传译过程中译员笔记困难及其原因的实证研究——以国际会议职业受训译员和非职业译员为例》，《外语学刊》2008年第1期。

许宏晨、高一虹：《英语学习动机与自我认同变化》，《外语教学理论与实践》2011年第3期。

许明：《口译认知过程中"deverbalization"的认知诠释》，《中国翻译》2010年第3期。

许钧：《"创造性叛逆"和翻译主体性的确立》，《中国翻译》2003年第1期。

徐盛桓：《理论语用学研究中的假说——研海一楫之四》，《外语与外语教学》2002年第6期。

尹富林：《论概念整合模式下翻译的主体间性》，《外语与外语教学》2007年第11期。

袁小陆：《口译能力与口译测试有用性之关》，《外语教学》2007年第5期。

曾利沙：《论翻译的艺术创造性与客观制约性》，《广东外语外贸大学学报》2006年第2期。

查明建、田雨：《论译者主体性》，《中国翻译》2003年第1期。

张辉、杨波：《心理空间与概念整合：理论发展及其应用》，《解放军外国语学院学报》2008年第1期。

张辉、范瑞萍：《形名组合的意义建构：概念整合和物性结构的杂合分析模式》，《外国语》2008年第4期。

张威：《口译认知加工分析：认知记忆在同声传译实践中的作用——以口译省略现象为例的一项观察性研究报告》，《北京第二外国语学院学报》2009年第2期。

张威：《同声传译工作记忆模型研究》，《解放军外国语学院学报》2012年第3期。

张威：《认知记忆训练对口译学习效果的影响研究》，《外语与外语教学》2014年第6期。

张威、王克非：《口译与工作记忆研究》，《外语与外语教学》2007年第1期。

张喜荣：《模糊概念：语际转换中的障碍性因素》，《河北北方学院报》2006年第6期。

赵联斌：《原型——模型翻译理论的研究焦点与理论视角》，《上海翻译》2012年第2期。

郑冰寒：《翻译过程的三元数据分析模式》，《上海翻译》2008年第3期。

仲伟合、王斌华：《口译研究的"名"与"实"——口译研究的学科理论构建之一》，《中国翻译》2010年第5期。

仲伟合、王斌华：《口译研究方法论——口译研究的学科理论构建之二》，《中国翻译》2010年第6期。

仲伟合、周静：《译者的极限与底线——试论译者主体性与译者的天职》，《外语与外语教学》2006年第7期。

周翠琳、谌莉文：《汉英交传过程中母语迁移对口译绩效影响》，《现代语文》（语言研究）2017年第7期。

高彬：《猜测与反驳——同声传译认知理论研究》，博士学位论文，上海外国语大学，2008年。

刘琴：《从描述性翻译研究视角比较 Uncle Tom's Cabin 的两个中译本》，博士学位论文，华中师范大学，2006年。

宋姝彧：《关联理论在口译中的应用》，硕士学位论文，长春理工大学，2005年。

孙鹤瑜：《口译语境的动态顺应性研究》，硕士学位论文，吉林大学，2013年。

王璐：《神经心理学视角下的口译工作记忆的实证研究》，博士学位论文，上海外国语大学，2012年。

俞玲琳：《会议口译习语英译过程的认知补充研究》，硕士学位论文，宁波大学，2015年。

张威:《同声传译与工作记忆的关系研究》,博士学位论文,北京外国语大学,2007年。

张育:《口译学员汉英交传过程语境构建障碍的实证研究》,硕士学位论文,宁波大学,2014年。

Aitchison, J.: *The Articulate Mammal. An Introduction to Psycholinguistics*. London and New York: Routledge, 1998.

Alves, F.: *Triangulating Translation: Perspectives in Process Oriented Research*. Amsterdam/Philadelphia: John Benjamins Publishing Company, 2003.

Anderson, J.C. & D.W. Gerbing: The Effect of Sampling Error on Convergence, Improper Solutions, and Goodness-of-fit Indices for Maximum Likelihood Confirmatory Factor Analysis.*Psychometrika*, 1984 (49): 155–173.

Anderson, J. C. & D. W. Gerbing: Structural Equation Modeling in Practice: A Review and Recommended Two-Step Approach. *Psychological Bulletin*, 1988, 103 (3): 411–423.

Anderson, L. M. & T. S. Bateman: Cynicism in the Workplace: Some Causes and Effects. *Journal of Organizational Behavior*, 1997 (18): 449–469.

Anderson, R. B. W.: Perspectives on the Role of Interpreter. In R. W. Brislin (ed.), *Translation: Applications and Research*. New York: Gardner Press, 1976, pp.208–228.

Arbuckle, J. L.: AMOS 18. 0 [Computer Software]. Chicago: Small Walters, 2009.

Aulakh, P.S. & E.F.Gencturk: International Principle - agent Relationship - Control, Governance and Performance. *Industrial Marketing Management*, 2000, 29: 521–538.

Austin, J. L.: *How to Do Things with Words?*.Oxford: The Clarendon Press, 1962.

Baddeley, A. D.: *Working Memory*. Oxford, UK: Clarendon Press, 1986.

Baddeley, A. D.: *Working Memory, Thought and Action*. Oxford, UK: Oxford University Press. 2007. DOI: 10. 1039/acprof: oso/9780198 528012.001.0001.

Baddeley, A. D.: Working Memory. *Current Biology*, 2010 (20): 136–140. DOI: 10.1016/j.cub.2009.12.014.

Baddeley, A. D. & G. J. Hitch: Working Memory. In G. H. Bower (ed.), *The Psychology of Learning and Motivation: Advances in Research and Theory*, Vol. 8. New York, NY: Academic Press, 1974, pp. 47–90. DOI: 10. 1016/S0079-742 (08) 60452-1.

Baddeley, A. D. & R. H.: Logie, Working Memory: The Multiple-component Model. In A.

Miyake & P. Shah (eds.), *Models of Working Memory*. Cambridge University Press, 1999, pp. 28–61. DOI: 10. 1017/CB09781139174909.005.

Bagozzi, R. P., Yi, Y. & L. W.: Phillips, Assessing Construct Validity in Organizational Research. *Administrative Science Quarterly*, 1991, 36 (3): 421–458.

Bateson, G.: *Steps to an Ecology of Mind: Collected Essays in Anthropology, Psychiatry, Evolution, and Epistemology*. University of Chicago Press, 1972.

Bateson, G.: *Mind and Nature: A Necessary Unity*. New York: Bantam Doubleday, 1988.

Baum, K.: Assessing Group Conflict: Understanding the Line-Staff Relationship in Fire Service.. In W. Pammer & J. Killian (eds.), *Handbook of Conflict Management*. New York: Marcel Decker. 2003, pp, 129-135.

Bentler, P. M.: Multivariate Analysis with Latent Variables: Causal Modeling. *Annual Review of Psychology*, 1980 (31): 419-56.

Berk-Slingson, S.: Bilingual Court Proceedings: The Role of the Court Interpreter. In J. N. Levi & A. G. Walker (eds.), *Language in the Judicial Process*. New York: Plenum Press, 1990.

Berk-Slingson, S.: The Impact of Politeness in Witness Testimony: The Influence of the Court Interpreter. In F. Pöchhacker & M. Shlesinger (eds.), *The Interpreting Studies Reader*. London and New York: Routledge, 2002. pp, 280-292.

Bollen, K. A.: Outliers and Improper Solutions: A Confirmatory Factor Analysis Example. *Sociological Methods and Research*, 1987 (15): 375-384.

Bollen, K.A.: *Structural Equations with Latent Variable*. New York: Wiley, 1989.

Bollen, K. A. & R. A.: Stine. Bootstrapping Goodness-of-fit Measures in Structural Equation Models. *Sociological Methods and Research*, 1992 (21): 205-229.

Boomsma, A.: Reporting Analysis of Covariance Structures. *Structural Equation Modeling*, 2000 (7): 461-483.

Bowen, M. et al.,: Interpreters and the Making of History. 1995. In J. Delisle and J. Woodsworth (eds.), *Translators through History*. Amsterdam and Philadelphia: John Benjamins, 1995. pp. 245-273.

Brandt, L. & P. A. Brandt: Making Sense of a Blend: A Cognitive Semiotic Approach to Metaphor. In Ruiz de Mendoza (ed.), *Annual Review of Cognitive Linguistics*. Vol. 3. Amsterdam: John Benjamins, 2005.

Brandt, P.: Mental Spaces and Cognitive Semantics: A Critical Comment. *Journal of Pragmatics*, 2005, (37): 1578-1594.

Braun, S.: Interpreting in Small-group Bilingual Video Conferences: Challenges and Adaptation Processes. *Interpreting*, John Benjamins Publishing Company, 2007 (9): 21-36.

Brislin, R. W.: Introduction. 1976a. In Brislin (ed.), *Translation: Applications and Research*. New York: Gardner Press, 1976. pp. 1-43.

Byrne, B. B.: *Structural Equation Modeling Using AMOS. Basic Concepts, Applications, and Programming* (2nd ed.). New York: Routeledge, 2010.

Caron, J.: *Pré Cis de Psycholinguis-*

tique. Paris: PUF.1989.

Chesterman, A.: Proposal for a Hieronymic Oath. *The Translator*, 2001 (1): 139-153.

Cheung, G.W. and Rensvold, R.B.: Evaluating Goodness-of-Fit Indexes for Testing Measurement Invariance. *Structural Equation Modeling*. 2002, 9 (2): 233-255.

Chin, W.W.: Issues and Opinion on Structural Equation Modeling. *MIS Quarterly*, 1998, 22 (1): 7-16.

Chincotta, D. & Underwood, G.: Simultaneous Interpreters and the Effect of Concurrent Articulation on Immediate Memory. *Interpreting*, 1998 (3): 1-20.

Christoffels, I.K., De Groot, A.M.B. & I.J.Waldorp: Basic Skills in a Complex Task: A Graphical Model Relating Memory and Lexical Retrieval in Simultaneous Interpreting. *Bilingualism: Language and Cognition*, 2003, 6, 201-211. DOI: 10.1017/S1366728903001135.

Cokely, D.: The Effects of Lag Time on Interpreter Errors. *Sign Language Studies*, 1986, 53, 341-76.

Collados Ais, A.: Quality Assessment in Simultaneous Interpreting: The Importance of Nonverbal Communication. 1998. In F. Pöchhacker and M. Shlesinger (eds.), *The Interpreting Studies Reader*. London and New York: Routeledge, 2002.pp.327-336.

Corder, S. P.: *Introducing Applied Linguistics*. Harmond-sworth: Penguin Books Ltd., 1973.

Coulson, S.: *Semantic Leaps: The Role of Frame-Shifting and Conceptual Blending in Meaning Construction*. San Diego: University of California.1997.

Cowan, N.: An Embedded-processes Model of Working Memory.In A.Miyake & P. Shah (eds.), *Models of Working Memory: Mechanism of Active Maintenance and Executive Control*. Cambridge, MA: Cambridge University Press, 1999. DOI: 10.1017/ CBo9781139174909.006. pp. 62-101.

Cowan, N.: Evolving Conceptions of Memory Storage, Selective Attention, and Their Mutual Constraints within the Human Information-Processing System.*Psychological Bulletin*, 1988, 104, 193-191. DOI: 10.1037/0033-2909.104.2.163.

Cudeck, R. & M.W.: Browne.Cross-Validation of Covariance Structures. *Multivariate Behavioral Research*, 1983, 18: 147-167.

Cureton, E.E.: The Upper and Lower Twenty-Seven PerCent Rule.*Psychometrika*, 1957 (22): 293-296.

Daneman, M. & Carpenter, P.A.: Individual Differences in Working Memory and Reading. *Journal of Verbal Learning and Verbal Behavior*, 1980, 19, 450-466. DOI: 10.1016/S0022-5371 (80) 90312-06.

Daro, V.: The Role of Memory and Attention in Simultaneous Interpretation: A Neurolinguistic Approach. *The Interpreters' Newsletter*, 1989, 2, 50-56.

Darò, V. & F. Fabbro: Verbal Memory during Simultaneous Interpretation: Effects of Phonological Interference. *Applied Linguistics*.1994, 15: 365-381.

Davis, S.: Perlocutions. In J. R. Searle, F. Keifer & M. Bierwisch (eds.), *Speech Act Theory and Pragmatics* .pp.37-55.Dordrecht: Reidel, 1980.

De Vellis, R.F.: *Scale Development: Theory and Applications*. Newbury Park, California: Sage Publications, 1991.

Diamantopoulos, A. & J. A.: Siguaw. *Introducing LISREL: A Guide for the Uninitiated*. Thousand Oaks, CA: SAGE, 2000.

Dijk, T.V, *Macrostructure* .Hillsdale: Erlbaum, 1980.

Dillon, W., Kumar, A. & N.: Mulani. Offending Estimates in Covariance Structure Analysis: Comments on the Causes and Solutions to Heywood Cases.*Psychological Bulletin*, 1987, 101: 126-135.

Diriker, E.: *De -/Re Contextualizing Conference Interpreting*. Shanghai: Shanghai Foreign Language Education Press, 2010.

Doll, W.J., Xia W. & G.Torkzadeh.A Confirmatory Factor Analysis of the End-User ComputingSatisfaction Instrument. *MIS Quarterly*, 1994, 18 (4): 453-461.

Dong, Y. & R.Cai.Working Memory in Interpreting. In Z.Wen, M.Mota & A.McNeill (eds.), *Working Memory in Second Language Acquisition and Processing: Theory, Research and Commentary*.Multilingual Matters.2015.

Dong, Y. & J.Lin.Parallel Processing of the Target Language During Source Language Comprehension in Interpreting. *Bilingualism: Language and Cognition*, 2003. CJO DOI: 10/1017/S1366728913000102.

Dong, Y. & Z.Xie.Contributions of L2 Proficiency and Interpreting Experience to Cognitive Control Differences among Young Adult Bilinguals. *Journal of Cognitive Psychology*, 2014 (3).

Duncan, O. D. *Introduction to Structural Equation Models*. New York: Academic Press, 1975.

Drennan, G. & L. A. Swartz. Concept Over-burdened: Institutional Roles for Psychiatric Interpreters in Post-Apartheid South Africa.*Interpreting*, 1999,4(2): 169-198.

Evans, V. & M.Green.*Cognitive Introduction: an Introduction*. Edinburgh: Edinburgh University Press, 2006.

Fabbro, F. & L.Gran, Neurological and Neropsychological Aspects of Polyglossia and Simultaneous Interpretation. InS. Lamber & B. Moser-Mercer (eds.), *Bridging the Gap: Empirical Research in Simultaneous Interpretation*. Amsterdam and Philadelphia: John Benjamins, 1994. pp. 273-317.

Fabbro, F., & L.Gran.*Neurolinguistic ResearcRenkemah in Simultaneous Interpretation*. Amsterdam / Philadelphia: John Benjamins Publishing Company, 1997.

Fan, X. & Wang, L.Comparability of Jack knife and Bootstap Results: An Investigation for a case of Canonical analysis. *Journal of Experimental Educaton*, 1996,

64: 173-189.

Fauconnier, G. *Mental spaces: Aspects of Meaning Construction in Natural Language*. Cambridge, MA: MIT Press, 1985. 2nd (ed)., Cambridge: Cambridge University Press, 1994.

Fauconnier, G. *Mappings in Thought and Language*. Cambridge: Cambridge University Press, 1997.

Fauconnier, G. Mental Spaces. In Geeraerts, D. & Cuyckens, H. (eds.), *The Oxford Handbook of Cognitive Linguistics*. New York: Oxford University Press, 2007.pp.355-376.

Fauconnier, G. & E.Sweetser, *Spaces, Worlds and Grammar*. Chicago: University of Chicago Press, 1996.

Fauconnier, G. & M.Turner. Blending as Central Process of Grammar.In Goldberg, A. (ed.), *Conceptual Structure, Discourse and Language*. Stanford: CSLI (Center for Study of Language and Information) Publications, 1996.pp.113-129.

Fauconnier, G. & M.Turner. *The Way We Think: Conceptual Blending and the Mind's Hidden Complexities*. New York: Basic Books, 2002.

Fauconnier, G. & M.Turner. Polysemy and Conceptual Blending. In Brigitte Nerlich, Vimala Herman, Zazie Todd & David Clarke (eds.), *Polysemy: Flexible Patterns of Meaning in Mind and Language*. John Benjamins. Berlin & New York: Mouton de Gruyter, A Volume in the Series Trends in Linguistics, 2003.pp.79-94.

Fillmore, C.Frames and the Semantics of Understanding. *Quaderni di Semantica*, 1985, (V1-V2): 222-254.

Fornell, C. & D.F.Larcker. Evaluating Structural Equation Models with Unobservable Variables and Measurement Error. *Journal of Marketing Research*, 1981 (18): 39-50.

Gadamer. H. G. *Truth and Method*. Weinshemer, J. & D.G.Marshall (tr.), New York: Crossroad, 2004.

Gerver, D. A Psychological Approach to Simultaneous Interpretation. *Meta: Journal des Traducteurs/Translators' Journal*, 1975, 20/2: 119-128.

Gerver, D.Empirical Studies of Simultaneous Interpretation: A Review and a Model.In R.W.Brislin (ed.), *Translation: Applications and Research*. New York: Gardner Press, 1976.pp.165-207.

Gerver, D.The Effects of Source Language Presentation Rate on the Performance of Simultaneous Conference Interpreters. (1969) In F.Pöchhacker & M.Shlesinger (eds.), *The Interpreting Studies Reader*. London and New York: Routledge, 2002. pp.53-66.

Gile, D.An Overview of Conference Interpretation Research and Theory.In Hammond D.L. (ed), *Language at Crossroads: Proceedings of the 29th Annual Conference of the American Translators Association*. Medford, NJ: Learned Information, 1988.pp. 173-171.

Gile, D.*Basic Concepts and Models for Interpreters and Translator Training*. Amsterdam and Philadelphia: John Benjamins, 2009/1995.

Gile, D. Modèle IDRC-interprétation, décision, ressources, contraintes - de la traduction.In Colette LAPLACE, M.Lederer & D. Gile (eds.), *La traduction et ses métiers, aspects théoriques et pratiques* . Caen, Lettres Modernes Minard, 2009. pp. 73-86.

Gile, D. Opening up in Interpreting Studies.In Snell-Horby et al. (eds.), *Translation Studies*. Amsterdam/Philadelphia: John Benjamins Publishing Company, 1994.

Gile, D. Testing the Effort Models' Tightrope Hypothesis in Simultaneous Interpreting - A Contribution. *Hermes*, 1999, 23: 153-172.

Gile, D. The History of Research into Conference Interpreting: A Scientometric Approach. *Target*, 2000, 12 (2): 297-321.

Goldberg, *Constructions: A Construction Grammar Approach to Argument Structure*. Chicago: University of Chicago Press, 1995. & Beijing: Beijing University Press, 2007.

Grady, J. E., T. Oakley and S. Coulson. Blending and Metaphor. In R. Gibbs and G. Steen (eds.), *Metaphor in Cognitive Linguistics* . Amsterdam: John Benjamins Publishing, 2001.

Grice, H. P. *Logic and Conversation*. In P. Cole & J. L. Morgan (eds.), *Syntax and Semantics* (Vol.3): *Speech Acts*. New York: Academic Press, 1975.

Grosjean, F. The Bilingual's Language Modes. In J. Nicol (ed.), *One Mind, Two Languages: Bilinguals Language Processing*.

Oxford, England: Blackwell.

González, R.D., Vasquez, V.F. and H. Mikkelson.*Fundamentals of Court Interpretation: Theory, Policy, and Practice*. Durham, NG: Carolina Academic Press, 1991.

Göpferich, S. & R.Jääskeläinen. Process Research into the Development of Translation Competence: Where Are We, and Where Do We Need to Go?. *Across Languages and Cultures*, 2009, 10 (2), 169 - 191. DOI: 10. 1556/ Acr.10.2009.2.1

Hair, J. F. Jr., Anderson, R. E., Tatham R. L. & W. C. Black. *Multivariate Data Analysis* (5th ed.) . Englewood Cliffs, NJ: Prentice Hall, 1998.

Hair, J. F. Jr., Anderson, R. E., Tatham R. L. & W. C. Black. *Multivariate Data Analysis* (7th ed.) . Englewood Cliffs, NJ: Prentice Hall, 2009.

Halliday, M. A. K. & R. Hasan. *Cohesion in English*. London: Longman, 1976/2001.

Hancock, G.R., and Nevitt, J. Bootstrapping and theIdentification of Exogenous Latent Variables within Structural Equation Models. *Structural Equation Modeling*, 1999 (6): 394-399.

Harris, B. Norms in Interpretation. *Target*, 1990, 2 (1): 115-119.

Harris, B. & B. Sherwood. Translating as an Innate Skill. In D.Gerver and H.W.Sinaiko (eds.), *Language Interpretation and Communication. Proceedings of the NATO Symposium, Venice, Italy, September 26 - October 1, 1977*. New York and London:

Plenum Press, 1978, pp.155-170.

Hatim, B. & Mason, I. *Discourse and the Translator*. Shanghai: Shanghai Foreign Language Education Press, 2001.

Hayduk, L., Cummings, G., Boadu, K., Pazderka - Robinson, H., & S. Boulianne. Testing! Testing! One, Two, Three—Testing the Theory in Structural Equation Models. *Personality and Individual Differences*.2007, 42: 841-850.

Herbert, J. *The Interpreter's Handbook: How to Become a Conference Interpreter*. Geneva: Georg, 1952.

Holmes, J.S. The Name and Nature of Translation Studies. 1988. In L. Venuti (ed.), *The Translation Studies Reader*. Lodon and New York: Routledge, 2000. pp.172-185.

Hoyle, R.H. & A.T.Panter.Writing about Structural Equation Models. In R. H. Hoyle (ed.), *Structural equation modeling: Concepts, issues, and applications*Thousand Oaks.CA: Sage, 1995: 158-176.

Hu, L. & P.M.Bentler.Cut off Criteria for Fit Indexes in Covariance Structure Analysis: ConventionalCriteria Versus New Alternatives. *Structural Equation Modeling*, 1999, 6 (1): 1-55.

Ingram, R.M.Simultaneous Interpretation of Sign Languages: Semiotic and Psycholinguistic Perspectives. *Multilingua*, 1985, 4 (2): 91-102.

Injoque - Ricle, I., Barreyro, J. P., Formoso, J. & V. Jaichenco. Expertise, Working Memory and Articulatory Suppression Effect: Their Relationwith Simultaneous Interpreting Performance. *Advances in Cognitive Psychology*, 2015, Vol. 11 (2): 56-63 http://www.ac-psych.org.

Isham, W.P.Memory for Sentence Form after Simultaneous Interpretation: Evidence Both For and Against Déverbalization. In Lamber and Moser-Mercer (eds.), *Bridging the Gap: Empirical Research in Simultaneous Interpretation*. Amsterdam and Philadelphia: John Benjamins, 1994: 191-211.

Jackson D. L., Gillaspy J. A., & R. Purc - Stephenson. Reporting Practices in Confirmatory Factor Analysis: An Overview and some Recommendations. *Psychological Methods*, 2009, 14 (1): 6-23.

Jacobson, R. On Linguistic Aspects of Translation. In Reuben A. Brower (ed.), *On Translation*. Cambridge: Harvard University Press, 1959/2000.pp.232-239.

Jayawardhena, C., Wright, L. T. & R.Masterson.An Investigation of Online Consumer Purchasing. *Qualitative Market Research: An International Journal*, 2003, 6 (1): 58-65.

Jones, R. *Conference Interpreting Explained*. Shanghai: Shanghai Foreign Language Education Press, 1998/2008.

Kaplan, D. Statistical Power in Structural Equation Modeling. In R.H.Hoyle (ed.), *Structural Equation Modeling: Concepts, Issues, and Applications*.Newbury Park, CA: Sage Publications, Inc. 1995. pp.100-117.

Kelley, T. L. The Selection of Upper

and Lower Groups for the Validation of Test Items. *Journal of Education Psychology*, 1939 (30): 17-24.

Kenny, D. A. Series Editor's Note. In T. A. Brown (ed.), *Confirmatory Factor Analysis for Applied Research*. Ix - x, New York: Guilford, 2006.

Kirchhoff, H. Simultaneous Interpreting: Interdependence of Variables in the Interpreting Process, Interpreting Models and Interpreting Strategies. 1976. In F. Pöchhacker & M. Shlesinger (eds.), *The Interpreting Studies Reader*. London and New York: Routledge, 2002.pp.111-119.

Kline, R. B. *Principles and Practice of Structural Equation Modeling* (2nd ed.). New York: Guilford, 2005.

Kranshen, S. T. Terrell. *The Natural Approach*. Oxford: Pergamon Press Ltd., 1983.

Kurz, I. Conference Interpretation: Expectations of Different User Groups. 1993. In F. Pöchhacker & M. Shlesinger (eds.), *The Interpreting Studies Reader*. London and New York: Routledge, 2002.pp.314-324.

Lakoff, G. *Women, Fire and Dangerous Things: What Categories Reveal About the Mind*. Chicago, IL: University of Chicago Press, 1987.

Lakoff, G. & M. Johnson. *Metaphors We Live by*. Chicago: University of Chicago Press, 1980.

Lakoff, G. & M. Johnson. *Philosophy in the Flesh—The Embodied Mind and Its Challenge to Western Thought*. New York: Basics, 1999.

Lambert, S. A. Human Information Processing and Cognitive Approach to the Training of Simultaneous Interpreters. In D. L. Hammond (ed.), *Languages at Crossroads: Proceedings of the 29th Annual Conference of the American Translation Association*. pp. 379 - 387. Medford, NJ: Learned Information, 1988.

Lambert, S. *Simultaneous Interpretation: One Ear May be Better Than Two*. Amesterdam/Philadelphia: John Benjamins Publishing Corporation, 1994.

Lambert, S., V. Daro. & F. Fabbro. Focalized Attention on Input vs. Output during SimultaneousInterpretation: Possibly a Waste of Effort. *Mata*. 1995 (40): 39-46.

Langacker, R. W. *Concept, Image and Symbol: The Cognitive Basis of Grammar*. (2nd edition) Berlin: Mouton de Gruyter, 2002.

Langacker, R. W. *Foundations of Cognitive Grammar*: Vol. I, II. Standford: Stanford University Press, 1987, 1991. Beijing: Beijing University Press, 2004.

Lederer, M. *La Traduction Simutanee-Experience et Theorie*. Paris: Minard Lettres Modernes, 1981.

Lederer, M. Simultaneous Interpretation: Units of Meaning and Other Features. 1978. In F. Pöchhacker & M. Shlesinger (eds.), *The Interpreting Studies Reader*. pp.130-140. London and New York: Routledge, 2002.

Leech, G. *Principles of Pragmatics*. London: Longman, 1983.

Leech, G. *Semantics: The Study of Meaning. Second Edition. Middlesex:* Penguin Books Ltd.1974/1981.

Leech, L. N., Barrett, K. C. G. & A. Morgan.*SPSS for Intermediate Statistics: Use and Interpretation*, (2th ed.). Lawrence Erlbaum Associates, Publishers, Mahwah, New Jersey, 2005.

Little, T. D. Mean and Covariance Structures (MACS) Analyses ofCross - Culture Data: Practical and theoretical Issues. *Multivariate Behavioral Research*, 1997, 32 (1): 53-76.

Liu, M., Schallert, D. L., & P. J. Carroll. Working Memory and Expertise on Simultaneous Interpreting. *Interpreting*, 2004, 6, 19 - 42. DOI: 10.1075/Intp.6.1.04liu.

Livingston, S., Singer, B., & T. Abramson.A Study to Determine the Effectiveness of Two Different Kinds of Interpreting. In E. Winston (ed.), *Mapping Our Course, A Collaborative Venture.Proceedings of the 10 the National Convention of Interpreter Trainers.*USA: CIT Publications, 1995.pp.174 - 203.

Lorscher, W. *Translation Performance, Translation Process, and Translation Strategies: a PsycholinguisticInvestigation.*Tübingen: Gunternarr.1991.

Lyons, J. *Semantics*. Vol. 2, Cambridge: Cambridge University Press, 1977.

MacCallum, R.C.Specification Searches in Covariance Structure Modeling. *Psychological Bulletin*, 1986, 100 (1): 107-120.

MacCallum, R.C., Browne, M.W. & H.M.Sugawara.Power Analysis and Determination of Sample Size for Covariance Structure Modeling. *Psychological Methods*, 1996, 1 (2): 130-149.

MacCallum, R. C., & S. Hong. Power Analysis in Covariance Structure Modeling using GFI and AGFI. *Multivariate Behavioral Research*, 1997, 32: 193-210.

MacCallum, R. C., Roznowski, M., & L.B.Necowitz.Model Modifications in Covariance Structure Analysis: The Problem of Capitalization on Chance. *Psychological Bulletin*, 1992, 111: 190-504.

Mackintosh, J.*Relay Interpretation: An Exploratory Study.*MA Dissertation, Birkbeck College, University of London, 1983.

Maoz Z. & B. Russett. Normative and Structural Causes of Democratic Peace, 1946-1986. *American Political Science Review.*1993, 87: 624-638.

Marschark, M., Sapere, P., Convertino, C., & R.Seewagen.Access to Postsecondary Education Through Sign Language Interpreting. *Journal of Deaf Studies and Deaf Education*, 2005, 10 (1), 38-50.

Marsh, H.W., Balla, J.R., & K.T. Hau. An Evaluation of Incremental Fit Indexes: A Clarification of Mathematical and Empirical Properties. In G.A.Marcoulides & R. E. Schumacker (eds), *Advanced Structural Equation Modeling Techniques*. Mahwah, NJ: Lawrence Erlbaum. (1996). pp.315-353.

Massaro, D.Language and Information

Processing. In D. Massaro (ed.), *Understanding Language*. New York: Academic Press, 1975.

McDonald, R.P. & M.H.R.Ho. Principles and Practice in Reporting Structural Equation Analyses. *Psychological Methods*, 2002, 7: 64-82.

Minsky, M.A. Framework of Representing Knowledge. 1975. In P. H. Winston (ed.), *The Psychology of Computer Vision*. New York: Mc Graw-Hill Cognitive Linguistics, Oxford University Press, 2007. pp.211-277.

Morelli, M. A Study of the Ambiguity on the simultaneous Spanish-Italian Translation. *Puentes*, 2005 (5): 101-110.

Moser-Mercer, B. Simultaneous Interpretation: A Hypothetical Model and its Practical Application. In D. Gerver and H. W. Sainaiko (eds.), *Language Interpreting and Communication. Proceedings of the NATO Symposium*. Venice, Italy, 1977. New York and London: Plenum Press, 1978.pp.353-368.

Moser-Mercer, B. Paradigms Gained or the Art of Productive Disagreement. In S. Lambert & B. Moser-Mercer (eds.), *Bridging the Gap: Empirical Research on Simultaneous Interpretation*. Amsterdam and Philadelphia: John Benjamins, 1994. pp. 17-23.

Moser-Mercer, B. Process Models in Simultaneous Interpretation. In C. Hauenschild & S. Heizmann (eds.), *Machine Translation and Translation Theory*. Berlin: Mouton de Gruyter, 1997.pp.3-19.

Moser-Mercer, B., Frauenfelder, U. H., Casado, B., & A. Kunzli. Searching to Define Expertise in Interpreting. In B. E. Dimitrova & K. Hylenstam (eds.), *Language Processing and Simultaneous Interpreting*. John Benjamins Translation Library, 2000.pp.107-132.

Napier, J. Linguistic Coping Strategies of Interpreters: An Exploration. *Journal of Interpretation*, 2002, 63-91.

Napier, J., & Barker, R.. Accessing University Education: Perceptions, Preferences, and Expectations for Interpreting by Deaf Students. *Journal of Deaf Studies and Deaf Education*, 2004, 9 (2), 228-238.

Padilla, F. Bajo, M.T., Canas, J.J., & Padilla, F. Cognitive Processes of Memory in Simultaneous Interpretation. In J. Tommola (ed.), *Topics in Interpreting Research*. Turku, Finland: University of Turku Centre for Translation and Interpreting, 1995.

Padilla, F. Bajo, M.T. & Macizo, P. Articulatory Supression in Language Interpretation: Working Memory Capacity, Dual Tasking and Word Knowledge. *Bilingualism: Language and Cognition*, 2005, 8, 207-219.

Paradis, M. Toward a Neurolinguistics Theory of Simultaneous Translation: The Framework. *International Journal of Psycholinguistics*, 1994, (9/3): 319-335.

Phelan, M. *The Interpreter's Resource*. Clevedon, Buffalo, Toronto, Sydney: Multilingual Matters Led, 2001.

Pöchhacker, F. The Community Interpreter's Task: Self-perception and Provider Views. In Roberts et al. (eds.), *The Critical Link 2: Interpreters in the Community. Selected Papers from the Second International Conference on Interpreting in Legal, Health and Social Service Setting, Vancouver, BC, Canada, 19 – 23 May 1998*. Amsterdam and Philadelphia: John Benjamins, 2000.pp.49-65.

Pöchhacker, F. *Introducing Interpreting Studies*. London: Routledge, 2004.

Pöchhacker, F.Quality Standards in Interpreting: Theory and Application. *Chinese Translators Journal*, 2007 (2): 1-6.

Pöchhacker, F. & M.Shlesinger.(eds.), *The Interpreting Studies Reader* . London and New York: Routledge, 2002.

Podsakoff, P M., MacKenzie, S. B., Lee, J. Y., & N. P. Podsakoff. Common Method Biases in Behavioral Research: A Critical Review of the Literature and Recommended Remedies. *Journal of Applied Psychology*, 2003, 88 (5): 879-903.

Ran, B. *Meaning Construction: Cognitive Processes of Conceptual Interaction*. Waterloo, Ontario: University of Waterloo, 2007.

Renkema, J. *Introduction to Discourse Studies*. Beijing: Foreign Language Teaching and Research Press.2004/2009.

Registry of Interpreters for the Deaf. Code ofProfessional Conduct.2005.Retrieved from http://rid.org/ethics/code/index.cfm on 30/08/2013.

Rindskopf. D. Structural Equation Models: Empirical Identification, Heywood Cases, and Related Problems. *Sociological Methods and Research*, 1984, 13: 109-119.

Robson, C. *Real World Research: A Resource for Social Scientists and Practitioner—Researchers* . Oxford and Cambridge: Blackwell Publishers Ltd., 1993.

Rosch.E.Cognitive Representations of Semantic Categories.*Journal of Experimental Psychology: General*, 1975,(104): 192-233.

Rosch, E., Mervis, C. B., Gray, W., Johnson, D. & P.Boyes-Braem.Basic Objects in Natural Categories.*Cognitive Psychology*, 1976 (8): 382-439.

Rosch, E. & C.B.Mervis.Family Resemblances: Studies in the Internal Structure of Categories. *Cognitive Psychology*, 1975 (7): 573-605.Reprinted in M.R.Depail & Ramsey (eds.), *Rethinking Intuition: The Psychology of Intuition and It's Role in Philosophical Inquiry*. Lanham, MD: Rowman & Littlefield Publishers, 1988.

Roy, C. B. *Interpreting as a Discourse Process*. Oxford University Press, 1999.

Saeed, J.*Semantics*.Oxford: Oxford University Press, 1997.

Salevsky, H. TheDistinctive Nature of Interpreting Studies. *Target*. 1993 (2): 149-167.

Samovar, L. A., Porter, R. E. & Stefani, L.A.*Communication Between Cultures*. Beijing: Foreign Language Teaching and Research Press, 2000.

Schjoldager, A.An Exploratory Study of

Translational Norms in Simultaneous Interpreting: Methodological Reflections. In F. Pöchhacker & M.Shlesinger (eds.), *The Interpreting Studies Reader*. London and New York: Routledge, 2002.pp.303-311.

Schreiber, J. B. Core Reporting Practices in Structural Equation Modeling. *Research in Social and Administrative Pharmacy*, 2008 (4): 83-97.

Schreiber, J.B., Nora, A., Stage, F. K., Barlow, E.A., & J.King.Reporting Structural Equation Modeling and Confirmatory Factor Analysis Results: A Review. *The Journal of Educational Research*, 2006(99): 323-337.

Schriesheim, C.A.The Similarity of Individual Directed and Group Directed Leader Behavior Descriptions. *Academy of Management Journal*, 1979, T 22 (2): 345-355.

Schumacker, R. E. & R. G. Lomax. *A Beginner's Guide to Structural Equation Modeling* (2th ed.). Mahwah, NJ: Lawrence Erlbaum Associates, 2004.

Seleskovitch, D. *Interpreting for International Conferences: Problems of language and Communication*. Dailey, S. & McMillan, E. N. Washington (tr.), D. C: Pen and Booth, 1978/1994/1998.

Seleskovitch, D. Language and Memory: A Study of Note-taking in Consecutive Interpreting, 1975.In F.Pöchhacker & M. Shlesinger (eds.), *The Interpreting Studies Reader*.London and New York: Routledge, 2002.pp.121-129.

Seleskovitch, D. Language and Cognition. 1977. In D. Gerver & W. Sinaiko (eds.), *Language Interpretation and Communication*, *Proceedings of the NATO Symposium*. Venice, New York and London: Plenum Press, 1978.pp.336-339.

Seleskovitch, D. & M. Lederer. *A Systematic Approach to Teaching Interpretation*. J. Harmer (tr.). Luxembourg: European Communities & Paris: Didier Erudition, The Registry of Interpreters for the Deaf, 1989/1995.

Setton, R.*Simultaneous Interpretation: A Cognitive - pragmatic Approach*. Amsterdam and Philadelphia: John Benjamins, 1999.

Setton, R.Meaning Assembly in Simultaneous Interpretation.1998.In F.Pöchhacker & M. Shlesinger (eds.), *The Interpreting Studies Reader*. London and New York: Routledge, 2002.pp.178-202.

Shields, P.Pragmatism as a Philosophy of Science: A Tool for Public Administration. *Research in Public Administration*, 1998, 4: 195-225.https://digital.library.txstate.edu/handle//10877/3954.

Shields, P. & N.Rangarjan.*A Playbook for Research Methods: Integrating Conceptual Frameworks and Project Management*.Stillwater, OK: New Forums Press, 2013.

Shreve, G.M., & Angelone, E. (eds.), *Translation and Cognition*. Philadelphia: John Benjamins Publishing Company, 2010.

Smith, A. Think Aloud Protocols: Viable for Teaching, Learning, and Professional Development in Interpreting.*Translation*

& *Interpreting*, 2014, 6 (1): 128-143.

Snell-Hornby, M. *Translation Studies: An Integrated Approach*. Shanghai: Shanghai Foreign Language Education Press, 1988.

Sperber, D. & D. Wilson. *Relevance: Communication and Cognition*. Oxford: Blackwell Publishers Ltd, 1986. Beijing: Foreign Language Teaching and Research Press, 2001.

Steiner, B. Signs from the Void: The Comprehension and Production of Sign Language on Television. *Interpreting*, 1998, 3 (2): 105-116.

Stenzl, G. *Simultaneous Interpretation: Ground Towards a Comprehensive Model*. Birkbeck College, University of London, 1983.

Stern, H. H. *Fundamental Concepts of Language Teaching*. Oxford: Oxford University Press, 1983.

Strong, M. & S. F. Rudser. The Subjective Assessment of Sign Language Interpreters. In D. Cokely (ed.), *Sign Language Interpreters and Interpreting*. Burtonsville, MD: Linstok Press, 1992.

Sweetser, E. Compositionality and Blending: Semantic Composition, in a Cognitively Realistic Framework. In T. Janssen and G. Redeker (eds.), *Cognitive Linguistics: Foundations, Scope and Methodology*. Berlin: Mouton de Gruyter, 1999.

Talmy, L. *Toward a Cognitive Semantics I & II*. The MTI Press, 2000. Beijing: Foreign Language Teaching and Research Press, 2012.

Taylor, J. R. *Linguistic Categorization: Prototypes in Linguistic Theory*. OUP, 1989. Beijing: Foreign Language Teaching and Research Press, 2001.

Taylor, J. R. *Cognitive Grammar*. Oxford: Oxford University Press, 2002.

Taylor, J. R. *Ten Lectures on Applied Linguistics*. Beijing: Foreign Language Teaching and Research Press, 2007.

Taylor, M.M. *Interpretation Skills: English to American Sign Language*. Edmonton. Edmonton, Alberta: Interpreting Consolidated, 1993/2002.

Thomas, J. *Meaning in Interaction: An Introduction to Pragmatics*. London: Longman, 1995.

Timarová, S. Working Memory and Simultaneous Interpreting. In P. Boulogne (ed.), *Translation and Its Others. Selected Papers of the CETRA Research Seminar in Translation Studies* 2007. Leuven, Belgium, 2008.pp.1-28.

Tirkkonen-Condit, S., & Jääskeläinen, R. (eds.), *Tapping and Mapping the Processes of Translation and Interpreting*. Amsterdam: John Benjamins Publishing Company, 2000.

Torkzadeh, Koufteros & Pflughoeft. Confirmatory Analysis of Computer Self-efficacy. *Structural Equation Modeling*, 2003, 10 (2): 263-275.

Toury, G. *Descriptive Translation Studies and Beyond*. Amsterdam and Philadelphia: John Benjamins, 1995.

Turner, M. *Literary Mind*. Oxford: Oxford University Press, 1996.

Turner, M. Conceptual Integration. In

D. Geeraerts & H. Cuyckens (eds.), *The Oxford Handbook of Cognitive Linguistics*. New York: Oxford University Press, 2007. pp.383-391.

Tzou, y., Eslami, Z.R., Chen, H. & J.Vaid.Effect of Language Proficiency and Degree of Formal Training in Simultaneous Interpreting on Working Memory and Interpreting Performance: Evidence from Mandarin - English Speakers. *International Journal of Bilingualism*, 2011, 16, 213-227. DOI: 10.1177/1367006911403197.

Ungerer, F. & H.J.Schmid, *An Introduction to Cognitive Linguistics*. Beijing: Foreign Language Teaching and Research Press, 2001.

Van Driel, O.P.On Various Causes of Improper Solutions in Maximum Likelihood Factor Analysis. *Psychometrica*, 1978, 43: 225-243.

Verschueren, J. *Understanding Pragmatics*.London: Edward Arnold & Shanghai: Shanghai Foreign Language Education Press, 1999/2008.

Wadensjo, C.The Double Role of a Dialogue Interpreter.1993.In F.Pöchhacker & M. Shlesinger (eds.), *The Interpreting Studies Reader*. pp. 354-371. London and New York: Routledge, 2002.

Widaman, K.F. & J.S.Thompson. On Specifying the Null Model for Incremental Fit Indices in Structural Equation Modeling. *Psychological Methods*, 2003 (8): 16-37.

Wierzbicka, A.*The Semantics of Grammar*.Amsterdam: John Benjamins, 1988.

Zerubavel, E.*The Fine Line.Making Distinctions in Everyday Life*. Chicago and London: The University of Chicago Press,1991.

Zerubavel, E. The Rigid, the Fuzzy, and the Flexible: Notes on the Mental Sculpting of Academic Identity. *Social Research*, 1995, 62.4: 1093-1106.